竹下流
九星気学
占い
運活
BOOK
2024

竹下宏

大吉活用！
大凶回避！
の
行動マニュアル

主婦の友社

2024年は運気が安定する。
先見性が研ぎ澄まされる年。
「18年後の自分」を考え
一歩を踏み出そう

誰もが生きやすい1年となった
2023年の良い運気がそのまま継続し、
世の中全体が徐々に盛り上がりを見せ始めます。
そして2024年は、先のことを考える年になります。
キーワードは「18年後の自分」。
10年後だと近すぎ、30年後だと遠すぎるのです。
世の中が安定し、余裕が出始めたこの時期に
18年後の自分を考えてみませんか？

2022年の「破壊」「リセット」から再生局面へ

最初に、ここ数年の運気の流れを振り返ってみると、2022年は36年に一度の「五黄の寅」の年でした。五黄の寅は大地のエネルギーが不安定になって一度すべてがくつがえる、「破壊」と「リセット」のときといわれます。その不安定なエネルギーの影響を人間が受けてしまい、社会を揺るがす事件も起こりやすくなります。

思い返せば、ロシアによるウクライナへの侵攻、株や通貨の相場の乱れ、原材料価格の高騰、異常気象、さらにここ数年のコロナ禍によって、生活に多大な影響を受け、苦労されたかたも多かったのではないでしょうか。

2022年は世の中が大きく荒れて、一度ゼロに戻りましたが、2023年はそこに新しい風が吹き、世の中が調和に向かう流れが生まれました。多くの人が苦しんだ1年から、誰もが生きやすい1年へと変わりつつあります。また、人とのコミュニケーションが重要な年となり、共存、共栄、信頼関係や絆が深くなるという象徴が表れた年でした。

先のことを考える余裕が出てくる年！

では、2024年はどんな1年になるかというと、大きな流れとしては2023年の運気が継続すると考えて良いでしょう。全般的に安定した1年になりそうです。

その流れの中で、２０２４年は「先見性」という象徴が出ており、先のことを考える年に入ります。世の中が落ち着き、目の前の心配が小さくなりつつある時期だからこそ、今後の自分の人生をしっかり考えるべきなのです。

九星気学の運気は9年周期でめぐり、それが2巡すると18年です。皆さんは、18年後の自分が何をしているか、イメージがわきますか？　そして、そのことについて本気で考えたことがありますか？　一般的に、誰もが日々の生活に追われています。あっという間に3年5年と過ぎていき、気がつくと動きがとれない年齢になっていることも多いのです。18年後のイメージがすでにわいているかたは良いのですが、イメージがわいていないかたは、ぜひじっくり考える1年にしていただきたいと思います。

土用期間も過度な用心は不要

土用期間については、２０２４年はそれほど過敏にならなくても良いでしょう。土用期間は大地や大気が不安定になることから、災害が多少起こりやすくなります。２０２２年のような危険な年はその可能性が高まり、特に土用期間は災害に対する最大限の警戒が必要になりますが、２０２４年のように良い方向に向かって安定している年は、そこまでの警戒は必要ないでしょう。

ただし、世の中のすべての人が土用期間の影響で精神が多少不安定になります。ミスが多くなり、争いごとも多くなりますので、自分がミスをしないことはもちろん、争いごとに巻き込まれないように意識しておくことが大切です。

今後の生き方、働き方を見つける1年に

私のもとには連日多くのかたが鑑定にいらっしゃいますが、最近は相談の内容にある傾向が見られます。今後の生き方や働き方についての相談が増えているのです。

私が鑑定を行っている「たけした事務所」では、独立や起業に関する相談に専門的に答える「ビジネス気学鑑定」を2022年の秋から始めました。当初は、どれほどの人が来てくれるだろうかと思う部分もありましたが、いざ蓋を開けてみると予想以上の反響がありました。人生の次のステージをどう生きるべきか、仕事は今のままでいいのか、独立開業したいけれどどうすればいいのかといった、今後の生き方や働き方に関する悩みを持つかたがとても多くいらしたのです。

まさに「18年後」の自分を考えるかたが増え始めているのです。

読者の皆さんの中にも、ここ数年のコロナ禍で働く環境がガラリと変わったかた、新しい事業に興味を持ったかた、あるいはリストラにあわれたかたもいらっしゃると思います。

冒頭でお伝えしたとおり、2022年の破壊の年を底に、2023年は新しい風が吹き始め、そして2024年は先を見る年に入ります。

ご自身の生き方や働き方を見つめ直し、思い続けてきたことやチャレンジしたいことがあるようでしたら、その最初の一歩を踏み出す1年にしてみるのも良いと思います。

運活BOOK 2024

Contents

2024年は運気が安定する。
先見性が研ぎ澄まされる年。
「18年後の自分」を考え
一歩を踏み出そう……〇〇四

この本でわかること……〇一〇

この本の使い方……〇一一

本命星早見表……〇一二

どん底から救われた私の体験と、
あなたをどん底から救う
竹下流九星気学……〇一四

あなたが今どん底なのは
あなたのせいではなく
運気のせい……〇一八

あなたの大凶も大吉の時期も
すでに決まっている。
必ずやってくる……〇二一

大凶の時期は辛抱しろ。
ここの過ごし方が
大吉の時期に生きてくる……〇二三

運気を軽く考えるな。
土用、大潮、激ヤバ日、
方位には注意しろ……〇二八

自分の適性と
職業や環境の相性が悪いと
いくら運気が回復してもだめ……〇三一

2024年の年運と月運

一白水星……〇三三
二黒土星……〇六五
三碧木星……〇九七
四緑木星……一二九
五黄土星……一六一
六白金星……一九三
七赤金星……二二五
八白土星……二五七
九紫火星……二八九

あなたの性格と適性

適性に合わせて生きれば人生がうまくいく……三二二
型・種別早見表……三二三
一白水星……三二四
二黒土星……三二八
三碧木星……三三二
四緑木星……三三六
五黄土星……三四〇
六白金星……三四四
七赤金星……三四八
八白土星……三五二
九紫火星……三五六

この本でわかること

【運気】

大凶＝悪い運気とは限らない

運気は年と月、日に分けられます。年の運気は普段は体感しませんが、結婚や就職など大きな流れに影響を及ぼします。月の運気は非常に体感しやすく、仕事、恋愛、人間関係などに大きく影響します。日の運気は、その日限りの感情の起伏や精神状態に影響を与えるものです。

竹下流気学の運気の解釈は、良いときはすべてが良くて、悪いときはすべてが悪いという単純なものではありません。運気が大吉や中吉のときは、物事が好調な半面、放漫さや過信に注意が必要になります。逆に運気が凶や大凶のときは慎重になることが必要ですが、物事が不調の半面、謙虚になれる、学習能力が上がるなどのメリットもあるのです。

【性格と適性】

本来の性格と得手不得手を知る

人は生年月日によって本当の性格が決まってしまうようです。しかし、多くの人は育った環境や家族関係などの後天的要因によって表面的な性格がつくられていき、本当の性格より前に出てきてしまいます。性格と同じように、人には持って生まれた能力や、生まれながらに備わっている得手不得手があります。ただ、多くの人は自分がどんな能力を持っているのか気づかないことがほとんどです。

人生をスムーズに生きるためには、まず自分の本当の性格と適性を知ることが第一歩です。そこから自分の能力を磨いたり伸ばしたりすることもできますし、より自分に合った職業を選ぶこともできるようになります。

この本の使い方

Step 1 あなた（相手）の本命星を知る

▼〇一二〜〇一三ページ 本命星早見表

まず、人が持って生まれた性格や能力、運気を知るため、あなたや相手の「生まれた年」から本命星を早見表と照らし合わせて調べましょう。

九つの星に分けられます
一白水星
二黒土星
三碧木星
四緑木星
五黄土星
六白金星
七赤金星
八白土星
九紫火星

Step 2 運気を知り、生かす

▼〇三三〜三一九ページ

九星ごとに運気の流れ（バイオリズム）があります。前もって運気のアップダウンを知り、それに合わせることで人生をよりうまく生きることができます。

Step 3 性格と適性を知る

▼三二一〜三五九ページ

本命星がわかると、「生まれた月」から本来の性格と適性を知ることができます。自分の適性もわかるので、仕事や生き方の指針にしてみてください。

本命星早見表

あなたや相手の「生まれた年」から本命星を知りましょう。

四緑木星	三碧木星	二黒土星	一白水星
1924年 大正13年	1925年 大正14年	1926年 昭和元年	1927年 昭和２年
1933年 昭和８年	1934年 昭和９年	1935年 昭和10年	1936年 昭和11年
1942年 昭和17年	1943年 昭和18年	1944年 昭和19年	1945年 昭和20年
1951年 昭和26年	1952年 昭和27年	1953年 昭和28年	1954年 昭和29年
1960年 昭和35年	1961年 昭和36年	1962年 昭和37年	1963年 昭和38年
1969年 昭和44年	1970年 昭和45年	1971年 昭和46年	1972年 昭和47年
1978年 昭和53年	1979年 昭和54年	1980年 昭和55年	1981年 昭和56年
1987年 昭和62年	1988年 昭和63年	1989年 平成元年	1990年 平成２年
1996年 平成８年	1997年 平成９年	1998年 平成10年	1999年 平成11年
2005年 平成17年	2006年 平成18年	2007年 平成19年	2008年 平成20年
2014年 平成26年	2015年 平成27年	2016年 平成28年	2017年 平成29年
2023年 令和５年	2024年 令和６年	2025年 令和７年	2026年 令和８年

九紫火星	八白土星	七赤金星	六白金星	五黄土星
1919年 大正8年	1920年 大正9年	1921年 大正10年	1922年 大正11年	1923年 大正12年
1928年 昭和3年	1929年 昭和4年	1930年 昭和5年	1931年 昭和6年	1932年 昭和7年
1937年 昭和12年	1938年 昭和13年	1939年 昭和14年	1940年 昭和15年	1941年 昭和16年
1946年 昭和21年	1947年 昭和22年	1948年 昭和23年	1949年 昭和24年	1950年 昭和25年
1955年 昭和30年	1956年 昭和31年	1957年 昭和32年	1958年 昭和33年	1959年 昭和34年
1964年 昭和39年	1965年 昭和40年	1966年 昭和41年	1967年 昭和42年	1968年 昭和43年
1973年 昭和48年	1974年 昭和49年	1975年 昭和50年	1976年 昭和51年	1977年 昭和52年
1982年 昭和57年	1983年 昭和58年	1984年 昭和59年	1985年 昭和60年	1986年 昭和61年
1991年 平成3年	1992年 平成4年	1993年 平成5年	1994年 平成6年	1995年 平成7年
2000年 平成12年	2001年 平成13年	2002年 平成14年	2003年 平成15年	2004年 平成16年
2009年 平成21年	2010年 平成22年	2011年 平成23年	2012年 平成24年	2013年 平成25年
2018年 平成30年	2019年 令和元年	2020年 令和2年	2021年 令和3年	2022年 令和4年

※ただし元旦～節分生まれの人は、前年生まれになります。

どん底から救われた私の体験と、あなたをどん底から救う竹下流九星気学

かつて事業に失敗して借金を背負い、
人生のどん底にいた私を
救ってくれたのが九星気学でした。
この九星気学をベースに
独自の確率統計学を組み合わせたのが
竹下流九星気学です。その特徴は
「現代の生活に合っている」こと。
現代人のための実践的な気学、
それが竹下流九星気学なのです。

事業失敗、借金苦から救ってくれたのが九星気学だった

竹下流の九星気学をまとめた『運活ＢＯＯＫ』は、２０２０年の第１弾の発行以来、多くの読者のかたから反響をいただきまして、このたび２０２４年版を発行することになりました。

以前からご愛読いただいているかたも、そして今回初めて手にとっていただいたかたも、数ある九星気学の書籍から『運活ＢＯＯＫ』を選んでいただき、ありがとうございます。

皆さんのご興味が強いのは今年１年の運勢や各月の運勢だと思いますが、その前に竹下流九星気学の根本となる考え方や、大切にしていることをお伝えしたいと思います。各月の運勢やそれに適した過ごし方を知ることはもちろん大切ですが、それらは竹下流九星気

学のおおもととなる考え方を把握してこそ十分に生かされます。

すでにご存じのかたも、新しい1年が始まるこの節目のタイミングに、おさらいの意味を込めてあらためて頭に入れていただけると、この本をより活用していただけるはずです。

私は、もともと占いにはまったく興味がありませんでしたが、20代で事業に失敗し、数千万円単位の借金を背負ってしまいました。そのときにどうしようもなくなって、すがるように助けを求めたのが、横浜で最も当たると評判だった九星気学の占い師、澤田三恵氏でした。ちなみにこの澤田氏は、のちに私の師匠となる人です。

事業で失敗し、借金を背負った私は、半信半疑ながら澤田氏の九星気学占いに従って行動してみました。すると驚くことに仕事がうまく回り始めて、結果的にすべての借金を返済することができました。まさに人生のどん底にいた私を救ってくれたのが九星気学だったのです。

ただ、もともと頑固であまのじゃくで、自分の目で見たものしか信じない理屈っぽい私は、これは本当に占いの力なのか、ただの思い込みではないのかという疑念を抱き、その真偽を確かめるために徹底的にあら探しを始めます。

そして数々の事例を検証した結果、これは本当に迷信ではなく、事実であるということがわかったのです。その後も私は統計をとって研究と検証をくり返し、鑑定士としても26年間で7万件以上の鑑定を行わせていただきました。

自分自身が救われた実体験をもとに、九星気学と統計学を組み合わせて確立したのが、私だけの九星気学、すなわち竹下流九星気学占いなのです。

〝竹下流〟は現代人を救うための現代版気学だ

皆さんは九星気学をご存じでしょうか？　九星気学は中国から広まったといわれる、世界で最も歴史のある占い（確率統計運命学）の一つです。日本でも古くから活用されていたようで、室町幕府や江戸幕府でも気学を活用していたという説があります。

九星気学の基本的な考え方を説明しましょう。まずは生まれた年により、一白《いっぱく》、二黒《じこく》、三碧《さんぺき》、四緑《しろく》、五黄《ごおう》、六白《ろっぱく》、七赤《ななせき》、八白《はっぱく》、九紫《きゅうし》の9種類の星（九星）に分類します。これを本命星といいます。さらに、生まれた月を九星に分類します。これを月命星といいます。本命星と月命星、この二つの星の組み合わせにより、性格、能力、相性、バイオリズム、方位などを鑑定・分析できるのです。

竹下流気学は、こうした九星気学をベースにして独自の確率統計学をつくり上げています。この竹下流気学といわゆる古くからの九星気学（古典気学）との違いは何か、それは「時代に合っているかどうか」です。

私は26年前に占い師になり、多くの鑑定をさせていただく中で気づいたことがあります。それは「古典気学の教科書では解説されていない部分がある」ということです。

たとえば、現在、竹下流気学で最も得意とするのが職業適性鑑定です。現代社会では仕事の悩みは大変多く、適した職業に就くことは非常に重要で、人生を大きく左右します。

しかし、古典気学では各星の職業適性は明確に記載されていません。考えてみれば、古典気学が普及し始めた時代は職業の自由はなく、家業を継ぐのは当たり前。身分格差もあり、徴兵もありました。そんな時代に職業適性鑑定など必要なく、研究が進まなくても当然だと考えます。

そこで、私は26年間で7万件以上の鑑定をさせていただく中で、職業適性をはじめ、性格、相性、方位、家相などさまざまな部分を現代社会に合わせて徹底的に研究・検証し、独自の理論を確立しました。

竹下流気学は、現代人が研究した現代人のための気学、すなわち、すぐに役立てることができる実践型の「現代気学」なのです。

Column

九星気学ってどんなもの？

気学では、地球上には9種類の“気”（磁場のようなもの）が存在し、この気は定期的に〔北西→西→北東→南→北→西南→東→南東〕の順で各方位を循環していると考えます。気学では、生まれたときの地球上の気の配置がその人の運勢を決定すると考え、人が生まれながらに持っている運気を大まかに9通り（一白水星〜九紫火星）、厳密には1000通り以上に分類。その人たちの行動を分析してつくり出された確率統計学が九星気学なのです。

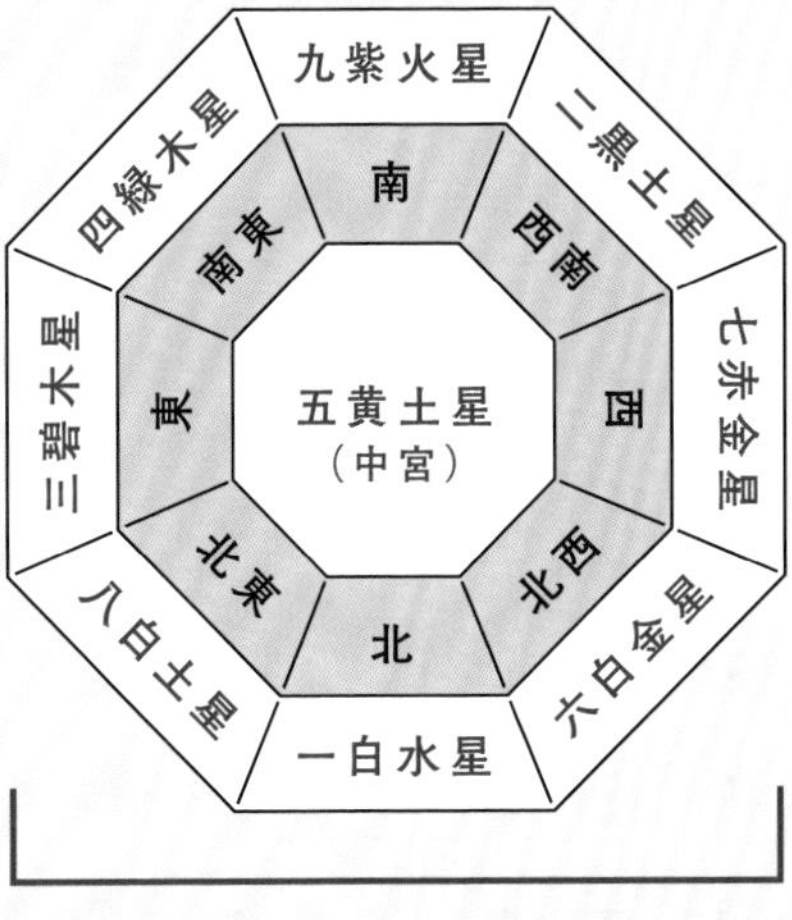

あなたが今どん底なのはあなたのせいではなく運気のせい

仕事や恋愛、家庭がうまくいかないのは
すべて自分のやり方が悪いせい……。
そんな考えは大間違いです。
自分を責める必要はありません。
竹下流気学の統計では
人生がうまくいかない最大の理由は
運気に合った生き方をしていないから。
まずは、各運気の内容を理解して
それに合った生活を心がけましょう。

運気とは「予知能力」「引き寄せ」「運動神経」「免疫力」

九星気学占いには、◎中吉や△凶といった運気が登場します。竹下流気学でも、この運気を使用して鑑定を行っています。では、この運気とはいったいどんなもので、私たちの生活のどんな部分に影響を与えるものなのでしょうか。

具体的には、「プチ予知能力」「引き寄せ」「運動神経・反射神経」「免疫力」という4つの事項をあげることができます。

運気が良いときにはこれらの力が上がり、反対に運気が悪いときには下がります。今月の自分はどんなことが起こりやすいか、どんなことに注意すれば良いかなどを、あらかじめ自覚しておきましょう。

1 プチ予知能力

運気が上がると小さな予知能力が上がります。人間は普段の生活の中で、ここは押すべきか引くべきか、叱るべきかほめるべきか、指摘するべきかスルーするべきかなどの選択をくり返します。運気が上がればこれらの的中率は上がり、仕事も人間関係もうまくいきます。しかし運気が下がるとすべてが裏目に出てしまい、押すべきところで引いて人から軽んじられたり、逆に引くべきところで押してトラブルメーカーになったり、信用を失ったりすることが多いのです。

2 引き寄せ

運気が上がると強い脳波が出るようです。それによって自分に必要な人を引き寄せます。友達、恋人、結婚相手、ビジネスパートナー、お客様など。逆に運気が下がると、そのような人たちが寄ってこなくなります。そして運気が極端に下がると、ストーカーやクレーマーなど寄ってきてほしくない人が来てしまうことも多いのです。

3 運動神経・反射神経

運気が上がったからといって、目立って運動神経や反射神経が上がるわけではありませんが、運気が落ちると、それらは低下します。これにより、普段ならよけられるものがよけられなかったり、いつもだったら踏ん張れるところで転んでしまったり。体の反応が遅いので、大事故や大ケガにつながる可能性が高いのです。

4 免疫力

少しですが免疫力に影響が出る場合もあります。良い方位に行って極端に健康になるということはないのですが、悪い方位に行きすぎて極端に運気が下がったとき、免疫力が落ちてしまうことがあります。特に原因のわからない不調の場合もあり、病院ではストレスで片づけられてしまうこともあります。

運気に合わせて過ごせば大きなクラッシュはしない

この本に登場する☆大吉や○吉などの運気は、基本的に次ページのような意味になります。

まずはそれぞれの運気が示す内容や、その運気のときに起こりやすいこと、注意点などを把握することが必要です。おみくじなどでもなじみのある中吉や凶なども、そのイメージとは異なる部分があるので注意しましょう。また、「〜ときどき大波《おおなみ》」といった見慣れない言葉も登場します。あらかじめ内容をしっかり把握しておきましょう。
現在の自分がどんな運気にあるかをしっかり把握し、その運気に合った行動を心がけることが、大きなクラッシュを起こさない生き方の第一歩です。

☆大吉

精神的に安定し、モチベーションも高く維持されるため、物事を進めたり、結果を出すのに適した運気です。発言や行動に説得力は伴いますが、頼まれごとに弱い面もあるため油断はできません。

◎中吉

あらゆることに対してモチベーションが特に高く、勢いで物事を進めるのに適した時期。大きな伸びが期待できる運気です。ただしパワーがある分、言いすぎ、やりすぎには注意が必要です。

○吉

適度にモチベーションが上がり、仕事や作業に対する意欲も出ます。大きな伸びは期待できませんが、意識して動けば一定の成果を得られる運気です。行動に移せないと、何もせずに終わってしまう場合も。

△凶

モチベーションは低く、表立って何かを進めるには適さない運気です。一方で集中力は高く、勉強、準備などには適しています。表示上は△凶ですが、過ごし方を間違えなければわりと良い時期です。

▲大凶

精神的に不安定で、事故やケガなどの災難に遭遇する可能性のある運気です。過去の良くないことや表立ってほしくないことが出やすい時期。△凶とは明らかに異なり、不安定でトラブルが多いです。

〜のち▲大凶

調子が良くても勢いに乗らず、堅実に慎重に過ごしていれば平穏無事ですが、油断して物事を進めると、結果的に▲大凶になってしまう運気です。過ごし方によって左右される時期です。

〜ときどき〜のち大波

大波は特に運気を下げるものではないのですが、精神面や肉体面、環境も良いときと悪いときの波が大きくなる運気です。その結果、失言や誤算などのミスが多くなるので注意が必要です。

あなたの大凶も大吉の時期もすでに決まっている。必ずやってくる

運気の良し悪し＝バイオリズムは生まれた年によってすでに決まっていて規則正しく一定の周期で回っています。つまり、大凶や大吉がいつ訪れるかはすでに決まっているということ。年の運気と月の運気の両方のバイオリズムを把握すれば今は攻めるべきか、守るべきなのかとるべき行動が見えてくるのです。

同じ星の人はみんな、同じバイオリズムになる

どんな人にも調子の良し悪しがあると思いますが、同様に運気も意図しなくても上下します。これがバイオリズムです。バイオリズムは一定の周期で回っているようで、その人のバイオリズムは生まれた年によって決まるようです。簡単にいうと、同じ星の人はみんな、同じバイオリズムなのです。最初は私も信じられませんでしたが、7万件以上の鑑定を行う中で、このことを確証する現象に何度も遭遇してきました。

たとえば2023年7月は、三碧木星の年の運気は▲**大凶**、月の運気は2カ月連続▲**大凶**の2カ月目。三碧木星のかたから多くの予約があり、皆さんバイオリズムに翻弄され

てつらい状況でした。精神的に落ち込んで立ち直れない、仕事で大失敗した、交通事故にあった、転んでケガをしたなどという相談ばかりなのです。そして翌月は、今度はその月の運気が▲大凶の星のかたばかり。毎月、運気が▲大凶のかたが多く鑑定に来られるのです。

こんな現象を目の当たりにしていると、本当にバイオリズムというものが存在し、同じ星の人が同じバイオリズムであるということがよくわかります。

年の運気と月の運気の両方を把握せよ

運気は年と月に分かれます。年の運気は、味噌汁でたとえるなら「だし」のようなもの。普段は体感しませんが、あとから振り返ると実感できるものです。結婚、独立開業などの長期にわたる選択に影響を及ぼします。

対して月の運気は、味噌汁でいうと「味噌」のようなものです。最も体感しやすく、日々の生活に大きな影響を及ぼします。物事がうまく進むか、前向きな気持ちを維持できるか、暗く落ち込むかなどを一番体感しやすいのです。本人が感じていなくても、まわりが気づく場合もあります。☆大吉のときは元気がある、△凶の時期は暗いというように。

月の運気が▲大凶の時期は、すべてにおいて運気が大きく下がりますので、仕事も恋愛も健康もトラブルが起こりやすいのです。特に年の運気が▲大凶で、さらに月の運気が▲大凶だと、かなり大きな失敗の可能性があります。大事な仕事や勝負ごとは▲大凶の時期を避けるだけで、成功の確率を大きく上げることができます。

大凶の時期は辛抱しろ。ここの過ごし方が大吉の時期に生きてくる

大吉を生かすことも大切だが
大凶を避けることのほうがもっと大切だ！
これが竹下流九星気学の極意の一つです。
運気が悪い時期は何事にもやる気が出ず、
トラブルがあるとダメージも3倍になりますが
過ごし方のコツさえ理解していれば
大きくクラッシュすることなく過ごせるのです。

「大凶だ！ 気をつけろ！」が竹下流の極意

竹下流では、良い時期にスピードアップするより、▲大凶の時期にクラッシュしないことを重要視しています。ほかの流派ではあまり強調しませんが、「大凶だ！ 大凶だ！ 気をつけろ！」としっかり警告するのが竹下流の極意です。

▲大凶の時期は、なにも悪魔がとりつくわけではありません。頭の回転が多少鈍くなり、直観力、洞察力、判断力が低下して引き寄せが悪くなり、反射神経が低下するのです。

竹下流気学は、私が人生のピンチを乗り越えるために使い、相談者のかたがたのピンチを救うために、研究に研究を重ねた実践的な確率統計学です。連日、私のもとにいらっしゃるかたに対して自信を持って鑑定できるのは、竹下流気学が、相談者の良い部分を引き出せるのはもちろんのこと、予測できる悪いことを割り出す的中率が非常に高く、またそ

れが相談者にいかに強烈な影響を与えるかを知っているからです。

大凶の大部分は回避できる！ こう乗りきれ！

前述のとおり、1年を通しての運気は、そのときは体感できないものがほとんどです。したがって、無意識のうちに▲大凶の時期は▲大凶の行動になり、悪循環にはまっていきます。ただし、あらかじめ運気が悪いときの具体的な注意点がわかれば、かなり多くの範囲で意識することにより、運気低下による悪循環は防止できます。▲大凶の大部分は回避できるのです。ここでは、運気の悪い人が1年を乗りきるコツをお伝えします。

大凶の時期の覚悟

1. 努力は6割程度しか実らない
2. いつもなら大丈夫なことが大きなトラブルに発展しやすい
3. ちょっとしたことで精神的なダメージを負いやすい
4. 成功は評価されにくく、失敗は目立ちやすい
5. 事故やケガが起こりやすい

大凶の時期の心がけ

1. むやみに方針を変えない
2. 無駄を省く
3. いつもの2倍工夫する
4. 「だめでもともと」の心構えを持つ
5. 早めに誰かに相談する
6. ひらめきでいきなり動かない

カテゴリー別・大凶を乗りきるコツ

【仕事運】新しいことや方針転換は避けて何事も慎重に進めろ！

運気が低い時期は、とにかく何事にもやる気が出ず、少しでもトラブルがあると通常の3倍ものダメージがあります。

運気が下がると悪い面ばかりが目立ちます。でも、これは自分が間違っているのではなく、運気が落ちているからなのです。特に前年の運気が良かった人はこの落差がとても大きく出ます。たとえば☆大吉の時期は、10の頑張りに対して12〜13の成果が出ますが、▲大凶の時期は頑張ってもせいぜい6〜7の成果しか出ません。これは自分の限界ではなく、運気が巻き起こすものなのです。それを理解していないために無駄に大きなショックを受けてしまう人が多いのが現実です。そして、それが自分の限界だと勘違いし、将来に向けた仕事のモチベーションを失ってしまう人が多くいます。

そうならないために、▲大凶の時期に心がけたいことを右ページにまとめました。基本的には、今行っていることの完成度を上げることに注力してください。大きく方針を変えたり新しいシステムを導入したりすると、それが軌道に乗るまでにかなりの努力が必要になります。

具体的には、判断力、直観力、洞察力が落ちるため、何事も石橋をたたいて慎重に進めましょう。そして、必ずミスが起こる前提で過ごすことを心がけてください。また、何事も自分の決断では進めないよう、必ず上司、先輩の判断をあおぎ、うまくいっているときでも報告、連絡、相談をまめに行いましょう。失敗したときに上司に後ろ盾になってもらうようにしておくのも一つの手です。また、口約束はあてにせず、必ず文書で残すように。

▲大凶のときは誰かに戦いを挑みたくなりますが、絶対に避けてください。

▲大凶と覚悟のうえで頑張り方を間違えなければ、良い結果を残すことも可能なのです。

Column

転職・独立は数年の運気を見通せ

今年運気の良い人も注意が必要です。同業種であれば転職・独立がスムーズに進むかもしれませんが、異業種となると軌道に乗るまでに数年かかることもあります。そのため、今年の運気だけでなく数年先の運気まで見通して決断することが必要です。やむをえない場合は、右ページの「大凶の時期の心がけ」を胸に刻んでください。

【恋愛運】

直感や第一印象をあてにするな！一人で決めずに必ず相談を

▲大凶の年の恋愛や出会いにはかなり注意が必要になります。仕事運の項でも述べましたが、**▲大凶**の時期は直観力、判断力、洞察力がまったくといっていいほどありません。直感的なひらめきはもちろん、ファーストインプレッションもあてにしないほうが良いでしょう。

仮に**▲大凶**のときに出会った相手のことをすごく良いと思っても、石橋をたたきながらゆっくり進展させることを常に心がけてください。即断即決でつきあったり、出会ってすぐに親密な関係になったりするのは、もってのほかです。自分一人で判断せず、恋愛経験が豊富な友人や先輩に意見を求めるなど、深い間柄になる前に必ず相談するようにしましょう。

また、**▲大凶**の年は引き寄せ運が最悪です。この運気のせいで悪い人やだめな人を引き寄せる可能性が大。そして引き寄せてしまったが最後、**▲大凶**の時期は弱気なので相手から頼られると、まず断れません。「私がいないと……」という考えになりがちですが、全力で捨て去るように。そう思ってしまうのもすべて運気のせいです。

【家庭運】

不満をため込むことが一番だめ！相手に打ち明けるか友人に相談を！

▲大凶の時期は精神的に不安定になり、相手に対しての依存度が上がります。不安で寂しくてどうしようもなくなる場合が多いのです。それをがまんすることなく相手に素直に話して頼ってしまえば、二人の関係は良くなって愛も深まるでしょう。

逆に素直になれずにがまんしてしまうと、相手の行動が気になり、「あの電話は誰？」「いつもスマホを見ているけど……」と、つい疑ってしまいます。すると、悩みすぎて自分の調子が悪くなったり、相手に八つ当たりして嫌われてしまったりということになりかねません。

▲大凶の時期に不安や不満をため込んで八つ当たりしてしまうと、言ってはいけない最悪のひとことを発してしまうこともあります。そのひとことで修復不可能になるケースも多いのです。相手に素直に甘えるか、それができなければ共通の友人に早めに相談しましょう。

また、子どもの進学や住宅の購入、遺産相続、介護問題などの大きな決めごとは当然、良くないです。**▲大凶**の時期に重要な決断をするのは、可能な限り避けるようにしましょう。

【金運】

ストレス発散のための買い物はNG！とにかく無難に過ごすことを意識

お金に関しても判断力がありません。▲大凶の年は、普段なら絶対に欲しくならないようなものに目移りしてしまいます。その欲を解消しようと思いきって購入してしまうと、大変な後悔をすることが多いです。今まで購入候補にあがっていない商品や、これまでと違った路線のものには絶対に手を出さないようにしましょう。

もちろん住宅や車といった大きな買い物も避けてください。どうしても買わなくてはならない場合は慎重に慎重を期して、確実で手堅いものを選ぶようにしましょう。余談ですが、私は▲大凶の時期に車を買い替えて、大きく後悔したことが何度もあります。

押しに弱い時期ですので、店員さんのおすすめには耳を傾けないように。さらに、運気が悪いと慢性的に買い物依存になります。お金を使ってストレスを発散したくなりますが、絶対にNGです。反対に、節約に徹するとお金がたまりやすい運気でもありますが、一度使ってしまうと勢いがついて全部使うまで止まらなくなることも。ひたすら無難にいきましょう。

【健康運】

過去の不摂生が爆発する可能性大！スポーツや運転、転倒にも注意を

▲大凶の時期は、抵抗力、免疫力が低下するようです。いつもどおりに生活していても体調不良が起こりやすいのです。ゴルフが趣味のかたは回数を減らす、お酒を飲むかたは酒量を減らすなど、普段よりも体調ケアに気をくばってください。

また、過去のツケが回ってくることも多い時期です。食生活の乱れから何らかの病気を発症してしまったり、体力的に無理な作業を続けてきたためヘルニアを発症してしまったり。▲大凶の時期はトラブルが起こらないように過ごすことが大切ですが、何かが起こってしまったらごまかしはききません。潔く病院に行き、治療しましょう。

さらに、運動神経や反射神経が低下します。スポーツや車の運転には十分な注意が必要です。普段の生活でも単純に転びやすくなり、受け身がとれずに骨折してしまうなどということも。

これらのトラブルは、日々意識していれば大部分は回避できることです。「今月は大凶」と紙に書いて、目につく場所に貼っておいてください。これだけで意識が高まり、大部分のトラブルは回避できるはずです。

運気を軽く考えるな。土用、大潮、激ヤバ日、方位には注意しろ

年や月の運気のほかに意識しておきたいのが
大地や大気、さらに人間も不安定になる土用期間と
人間のあらゆる欲望が高まる大潮の期間、
そして毎月の中の大開運日と激ヤバ日です。
事前に準備できれば、運気を味方につけることができます。
方位については、簡易的な情報に流されないように。
重要だからこそ、正しい情報を得るようにしてください。

土用期間は体調悪化に、大潮は欲に気をつけよ

土用期間とは旧暦の季節の変わり目にあたり、1年に4回訪れます。この期間は大地の気や大気が不安定な状態になり、その影響を受けて人間も不安定になります。体調をくずしたり、精神的に落ち込んだり、仕事での判断ミスも起こりやすくなるでしょう。竹下流気学の統計では、土用期間はそれほどおそれる必要はありませんが、無茶をせず心身を整えて過ごすことを心がけましょう。災害への備えも見直すと良いでしょう。

もう一つ、注意したいのが大潮の期間です。大潮は満月や新月の時期と重なることが多く、毎月8日間ほど訪れます。大潮の期間は人間のあらゆる欲が強まります。いら立ちやすい、暴走ぎみになる、浪費しがちなど、ネガティブな面が出やすいので注意しましょう。

その半面、欲望に忠実に動ける、勇気が出せる、挑戦心がわいてくるなど、ポジティブにはたらく部分もあります。仕事で普段は会えないような人にアポをとってみる、憧れの

人に告白してみるなど、いつもはためらってしまう行動をあと押ししてくれる時期です。
うまく活用すれば大きな結果が得られることも多いのです。

2024年の土用期間

1月18日(木)～2月3日(土)
4月16日(火)～5月4日(土)
7月19日(金)～8月6日(火)
10月20日(日)～11月6日(水)

土用期間の心がけ

1. 新築、増築、リフォームは避ける(ただし修繕はOK)
2. 防災グッズ、ハザードマップを確認する
3. 何事も確認を入念に行う
4. 感情的な行動をとらないように注意

どんな月も大開運日と激ヤバ日を把握しろ

運気には、年と月の運気に加えて、日の運気もあります。味噌汁にたとえると、年運＝だし、月運＝味噌と前述しましたが、日の運気は七味。あくまでも気分的なものです。本書の月運のページでは、各月の運勢を前提にしながら、その中でも特に良い日を「大開運日」、反対に悪い日を「激ヤバ日」として掲載しています。

大開運日と激ヤバ日で影響を受けるのは、判断を左右する直感力や洞察力、ケガや事故

につながる運動神経や反射神経、そして引き寄せにかかわる脳波です。これらの影響を最も受けるのは月運ですが、重要な決断をする日や、特別な行動を起こす日などは激ヤバ日を避け、可能な限り大開運日を選ぶようにすると良いでしょう。

吉方位・凶方位を安易に考えるのは危険！

九星気学では方位を重視し、自分の吉方位に出かけることを「方位取り」と呼びます。竹下流気学でも方位取りを重視しています。それは私の実体験によるものです。20代でどん底にいた私は九星気学に救われたと述べましたが、具体的な行動が方位取りでした。また、「その方角は絶対にだめ！」という鑑定結果を無視して儲け話に乗ってしまい、数千万円の借金を抱えたこともあります。方位の重要性を身をもって体験してきたのです。

方位取りの方角は、主に生年月日に基づいていますが、訪れるべき場所を割り出すのは容易ではありません。たとえば同じ「北」といっても、住まいが横浜と千葉では訪れるべき場所が異なります。また、その人の仕事や家庭、恋愛、健康などの状況によって、遠方か近場か、あるいは1回か複数回かなどを割り出すのです。

最近はウェブサイトやテレビでも方位を公表していることがあります。しかし、それらはあくまでも大まかにとらえた簡易的なものであり、個人に対応したものではありません。吉方位だと信じて出かけた場所が、じつは凶方位だったというかたも少なくないのです。

このような事態を避けるためにも、竹下流では方位に関して安易にお答えすることなく、実際に鑑定に来ていただくことをおすすめしています。

自分の適性と職業や環境の相性が悪いといくら運気が回復してもだめ

適性に合わせて生きれば人生がうまくいく

ここまでは主に運気について述べてきましたが、もう一つ、私が多くの事例を研究する中で得た確証があります。それは、人は生年月日により性格や適性が決まっていること、そしてその適性に従って生活を送れば大半のことがうまくいくということです。

本書の巻末には、最低限知っておいていただきたい、あなたの性格と適性を記載しています。自分はリーダー型なのかフォロワー型なのか、仕事に生きるべきか家庭に生きるべきか。その適性に合わせることで、本当にラクに効率良く生きることができます。

これまでに行った7万件もの検証の結果、適性に合った生活を送っているかたは10％以下だとわかりました。多くのかたが適性に合っていない生活を送ることで張り合いのない毎日を過ごしており、最悪の場合は適応障害の症状が出てしまったかたもいるのです。

自分の性格や適性を自覚している人はほとんどいません。まずはご自身がどんな適性なのかを把握し、可能な限りそれに沿った生活に変えることを心がけてみてください。

2024年の
年運と月運

「一白水星」

【Year keyword】

がまんの年

今はあせるな！
気持ちを抑えて
石橋をたたけ！

一白水星

2024年の運気

◎中吉 のち ▲大凶

※九星気学の1年は旧暦で、1年の境目は節分（2024年は2月3日）です。

［6年間の運勢グラフ］

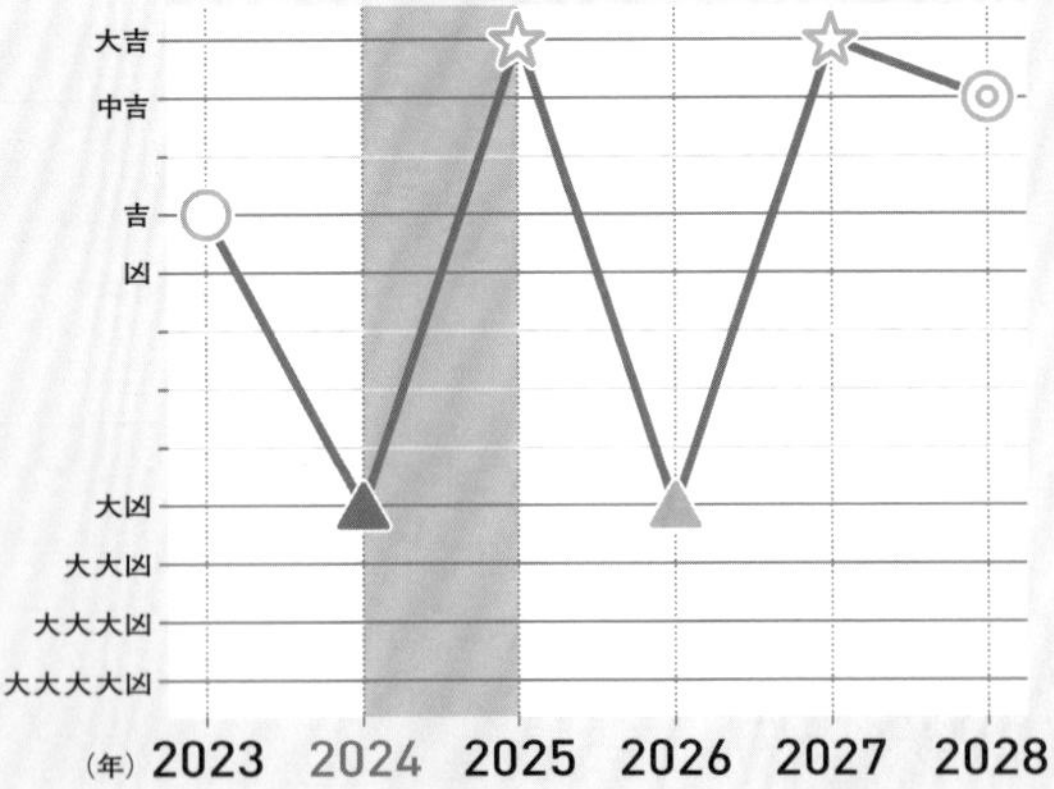

［年間運勢グラフ］

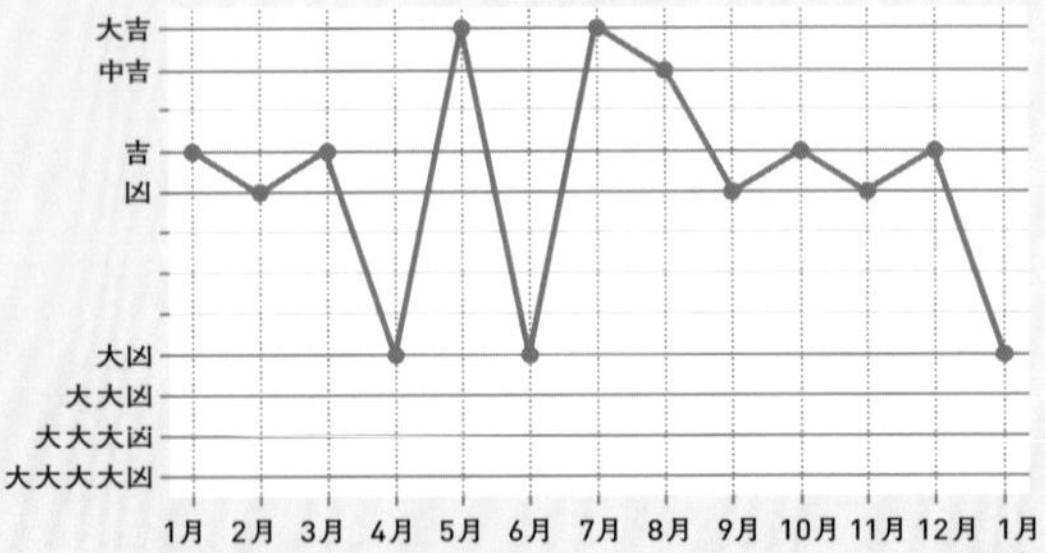

【運勢】

この1年はがまんして来年に勝負だ！

昨年の〇吉から下がって▲大凶になりました。ベースの運気が◎中吉ですので勢いがあり、モチベーションも高く、▲大凶感はないかもしれませんが、その勢いがあだとなる運気。本来であれば七転び八起きの精神でいろいろなことにチャレンジし、来年につなげるという運気ですが、何事もみずから勢いを止めて、慎重に丁寧に進めましょう。来年は☆大吉に上がりますので1年のがまん。現状維持ができればOKです。すべては来年に頑張りましょう。ただ、勢いがある分、頭の回転は速くなり、今後につながるアイディアや何かに気づくことがあるかもしれません。判断力が低下する年なので、そのアイディアをすぐに実行するのはよくありません。今年は記録しておき、判断力が上がる来年に進めるかどうかをもう一度検討しましょう。▲大凶だからといってすべてをストップさせるのではなく、日々の生活をミスやトラブルが起こらないよう慎重に進めて、新しいことやチャレンジしたいことに関しては今年はあたためておき、来年につなげましょう。

【仕事運】

先走るな！冷静に、丁寧に！

今年は▲大凶ですので、業務の変革や新規のプロジェクトには向いていません。今やっている仕事を進展させていくほうが、成果が出やすい運気です。昨年から手がけているものは、今年前半はまだ前年の良い運気が続いていますので、早めに終わらせるようにしましょう。その後はいつもの半分程度の力でちょうどいいです。勢いがあっていつも以上に頑張ろうとしてしまいますが、それが大きな失敗のもとになる運気です。現状維持に徹しましょう。

今年はいつもより丁寧に確認作業を行い、気になることがあればすぐに社内で共有するようにしましょう。断言してしまうことにも注意。取引先との交渉ごとなどは、独断で返事をせずに、必ず社内で確認してから決めましょう。

今年は転職や独立には向いていません。特に独立に関しては最初の数年が肝心なので、▲大凶の年は避けたほうが賢明です。さらに、来年は☆大吉で、再来年は▲大凶と運気が上下する時期です。このような時期の独立はおすすめしません。２０２７年から運気が安定するのでそこまで待つか、どうしても待てない場合は計画をしっかり立てて、資金面などにかなり余裕を持って。規模は小さくコストをかけず、最小限の態勢で始めるようにしてください。

【恋愛運】

石橋をたたけ！直感は信じるな

ここ数年の運気が好調だったこともあり、身近に良い人がいる可能性がありますが、今年は直感や行動力があだとなる運気です。慎重に進めましょう。ベースの運気が◎中吉なので、気持ちは前向きで表面上の出会いが多いかもしれませんが、▲大凶なので引き寄せ力は落ちています。異性を見る目がかなり曇るので、良い人がいても即断せずに必ず誰かに相談してください。距離を縮めるのは、運気が上がる来年になってからが良いでしょう。

すでに恋人がいる人は、急に結婚したくなったり、逆に突然別れたくなったりと、一時的な気分に流されて強引に押し進めようとしてしまいますが、勢いと強引さが大失敗を招きます。何か行動するときは、必ず誰かに相談してから慎重に進めましょう。

【家庭運】

ストレス発散が円満の秘訣！

家庭内でもパワーがみなぎる1年ですが、その半面、ケンカが多くなります。言葉がきつくなり、パートナーに対するだめ出しも強くなってしまいます。カッとなると収拾がつかなくなり、とり返しのつかないことを言ってしまいそうです。今年のケンカの原因はすべてあなたの運気である可能性が高いです。ケンカになったら、こちらから先にあやまりましょう。

イライラしたときは周囲に当たらないように、少し居場所を変えたり、スポーツで体を動かしたりすると良いでしょう。いつも一緒にいるよりは、お互い趣味などで忙しくしていたほうが円満にいきます。

子どもがいるかたは、試験的にいろいろなことを経験させてみましょう。ただ、今年は一つのことに深入りせずに、来年になってから方針を決めましょう。また、子どもに対しての理想が高くなりがちなので、想定する結果が出せなくてもやさしく励ましましょう。基本的に性格がきつくなる時期なので、叱るときは加減することが大切です。

【金運】

衝動買いは厳禁！来年まで待て

金銭感覚がずれているにもかかわらず、気持ちが大きくなって高額な買い物をしたくなるという、非常に危険な運気です。「どうせ買うなら良いものを」と考えて、予算の数倍以上のものを買ってしまい、「こんなはずじゃなかった」と後悔することもありそうです。むやみに店に足を運ばず、出かけるときに持つお金は最小限にとどめ、カードは持たないほうが良いでしょう。

来年は運気が回復します。特に大きな買い物に関しては来年まで待つようにしましょう。

【健康運】

勢いで走るな！ 無理やり休息を

1年を通してモチベーションが高く、ハードスケジュールになりがちですが、免疫力や回復力は下がっています。意識して休まないと、体調を大きくくずす場合もあるので注意してください。

反射神経や運動神経も鈍くなる時期なので、スポーツや車の運転では、普段以上に注意を払うようにしましょう。勢いがある時期なので暴飲暴食にも用心してください。特に症状が出ていなくても健康診断に行くと良いでしょう。

注意点

強引、傲慢、暴言は絶対だめ！

ベースの運気が◎中吉なので、モチベーションもパワーも上がります。しかし、最初は好調でも、その勢いで進めてしまうとすべてが崩壊するという厄介な運気です。▲大凶感をあまり感じられないかもしれませんが、意識的にペースを落とし、確実に進めていくことだけを心がけて過ごしましょう。

今年は思いきりの良さや決断力が上がりますが、その点にも注意が必要です。決めつけ、強引なやり方、強気な態度で周囲とトラブルを起こさないように気をつけてください。自然と気持ちが高ぶり、表情に出やすいうえに、カッとなると暴言を発してしまう可能性もあります。

また、▲大凶の時期は体調をくずしやすいのでしっかりケアし、事故やケガにも気をつけてください。

運勢

大波

ときどき

○吉

今月の注意点と開運のカギ

先月の△凶から上がって○吉です。体が軽やかに動き、頭も冴えています。普通に頑張るだけで成果が出ますので、仕事もプライベートも積極的に進めましょう。九星気学上では来月が2024年のスタート月で、今月は前年の運気となります。2024年は運気が▲大凶に落ち、何事もうまくいきにくくなります。進められることは前年の○吉の運気が残っている1月中に進めたほうが良い結果につながりやすいので、できることは今月中に取り組みましょう。

ただし、今月は大波の影響で気持ちが不安定になりやすく、18日からの土用期間でさらに不安定になるかもしれません。すぐにカッとなったかと思えば落ち込んだり、さらに事故にあったり病気にもかかりやすくなります。困ったときには早めに頼れる人に相談しましょう。また、良い運気のときは評価が得られる半面、あらが目立ったり、傲慢な態度になったりと、悪い面も目立ちやすくなります。いつも以上に謙虚な姿勢と丁寧な言葉遣いを心がけましょう。

［年間運勢グラフ］

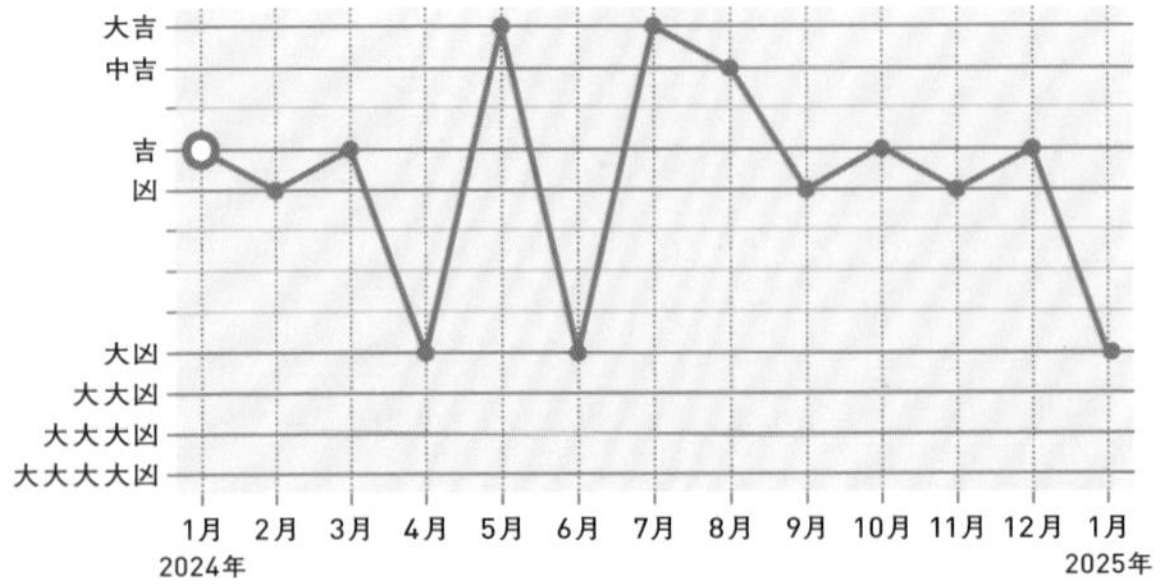

一白水星
の月運

2024

1

January

1/6～2/3

来月から運気が低下！

やるべきことは今月中に

今月の心構え
三か条

一 できることは今月中に全部片づけろ！

二 不安定な運気。一人で判断するな！

三 謙虚な態度に徹すれば運気アップ

＊九星気学では前年の運気です

今月の【大開運日】9日　【激ヤバ日】18日　【大潮】11日～14日、26日～29日　【土用期間】18日～31日

仕事運

◎中吉

成果を出しやすい時期です。周囲からの評価が高まっているので積極的に取り組みましょう。頭が冴えてアイディアが浮かび、良い結果を残すことができそうです。「数打てば当たる」という運気ですので失敗をおそれず、仮にだめでもすぐに次へと切り替えましょう。勢いのある今月中にやれることはやってしまいましょう。ただ、評価を得やすい半面、ねたまれたり悪い評判が立ったりもしやすい運気です。自分ではそんなつもりがなくても、調子に乗って態度が大きくなると周囲の反感を買うことになりますので要注意。礼儀を守り、人には丁寧に接するように心がけましょう。

恋愛運

◎中吉

恋愛運は好調です。今月のあなたはとても目立ち、人を引き寄せます。合コンやお見合いパーティなど出会いの場に出かければ、良い人とめぐり合える可能性が高いでしょう。華やかさや色気を意識したファッションが開運のポイントです。ただし、出会い運は良いのですが、熱しやすく冷めやすい運気でもあります。今月後半は気持ちも不安定ですので、衝動的な行動は控えましょう。

家庭運

△凶

すぐにカッとなってしまい、いつもよりケンカが多くなるかもしれません。いろいろなことが露呈する運気でもありますので、伝えるべきことは早めに伝え、しっかり話し合って解決しましょう。今月は子どもの才能を見つけやすい時期。小さなことでもほめてあげると、自分も子どもも運気がアップします。理想が高くなりがちなので、家族に押しつけないように注意しましょう。

金運

◎中吉

大きな買い物に適した運気ですが、その半面、気持ちが大きくなってあれこれと手を伸ばしたくなるかもしれません。前から欲しかったものを再度考えて購入するのはかまいませんが、急に欲しくなった高額商品をすぐに買うのは禁物。衝動的な買い物は控えましょう。金運が好調なときは財布のひもがゆるみがちですので注意して。日々の飲食代も常識内におさめるよう気をつけましょう。

健康運

△凶

勢いがあってモチベーションが高い時期のため、つい無理が多くなります。気持ちが不安定なため加減がわからず、遊びすぎによる寝不足や暴飲暴食に陥りがちです。神経過敏によるストレスをはじめ、体の冷えや過度なダイエットにも注意して体をしっかりケアしましょう。不調がある場合は兆候が出やすい時期でもありますので、気がついたら早めに病院に行きましょう。

運勢

△
凶

今月の注意点と開運のカギ

九星気学では今月が新しい1年のスタートです。年の運気は今月から▲大凶に落ちます。月の運気も先月の〇吉から下がって△凶に入ります。運気の低下によりやる気が起こらず、些細なことでも落ち込みやすくなりますが、ネガティブな気持ちに引っ張られないように意識し、寂しいときは一人にならずに誰かに相談しましょう。運気は安定していて成果は出せますので、パワーが出なくても無理やり予定を組んで動きましょう。

△凶は決して悪い運気ではなく、地固めに必要な時期。来月は運気が上がって〇吉となりますので、今月は来月へのステップという位置づけです。今後の計画を立てるには良い運気です。また柔軟性が上がるので、どんなことでもスムーズに受け入れられ、大きく前進することができます。これまでのやり方が間違っていないかを周囲に確認しながら進めましょう。集中力や学習力も上がりますので、今月にコツコツと積み重ねておくと来月に結果が出やすくなります。

[年間運勢グラフ]

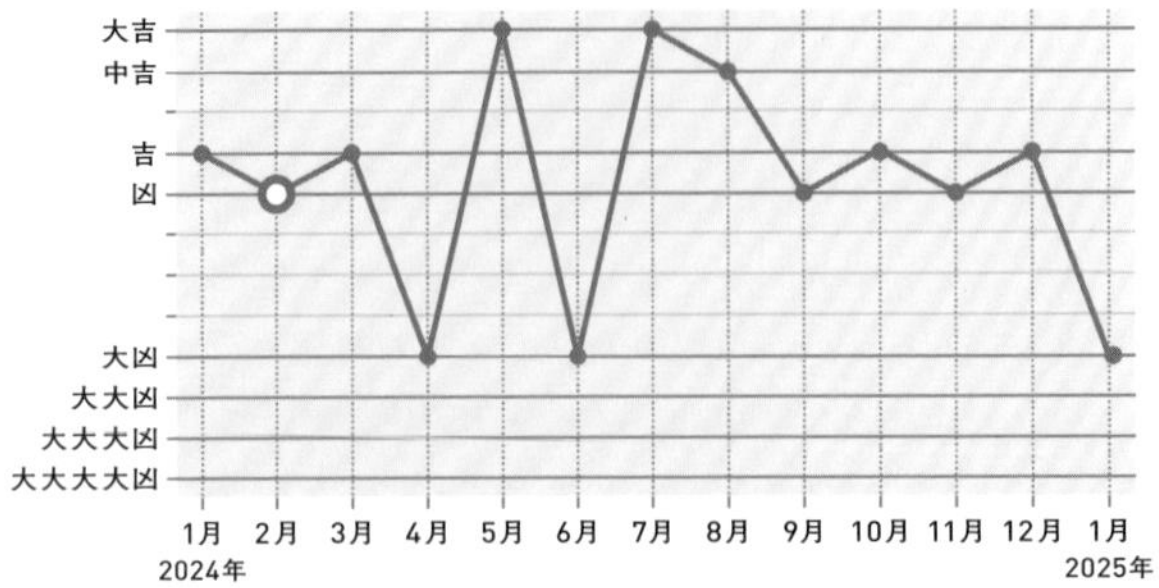

一白水星の月運

2024

2

February

2/4 ～ 3/4

年運が急降下！意識してペースを落とせ

【今月の心構え 三か条】

一 集中力アップ！研修や勉強は今だ

二 年の運気の低下を意識しろ！

三 不安定に注意。一人で落ち込むな！

仕事運

○吉

地道な努力がキーワードの今月。社交性や営業能力は下がりますが、忍耐力、集中力、学習能力が上がるので、普段手をつけられない書類の整理、試験や資格の勉強など地道な作業がはかどります。やるべきことがある人は今月中に終わらせてしまいましょう。月の初めに1カ月の計画を立て、それをまわりの人に宣言するのも良さそうです。自分を追い込むくらいに無理やり動くようにしましょう。柔軟性も上がりますので、周囲の意見に耳を傾けるように意識すると視野が広がり、自分の中で新たな可能性の発見につながります。周囲とのコミュニケーションを大切にするときです。

恋愛運

○吉

異性を引き寄せるオーラがありますので、良い出会いが期待できるでしょう。特に昔の恋愛から新たな関係が始まりやすくなります。心当たりがある人は連絡をとってみましょう。ただし、基本的にはネガティブで引きずりやすい精神状態ですので、未練が残っている相手にしつこく連絡するのはやめておきましょう。また、寂しいときは急に大胆になることもあるので注意が必要です。

家庭運

☆大吉

家庭運も好調で相手に合わせて行動できるときです。家族との時間を大切にして、パートナーや子どもとスキンシップを多くとると良いでしょう。あらためてパートナーの魅力に気がつくので、相手に寄り添う気持ちで過ごしましょう。ただし気持ちがネガティブになり、家族に不満やイライラをぶつけがちな点には注意。外食に出かけるなどして気分転換するのもおすすめです。

金運

○吉

買い物でストレスを発散したくなりますが、財布のひもをしっかり締めるように意識しましょう。小さな出費でも積み重なると大きな金額になります。家計の収支を見直して、無駄がないかをチェックしてみましょう。今月は断捨離にも向いています。いらないものを整理して片づけながら、コツコツためていくことが金運アップにつながります。

健康運

○吉

免疫力、回復力が上がるので、持病を治したい人やいつかは受けなければならない治療や手術などがある人は、今月中に取り組むのがおすすめです。特に不調がない人も健診に行ってみると良いでしょう。子育て中のかたは子どもの健康チェックを。ネガティブな気持ちになりやすいときは、体が冷えて婦人科系の不調や膀胱炎を発症しがちです。ストレスをためないように気晴らしを。

一白水星
の月運

2024

3

March

3/5 ～ 4/3

結果にこだわって一歩を踏み出せ！

運勢

○吉

今月の注意点と開運のカギ

先月の△凶から上がって○吉です。来月は▲大凶となり、すべてのことがうまく進まなくなってしまいますので、今月中にある程度の結果を出せるように頑張りましょう。新しいチャレンジは来月まで待たずに、今月始めたほうが成功率は上がるでしょう。

今月は「こうあるべき」という思い込みが激しくなり、それを他人にも押しつけてしまいます。しっかりとした考えを持つのは良いことですが、頑固になりすぎると身近な人に強く当たってしまい、関係を悪化させてしまいます。細かいことが気になるのは運気のせいです。気持ちにゆとりを持って大きな心で接するように気をつけてください。コミュニケーションが開運のポイントです。せっかくの良い運気ですから柔軟にいきましょう。不満や不安がある場合でもひたすら耐えてしまいそうですが、過度ながまんはよくありません。ため込みすぎず、信頼できる人に早めに相談するよう心がけましょう。

［年間運勢グラフ］

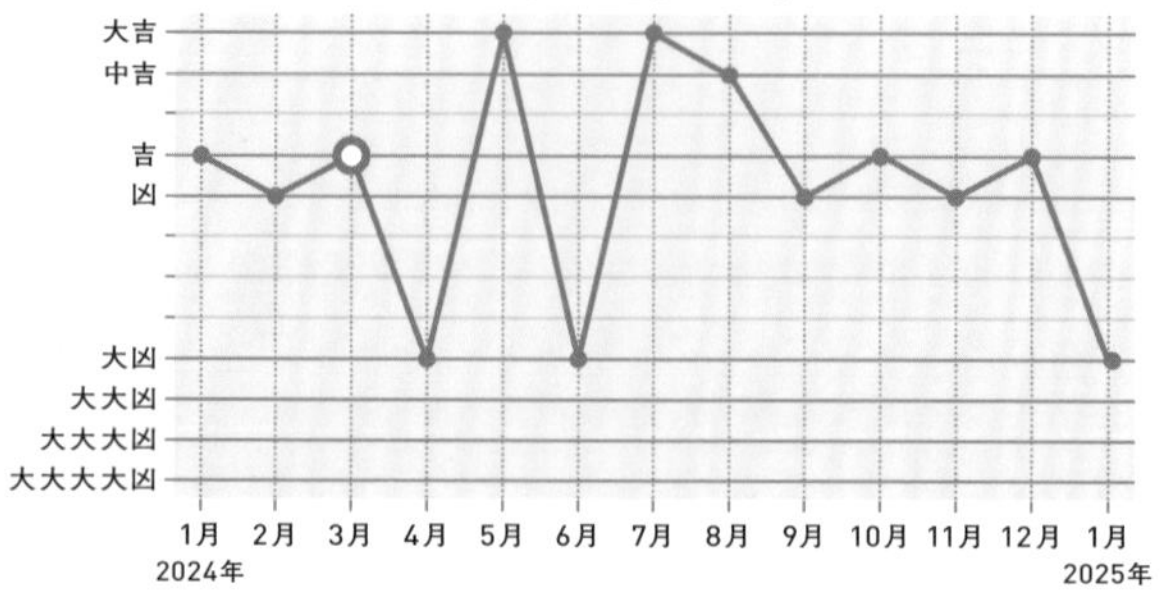

【今月の心構え 三か条】

一 部下や後輩を意識してサポートしろ！

二 頑固に注意！周囲の意見を聞け!!

三 来月の大凶に備えてやれることは今月中に！

今月の【大開運日】12日、14日、21日　【激ヤバ日】30日　【大潮】10日〜13日、25日〜28日　【土用期間】なし

仕事運　○吉

基本に忠実に行動すると良い運気です。来月は運気が落ちるので、今月中に成果を上げたいところです。基本に立ち返り、修正すべきところは直しておくと今後は大きく変わるでしょう。ただし、今月は頑固になりやすく、他人に意見を押しつけがちになりますので気をつけましょう。スムーズにいかないときにはこだわりを捨て、素直に周囲の意見を聞き入れましょう。また、部下や後輩とのコミュニケーションを積極的に図ると良い運気です。お説教するのではなく、まずは相手の話を聞くことを心がけてください。ここで良い関係を築いておくと今後は良い連携をとれそうです。

恋愛運　◎中吉

面倒見が良くなり、おせっかいが出会いを引き寄せる運気。飲み会の幹事など裏方を引き受けると新しい出会いにつながります。知人の中から恋人に発展する可能性もあり。アドレス帳を見直して、気になる人がいたら誘ってみましょう。異性に対する目は厳しくなりがちで、相手のなにげない言動や服装で突然冷めてしまいそうですが、運気のせいなのであまり気にしないことです。

家庭運　☆大吉

家の中で楽しみましょう。家庭料理が円満の秘訣。豪華なものではなくても、冷蔵庫にある食材で愛情のこもったものを作ると喜ばれます。ホームパーティを開くのも良いでしょう。部屋の模様替えや断捨離もおすすめ。また、しっかりと子どもと向き合って面倒を見ると良い時期です。礼儀作法や勉強を見てあげるなど、厳しくなりすぎずにやさしくさとすように教えましょう。

金運　○吉

無駄なくきっちりを心がけると運気が上がります。無駄遣いをやめて今あるお金でやりくりしましょう。ここで家計簿をつけ始めるとこれから習慣化できます。食費は外食を控えて、食材を余らせずに使いきることを心がけて。また、日頃の感謝の気持ちを表すことも運気アップにつながります。お世話になっている人や職場の上司、同僚にちょっとしたプレゼントを贈るのも良いでしょう。

健康運　▲大凶

今月は忍耐力が強すぎるあまり、体の異変に気づきにくかったりがまんしたりして悪化させてしまう可能性があります。少しでも体の不調に気づいたらすぐに病院に行き、検査や治療を受けるのが良さそうです。特に胃の調子が悪かったり皮膚のかゆみや荒れが出たりした場合は、普段は見過ごすような些細な症状でもきちんと対処することをおすすめします。

一白水星
の月運

2024

4

April

4/4～5/4

暴走は厳禁！
その勢いがあだとなる

運勢

◎中吉のち▲大凶

今月の注意点と開運のカギ

先月の○吉から一気に下がって▲大凶になりました。今月はベースの運気が◎中吉です。勢いがあり、やる気が出て何事も押し進めたくなりますが、その勢いのままに進めると大失敗するという危険な運気です。仕事もプライベートも慎重に進めましょう。年の運気も▲大凶に落ちていますので、今月はペースをかなり落とすことが重要です。来月は運気が回復しますので、ここで頑張りすぎなくて大丈夫。無理に成果を出そうとせず、何事も慎重に、今月は現状維持に徹してください。困ったときは一人で抱え込まずに、できるだけ周囲に相談しながら進めましょう。

また、▲大凶のときは判断力、体力、免疫力が低下し、反射神経も鈍ります。突発的な事故や病気には十分に気をつけてください。車の運転は無意識にスピードを出しすぎてしまいます。いつも以上に安全運転を心がけてください。しっかりと休養をとり、気持ちにゆとりを持って過ごすことを心がけましょう。

[年間運勢グラフ]

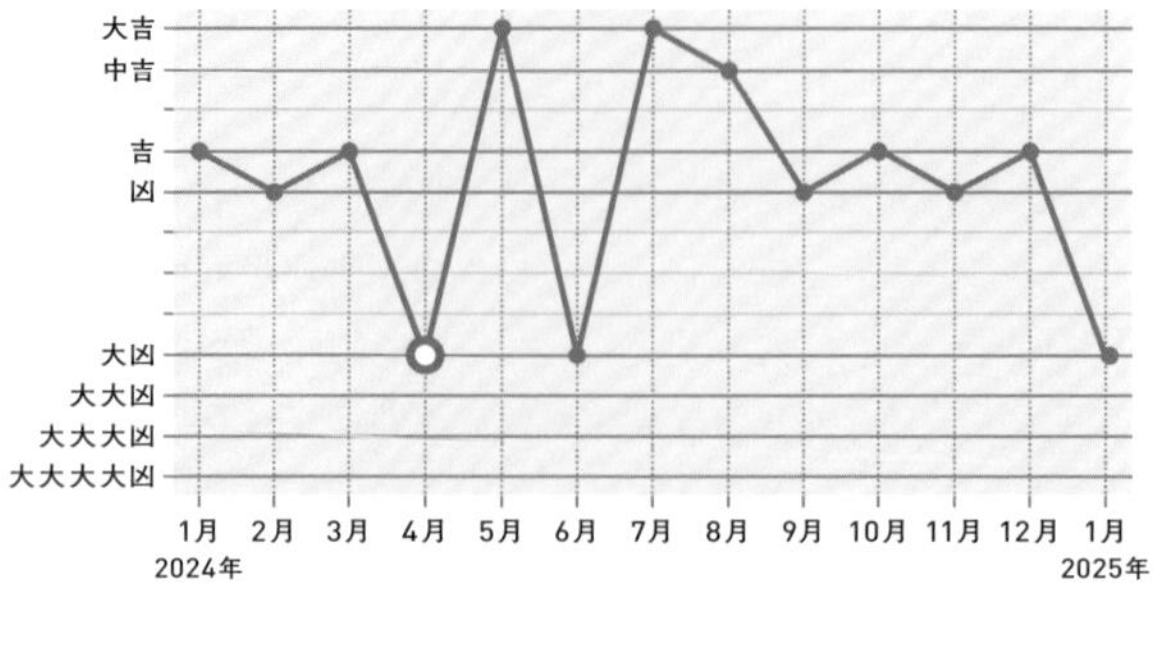

【今月の心構え 三か条】

一 急がば回れ。石橋をたたいて進め！

二 意識してやさしい言葉を心がけよ！

三 何事も慎重に。トラブル、事故、病気に注意！

今月の【大開運日】なし　【激ヤバ日】20日、29日　【大潮】9日～11日、23日～26日　【土用期間】16日～30日

仕事運 ▲大凶

今月の初めは先月の良い運気が続いていますので、前倒しできるものは早めに行いましょう。その後はいつもの半分程度の力でちょうどいいです。勢いはあるのでいつも以上に頑張ろうとしてしまいますが、それが大きな失敗のもと。新しいチャレンジをせずに現状維持に徹しましょう。いつもより丁寧に確認作業を行い、気になることがあればすぐに社内で共有するようにしましょう。また、今月は断言してしまうことにも要注意。特に取引先との交渉ごとなどでは、独断でその場で返事をしないことです。周囲とのコミュニケーションを大切にして、何事も丁寧に進めてください。

恋愛運 ▲大凶

直感や行動力があだとなる運気。異性を見る目が曇っているので、もし良い出会いがあってもすぐに動かないほうが良いでしょう。距離を縮めるのは運気が上がる来月まで待つことです。すでに恋人がいる人は、突然結婚したくなったり逆に別れたくなったりと気分に流されやすくなりますが、それは間違い。勢いと強引さが大失敗を招くので、必ず誰かに相談して慎重に進めましょう。

家庭運 ▲大凶

ケンカが多くなる月。言葉もきつく、相手へのだめ出しが強すぎてしまいます。今月のケンカはあなたの運気のせい。ケンカになったら早めにあやまりましょう。イライラしたときは居場所を変え、体を動かしてストレス発散を。子育て中の人もすぐにカッとなったり勘違いで叱ってしまったりして、子どもを傷つけることになりそうです。感情を抑えて話を聞くように心がけましょう。

金運 ▲大凶

金銭感覚がずれやすくなります。気持ちが大きくなり、大きな買い物をしたくなる危険な運気。「どうせ買うなら良いものを」と予算を大きく上回った買い物をして、後悔することになりそうです。所持金は最小限にとどめ、カードは持たないほうが良いでしょう。来月は運気が回復しますので即決は避け、本当に必要かどうかをよく考えて、実際に購入するのは来月まで待ちましょう。

健康運 ▲大凶

のど、声帯、肝臓に注意。家でじっとしていられず外食や飲み会が増え、しゃべりすぎてのどに負担がかかります。暴飲暴食やはしゃぎすぎにはくれぐれも注意を。▲大凶のときは回復力、免疫力が下がって体調不良になりやすく、運動神経や反射神経の低下による事故やケガにもつながりやすいのです。意識をすれば防げますので、無茶な行動は慎んで睡眠をしっかりとりましょう。

一白水星の月運

2024

5

May

5/5 ~ 6/4

1カ月だけ運気回復！一気に動いて結果を出せ

運勢

☆大吉

今月の注意点と開運のカギ

先月の▲大凶から、今月は一気に上がって☆大吉です。運気のあと押しで何事も頑張れる月。先月は運気が低下して動けなかったことを、ここで巻き返しましょう。今後の運気の推移を見ると、来月が▲大凶、再来月が☆大吉とアップダウンの激しい運気が続きます。このようなときは運気に振り回されやすくなりますので、毎月の運気をしっかりと把握してそれに合わせて過ごすようにしましょう。

特に今月はやる気が出て、目に見える成果を出せる運気です。キーポイントは粘り強さ。交渉ごとにおいても、一度断られてからが本当の勝負です。事前にしっかり準備して、いくつかプランを提示するようにして臨めば良い結果が得られるでしょう。ただし、頼まれごとには弱くなるので注意してください。お人よしになりすぎないように気をつけましょう。親しい相手からの頼まれごとにも即断せず、誰かに相談してから決めるのが良いでしょう。安易に返事をしてしまうと貧乏くじを引く可能性が大です。

[年間運勢グラフ]

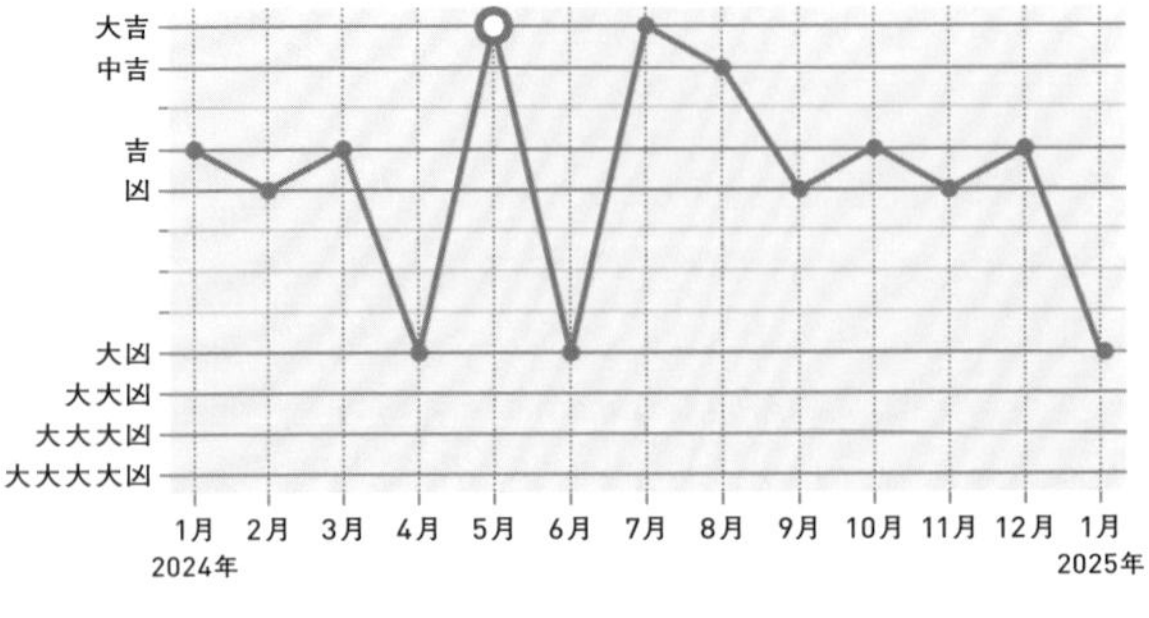

【今月の心構え 三か条】

一 断られてもあきらめずに粘れ！

二 結果にこだわって行動しろ

三 頼まれごとやお人よしに気をつけろ

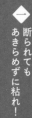

今月の【大開運日】16日、25日 【激ヤバ日】17日、26日 【大潮】8日～10日、22日～25日 【土用期間】1日～4日

仕事運

☆大吉

営業力、交渉能力、社交性アップの月。具体的な計画と目標を設定し、積極的に動いて成果に結びつけましょう。来月は▲大凶で結果を出すのが難しいため、短期決戦で臨みましょう。なお先月も▲大凶でしたので、進行中の仕事の方向性が間違っている可能性があります。今月前半でこれまでの方向性を再確認し、問題がなければ一気に進めましょう。社内でも待遇面など気になることがあれば上に持ちかけてみるのも良いです。ただし、仕事面でも頼まれごとには注意。軽い気持ちで引き受けると習慣化してしまい、自分の首を締めることになりそうです。

恋愛運

◎中吉

出会い運が好調です。仕事関係のイベントや合コンにも積極的に参加しましょう。良い人がいたら、こちらからアプローチしても良いでしょう。仮に断られてもそこであきらめずに粘り強くアプローチを続けると良い結果が出そうです。注意点はお人よしになりやすいこと。無関心の相手に親切にすると勘違いされて言い寄られることも。興味がない場合は気持ちをしっかり伝えましょう。

家庭運

○吉

相手の喜ぶことを考えてとことん尽くすと運気アップ。こちらからのお願いごとが通りやすい時期なので、住まいや子どものことなど希望があれば相談してみましょう。反対に相手からのお願いごとには要注意。あいまいな返事は控えましょう。子どもの要望をあらかじめ聞いておいてここでかなえてあげると、今後に大きくつながります。ただし、甘やかしすぎや与えすぎは避けて。

金運

○吉

人に分け与えると自分にも返ってくる運気です。取引先への手みやげや贈り物、大切な人への食事のごちそうなどが関係を発展させて、こちらにも幸運が訪れるでしょう。仕事でもプライベートでもお世話になっている人を思い返し、感謝を形で伝えましょう。ただし、頼まれごとには要注意です。特にお金の貸し借りは絶対にやめましょう。親しい間柄でもしっかりと線を引くように。

健康運

○吉

他人の心配をしすぎて心労やストレスがたまりやすい時期。苦労話などにみずから進んでひと肌脱いでしまいがちですが、これがストレスに変わっていきます。そのストレスから頭皮、髪の傷みにつながったり、胃腸の不調に直結することも。本当に助けてあげたい相手以外からのお願いごとは断りましょう。深刻な相談は一人で抱え込まず、信頼できる人に相談するようにしましょう。

一白水星の月運

2024

6

June

6/5 ~ 7/6

不安定で八方ふさがり。動くのは来月まで待て！

【今月の心構え 三か条】

一 上司、先輩と連携し何事もチームプレーで！

二 不安定に注意！迷ったら今は動くな

三 何事も慎重に。事故や病気に注意

運勢

▲大凶

今月の注意点と開運のカギ

先月の☆大吉から一気に下がって▲大凶です。そして来月が☆大吉と、運気のアップダウンが激しくなっています。こういうときは運気の波に振り回されて、気持ちが不安定になりがちです。急に心変わりをしたり、順調に進めてきたことを急にやめたくなってしまったり、投げやりな気持ちにもなりがちですが、いっときの感情に流されると大きな失敗のもとになります。仕事もプライベートもとにかく慎重に、衝動的な行動はとらないように気をつけましょう。

また、事故にあったり突発的な病気にもかかりやすくなります。反射神経が鈍るので転びやすく、体調面では今までのツケが出やすい時期でもあります。少しでも調子が悪い場合はすぐに病院に行きましょう。来月は運気が回復しますので、今月は無理に動こうとはせず、体調をしっかり管理することが大切です。気分が落ち込んだときには仲の良い友人と出かけるなどして気分転換をしましょう。運気が悪い時期は誰にでも訪れるものです。今月は静かに過ごしましょう。

[年間運勢グラフ]

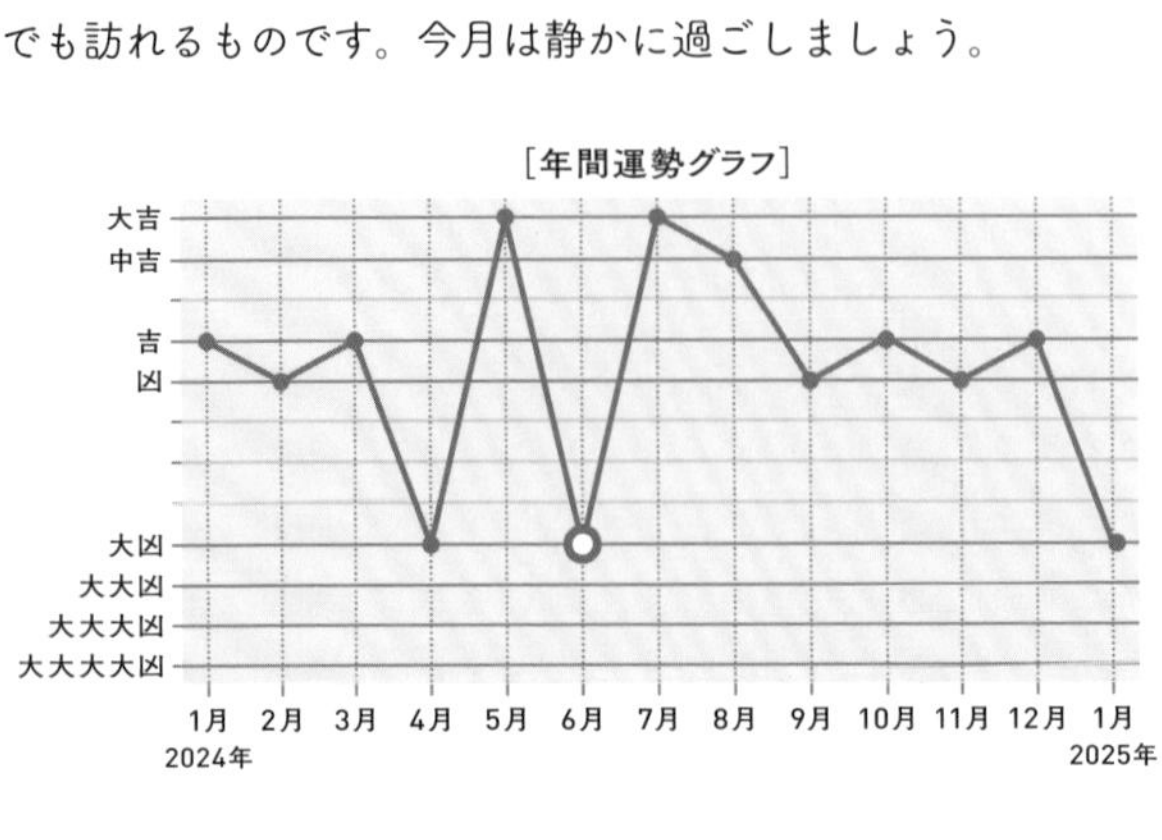

仕事運

▲大凶

柔軟性や吸収力が上がり、普段なら素直に聞けない指示でも自然に従うことができます。謙虚な姿勢で上司やまわりからのアドバイスを聞いてみると良いでしょう。ミスには注意してください。必ずミスが起こる前提で、些細なことでもダブルチェックを忘れずに。メールを送る前に必ず読み返すことを習慣化し、口約束のトラブルも起こりやすいので、重要なことは必ず文書で残すようにしましょう。過去の仕事の失敗が露見する可能性がある時期です。その場合はきっちりと謝罪して、正当な対応をしましょう。ごまかそうとすると炎上しやすくなりますので要注意です。

恋愛運

▲大凶

判断力が低下して人を見る目が鈍っている状態なのに、寂しくて誰かにやさしくしてもらいたいオーラが出ています。勝手に運命の人と錯覚して突っ走ることなどを避けるためにも、今月は無理に相手を見つけようとせずにおとなしくしていましょう。今まで順調だったカップルは急に別れたくなったりしそうですが、今月中に大きな行動を起こすのは厳禁。来月まで待つように。

家庭運

▲大凶

家庭内に不和が生じやすくなります。運気のせいでイライラして一番身近な人に八つ当たりしてしまいそうです。不安なときは素直に甘えて、スキンシップを多めにとると良いでしょう。子どもに対しても些細なことでキレやすくなります。さらに不注意から子どもの不調やサインを見逃してしまいがち。感情に振り回されず冷静に向き合って、意識してやさしく接するようにしましょう。

金運

▲大凶

散財に注意してください。▲大凶のときは買い物でストレスを発散したくなります。衝動買いをしたり、思いつきや錯覚で高額なものを買ってしまったりして、結果的に後悔することになりそうです。今月は持ち歩く現金は少なめに、クレジットカードは持ち歩かない、ネットショッピングもしないなど、買い物を控えるように意識を。来月には金運もアップするのでそれまでの辛抱です。

健康運

▲大凶

今月の▲大凶は「これまでのツケが出る」という意味があります。これまで不摂生をくり返してきた人は特に症状が出やすく、手術後の古傷が悪化することもあります。少しでも異変を感じたら、しっかり治療しましょう。▲大凶のときは体調不良のほか事故やケガも増える傾向がありますが、意識すれば大半は防ぐことができます。睡眠をしっかりとり、無茶な行動は控えましょう。

一白水星
の月運

2024
7
July
7/7～8/6

一人で動くな！
周囲の協力を引き出せ!!

運勢

☆大吉

今月の注意点と開運のカギ

運気は急上昇。先月の▲大凶から一気に上がって☆大吉です。今月は周囲の助けや目上の人の協力を得て前に進む時期ですので、何事も独断で突き進まずに、上司や先輩、友人を頼ってアドバイスに耳を傾けながら行動すると良い結果につながるでしょう。ただし、運気が安定しているときほど強気な態度をとりがちなので気をつけてください。無意識に上から目線の発言になり、反感を買いやすくなります。評価を受けやすいときは、逆に悪い評判も立ちやすいのです。謙虚な姿勢で、何事も周囲に気を遣いながら結果を出せるように頑張りましょう。たとえ小さなことでも協力してもらったら感謝の言葉を忘れずに伝えてください。いつも以上に丁寧な態度や言葉遣いを心がけましょう。

来月は◎中吉で良い運気が続きます。今月に良い流れをつくっておけば、来月にはさらに結果を出すことができそうです。この良い運気を無駄にしないように、目標を決めて計画的に動きましょう。

［年間運勢グラフ］

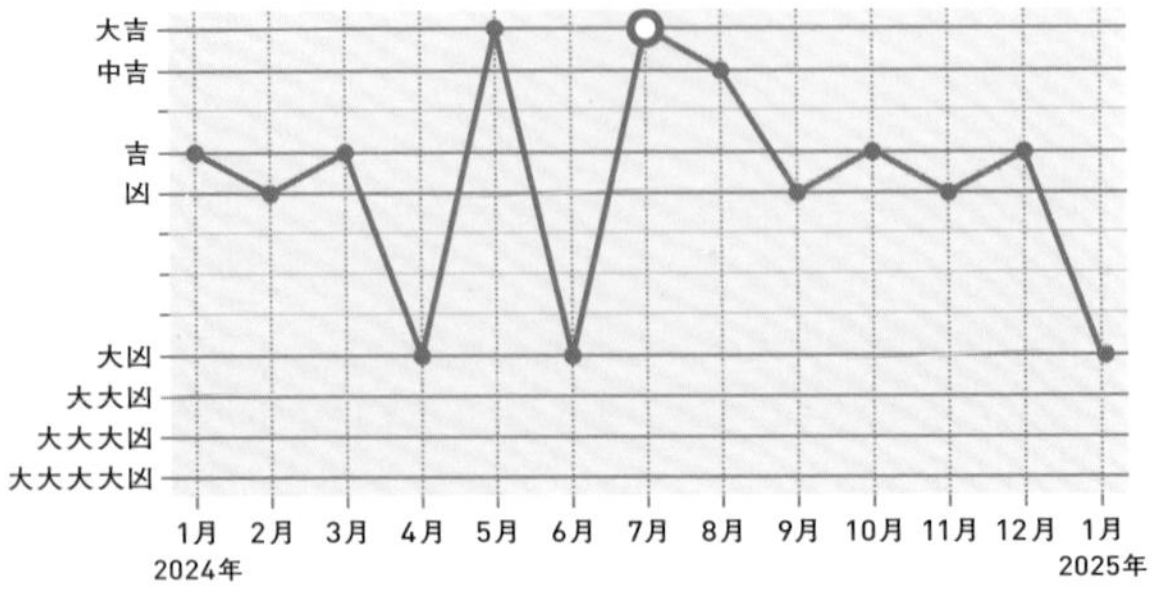

【今月の心構え 三か条】

一 結果にこだわって行動しろ

二 上司、先輩を頼ると運気アップ！

三 無神経、無頓着な態度に気をつけろ！

仕事運
☆大吉

結果を出しやすい運気です。月の序盤は先月の▲大凶の影響が残ってなかなかやる気が出ませんが、せっかくの運気ですので気合を入れて頑張りましょう。今月は上からの評価を受けやすくなります。些細なことでも上司と連携しながら進め、何かあったときにはすぐにフォローしてもらえる態勢を整えておくと良いでしょう。単独で行動するより何倍も大きな結果につながるでしょう。運気が上がったときは、勢いが出てまわりの空気が読めなくなることがあります。思ったままストレートに伝えるのではなく、相手を尊重することを忘れずに言葉を選びましょう。

恋愛運
○吉

仕事や趣味に夢中になってなかなか恋愛モードになれないかもしれませんが、恋愛運は好調です。特に紹介運が良いので、上司や先輩から紹介されたらまずは会ってみることです。序盤は先月の▲大凶の影響を受けて判断力が下がっています。告白したい人がいる場合、10日過ぎまで待ったほうが良いでしょう。もし気乗りしないのなら、情熱的になれる来月まで待つのも手です。

家庭運
◎中吉

デリケートなことを冷静に話し合えます。夫婦で今後の人生やお金に関する話し合いをするなら今です。未婚の場合も二人の関係を話し合うと良いでしょう。子育て中の人は、冷めた気持ちになる運気の影響で子どもに無関心になりがち。意識して子どもと向き合う時間をつくりましょう。子どものために必要なものを買うのに良い時期です。値が多少張っても良質なものを選びましょう。

金運
◎中吉

金運は好調です。大きな買い物をするなら今月中にすませると良いでしょう。ただし、序盤は先月の▲大凶の運気を引きずって判断を間違う可能性があります。中旬まで待って気持ちが変わらないようなら購入に踏みきりましょう。今月は人の協力を得やすい運気なので、思いきって店員さんに希望の価格を伝えてみるのも良いかもしれません。交渉の際は丁寧な言葉遣いを心がけて。

健康運
○吉

良い運気ではありますが、生活全体が雑になりがちなので注意しましょう。大らかに過ごすのは良いことですが、特に食生活が雑になってインスタント食品や加工食品が増えそうです。旬の食材を使って丁寧に自炊するなど、意識して食生活を改善すると良いでしょう。今月は脳や心臓、大腸に注意という運気。生活習慣の乱れで不調をきたさないように注意しましょう。

一白水星の月運

2024

8

August

8/7～9/6

趣味も仕事のうち。よく働き、よく遊べ！

【今月の心構え 三か条】

一 趣味がなければ趣味を探せ！

二 交友範囲を広げよ！新しい人脈で運気アップ

三 回復力が低下！暴飲暴食、寝不足に注意

運勢

◎

中吉

今月の注意点と開運のカギ

先月に引き続き、運気は好調です。今月は仕事だけでなく、プライベートも大切にしましょう。運気アップのポイントは趣味を充実させること。仕事のストレスをなかなか発散できない人は、新しい趣味を始めるのが良さそうです。新たな人脈をつくれる運気でもありますので、集まりごとには積極的に顔を出しましょう。プライベートのつきあいから新しい仕事につながることもありそうです。

ただし今月の運気は「口は災いのもと」という特徴があるので、大げさな表現でトラブルを招く可能性があります。見栄を張って大きなことやいいかげんなことを言ってしまうと、あとで恥ずかしい思いをしたり、自分の首を締めたりすることにもなります。誠実な言葉で丁寧に伝えることを心がけましょう。また、健康面では今月は回復力が下がります。積極的に外に出ると良い時期ですが、食べすぎ、飲みすぎ、寝不足には気をつけて。睡眠時間や休養をしっかりとり、健康管理に努めましょう。

［年間運勢グラフ］

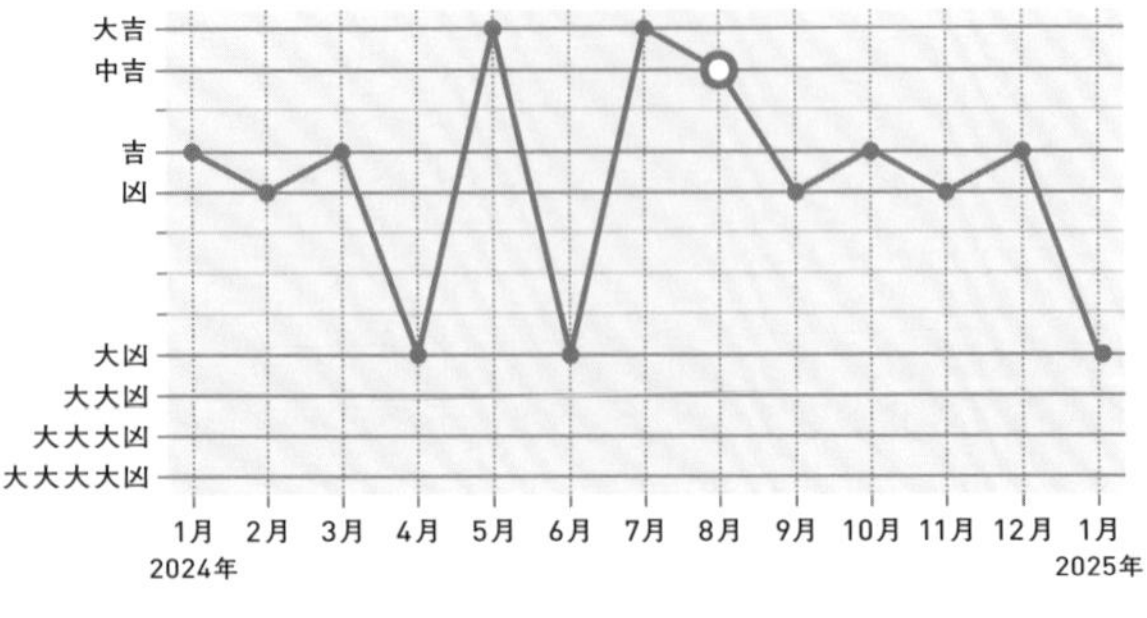

仕事運

◎中吉

今月は社交的になり、新しい縁が生まれそうです。積極的に動いて人脈を広げていきましょう。新規の取引先を開拓してみるのも良いでしょう。得意先からのイベントの誘いや、上司や同僚からの誘いは受けましょう。また、プライベートで新たな趣味を始めて仲間をつくると、そこから仕事の関係に発展するかもしれません。ただし、見栄を張った発言や余計なひとことには注意。言葉遣いも無意識に乱暴になりそうです。謙虚な態度で臨めば人間関係が良くなり、仕事の成果も上げられます。良い運気のときほど細かい部分まで気くばりを忘れないことです。

恋愛運

☆大吉

大勢の集まりに顔を出すと良い出会いがありそうです。誰かに紹介してもらうよりは、イベントや活動に参加すると良いでしょう。仲の良い人たちと食事に行ったりアウトドアイベントに参加したりするのも良さそう。知り合いの中から運命の人に変わる人がいるかもしれません。社交的に振る舞うと良い運気ですが、見栄を張らずにありのままで接するようにしましょう。

家庭運

◎中吉

家族でも外出やアウトドアを楽しむと良い運気です。家の中にいるとつい相手の行動が目につき、余計なひとことを発してしまいそう。少しタイトと思うくらいのスケジュールで出かけるとパワーが発散され、仲良く過ごせます。子どもとも一緒に楽しいことを見つけたり休日に思いきり遊んであげると、親子ともに運気を上げられます。今月は家族に対する言葉遣いも丁寧を心がけて。

金運

○吉

人とのつながりから良い出会いや仕事に結びつく運気ですので、交際費は出し惜しみせずに使いましょう。日頃お世話になっている人にお礼やおみやげを渡すのも良さそうです。ただし、つい気持ちが大胆になって高いものを買ったり、見栄を張って無駄におごったりしてしまいそうなので注意を。自分の買い物や一人での食事は質素にするなど、お金の使い方にメリハリをつけましょう。

健康運

△凶

疲れがとれにくい1カ月になるので、体調には十分な注意を。今月は「よく働き、よく遊べ」という運気で、外食や飲み会、レジャーなどの誘いが増えます。休みをとらずに全力で参加して、気づいたら体調をくずしていた……ということもありそうです。さらに今月は風邪をひくとなかなか治りません。特にのどや気管支、肺や口内炎に注意。意識して休日をつくり、体を休めましょう。

運勢

△凶

今月の注意点と開運のカギ

ここまで良い運気が2カ月続きましたが、今月は先月の◎中吉から一気に下がって△凶になりました。ただ、△凶は決して悪い運気ではなく、ステップアップや地固めには欠かせない時期です。集中力や学習能力が上がり、試験勉強やレポート作成、事務処理などコツコツ仕上げる作業に向いています。柔軟性も上がりますので、苦手だと思っていたことにもチャレンジしてみましょう。今までの仕事の進め方を見直して、自分のクセを直すのもおすすめです。習いごとにも適した時期です。管理職や部下がいる人は、教わる立場になってみると自分の普段の指導を振り返ることができ、改善のヒントが得られそうです。

ただし今月は気持ちが落ち込みやすく、消極的でどうしても動く気になれません。無理やり動けば良い成果が出せる運気なので、気持ちに引っ張られないように意識して前向きな姿勢で臨みましょう。どうしても落ち込んで動けないときは、信頼できる人に相談すると背中を押してもらえそうです。

［年間運勢グラフ］

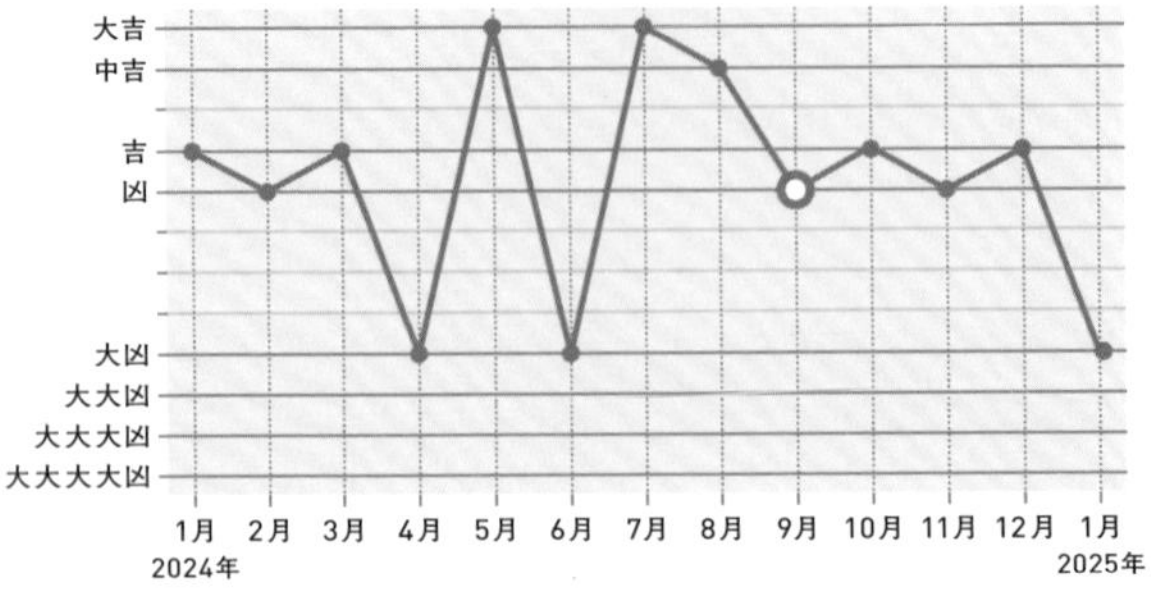

一白水星
の月運

2024

9

September

9/7～10/7

ネガティブでも運気は安定。無理やり動け！

【今月の心構え 三か条】

一 面倒な作業は今月中にやってしまえ

二 情報収集で次の展開を計画しろ！

三 気分が落ち込んだら誰かに相談しろ

今月の【大開運日】16日、25日
【激ヤバ日】6日
【大潮】3日~5日、17日~20日
【土用期間】なし

仕事運

△凶

集中力が上がり仕事がはかどる1カ月です。良い評価を得やすい来月に向けて、今月は着実に準備しましょう。柔軟性が高く、日頃は苦手だと思っていた人とも仲良くなれる時期です。先入観にとらわれずに笑顔で接してみると、意外に相性が良いかもしれません。ここで良い関係をつくり今後につなげましょう。順応性や適応力も上がり、今まで拒否してきたことを素直に受け入れられるようになります。成長できるチャンスですので、自分のやり方に固執せずに、周囲の意見をとり入れましょう。一人だと何もしないで終わるので、まわりの人と連携して無理にでも動きましょう。

恋愛運

○吉

今月のあなたは魅力的で、異性を引きつけるフェロモンが多く出ています。普段は強気の人もやさしくなれるでしょう。消極的になる運気のせいでなかなか外出する気になれませんが、無理にでも出会いの場に出かけましょう。ただし、押しには弱くなります。飲み会に行くと急に大胆になり、強引に誘われると断れません。良い人がいてもいきなり深い仲にならず、友達から始めましょう。

家庭運

○吉

パートナーとの時間を優先しましょう。家庭運が良好で親密になれる今月は、相手の趣味やライフスタイル、ファッションの好みに合わせると喜ばれます。運気のせいで不安や寂しさを感じたら素直に甘えて、スキンシップを多めにとること。子育て中のかたは、進学や課外活動などの今後について一緒に考えましょう。夢と希望を持たせて選択肢を広げることが開運のポイントです。

金運

△凶

金運は悪くないのですが、油断すると無駄なお金を使ってしまいそうです。今月は気持ちがネガティブになる運気ですので、つい買い物でストレスを発散したくなります。それを避けるためにも意識して節約を心がけましょう。収支チェックをする、携帯電話のプランやサブスクを見直すなど、細かいことを一つずつ見直すと良いでしょう。定期預金を始めるのもおすすめです。

健康運

☆大吉

免疫力や回復力が上がるので、持病を本格的に治したい人、先延ばしにしていた治療や手術がある人は今月中に行うのがおすすめです。特に不調がない人も健康チェックを。骨や筋肉、腰を痛めやすいので、スポーツ前には入念な準備運動をしましょう。気持ちがネガティブでストレスがたまりやすいので、ヨガや整体で体をほぐして心もリラックスさせると良いでしょう。

大胆に、礼儀正しくぶちかませ！

運勢

○吉 ときどき **大波**

今月の注意点と開運のカギ

先月の△凶から○吉に上昇して、相当パワーが出る１カ月です。頭が冴えてアイディアがわき、体も軽やかに動きます。月の序盤はモチベーションが低かった前月の影響でなかなかやる気が出ませんが、仕事もプライベートも成果を出せる時期なので頑張りましょう。来月には運気がまた△凶に落ちてエネルギーが下がるので、今月はどれくらいの結果を出せるかが勝負になります。

ただし、無意識に上から目線の態度になったり、衝動的に動いてミスをしたりしますので気をつけてください。大波の影響で気持ちも若干不安定になります。運気の良いときは評価も高いのですが、あらが目立ったり、空気を読めずに周囲の反感を買ったりとマイナスの要素も多くなります。謙虚さや低姿勢を意識して保つことが大切です。また、今月はズルや裏技は通用しません。要領よく進めようとするとかえって失敗を招きますので、何事もルールどおりに正攻法で丁寧に進めると良いでしょう。

［年間運勢グラフ］

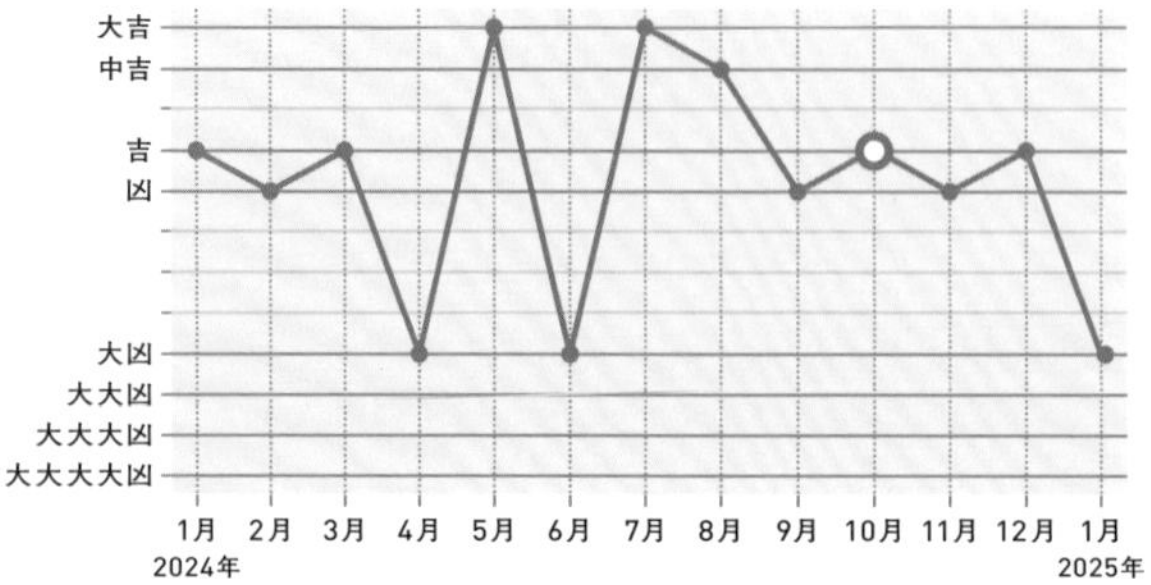

【今月の心構え 三か条】

一 結果が出せるとき。正面から直球勝負！

二 迷っても基本的に初志貫徹！

三 謙虚な態度に徹すれば運気アップ

仕事運
◎中吉

チャレンジの月です。会社から評価されやすく目立ちますので、営業やプレゼンは積極的に行いましょう。転職活動中のかたは今月中に面接を受けると良いでしょう。「数打てば当たる」という運気ですので、失敗をおそれずに挑戦していきましょう。ただし、今月は評価を受けやすい半面、ねたまれたり悪い評判が立ったりしやすい運気。実績ではなく印象で評価を落としてしまうおそれがあります。無意識に上から目線になりやすいので、態度はもちろん、言葉遣いにも十分に気をつけてください。ひとつひとつ丁寧に進めると良い結果につながるでしょう。

恋愛運
◎中吉

今月のあなたはとても目立ち、人を引き寄せます。大勢の人が集まるイベントに参加すれば、良い出会いが期待できそうです。今月は見た目の改造をしてみると恋愛運がアップ。パーソナルカラーの診断を受けたりメイクレッスンに通ってみたりと、プロのアドバイスを受けると良さそうです。出会い運は良いのですが、熱しやすく冷めやすいという運気ですので、衝動的な行動は避けて。

家庭運
△凶

いつもよりケンカが増えそうです。感情が高ぶったりすぐにカッとなったりしそうです。いろいろなことが露呈する運気でもあるので、隠しごとはNG。できるだけ冷静さを保ち、パートナーと正面から向き合いましょう。子どもの才能を見つけやすい時期なのですが、高い理想を押しつけないように注意してください。言うことも二転三転しやすいので、じっくり考えてから伝えましょう。

金運
◎中吉

衝動買いに要注意。金運は好調で、大きな買い物にも適した運気ですが、ひらめきや直感ですぐに決めてしまいたくなります。急に欲しくなったものや高額なものをその場で即決するのは危険です。良いものに出会ってもすぐには買わず、最低1週間は考えて納得できたら買うようにしましょう。気持ちが不安定で買い物でストレスを発散したくなりますが、流されないようにしましょう。

健康運
△凶

勢いがありモチベーションも高いため、無理が多くなる時期です。さらに大波の影響で気持ちが不安定になり、寝不足や暴飲暴食を招きやすくなります。意識してセーブしましょう。持病があるかたは兆候が出やすい時期です。不調を感じた場合はすぐに病院で診察を受けましょう。さらに神経が過敏になり、ストレスもたまる時期。冷えやダイエットのしすぎにも注意です。

一白水星
の月運

2024
11
November
11/7～12/6

気分は暗く落ち込むが頭は冴える！

【今月の心構え 三か条】

一 集中力アップ！研修や勉強は今

二 面倒なことは今月中に処理しろ！

三 一人で落ち込むな！誰かに相談を

運勢

△凶

今月の注意点と開運のカギ

先月の○吉から下がって△凶に入ります。やる気が起こらず些細なことで落ち込み、ネガティブになりがちです。ただ、運気は安定していて成果は出せますので、たとえやる気やパワーが出なくても無理やり予定を組んで動いてしまいましょう。来月は運気が○吉に上がって結果が出やすいときですから、今月は来月へのステップととらえると良いでしょう。集中力や学習力が上がりますので、それを生かしてコツコツと積み重ねておくと、来月に良い結果が出せそうです。情報収集やリサーチをして視野を広げるのもおすすめです。また、今後の計画を立てるには今月はとても良い運気です。これまでのやり方を見直し、年末年始に向けて目標を立てて取り組みましょう。

どうしてもやる気が起こらないときは、一人で悩まずに誰かに相談しましょう。また、休日をしっかりとる、お気に入りのカフェでゆっくりする、スポーツで体を動かすなど、特にメンタルのバランスを整えるように意識しましょう。

［年間運勢グラフ］

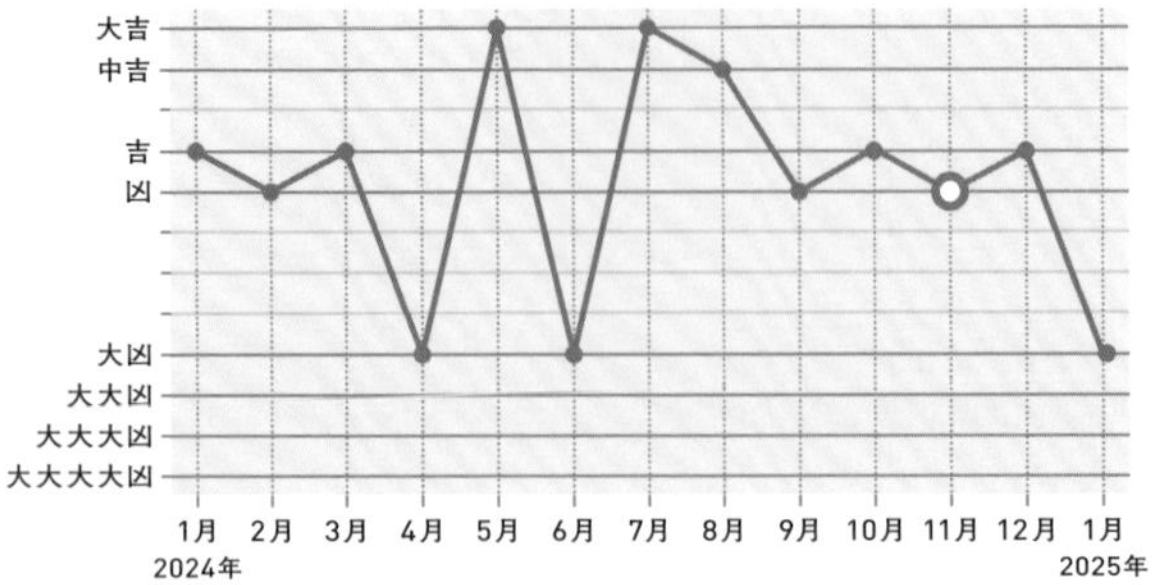

仕事運

○吉

地道な努力がキーワード。忍耐力、集中力、学習能力が上がり、普段手をつけられない書類の整理や資格の勉強などがはかどります。面倒なことの処理も先延ばしにせずに、今月中に終わらせましょう。月の初めに1カ月の計画を立てて、まわりの人に宣言するのも良さそうです。無理にでも動いてしまいましょう。柔軟性も上がりますので、周囲の意見に耳を傾けるようにしましょう。好感度が上がるだけでなく、自分の中でも新たな可能性の発見につながります。上司や先輩の意見を聞いてこれまでの自分のやり方を見直すと、来月からの運気上昇にうまく乗ることができます。

恋愛運

△凶

異性を引きつけるオーラが出て、良い出会いが期待できます。特に昔の恋愛からまた新たな関係が始まりやすくなります。心当たりがある人は連絡をとってみましょう。ただし基本的にネガティブでネチネチとなりやすい精神状態のため、未練が残っている相手は除外してください。「あの人、元気かな」と思い出した人や、当時の気持ちを伝えそびれた人がいれば連絡してみましょう。

家庭運

◎中吉

甘え上手になる月です。パートナーとの時間を大切にして、スキンシップを多めにとりましょう。ただしネガティブになる運気のせいで、相手を執拗に責めてしまわないように注意。子育て中のかたは今月は子どもの健康チェックを。回復力が上がり、治療に適している時期です。子どもともたくさんスキンシップをとって信頼関係を高めましょう。家族で外食もおすすめです。

金運

○吉

ネガティブで暗くなる運気のせいで、買い物でストレスを発散したくなります。小さな出費が積み重なると大きな金額になりますので、財布のひもはしっかり締めておきましょう。家計簿ソフトを入れて収支を見直し、月々の出費に無駄がないかをチェックしてみましょう。また、今月は断捨離にも向いています。片づけながらコツコツとためていくことが金運アップにつながります。

健康運

○吉

回復力が上がるので、持病を本格的に治したい人や、いつか受けなければならない治療や手術がある人は今月がおすすめです。特に心当たりがない人も、健康診断や人間ドックで健康チェックをしてみると良いでしょう。ネガティブになる運気ですが、気分の落ち込みから体が冷えて、婦人科系の不調や膀胱炎を発症しそうです。仲の良い友達と頻繁に会うなどして気晴らしを。

一白水星
の月運

2024

12
December
12/7～1/4

結果にこだわって一歩を踏み出せ！

運勢

○吉

今月の注意点と開運のカギ

先月の△凶から上がって○吉です。来月は▲大凶となり、すべてのことがうまく進まなくなりますので、今月中にある程度の結果を出せるように頑張りましょう。新しいチャレンジは来月まで待たずに、今月から始めたほうが成功率は上がるでしょう。

今月は「こうあるべき」というこだわりが強くなり、それを他人にも押しつけてしまうことが多そうです。しっかりとした考えを持つのは良いことですが、頑固になりすぎると身近な人に強く当たってしまい、人が離れてしまいます。細かいことが気になるのは運気のせいですので、大きな心で接するようにしましょう。自分が積極的に表に立つよりも、部下や後輩など目下の人をサポートすることで良い結果を出せそうです。後進の教育にも力を入れましょう。

忍耐力が高まり、がまんをしすぎてしまうこともありそうです。不満や不安があった場合にはため込まずに、信頼できる人に早めに相談を。体調面でもがまんのしすぎはNGです。

［年間運勢グラフ］

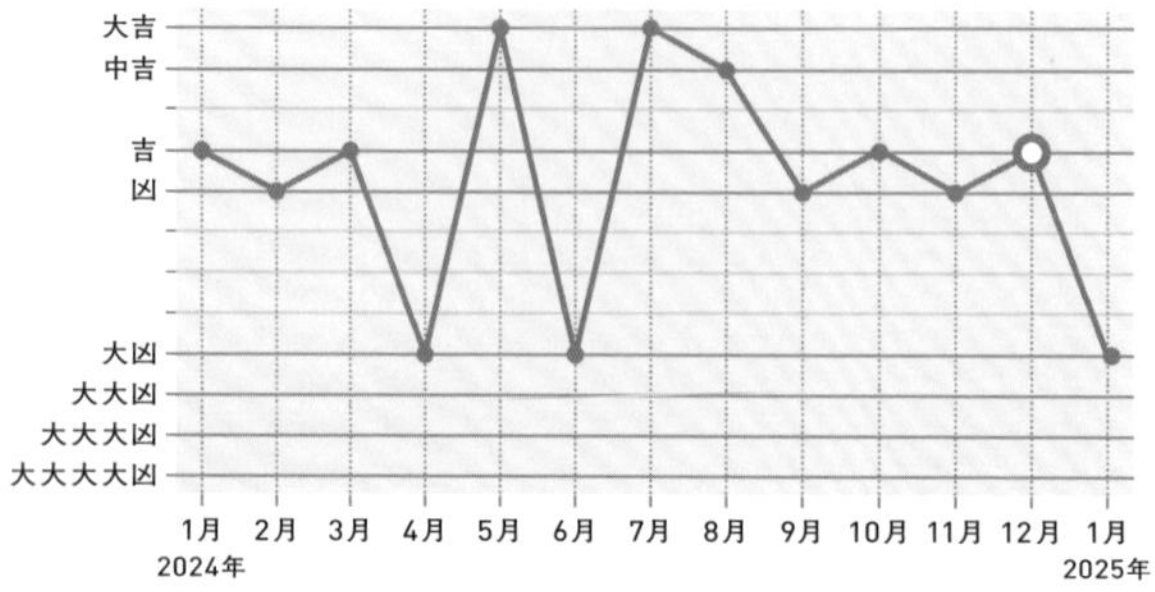

【今月の心構え 三か条】

一 意識して部下や後輩をサポートしろ！

二 頑固に注意！周囲の意見を聞け!!

三 来月の運気低下に今から備えろ！

今月の【大開運日】15日、27日　【激ヤバ日】23日　【大潮】1日～4日、16日～19日、31日　【土用期間】なし

仕事運 ◎中吉

基本に忠実に行動するとき。来月は運気が落ちますので、今月は成果を上げなければなりません。基本に立ち返り、修正すべきところはここで直しておくと今後が大きく変わるでしょう。今月は頑固になりやすく、周囲に自分のやり方や気持ちを押しつけがちですので気をつけてください。柔軟性を心がけて、うまく進まないときは素直に周囲の意見を聞き、指示に従いましょう。また、部下や後輩とのコミュニケーションを積極的に図ると良い運気です。お説教するのではなく、まずは話を聞いてみましょう。ここで良い関係を築いておくと、今後は良い連携がとれそうです。

恋愛運 ○吉

面倒見が良くなり、おせっかいが良い出会いを引き寄せる運気です。飲み会の幹事など裏方の役目を進んで引き受けると、人に良い印象を与えます。また、今までの知人の中から恋人に発展する可能性が高くなります。アドレス帳を見直して、気になる人がいたら誘ってみましょう。異性に対する目が厳しく、些細なことで冷めてしまいそうですが、運気のせいですので気にしないように。

家庭運 ☆大吉

家庭的になると良い運気です。愛情を込めた家庭料理を作る、ホームパーティをするなど、家の中で楽しみましょう。部屋の模様替えや断捨離をするのもおすすめです。子育て中のかたは、子どもとしっかりと向き合って面倒を見ると良い時期。礼儀作法を教えて、勉強を見てあげましょう。ただし厳しくなりすぎないように注意。感情的にならずに、じっくり話を聞くようにしましょう。

金運 ○吉

派手に使わずに、今あるお金でやりくりをすると良い運気です。「無駄なくきっちり」を心がけると運気が上がります。家計簿をつけて管理し、外食はほどほどに。食材を余らせずに使いきることなどを試してみてください。日頃の感謝の気持ちを表すことも運気アップのポイントです。お世話になっている人にちょっとしたプレゼントやお歳暮を贈るようにしましょう。

健康運 △凶

忍耐力が高まる時期ですので、無意識にがまんをしがちです。かなりの不調であっても気づきにくく、そのままにして悪化させてしまう可能性もあります。忘年会シーズンで無理をしがちですので、少しでも不調を感じたらすぐに病院で診察を受け、治療しましょう。特に胃の不調、皮膚のかゆみや荒れを感じたときにはすぐに受診するようにしましょう。

運勢

◎中吉
のち
▲大凶

今月の注意点と開運のカギ

年の運気が最も色濃く出る時期が1月です。年の運気は▲大凶、月の運気も▲大凶ですので、今月は非常に危険であることを覚悟して備えてください。2月になれば年の運気も月の運気も☆大吉になります。今月はとにかく現状維持に徹して、何事も来月になってから取り組みましょう。

運気の流れは、先月の○吉から一気に下がって▲大凶になりました。今月はベースの運気が◎中吉ですので勢いがあり、やる気が出て何事も押し進めたくなりますが、その勢いのままに進めると大失敗するという危険な運気です。仕事もプライベートも慎重にいきましょう。無理に成果を出そうとすると失敗します。一人で抱え込まずに、できるだけ周囲に相談しながら進めましょう。

▲大凶のときは判断力、体力、免疫力が低下し、反射神経も鈍ります。突発的な事故や病気には十分に気をつけてください。車の運転は無意識にスピードが出てしまいます。いつも以上に安全運転を心がけましょう。

［年間運勢グラフ］

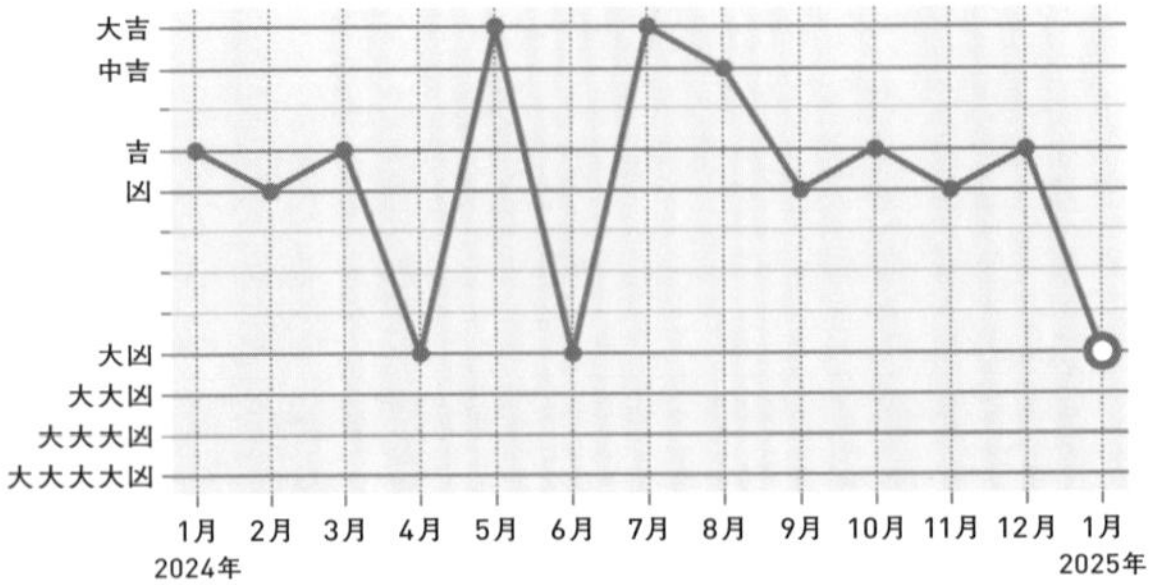

一白水星
の月運

2025
1
January
1/5～2/3

かなり危険な時期。
石橋をたたいて進め！

【今月の心構え 三か条】

一 年運も月運も大凶！危険に備えよ

二 意識してやさしい言葉を使え！

三 何事も慎重に。事故や病気に注意！

＊九星気学では前年の運気です

今月の【大開運日】なし　【激ヤバ日】24日　【大潮】1日～2日、14日～17日、29日～31日　【土用期間】17日～31日

仕事運

▲大凶

今月の前半は先月の良い運気が続いているので、前倒しできることは早めに行いましょう。その後は、いつもの半分程度の力でちょうどいいです。勢いがあることでかえって大きな失敗を呼びます。新しいことにチャレンジしたくなりますが、現状維持に徹すること。今月は断言してしまうことにも注意してください。交渉ごとなどは独断で返事をしないように気をつけましょう。あとで修正できずに大変なことになりそうです。いつもより丁寧に確認作業を行い、気になることがあればすぐに社内で共有するようにしましょう。今月はとにかく最悪です。何事も来月まで待ちましょう。

恋愛運

▲大凶

直感や行動力があだとなる運気です。異性を見る目が曇っているので、良い人がいても慎重に。来月には運気が上がりますので、距離を縮めるのは来月になってからが良いでしょう。すでに恋人がいる人は気持ちが揺れやすくなり、急に結婚したくなったり別れたくなったりと、いっときの気分に流されて強引に進めがち。何か行動するときはひと呼吸おいて、必ず誰かに相談しましょう。

家庭運

▲大凶

家庭内の不和に注意。言葉がきつくなり、パートナーに対するだめ出しも強くなります。カッとなって収拾がつかなくなり、とり返しのつかないことを言ってしまいそう。くれぐれも余計なケンカで大切な縁を切らないように気をつけてください。子どもに対しても同様です。イライラしたときには周囲に当たらないように、場所を変えたり体を動かしたりしてストレスを発散させましょう。

金運

▲大凶

金銭感覚がずれているうえに気持ちが大きくなり、つい大きな買い物をしたくなる危険な運気です。「どうせ買うなら良いものを」と予算以上のものを買ってしまい、後悔することになりそうです。出かけるときに持つ現金は最小限にし、カードは持たないほうが良いでしょう。来月は運気が回復しますのでここでの即決は避けて、購入するかどうかは来月になってから考えましょう。

健康運

▲大凶

回復力、免疫力が下がって体調不良になりやすい▲大凶の時期ですが、今月は特にのど、声帯、肝臓に注意です。ベースの運気が◎中吉で勢いがついて外に出たくなり、外食や飲み会も多くなりますが、暴飲暴食やしゃべりすぎで体調をくずすおそれがあります。睡眠をしっかりとり、無茶な行動も控えましょう。運動神経の低下による事故やケガにも注意。意識をすれば大半は防げます。

2024年の

年運と月運

「二黒土星」

【Year keyword】

勝負の年

今こそ勝負だ！
粘り強く挑戦して
結果につなげろ！

二黒土星

2024年の運気

☆大吉

※九星気学の1年は旧暦で、1年の境目は節分（2024年は2月3日）です。

［6年間の運勢グラフ］

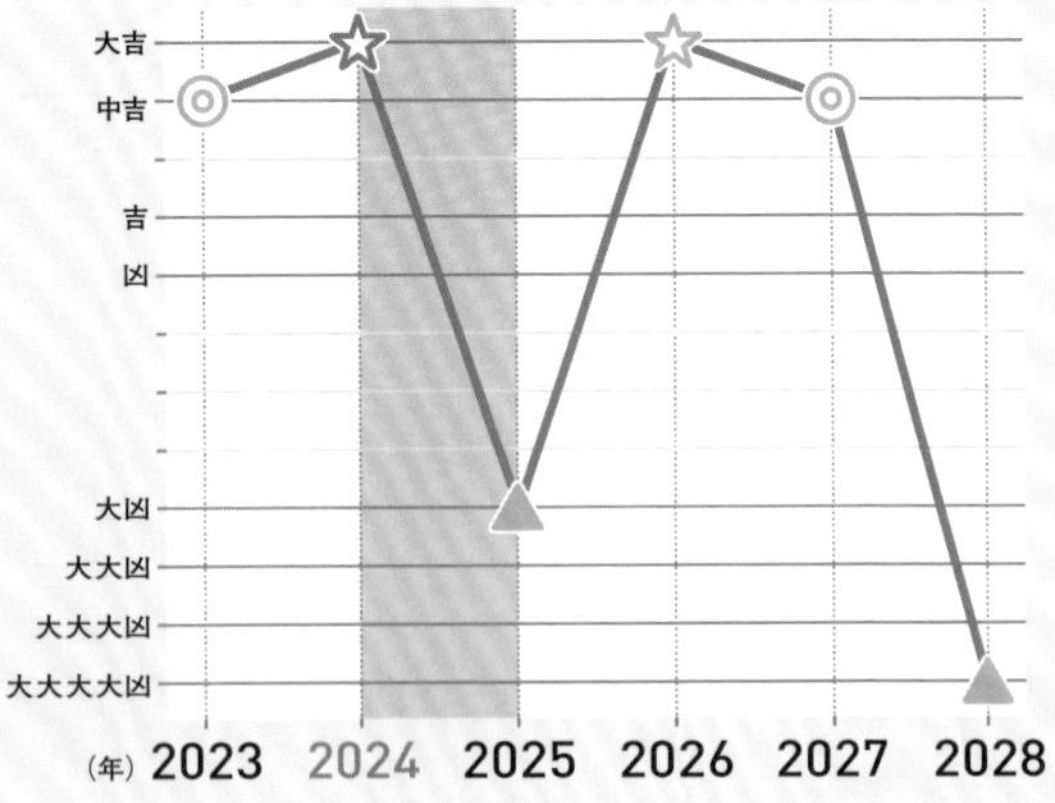

［年間運勢グラフ］

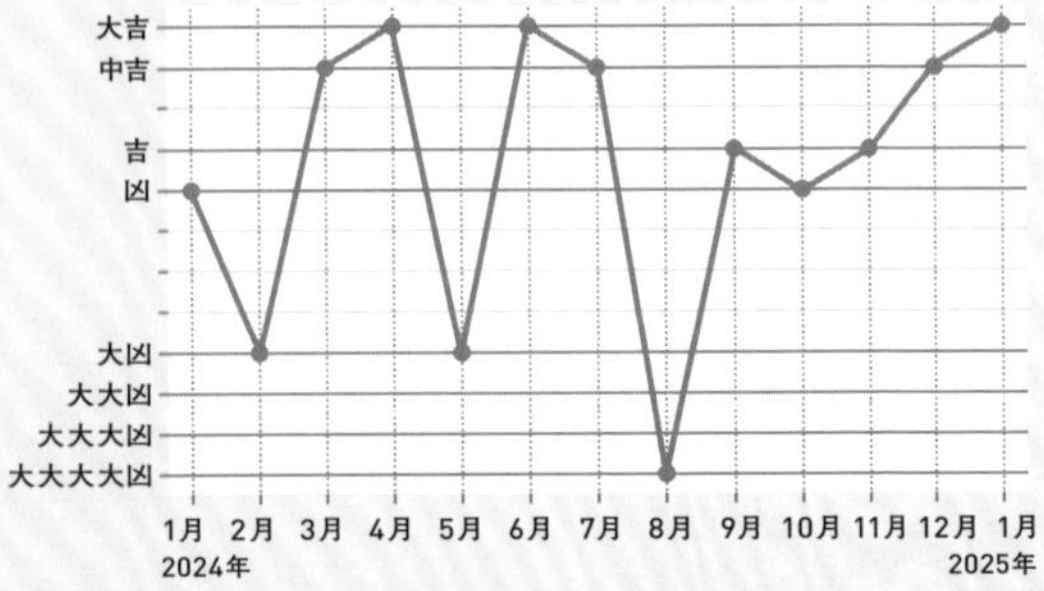

【運勢】

運気は最高！今こそ勝負だ

今年はここ数年で一番のピーク！　昨年までやってきたことを形にする1年です。何事も成功率が高いので、仕事でもプライベートでも結果にこだわって突き進みましょう。試しにやってみるという姿勢ではなく、必ずやり遂げるという強い意志を持って成果を出しましょう。仕事では契約を何件とる、いくら売り上げる、最終利益はいくらにするなど、具体的な数字をあげると良いでしょう。

仕事でも恋愛でも中途半端なことがある人はうやむやにせず、ここで一歩踏み込んで片づけてください。このまま進めるかやめるかの判断をする好機でもあります。運気が良い時期はあっという間に過ぎ去るので、タイミングを逃さないようにしましょう。来年は一気に▲大凶に下がって炎上する可能性が高い年になり、何事も前に進みにくくなります。やり残しがないように、やれることはすべて今年中にチャレンジしましょう。

【仕事運】

めげるな！断られてからが勝負だ

仕事運も絶好調です。今年は種まきの時期ではなく、成果を収穫するとき。とにかく結果にこだわり、正々堂々と正攻法でいきましょう。ズルをすると損をします。今まで積み重ねてきた案件は、最後の勝負に出るときです。もし断られたとしても引かないこと。良い返事をもらうまではあきらめずに粘り、あの手この手で作戦を立てて臨みましょう。また、希望が通りやすい時期ですので、会社に対して賃金アップや待遇改善などを交渉してみましょう。

ただし、相手から交換条件が出てきたら、それを受けるのはやめましょう。お人よしのサインが出ていますので、相手の言いなりになったり、変に頼られたりしがちです。交換条件を出されても、受けないようにしてください。

転職には適した時期です。来年から運気が下がりますので、転職する場合は早めに面接を受けて入社し、今年中に職場に慣れてしまいましょう。自分をしっかりアピールできる運気です。この会社で自分がどんなことができるのか、ストーリー性を持って話しましょう。

ただし、独立は要注意です。来年は▲大凶です。独立に関しては、最低2年くらい運気が安定している時期が良いので、２０２６年がおすすめです。すでに準備ができている人は、早めに開業して今年中に軌道に乗せましょう。

【恋愛運】

結婚相手に出会える可能性大！

恋愛運は好調です。昨年から良い運気が続いていますので、良い出会いが期待できます。悪い人を引き寄せたり、間違った相手を選ぶ可能性も低いでしょう。今年は遊びや軽いつきあいというより、結婚相手が現れるようです。浅く広くではなく、特定の相手とじっくり向き合いましょう。一度断られても簡単に引かないように。ですが、相手からの強引な誘いには注意してください。押しに負けてつきあっても良い結果にならず、相手のことを深く傷つけることになります。自分の気持ちをしっかり伝えましょう。

婚活中の人も出会いのチャンスです。相手を冷静に判断することができます。とにかくたくさんの人と会って、その中から運命の人を探しましょう。こちらから積極的に話しかけて、相手を探っていくように。ひらめきより、じっくり語り合ってから決めるようにしましょう。

結婚に関しても問題ありません。長くつきあっているカップルはここで結論を出しましょう。周囲の協力も得やすく、決めごともスムーズに進みます。

【家庭運】

意思表示をしっかりと！

説得力が上がっていますので、パートナーと将来のことを話し合うのに適した時期です。普段なかなか話しにくいお金のこと、家の購入、子どもの教育、親との同居、介護問題などを冷静に話し合って、自分の希望を伝えるようにしましょう。ただし、今年は脇が甘くなります。相手から頼まれたことは断りにくくなるので、無理なものはきちんと伝えましょう。押しに負けて認めてしまうとそれがルール化されてしまい、後悔することになります。新婚の人は特に、最初の話し合いを大切にしましょう。

子どもに対しては、何をしてほしいかを伝え、方針を立てる時期。こちらの希望をきちんと丁寧に話すことが重要です。子どものわがままに振り回されやすいので、甘やかしには注意。また、あいまいな表現は子どもを惑わせます。しっかり言いきるようにしましょう。

【金運】

しっかり調べて、しっかり価格交渉を

金運も好調です。交渉能力を生かして、仕事でも会社や取引先に自分からアクションを起こしましょう。今年のあ

なたは説得力がありますので、良い成果が出せそうです。また、住宅や車など大きな買い物をするなら今年中に。下調べを念入りにして、少し強引に価格交渉をしてみると良いでしょう。

　ただし、店員さんのペースに巻き込まれて、すすめられたものをそのまま買うのはやめましょう。また、今年はお金の貸し借りは絶対にしないこと。情に流されやすく、返す力がない相手に貸してしまいそうです。貸せない場合はきっぱり断りましょう。

【健康運】

健康にお金をかけよう

　今年は無意識のうちに周囲を気遣ってしまう運気です。それがストレスとなって積み重なり、結果的に胃腸や髪、肌などに症状が出やすいので、意識してケアするようにしましょう。食生活を改善したり、定期的なエクササイズをとり入れたりすると良いでしょう。健康維持のためには多少のお金をかけても良い時期です。

注意点

成果は出せるが守りは弱い！

　今年は攻めの姿勢で何事も勝負をかけていきましょう。ただし、守りが弱くなるということは自覚しておきましょう。仕事での交渉ごとにも強く、「粘った者勝ち」の運気なのですが、反対に人から頼まれたことにはノーと言えません。お人よしになって断れずに受けてしまうと、自分の首を締めることになります。だめなものはしっかり断る勇気を持ちましょう。

　また、急な方向転換も厳禁。直前で迷いやすくなり、順調に進んでいたものを変えたくなりますが、運気に流されないように。恋愛、結婚、仕事、人間関係など、今の状態をさらに良くできるように動きましょう。

　来年は▲大凶です。▲大凶のときは物事の結果が非常に出にくい時期です。今年中に一つでも多くの成果を上げられるよう、これまでの流れを断ち切らず、継続してきたことをやり通しましょう。

二黒土星
の月運

2024
1
January
1/6～2/3

ネガティブ傾向ながら頭が冴えて集中力アップ

運勢

△凶

今月の注意点と開運のカギ

先月まで2カ月連続した▲大凶を抜けて、今月は△凶になりました。運気は安定していますが「よしやるぞ!」という元気はなく、小さなことに対しても落ち込んでネガティブになりがちです。頑張れば結果を出せるので、上司や頼れる人にお尻をたたいてもらいましょう。

今月は集中力や学習能力が上がるので、事務処理や情報収集に適しています。今後の計画を立てるのにもおすすめです。柔軟性が上がってまわりの意見を聞き入れやすくなっていますから、これまで自分のやり方に固執していた人は自分を見直す良いチャンスです。

来月は再び▲大凶の運気になりますので、基本的には来月いっぱいまで注意しておくべきでしょう。どうしてもやるべきことがある人は、今月中にある程度の結果を出しておくことが必要です。寂しい気持ちやストレスが行動を妨げてしまうこともあるので、グチや悩みごとは信頼できる人に聞いてもらって、気持ちをすっきりさせましょう。

[年間運勢グラフ]

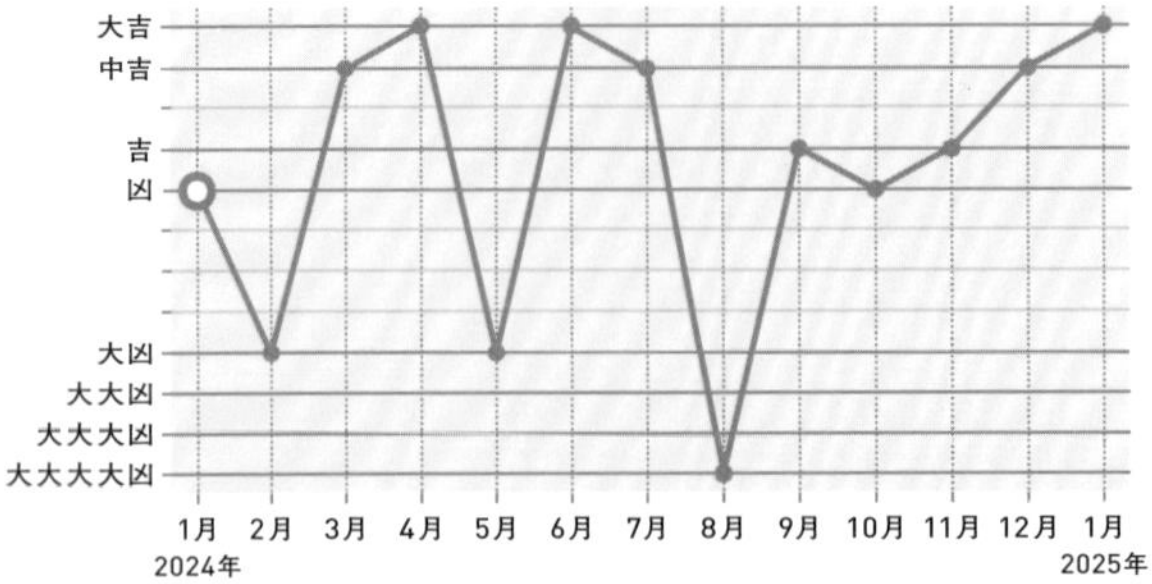

【今月の心構え三か条】

一 集中力が高まる時期！研修や勉強のチャンス

二 やるべきことは今月中に処理せよ！

三 一人で落ち込まずに誰かと話せ！

＊九星気学では前年の運気です

仕事運 ○吉

前半は先月までの▲大凶を引きずってやる気が出ません。来月も▲大凶なので、基本的に来月いっぱいはおとなしくしておくべきですが、やることがある場合は今月中に慎重に進めて、ある程度の結果を出しておきましょう。今月は集中力や学習能力が上がります。手をつけられなかった書類整理や試験勉強ははかどるので、今月中に終わらせてしまいましょう。柔軟性も上がるので、これまで上司の指示に従いきれていなかった人は一度従ってみてください。好印象を与えるだけでなく、新しい発見にもつながります。自分を見直す良い機会でもあるので、素直に従ってみましょう。

恋愛運 △凶

異性を引きつける力があります。なかなか動く気になれませんが、来月は再び▲大凶になるので、良い出会いが期待できる今月のうちに積極的に動きましょう。ただし、出会いの場では急に大胆になりがちです。やさしく声をかけられると断れずに応じてしまう軽い部分も出そうです。良い人に出会っても、まずは友達からスタートしましょう。3月までは深い関係にならないように。

家庭運 ◎中吉

冷静になれる運気です。パートナーとぎくしゃくしていた人は相手の趣味に参加したり、ファッションや生活スタイルを合わせたりすると喜ばれます。二人の時間をつくり、スキンシップを多めにとりましょう。子どもの健康チェックもしてください。今月は治療に適した時期なので、気になることは病院へ。子どもに後ろ向きの発言をしがちなので、スキンシップで信頼を深めましょう。

金運 ○吉

大きな収入は見込めませんが、1カ月を通して安定した運気です。普段以上に収支をしっかりとチェックして節約に取り組むと運気が上がります。使わずに眠らせているものは思いきって断捨離するのも良いでしょう。片づけ中に価値のあるものを発見することもありそうです。今月はコツコツ取り組む作業に向いているので、家の片づけと「宝探し」を楽しんでみましょう。

健康運 ☆大吉

今月は免疫力と回復力が上がります。持病をしっかり治したい人や先延ばしにしていた治療がある人は今月中がおすすめです。ただし来月は▲大凶なので、長引きそうな治療は3月に回しましょう。体に不安がない人もこの機会に健康をチェックし、不調があればすぐに治療を。ネガティブな気分から体が冷えて、婦人科系の病気や膀胱炎になりがちです。親しい友達に会って気晴らしを。

二黒土星
の月運

2024

2
February

2/4～3/4

不調続きの大凶時期。何事も用心せよ！

【今月の心構え
三か条】

一 来月には運気アップ。あと1カ月の辛抱だ

二 頑固さに注意！こだわりはほどほどに

三 何事も慎重に！事故、病気に用心

運勢

○吉 のち ▲大凶

今月の注意点と開運のカギ

昨年の11月から4カ月連続で運気が低迷し、かなり運気が下がっています。何事にも慎重に取り組み、今は現状維持に徹することが肝心です。来月には運気が上がるので、あと1カ月のがまんです。

今月は、とにかく頑固にならないように注意しましょう。人の意見を聞けずに心が狭くなり、部下や後輩の小さなミスにもキレてしまいます。「こうあるべき」という自分の中のルールが厳しくなって、他人にも押しつける傾向になりますが、度が過ぎると人間関係にひびが入ってしまいます。まわりの人にやさしく、対応は柔軟に。人と意見が違っても、まずは相手の話を聞いてください。カッとなってもがまんです。上司の意見も素直に聞きましょう。

仕事も恋愛も新たなチャレンジや方針転換をせず、現状維持に徹してください。▲大凶のストレスで何かを始めたくなりますが、すべて来月に先送りを。事故や病気にも注意し、少しでも体調が悪かったら受診しましょう。

[年間運勢グラフ]

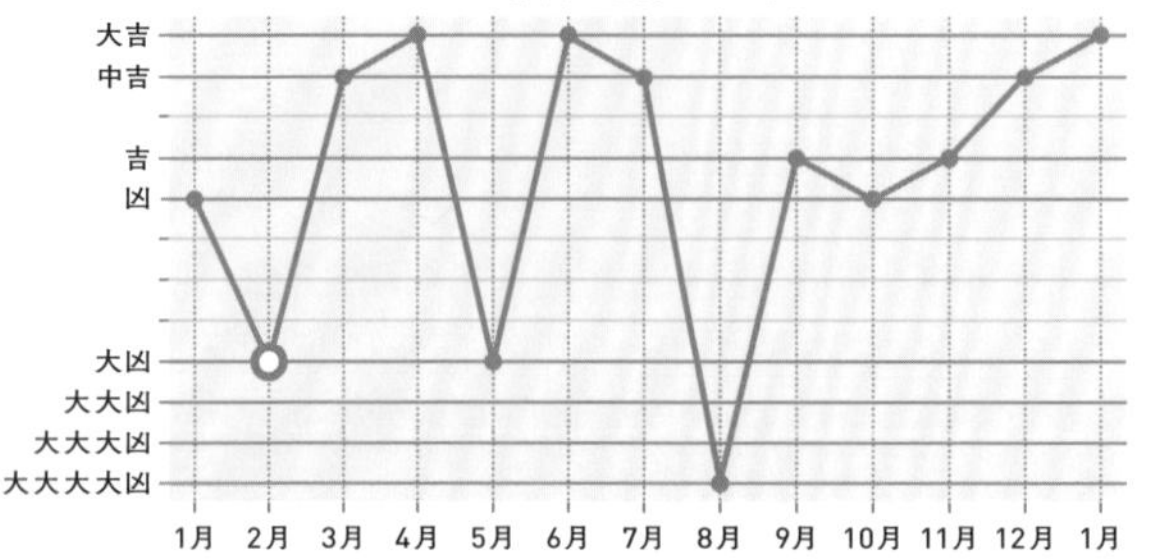

仕事運

▲大凶

とにかくミスを避け、今月を無事に乗りきることをめざしましょう。ベースの運気が○吉なのでモチベーションは高いのですが、その勢いがあだとなる運気。心が狭くなり、自分の意見を上司や部下に押しつけがちです。あと1カ月のがまんなので、納得がいかないことも一度は受け入れて、信頼する人に相談しましょう。一人で抱え込まず、周囲に助けを求めてください。部下とは接点をあまり持たないほうが良いでしょう。お説教は関係が悪化するだけなので、絶対にやめてください。今月は現状維持に徹し、方針転換やチャレンジ、部下への指摘などは来月以降に。

恋愛運

▲大凶

相手を見る目がなく、引き寄せ力も最悪です。飲み会や合コンには行かないほうが良いでしょう。幹事や介抱役を引き受けたくなる運気ですが、頑張っても評価されずトラブルになりそうです。見る目がないため危険な相手に走りがちで、しかも母性豊かな運気なので「この人には自分しかいない」と思い込み、悲しい結果になる可能性が高いです。今月は家で静かに過ごしましょう。

家庭運

▲大凶

心の余裕を失い、些細なことも許せなくなります。家族のなにげない言葉に過剰反応し、ケンカの末に縁さえ切れる可能性も。パートナーとは距離を置くくらいがちょうどいいでしょう。今月のケンカはすべてあなたの運気の影響と思い、たとえ納得できなくてもあやまりましょう。子どもに対しても感情的になりやすいので、冷静にじっくり話を聞いてあげることを心がけてください。

金運

▲大凶

お金をしっかり管理してください。なくしたり落としたりが増える運気です。▲大凶のストレスで大きな買い物をしたくなりますが、判断力がないため失敗の可能性が大。今月は生活に必要な買い物だけにとどめてください。ただし、お礼に使うお金は惜しまずに。お世話になっている上司や取引先に贈り物をする、知人にごちそうするなど、相手が喜ぶことは大切にしましょう。

健康運

▲大凶

回復力と免疫力が下がり、体調不良になりやすい時期です。運動神経や反射神経の低下による事故やケガも招きやすいので注意しましょう。睡眠をしっかりとり、無理な行動は避けることです。今月はがまんがきいてしまうため、じつはかなり不調でも気づきにくく、症状が悪化する可能性があります。特に胃の不調、皮膚のかゆみや荒れなどを感じるときはすぐに病院へ。

二黒土星の月運

2024

3

March

3/5 ~ 4/3

運気が急上昇！ここから一気に動け！

運勢

◎中吉

今月の注意点と開運のカギ

どん底の運気から一転、今月から急上昇です。ぼやぼやしていると先月までの運気の影響で動き損ねるので、気合を入れて行動を起こしましょう。判断力も今月からアップします。▲大凶の連続で自分の方向性がいつの間にかずれている可能性があるので、まずは方向性の確認を。問題がなければ、来月までの2カ月は結果を出せるときですから、勝負を賭けていきましょう。特に今月は、七転び八起きの精神で何事にもチャレンジすると良い時期です。チャンスを待たずに、自分からつかみにいってください。選り好みせず挑戦すれば、今後につながる大切なものに出会えそうです。

ただし、カッとなったり意見を押しつけたりすることがあるので注意です。感情が顔に出やすくなり、思いどおりにならないとムッとしていることが相手に伝わってしまいます。言葉遣いにも気をつけましょう。車の運転にも用心してください。無意識のうちに荒くなり、スピードが出てしまいます。普段以上に安全運転を心がけてください。

［年間運勢グラフ］

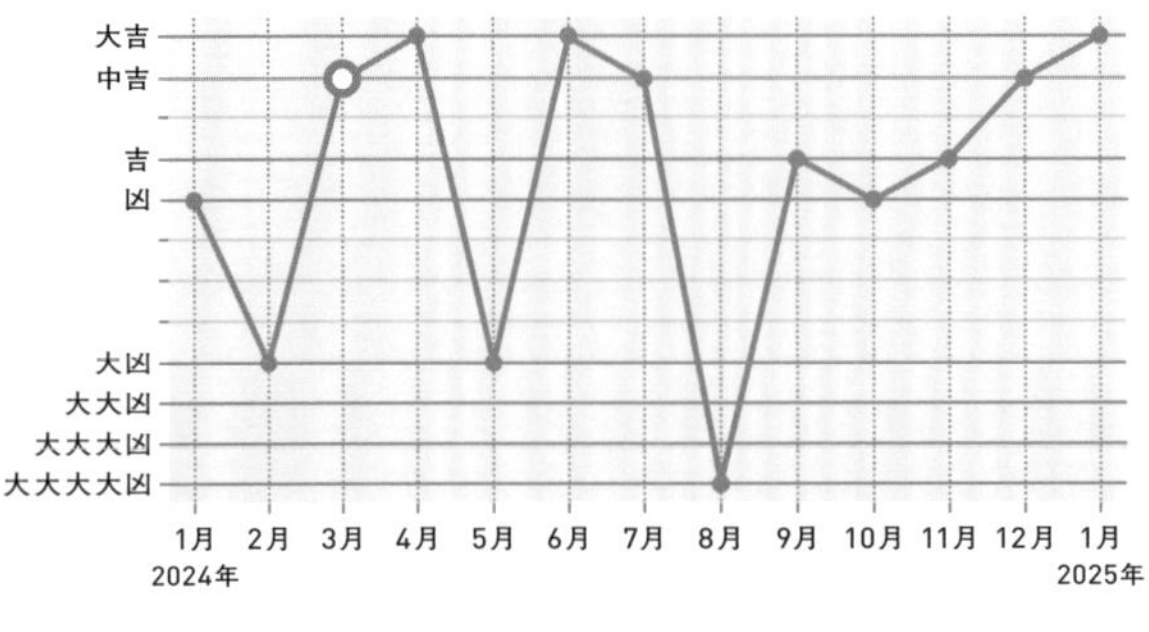

【今月の心構え 三か条】

一 まずやることは方向性の見直しだ

二 強引でもいいから一歩を踏み出せ！

三 先月までの流れに引っ張られるな

仕事運

☆大吉

先月まで▲大凶が続いたので、今月はこれまでの方向性がずれていないかを確認してから動きましょう。仕事運自体は絶好調。アピール力が強く、交渉能力や営業力が上がります。取引価格や待遇改善を交渉するなら今月がチャンスです。これまで会ってもらえなかった相手へのアプローチも成功しそう。ステップアップしたい人はその道で成功した人に話を聞く、転職したい人は志望先で働いている人に連絡をとって早めに面接を受けるなど、人とのつながりが功を奏します。ただし今月は態度が大きくなりがちなので、丁寧に接することを心がけてください。自信過剰は禁物です。

恋愛運

☆大吉

今後の人生につながるキーパーソンに出会える時期です。出会いを求めて飲み会や合コンに積極的に出かけましょう。ファッションは普段より華やかに。ある程度は直感を信じて良いので、ピンときたら食事に誘ってみましょう。ただし強引になりすぎないように注意。気持ちをはっきり伝えるのは良いのですが、押しつけるのは逆効果です。断られたら潔く引き、再アタックは来月に。

家庭運

△凶

小さなことでもパートナーに口うるさくなってしまいそう。きちんと話し合うには良い時期なので、今まで伝えられなかったことを冷静に、「こうしてもらえると助かる」とお願いするように話してみてください。相手との将来が見えない場合、離別を決断するのにも適した運気です。子どもがいる人は、一緒に未来の話をしてみましょう。萎縮させないようにやわらかい口調を心がけて。

金運

◎中吉

車や住宅など大きな買い物をするのには良い時期で、思いきって価格交渉をすると良い値段で購入できそうです。金運は好調ですが、気持ちの高ぶりや場の雰囲気に飲まれて散財したり、大盤振る舞いをしやすいので要注意。衝動的に買い物をしたり、店員さんに持ち上げられて余計なものを買ってしまったりしないように気をつけて。ピンとこないものは潔く見送りましょう。

健康運

△凶

先月まで続いた▲大凶のダメージが体に表れてくるかもしれません。特にのど、声帯、肝臓に要注意です。ベースの運気が◎中吉なので勢いがつきやすく、家で過ごすよりも外に出たくなって、外食や飲み会が増えるでしょう。それがあだとなる運気なので、暴飲暴食にはくれぐれも注意してください。しゃべりすぎにも十分に気をつけましょう。

二黒土星
の月運

2024

4

April

4/4 ～ 5/4

最高の運気が到来！無駄にせず行動あるのみ

運勢

☆大吉 のち 大波

今月の注意点と開運のカギ

年の運気も月の運気も☆大吉で、非常に良い時期です。この運気を無駄にしないように、ぜひ行動を起こしてください。◎中吉から☆大吉に上がり、やる気が出て仕事もプライベートも結果が出せるとき。特に今月は粘り強さがカギです。交渉ごとは断られてからが勝負なので、すぐには引き下がらず、次の策を考えて何度も挑戦しましょう。

一方、急に方針を変えたくなったり、突然仕事を辞めたくなったりしますが、運気のせいなので振り回されないようにしてください。特に今月後半は、大波の運気の影響で気持ちが不安定です。今月は結果を出すことが大切ですが、何事も20日頃までにめどをつけるように。今まで取り組んできたことは、最後まで完遂するようにしましょう。また、お人よしにならないように注意を。情が強くわき、頼まれると断れません。特にお金の貸し借りや保証人の依頼、投資、宗教の勧誘などの相談や誘いはきっぱりと断りましょう。少しわがままに思われるくらいの態度がちょうどいいです。

［年間運勢グラフ］

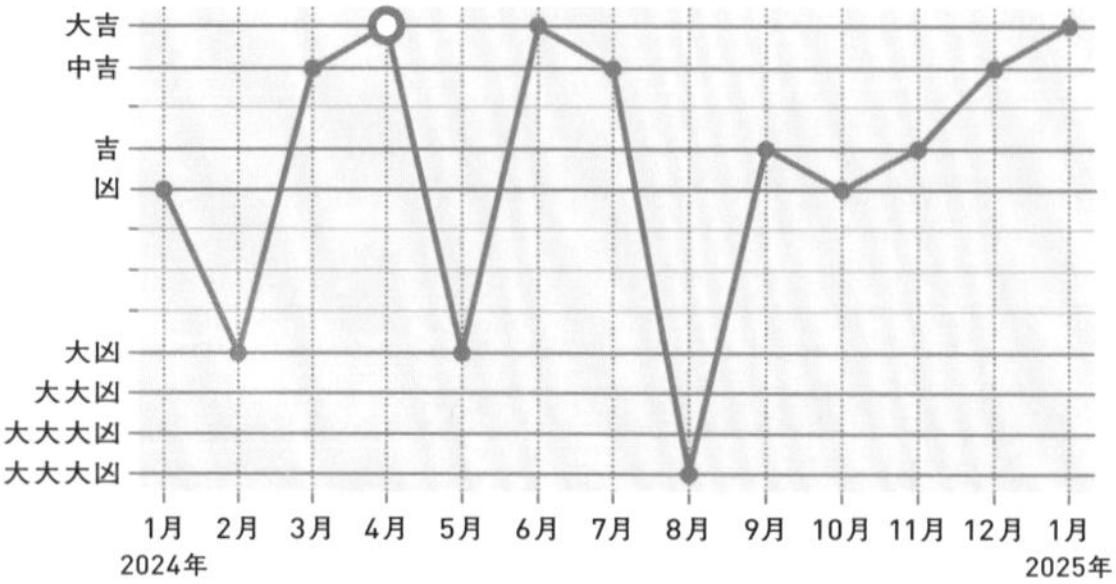

【今月の心構え 三か条】

一 断られてもあきらめるな

二 結果にこだわって行動しよう

三 優柔不断とお人よしにくれぐれも注意

今月の【大開運日】9日、11日　【激ヤバ日】25日　【大潮】9日～11日、23日～26日　【土用期間】16日～30日

仕事運　☆大吉

非常に良い運気ですべての成功率が高まるので、結果を出すことに集中しましょう。来月は▲大凶なので今月が勝負です。今月後半は運気の影響で不安定なので、20日頃までに業務を終えるようにスピードを出していきましょう。急に方針を変えたくなったり新しいことに挑戦したくなったりしますが、脇道にそれず、現在取り組んでいることで成果を上げてください。今月は営業力や交渉能力がアップします。交渉の場では今後の発展を思い描ける話し方をしましょう。頼まれごとには注意。軽い気持ちで引き受けると習慣化して苦しむことになります。はっきりと断りましょう。

恋愛運　◎中吉

出会いの場に積極的に出かけましょう。結婚相手だけでなくビジネスパートナーなど、今後深いつきあいになる相手に出会うチャンスです。良い人には積極的にアプローチし、断られても粘り強く頑張りましょう。ただし、言い寄られた場合は要注意。あいまいな返事をせず、はっきりと断りの言葉を伝えましょう。今月後半は気持ちが不安定になるので、アクションは20日頃までに。

家庭運　○吉

パートナーに尽くす1カ月にしましょう。好物を作ったりマッサージをしたり、プレゼントを贈るのもおすすめです。お願いが通りやすい時期ですが、相手からの頼みごとにすぐ返事をするのは避けましょう。親との同居、教育、借金など、返事に自信がないときはいったん置いて誰かに相談を。今月は子どもの希望をかなえてあげると大きな意味を持ちます。ただし甘やかしは禁物です。

金運　○吉

先月からの良い運気が続いて判断力があるので、大きな買い物をしても良いでしょう。来月は金運が下降するので今月が好機です。ただし、店員さんのおすすめを断りにくい運気のため、本当に必要かどうかをきちんと検討して。お金の貸し借りもやめましょう。借金を頼まれると断れなくなるので、できれば相談にも乗らないように。もし貸すなら、返ってこないものと思いましょう。

健康運　○吉

他人の心配をして心労がたまりやすい時期です。人の苦労話を聞いて、何でもお人よしに助けてあげたくなりますが、その行動がストレスになります。ストレスが蓄積して、頭皮や髪の傷み、胃腸の不調など体のダメージにつながることも。本当に助けてあげたいと感じるとき以外は断りましょう。悩んだら一人で抱え込まず、信頼できる人に相談してください。

二黒土星
の月運

2024

5

May

5/5～6/4

ややペースダウンの月。勝負は来月だ！

運勢

▲大凶

今月の注意点と開運のカギ

先月の☆大吉から一気に下がって▲大凶です。ただ、年の運気は良く、先月までは月の運気も良い状態が続いていました。さらに、今月を乗りきれば来月は再び☆大吉の運気です。今月の前半は先月の後半から続く大波の影響が残るものの、良い運気にはさまれた谷間の月。何事もいつもより慎重に、確認しながら進める必要はありますが、大きくブレーキをかける必要はありません。

いろいろと見直しが必要になる時期でもあります。イレギュラーなことが起こっても、目をそらさずに向き合いましょう。しっかり反省して対策をとれば、来月からの運気上昇に生かすことができます。自分が成長できるチャンスでもあるので、慎重に石橋をたたきながら進みましょう。

運気は▲大凶ですが、まれに大当たりする場合があります。憧れの人に思いを告白する、普段なら手の届かないような会社に転職の応募をするなど、だめもとと割りきれる勝負なら挑戦してみると良いでしょう。

[年間運勢グラフ]

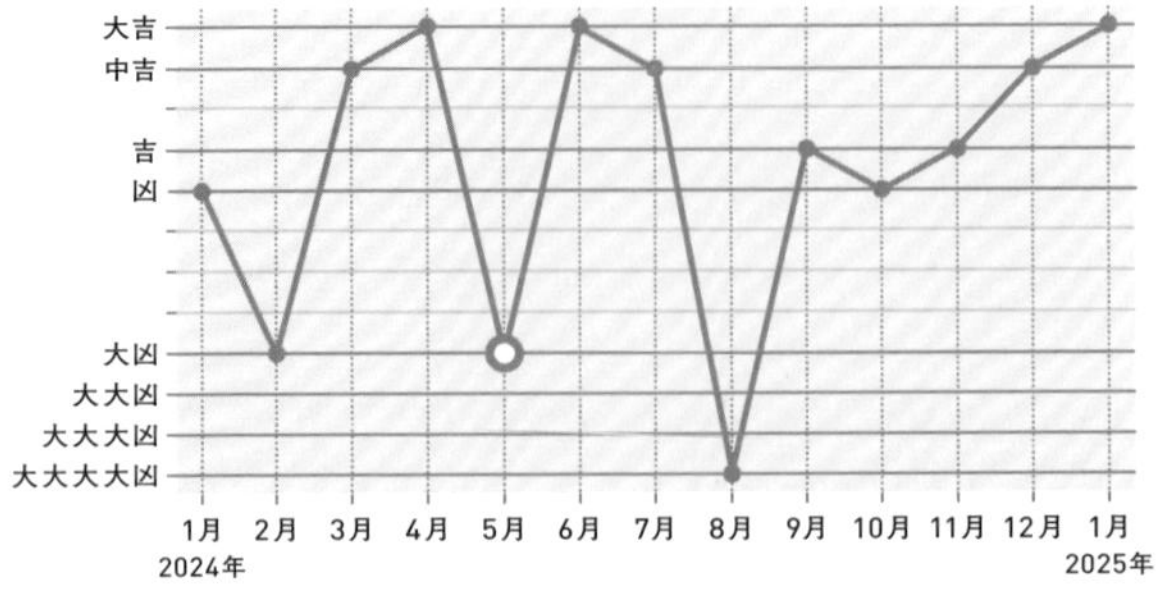

今月の心構え
三か条

一 来月は大吉に上がる！大きなブレーキは不要

二 だめもとの勝負なら打って出てもいい

三 いろいろと見直して来月以降に備えろ

今月の【大開運日】なし　【激ヤバ日】31日　【大潮】8日～10日、22日～25日　【土用期間】1日～4日

仕事運

▲大凶

基本的に今月は現状維持に徹し、勝負は来月にしましょう。新しいことに挑戦するのは危険です。今手がけていることを慎重に進めましょう。些細なことでも2重3重のチェックを忘れずに。少しでも不安なことは自己判断せず、上司に相談しながら進めましょう。口約束でのトラブルが増えがちです。連絡は口頭ですませず、重要なことは文書に残しましょう。今までいいかげんにしていたことがある場合、ツケが出やすい時期です。過去の失敗を反省すると来月から前進できるでしょう。不安定な気持ちから言葉遣いが乱暴になり、感情が顔に出てしまいます。注意しましょう。

恋愛運

▲大凶

出会いを求めることはいったんストップし、今月はおとなしく過ごしましょう。判断力が鈍っていて、寂しさから運命の人を勘違いしてしまいます。出会いを求めるのは、運気が上昇する来月まで待ちましょう。パートナーがいる人は急に別れたくなるなどの心変わりがありそうですが、今月中の大きな判断は厳禁。大ゲンカをしても、来月までは良い関係を保つようにしましょう。

家庭運

▲大凶

気持ちが不安定で、些細なことが許せなかったり、突然不機嫌になって相手を振り回したりすることが増えそうです。不安になったら甘えましょう。イライラが止まらないときは、自分一人の時間を増やしたり運動で発散したりすると良いでしょう。子育て中の人も小さなことで叱ってしまいがち。不注意から子どもの不調を見逃す可能性もあります。冷静に、やさしく接してください。

金運

▲大凶

大きな買い物や衝動買いに注意しましょう。▲大凶のときは判断力が下がってストレスがたまりやすく、買い物で発散したくなってしまいます。投資などの勧誘を受けやすい時期でもありますが、すべて断りましょう。すでに始めていることを続けるのは良いのですが、新しいものには絶対に手を出さないことです。来月には運気が上がるので、それまではがまんしましょう。

健康運

▲大凶

今までのツケが回ってくる時期です。これまで睡眠不足や体に良くない食事、運動不足など不摂生を重ねてきた人は、何らかの症状が出るかもしれません。不調を感じたらすぐに受診を。古傷も悪化しやすいので、症状が出たらしっかり治療しましょう。▲大凶の時期は回復力や免疫力が下がりやすく、運動神経と反射神経の低下による不測の事故やケガが増えるので要注意です。

二黒土星
の月運

2024
6
June
6/5～7/6

10年で最強月の一つ。チャンスを逃すな！

【今月の心構え 三か条】

一 今年のピークの運気。動くなら今だ

二 目上の人を頼って前に進め！

三 無神経、無頓着、雑な言動に要注意

運勢

☆大吉

今月の注意点と開運のカギ

先月の▲大凶から一気に上がって☆大吉です。今月は、ここ10年で最強の月の一つです。すべてにおいて成功率が上がるので、仕事もプライベートも、このタイミングでさまざまなことにチャレンジしてみてください。

今月はまわりの人に助けられて前に進む運気。特に目上の人から引き立てられる運があるので、何事も独断で突き進まず、上司や先輩を頼りながら進めていきましょう。今月の序盤は前月の▲大凶の影響が残っていてやる気がなかなか出ませんが、動かずにいるのはもったいないです。「運気が上がった」と自分に言い聞かせて、早めにスタートを切ってください。8月に強烈な▲大凶がやってくるので、この2カ月でできることは前倒しでやっておきましょう。

ただし、今月は気持ちが大きくなりやすいので要注意です。まわりの人に横柄な態度をとってしまったり、大きなことを言って反感を買ってしまったりする可能性があります。良い運気のときほど謙虚な姿勢を心がけてください。

［年間運勢グラフ］

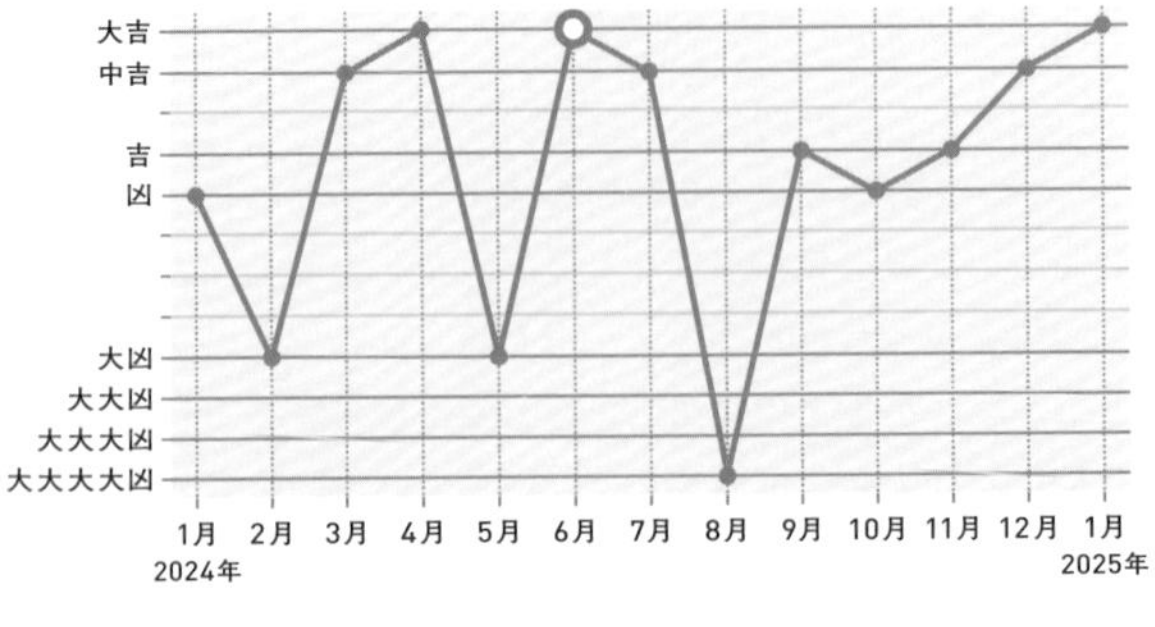

仕事運 ☆大吉

大きなパワーが出て、結果も出やすい時期です。周囲の力を借りて前進できる運気で、特に目上の人の協力を得やすいので、小さなことも上司と連携して進めてください。つい目立つ行動に走りがちですが、報告、連絡、相談を密に。何かあったらフォローしてもらえる態勢をつくってから、結果にこだわって進めましょう。ただし運気の影響で調子が良くなると、細かいことに気が回らず「まあいいか」と片づけがち。仕事が雑になり、身だしなみもおろそかになりがちなので注意です。いいかげんな発言にも気をつけましょう。ここで反感を買うと、せっかくの運気が台無しです。

恋愛運 ◎中吉

恋愛モードになれないかもしれませんが、紹介運やお見合い運は好調。婚活中の人は積極的に動きましょう。今月は判断力や洞察力にすぐれ、相手を見抜く力があります。冷静な判断ができるので、ある程度は直感を信じて良いでしょう。半面、感情が冷めていて良い人がいてもピンとこない可能性があります。気乗りしなくてもすぐには断らず、恋愛運が高まる来月に会ってみましょう。

家庭運 △凶

話し合いに適した時期です。重要なことを家庭で話し合うと良いでしょう。結婚前の人も、今後のことを冷静に話し合うのに良い時期です。腐れ縁を続けている人は今月にきっぱり別れると、引きずらずに次に進めます。子育て中の人はなにかと雑な対応になりがちなので、意識して子どもと向き合うように。子育てに必要なものは今月購入しましょう。金額が張っても良いものを選ぶこと。

金運 ◎中吉

好調です。大きな買い物をするなら今月でしょう。ただ、月の前半は先月の悪い運気が残っていて冷静な判断ができない可能性があります。中旬以降まで待って、気持ちが変わらなければ買っても良いでしょう。投資運も好調なので、不動産を買ったり株や投資を始めたりしても良いです。ただし専門家や詳しい人から情報を集めて、きちんとした知識を得てからにしてください。

健康運 ○吉

食事を含めて生活全体が雑になりがちですから注意しましょう。細かいことを気にせず大らかに過ごすのは良いことですが、特に食生活がいいかげんになる傾向になり、インスタント食品や加工食品を食べる機会が増えそうです。今月は脳や心臓、大腸に注意すべき運気。食事や生活習慣から体の不調を招くことがないように、栄養をきちんととって規則正しい生活を心がけましょう。

二黒土星
の月運

2024

7

July

7/7 ~ 8/6

よく働き、よく遊べ！人脈を広げろ！

今月の心構え
三か条

一 趣味も仕事のうち。積極的に楽しむこと

二 良い運気を無駄にせずしっかり生かせ！

三 暴飲暴食と寝不足に注意して体調管理を！

運勢

◎中吉

今月の注意点と開運のカギ

先月に引き続き、今月もかなり良い運気です。何をするにしても成功率が非常に高いので、気合を入れて頑張ると結果がしっかりとついてきます。

「よく働き、よく遊べ」という運気の今月は、仕事もプライベートも充実させるように積極的に取り組むと良いでしょう。特に趣味の世界を広げて幅広い人と会うことで、新たな人脈をつくれそうです。趣味が充実すると仕事もはかどるもの。仕事や恋愛のモチベーションを維持するためにも、どんなことにも積極的にチャレンジしてみましょう。友人の趣味に便乗してみるのもおすすめです。

ただし、今月は回復力が下がるので、意識して体調管理に努めてください。積極的に外出すると良い時期ではあるのですが、体を休める時間もきちんと確保しましょう。来月は強烈な▲大凶の運気になります。▲大凶のときはどんなことも停滞するので、体調管理に気をくばりながら何事も今月中に結果を出しておきましょう。

［年間運勢グラフ］

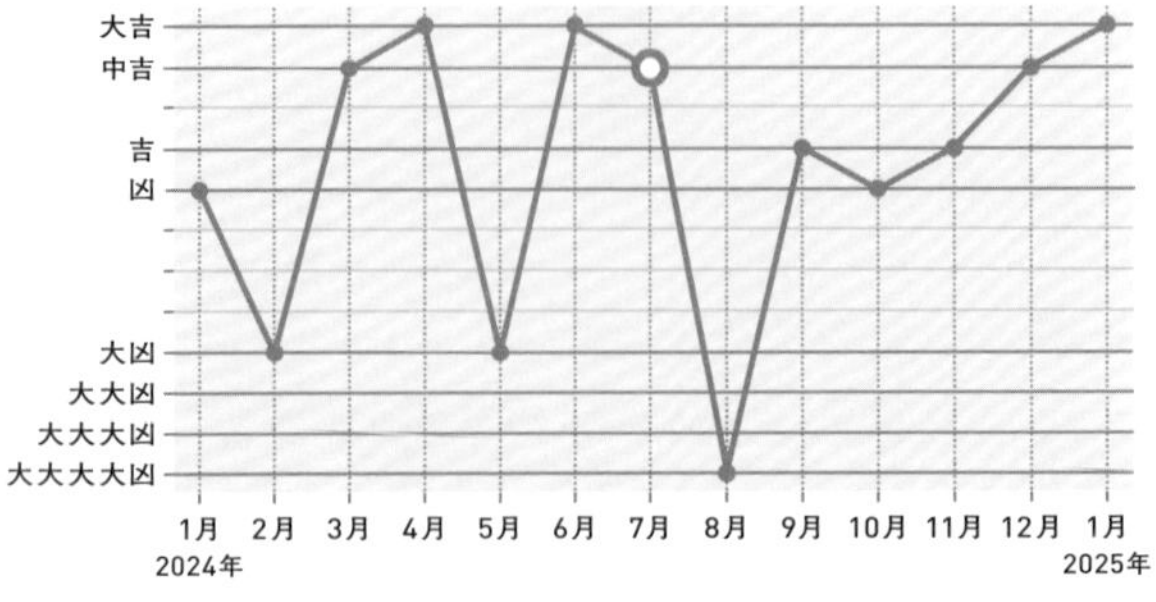

今月の【大開運日】14日　【激ヤバ日】18日、27日　【大潮】6日～8日、20日～23日　【土用期間】19日～31日

仕事運

◎中吉

趣味に力を入れるべき時期ですが、仕事も全力で頑張りましょう。社交運が良い運気です。新たな取引先や人脈を築くために、新規開拓に力を入れましょう。社内でも、ほかの部署に積極的に顔を出してください。食事会やゴルフなど、人と出会えるイベントには極力足を運ぶと良いです。仕事以外の場所で交流すると良い関係を築けます。ただし礼儀や言葉遣いには配慮してください。来月は強烈な▲大凶なので、重要な仕事は今月中に。新規プロジェクトの立ち上げも今月中に着手することが得策です。できるだけ進めておき、運気が下がる来月は現状維持に徹しましょう。

恋愛運

☆大吉

出会い運が好調です。紹介ではなく、人が集まる場所に飛び込むと良い人にめぐり合えるでしょう。友人や同僚と大人数で食事をすると、その場に結ばれる人がいる場合も。社交的に振る舞うと良い運気ですが、見栄を張らないように注意しましょう。余計なひとことにも気をつけて。年収や職業などを大げさに言ってしまいがちですが、あとで問題になります。正直に伝えましょう。

家庭運

◎中吉

外で過ごすと良い運気です。パートナーと一緒に趣味の開拓に挑戦しましょう。友人の趣味にまぜてもらうのがおすすめ。スケジュールをきっちり立てたデートも良いです。ただし、余計なひとことで相手を怒らせてしまう可能性も。険悪なムードになったらすぐにあやまること。子どもとも思いきり遊んであげると親子の運気が上がります。会話は美しい言葉を使うように心がけて。

金運

○吉

交際費は惜しまずに使いましょう。人とのつながりから良い出会いや仕事に結びつくときです。誘いを受けたらどんな場所にも積極的に出かけましょう。ただし、収支管理はしっかりとしてください。良い運気のときほど気持ちが大胆になり、高いものを買ってしまったりおごりグセがついたりします。一人での食事は節約するなど、お金の使い方にメリハリをつけると良いでしょう。

健康運

△凶

疲れがとれにくい1カ月ですので注意してください。「よく働き、よく遊べ」という運気のため、外食や飲み会、ゴルフなどの機会が増えますが、休みをとらずに全力投球し続けて、気づいたら体調をくずしていたという事態になりそうです。今月は一度体調をくずすとなかなか治りません。意識して休日をつくり、体を休めましょう。特にのどや気管支、肺の不調や口内炎に注意です。

二黒土星
の月運

2024

8

August

8/7 ~ 9/6

運気は最悪の月！現状維持に徹せよ

【今月の心構え 三か条】

一 いつも以上に慎重に。メンタルと腰に要注意

二 疑う前に相談を！孤立は厳禁

三 来月は運気が急上昇。それまでは動くな！

運勢

△凶 のち ▲大凶 ときどき 大波

今月の注意点と開運のカギ

先月の◎中吉から一気に下がり、▲大凶の中でも強烈な▲大大大大凶の運気です。ベースの運気は△凶なので集中力や学習能力は上がるのですが、日ごとにどんどんパワーダウンしていきます。気持ちが暗くなりネガティブな考え方に引き込まれやすく、小さなことでも落ち込んでしまうなど、メンタル面が弱まります。仕事でも大きなミスをしたり、自分の考えに自信が持てなくなったりします。体調もすぐれず、特に腰を痛めやすい運気なので注意しましょう。

ただし柔軟性は上がるので、これまで受け入れられなかったことを吸収できる時期でもあります。この機会に、今取り組んでいることやその方法が正しいのか、目上の人の指導を受けて見直すと良いでしょう。また、一人で抱え込むのは禁物です。落ち込んだら周囲の人を頼りましょう。

とにかく今月はひたすら耐えるべき１カ月。来月はまた運気が急上昇します。それまでは何もしないように、現状維持に徹してください。

[年間運勢グラフ]

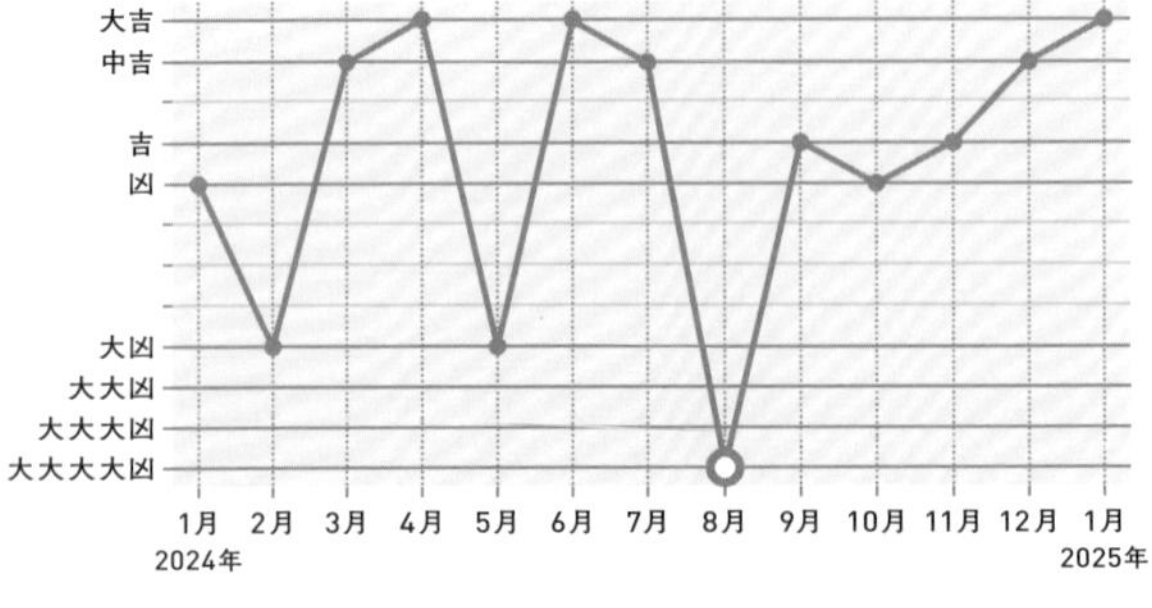

今月の【大開運日】なし　【激ヤバ日】23日　【大潮】4日~7日、19日~22日　【土用期間】1日~6日

仕事運　▲大凶

最低の運気ですので、すべてペースダウンしてください。判断力がなくパワーも出ないので、とにかくミスが増えがちです。メールの誤送信や金額間違いなどケアレスミスが大問題に発展します。普段より慎重に、確認しながら進めましょう。大波の影響で気持ちが不安定になり、少しでも指摘されると動揺して落ち込みやすくなります。できるだけ感情を抑えて、落ち込んだら身近な人にグチを聞いてもらいましょう。一方、集中力や柔軟性は上がり、人にやさしくできたり苦手な業務に挑戦できたりします。良い面を生かして乗りきりましょう。大事なことはすべて来月に先送りを。

恋愛運　▲大凶

異性を引き寄せるオーラがあり人が寄ってきますが、人を見る目は皆無です。判断力がなく、普段は興味を持たない人に魅力を感じてしまったり、誰でもいいからやさしくしてという雰囲気が出て、危険な人に引っかかったりしそうです。出会いの場で突然大胆な行動に出て、自分から危険なわなに飛び込んでしまう可能性も。今月は家で静かに過ごし、出会いは来月まで待ちましょう。

家庭運　▲大凶

今月のあなたはネガティブで疑心暗鬼。浮気を疑ったり勝手に落ち込んだり、卑屈で嫌みな態度をとりがちです。感情で動くと縁が切れることもあるので注意。あらかじめパートナーに「不安定になって迷惑をかけるかも」と話しておき、スキンシップを多くとって仲良く過ごしてください。子どもにもネガティブな感情をぶつけがちなので、しっかり話を聞くことを心がけましょう。

金運　▲大凶

買い物に行かない、飲み会にも参加しないと決めて、今月はできる限り出費を抑えましょう。だめだとわかっていても、抑圧された感情が爆発してつい買い物をしたくなりますが、この時期に買ったものはたいてい後悔します。分割払いも厳禁。お金の貸し借りも絶対にやめましょう。介護や家の修繕などの話も出ますが、今月中に答えを出さず、来月10日以降にもう一度考えましょう。

健康運　▲大凶

回復力と免疫力が下がり、体調不良になりやすい時期ですから気をつけてください。運動神経や反射神経も低調なので、不意の事故やケガにも注意しましょう。毎日しっかり眠り、無茶な行動をしないように心がけてください。骨や筋肉、腰を痛めやすいので、スポーツ前には入念に準備運動を。気持ちが沈んでストレスがたまりやすいので、ヨガや整体で解消するのもおすすめです。

二黒土星
の月運

2024
9
September
9/7 ~ 10/7

大胆かつ礼儀正しく前進あるのみ！

【今月の心構え 三か条】

一 無理にでも切り替えて まずは一歩を踏み出せ

二 1月まで運気は絶好調。流れに乗れ！

三 謙虚な態度に徹すれば 運気アップ

運勢

○吉

今月の注意点と開運のカギ

先月の▲大大大大凶から一気に上がって今月は○吉。頭が冴えてアイディアがわき、体も軽やかに動きます。上旬は先月の影響を受けてやる気が出ませんが、公私ともに結果を出せる月です。「運気が上がった！」という意識を持って、無理にでも気持ちを切り替えて行動を起こしましょう。運気の流れが変わるときは、髪形やファッションを変えると良いでしょう。運気アップにつながるうえに気分の切り替えにも役立ちます。今月は近道や裏技を考えるよりは、しっかり計画を立てて正攻法で堂々と進めたほうが良い結果が出ます。何事もルールに従って、アレンジせずに進めましょう。

ただ、運気が良いときは悪い評判も立ちやすくなるので注意です。自信のある言動が目立ち、まわりにねたまれやすい傾向があります。謙虚と低姿勢をキーワードに、周囲とのコミュニケーションを大切にしましょう。来年1月までかなり良い運気が持続しますから、多少失敗しても大丈夫。正攻法で礼儀正しく、かつ大胆にいきましょう。

［年間運勢グラフ］

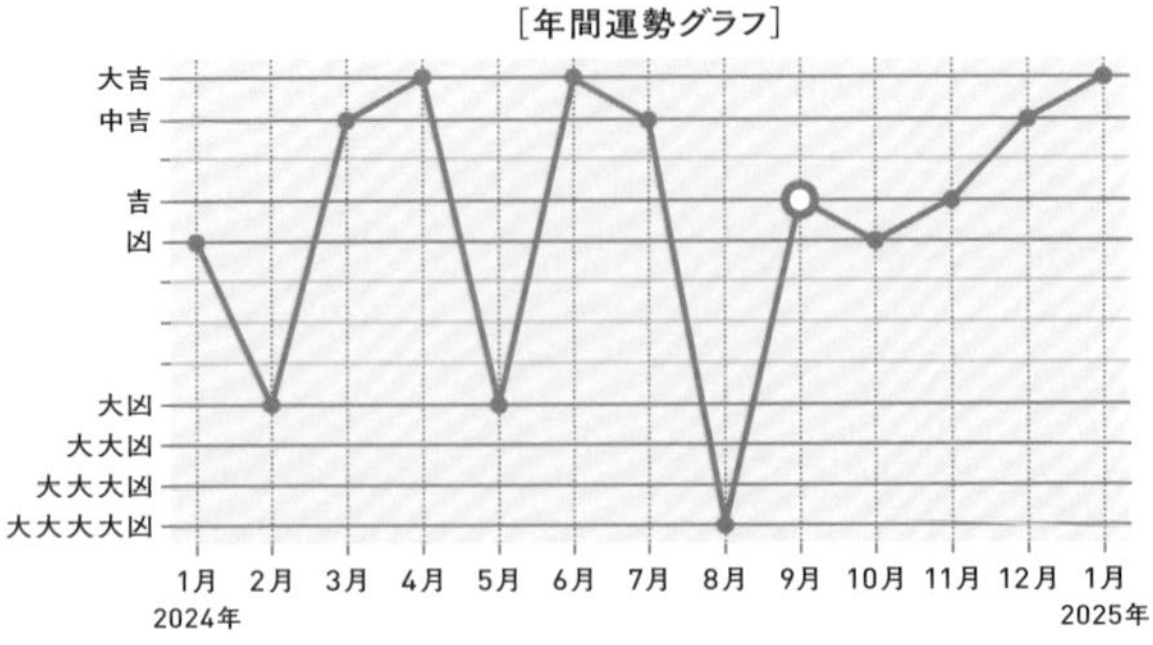

今月の【大開運日】15日、17日 【激ヤバ日】28日 【大潮】3日〜5日、17日〜20日 【土用期間】なし

仕事運

◎中吉

運気が急上昇している今、まずは行動を。大勢の前で大きなことを宣言するのも良いです。数打てば当たる運気なので、失敗をおそれず、七転び八起きの精神で挑戦する姿勢が大切です。営業力やプレゼン力も上がり、人を引き寄せる力があるため転職活動にも適しています。ただしエネルギーが強いあまりに、衝動的に動いてミスを招くこともありそう。要領良く動こうとすると裏目に出て失敗する可能性も。普段より丁寧に進めて、確実に成果を上げましょう。輝いているときほどねたまれて悪評が立ちやすいもの。できるだけ敵をつくらないように人間関係にも気をくばりましょう。

恋愛運

◎中吉

華やかな雰囲気に満ちて、とても目立つ時期です。出会いの場に行けば良縁が期待できるでしょう。ただし先月の運気の影響で、判断力が下がっています。特に上旬は慎重な行動を。ファッションは派手なものよりも、上品な雰囲気を心がけましょう。熱しやすく冷めやすい運気でもあるので、気になる人ができたら少しずつ距離を縮めて、本当にこの人で良いのかをよく考えましょう。

家庭運

△凶

エネルギーがあふれて感情的になりやすく、ケンカが増えそうです。いろいろなことが露呈する運気なので、隠しごとや言えなかったことがあるなら知られる前に打ち明けましょう。今月は離別運が良く、別れたい人はあとを引かずに別れられます。子どもの才能を見つけやすい時期なので注意深く観察を。ただし理想が高すぎる傾向があるので、押しつけないように気をつけてください。

金運

◎中吉

ひらめきや直感で動いてしまいがちなので、衝動買いには要注意です。好調な運気ですが、序盤は前月の悪い運気を引きずっているため、大きな買い物は月の後半になってからが良いでしょう。熱しやすく冷めやすい運気でもあるので、良いものを見つけても決断は慎重に。ある程度値が張るものは即決せずに日をおいて考えて、「これなら」と納得できたら買うようにしましょう。

健康運

△凶

勢いもモチベーションもありますが、無理をしがちです。気持ちが不安定で加減ができないので、遊びすぎによる寝不足や暴飲暴食に気をつけましょう。持病がある人は症状が現れやすい時期。だましだましやってきたことが悪化したら、すぐに病院へ。ストレスやファッション重視からくる体の冷え、過剰なダイエットに注意。目や歯、髪が傷みやすいので気をつけましょう。

二黒土星
の月運

2024

10
October

10/8～11/6

柔軟になれる時期。自分をしっかり見直せ！

運勢

△
凶

今月の注意点と開運のカギ

来月から来年１月にかけて本格的に運気が上昇していきます。今月はその前の準備の月です。勢いのあった先月の運気から下がって△凶になりました。運気は安定していますが、積極的に何かに取り組むようなやる気は起こらず、些細なこともネガティブにとらえて落ち込みがちです。頑張れば結果につながるので、やる気が出ない人は上司や頼れる人に背中を押してもらうと良いでしょう。寂しい気持ちやストレスが行動を妨げてしまうこともあるので、グチや悩みは信頼できる人に聞いてもらってすっきりしましょう。

集中力や学習能力がアップする今月は、事務処理や情報収集などの地道な作業や、今後の計画を立てるのに向いています。考え方も柔軟になり、周囲の意見を聞き入れやすくなります。これまで自分のやり方に固執していた人は、この機会にまわりの人にアドバイスをあおいで見直すと良いでしょう。運気が上がる来月以降に向けて、やり残したことや都合の悪いことは今月中に解決しておきましょう。

［年間運勢グラフ］

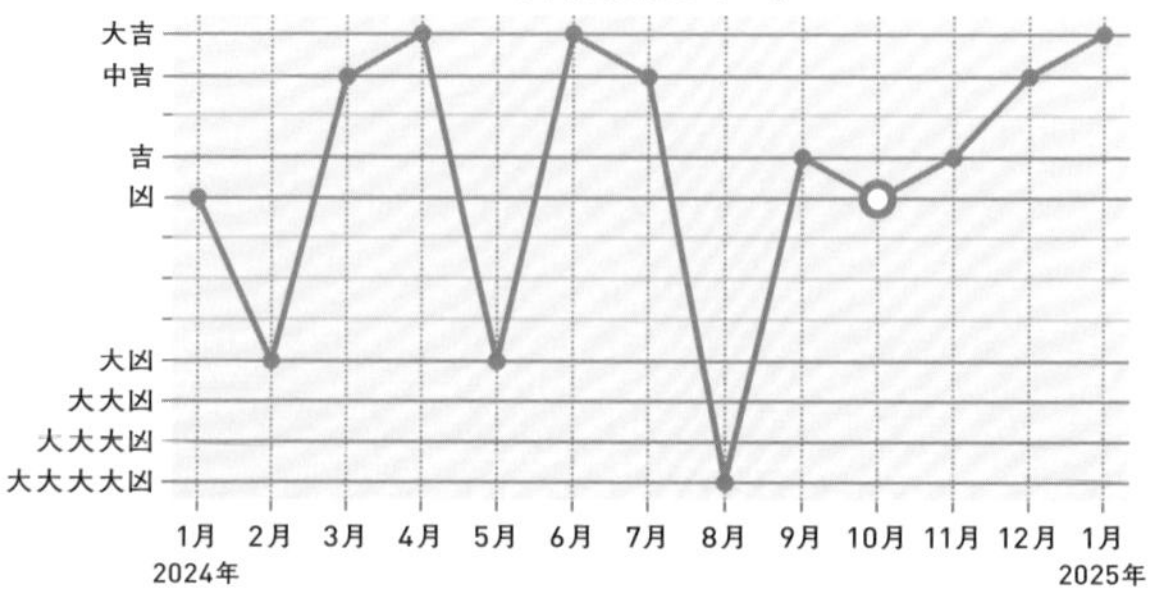

【今月の心構え 三か条】

一 集中力がアップ！今こそ研修や勉強を

二 都合の悪いことは今月中に解決しておこう

三 孤立すると何も成せない。人の協力をあおげ

今月の【大開運日】15日
【激ヤバ日】25日
【大潮】2日～5日、17日～20日
【土用期間】20日～31日

仕事運

○吉

先月の勢いがなくなり、なかなかやる気が出ませんが、運気は安定しています。無理やりにでもエンジンをかけると成果が出る運気なので、気合を入れて頑張りましょう。今月は集中力や学習能力がアップします。気になっていた書類整理や勉強がはかどるので、思い当たる人は今月中に終わらせると良いでしょう。柔軟性も高まるので、これまで上司の指示に従いきれていなかった人は、この機会に従ってみましょう。上司からの評価が高まるのはもちろん、自分の新しい発見にもつながりそうです。自分を見直す良い機会ですので、ぜひ試してみてください。

恋愛運

△凶

今月は異性を引きつける力が高まります。なかなか動く気になりづらいのですが、出会いが期待できるので積極的に外に出かけると良いでしょう。注意したいのが、出会いの場で急に大胆になること。やさしく声をかけられると断れずに応じてしまいます。良い人でも友達から始めて、時間をかけて関係を育んでください。来月以降も出会いに期待できるので、今月は即決しないことです。

家庭運

◎中吉

冷静になれる時期です。パートナーとぎくしゃくしていた人は意識して歩み寄りましょう。二人の時間をつくってスキンシップを増やすと穏やかに過ごせます。子どもに関しては回復力が上がり治療に適した時期ですから、健康チェックをして気になったら病院へ。ネガティブな言葉をかけてしまいがちなので、感情を押しつけずに触れ合って信頼を深めましょう。外食もおすすめです。

金運

○吉

大きな収入は見込めないものの、安定した運気です。今月は節約を心がけることによって運気が上がりますので、普段以上に丁寧に収支をチェックすることをおすすめします。地道な作業にも向いていますから、家の中の断捨離も有効です。使わずに眠っているものは思いきって処分しましょう。断捨離中に価値のあるものを見つける可能性もありそうです。

健康運

○吉

免疫力と回復力がアップしています。持病を本格的に治したい、手術を考えているなど、いつかするべき治療がある人は今月中が良いでしょう。不安がない人もぜひ健康チェックを。悪い箇所が見つかったら、すぐに治療を始めてください。心がネガティブになると体が冷えて、婦人科系の不調や膀胱炎が起こりやすくなります。仲の良い友達とたくさん会って気晴らしをしましょう。

二黒土星
の月運

2024

11

November

11/7～12/6

今年最後のピークが到来。
出遅れるな！

【今月の心構え 三か条】

一 一歩でいいので まずは踏み出せ！

二 意識して 部下や後輩と話そう

三 マイルール、頑固さに要注意！

運勢

○吉

今月の注意点と開運のカギ

先月の△凶から上がって○吉の運気です。来月は◎中吉で、さらに運気が上昇します。そして来年1月には☆大吉が待っています。良い運気が続くので出遅れないように。2025年の年運は▲大凶なので、運気が上昇するこの3カ月が勝負どきといえます。仕事も恋愛も、この期間にしっかり成果を出せるように頑張ってください。勢いだけで突っ走るのではなく、丁寧に確認しながら進みましょう。

注意したいのは頑固になりがちなこと。「こうあるべき」という考えが自分の中で強まり、それを他人にも押しつけてしまいそう。自分に厳しく、まわりにはやさしく、頑固を封印して柔軟に振る舞いましょう。ただし不満をため込むのは禁物です。がまんが続くようなら、信頼できる人に早めに相談してください。

上司や先輩の意見には素直に従い、かわいがられる部下や後輩になりましょう。上司の立場の人は部下運が最高なので、積極的に交流を。良い関係を築くと前進しそうです。

[年間運勢グラフ]

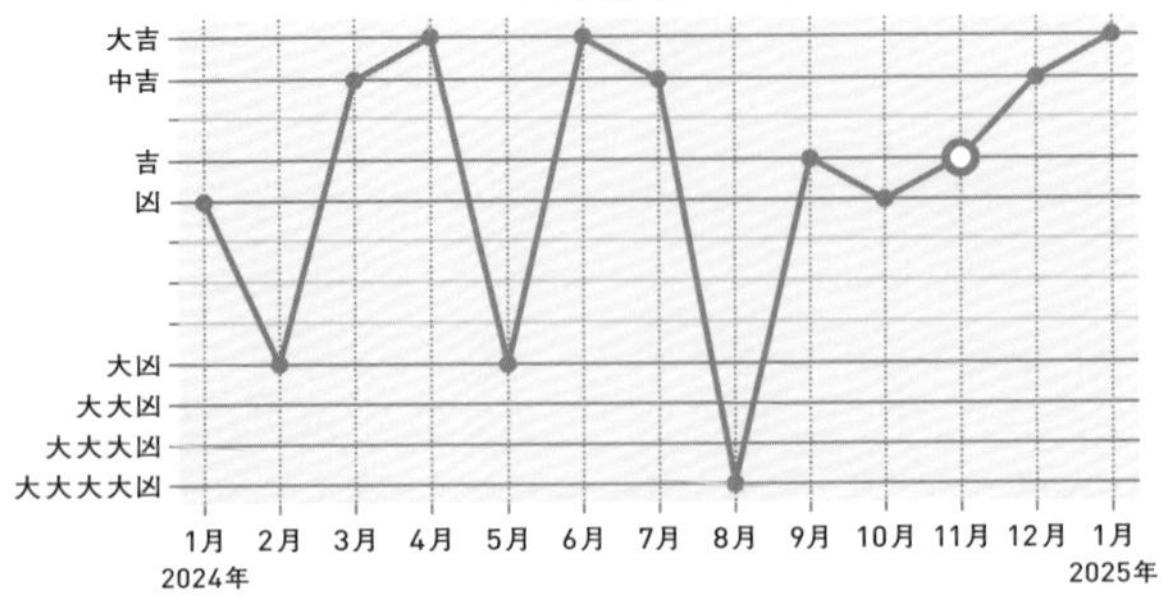

仕事運

○吉

ここから3カ月連続で運気が上昇するので、今月は基本に立ち返り、これまでを振り返りながら基礎を固めてください。来月は七転び八起きの精神で前進し、再来月に成果を上げるというように3カ月スパンで考えましょう。計画を立てるのにも良い時期なので、予算や人員配置など細部まで検討を。部下運が最高なので、積極的にコミュニケーションをとって関係を見直しましょう。ついお説教したくなりますが、ここはがまん。しっかりと関係を築いておくと今後に生きてきます。2時間以上一緒に過ごすと部下の心が開いてくるので、じっくり話す機会をつくってください。

恋愛運

◎中吉

好調です。母性があふれ、裏方を引き受けたり困った人を助けたりすると好感度が上がります。新たな出会いもありますが、友人が恋人に発展する可能性が高いでしょう。気になる人がいたら食事に誘ってみてください。相手の些細な言動や服装で冷めることもありますが、運気の影響なので気にしないこと。油断すると所帯じみた雰囲気になるので、身だしなみに気を遣いましょう。

家庭運

☆大吉

家の中で楽しむと良い時期です。豪華でなくても愛情を込めた手料理が喜ばれます。模様替えや断捨離もおすすめ。長く使った日用品の買い替えや布団の丸洗いも良いです。パートナーを見る目が厳しくなりますが、運気の影響なので大きな心で接して。子どもの良くないクセや言動は今月に指導すると直しやすいです。正論を厳しく説くのではなく、やさしくさとすように伝えましょう。

金運

○吉

何事もきっちり行うことが金運アップにつながります。しっかり家計簿をつけてお金を管理し、無駄な食費をかけない、食材は使いきるなど節制を心がけると運気が上がります。上司の立場の人は、部下への日頃の感謝を形に表すことが運気アップのポイント。ごちそうしたりプレゼントを贈ったりして絆を深めましょう。相手が感激するくらいの大盤振る舞いをするのがおすすめです。

健康運

△凶

今月のあなたは、無意識のうちに忍耐力のかたまりになっています。体の調子がかなり悪くても気づけずにがまんしてしまい、症状を悪化させる可能性があります。たとえ小さなことでも、不調に気づいたらすぐに病院へ行きましょう。特に胃の調子が悪かったり、皮膚のかゆみや荒れなどを感じたりしたときは、早めに受診するようにしてください。

二黒土星の月運

2024

12

December

12/7 ~ 1/4

運気は最高潮！今月来月で結果を出せ！

運勢

◎中吉

今月の注意点と開運のカギ

運気は先月から上り調子で◎中吉。来月は☆大吉になります。年の運気も良く、ここ数年の中でピークの運気です。仕事もプライベートもこの2カ月で結果が出せるタイミングなので、勝負を賭けていきましょう。来年の運気は▲大凶で物事の成功率が下がるため、この2カ月が勝負です。特に今月は、七転び八起きの精神でチャレンジすると良い時期です。チャンスを待つよりも、みずからつかみにいきましょう。何事にも積極的にチャレンジすると、今後につながる重要なものに出会えそうです。

ただし、勢いがありすぎてすぐにカッとなったり、自分の考えを他人に押しつけたりしてしまいがちなので注意してください。思っていることが表情に出やすいので、希望どおりにならずにイライラしていることが相手に伝わってしまいます。できるだけ感情を抑えて言葉遣いも丁寧にするよう心がけてください。運転にも注意。つい荒くなり、スピードを出しがちです。いつも以上に安全運転を心がけましょう。

[年間運勢グラフ]

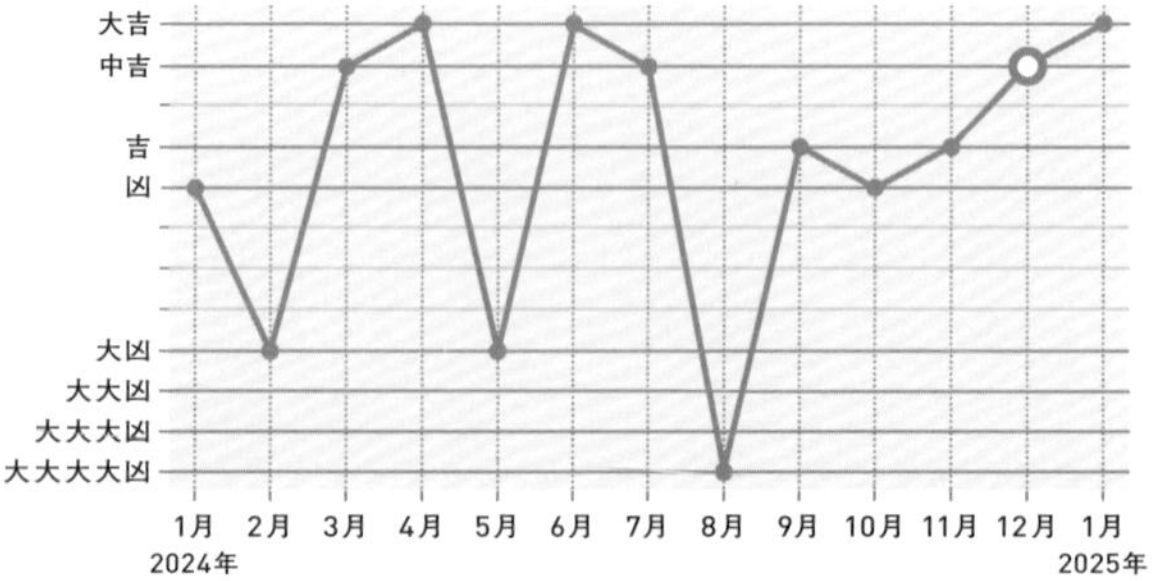

【今月の心構え 三か条】

一 今月が勝負どき！決断のタイミングだ

二 仕事も恋愛も「数打てば当たる」に乗れ

三 強い口調で損をしがち。やさしく話せ！

今月の【大開運日】13日　【激ヤバ日】9日　【大潮】1日～4日、16日～19日、31日　【土用期間】なし

仕事運　◎中吉

積極的に動きましょう。必要な決断を下すなら今がそのタイミングです。アピール力が強く、営業力がアップして、各種の交渉ごとにも向いています。営業では今まで会ってもらえなかった相手に連絡する、ステップアップしたい人は成功者に話を聞く、転職中の人は志望先で働いている人に連絡をとるなど、人を介して行動すると良いでしょう。来年の▲大凶を前にこの2カ月が勝負です。やり残しがないように挑戦してください。ただし無意識に態度が大きくなるのには注意。つい自信過剰になりがちですが、今の自分があるのは周囲のおかげであると自覚して謙虚に動きましょう。

恋愛運　☆大吉

今後の人生にかかわるキーパーソンに出会える時期です。華やかなファッションに身を包み、飲み会や合コンに積極的に参加しましょう。直感を信じて良いので、好印象の人がいたら食事に誘ってみてください。ただし強引になりすぎないように注意しましょう。気持ちを伝えるのは良いのですが、押しつけはマイナスです。断られたらいったん身を引き、再アプローチは来月に。

家庭運　△凶

パートナーに強く当たりがちですから注意しましょう。ただ、これまで伝えられていなかったことをしっかりと話し合うのには良い時期です。あくまで冷静に、お願いするように話すと良いでしょう。将来の見えない相手と縁を切るなら今月中に。子どもがいる人は過去の自分の夢を子どもに語り、大きな夢を持ってもらうと良いでしょう。口調がきつくならないように心がけてください。

金運　◎中吉

車や住宅など、以前から計画していた大きな買い物に適したタイミングです。やや強気で価格交渉をすると良い結果が出そうです。ただし勢いがある運気のため、気持ちの高ぶりやその場の雰囲気に飲まれて散財しやすい点には注意が必要です。パッと見で衝動的に買ったり、店員さんに持ち上げられて余計なものを買ったりしないように気を引き締めましょう。

健康運　△凶

今月は特にのど、声帯、肝臓に注意してください。月の運気が◎中吉のため勢いがついて、家の中で過ごすよりも外に出かけたくなり、外食や飲み会に参加する機会が多くなりそうです。そうした生活スタイルがあだとなる運気なので、暴飲暴食にはくれぐれも注意してください。しゃべりすぎにも気をつけましょう。意識して休息をとるようにしてください。

二黒土星の月運

2025

1 January

1/5～2/3

大吉の年のラスト1カ月。悔いを残さず動け！

今月の心構え 三か条

一 たとえ断られてもあきらめるな！

二 結果にこだわって行動しよう

三 多少わがままでも自分の意志を曲げるな！

＊九星気学では前年の運気です

運勢

☆大吉

今月の注意点と開運のカギ

九星気学では今月が2024年の最後の月です。二黒土星にとっては☆大吉の年の最後の１カ月となります。先月の◎中吉から☆大吉に上がり、さらにやる気が上がって公私ともに結果を出せるでしょう。今月は粘り強さがポイントです。交渉ごとは断られてからが勝負。たとえ断られてもすぐに引き下がらず、次の作戦を考えて何度もトライを。

来月が2025年のスタート月ですが、2025年の運気は▲大凶で、さらに月の運気も▲大凶です。運気が良いのは今月までですから、とにかく結果重視でいきましょう。急に方針を変えたくなったり仕事を辞めたくなったりしますが、それは運気のせいなので振り回されてはいけません。今まで手がけてきたことをしっかりと完遂するようにしてください。

対人関係では、お人よしにならないように気をつけましょう。情に厚くなり、頼まれると断れません。特にお金関係や宗教がらみの相談や誘いははっきりと断りましょう。わがままな人だと思われるくらいの態度がちょうどいいです。

［年間運勢グラフ］

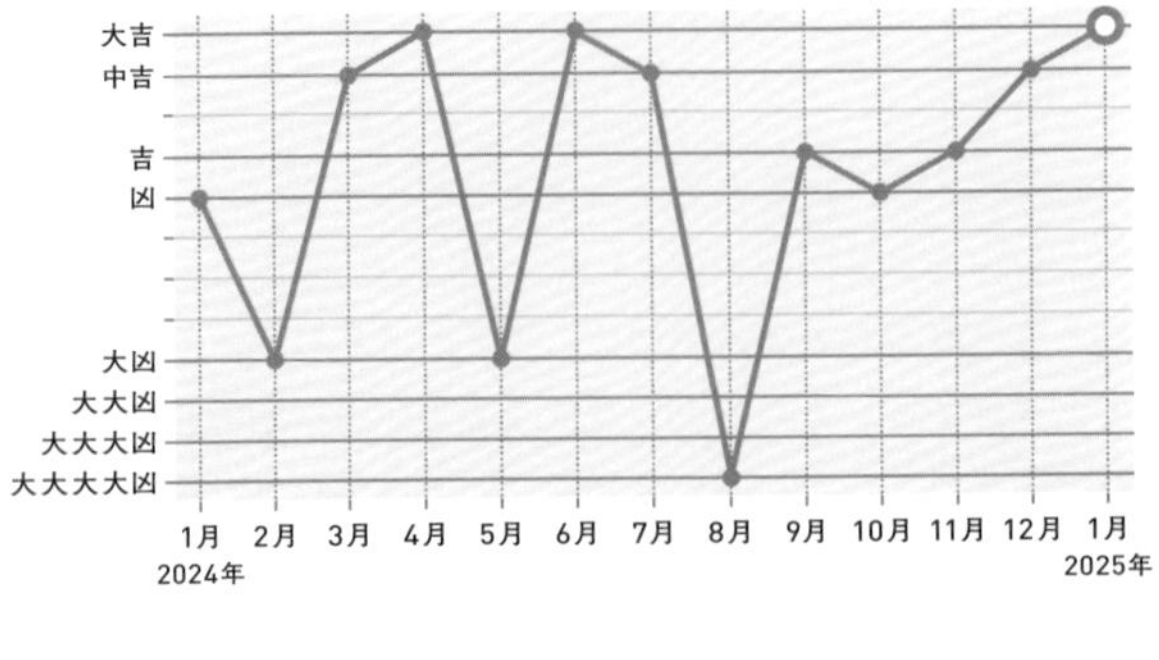

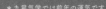

今月の【大開運日】15日【激ヤバ日】2日、29日【大潮】1日～2日、14日～17日、29日～31日【土用期間】17日～31日

仕事運 ☆大吉

結果を出すことに集中してください。今月は☆大吉の年の☆大吉の月で、物事の成功率が非常に高まります。来月から年の運気が▲大凶、月の運気も▲大凶に下がるので、勝負は今月。仕事が計画どおりに進んでいるかを確認し、スピードアップを図って。急な方針変更や新たな挑戦に興味がわきますが、運気のせいなので気にせずに今手がけていることを進めましょう。今月は営業力や交渉能力が上がります。交渉時には今後の発展を想像できる表現を心がけて。なお、頼まれごとには用心してください。些細なことと軽い気持ちで引き受けると、常習化して後悔することになります。

恋愛運 ☆大吉

運気が良いときは、良い人を引きつける力も強くなります。出会いの場に積極的に出かけてください。特に今月は、結婚相手やビジネスパートナーなど深いつきあいになる相手に出会えるタイミング。良い人がいたら積極的にアプローチしましょう。断られてもあきらめずに頑張ってください。ただし相手から言い寄られた場合は良い結果にならない場合が多いので、きっぱりと断って。

家庭運 ◎中吉

パートナーに尽くしましょう。好きな料理を作ったりマッサージをしていたわったり、贈り物をすると喜ばれて、絆が深まります。子どもに対しても普段興味を持っていることをさせてあげると、今後に生きてきます。なお、パートナーへのお願いごとは通りやすい時期なのですが、相手からの重要なお願いごとを軽い気持ちで引き受けるのは避けましょう。答えに迷ったら誰かに相談を。

金運 ○吉

先月から良い運気が続いて判断力があり、大きな買い物に適しています。価格交渉力が最高の時期なので値切り倒しましょう。ただ、気持ちが大きくなって店員さんのおすすめを断りにくくなるので、事前に十分に検討したうえで決めてください。頼まれると断れないお人よしの運気なので、お金の貸し借りは避けてください。もし貸す場合は、返ってこないものと割りきりましょう。

健康運 ○吉

お人よしがあだとなり、心労がたまる時期です。他人の苦労話などを聞くと、ついひと肌脱ごうとしてしまいがちですが、その気持ちがストレスに変わっていきます。頭皮や髪の傷みにつながったり、胃腸の不調を招いたりするでしょう。本当に助けたいと思うこと以外は、かかわりすぎないことです。相談を持ちかけられたら一人で抱え込まずに、誰かに相談すると良いでしょう。

2024年の
年運と月運

「三碧木星」

【Year keyword】

反省の年

指導を受けろ!
ひたすら正攻法で
現状維持だ!

三碧木星

2024年の運気

▲大凶

※九星気学の1年は旧暦で、1年の境目は節分（2024年は2月3日）です。

［6年間の運勢グラフ］

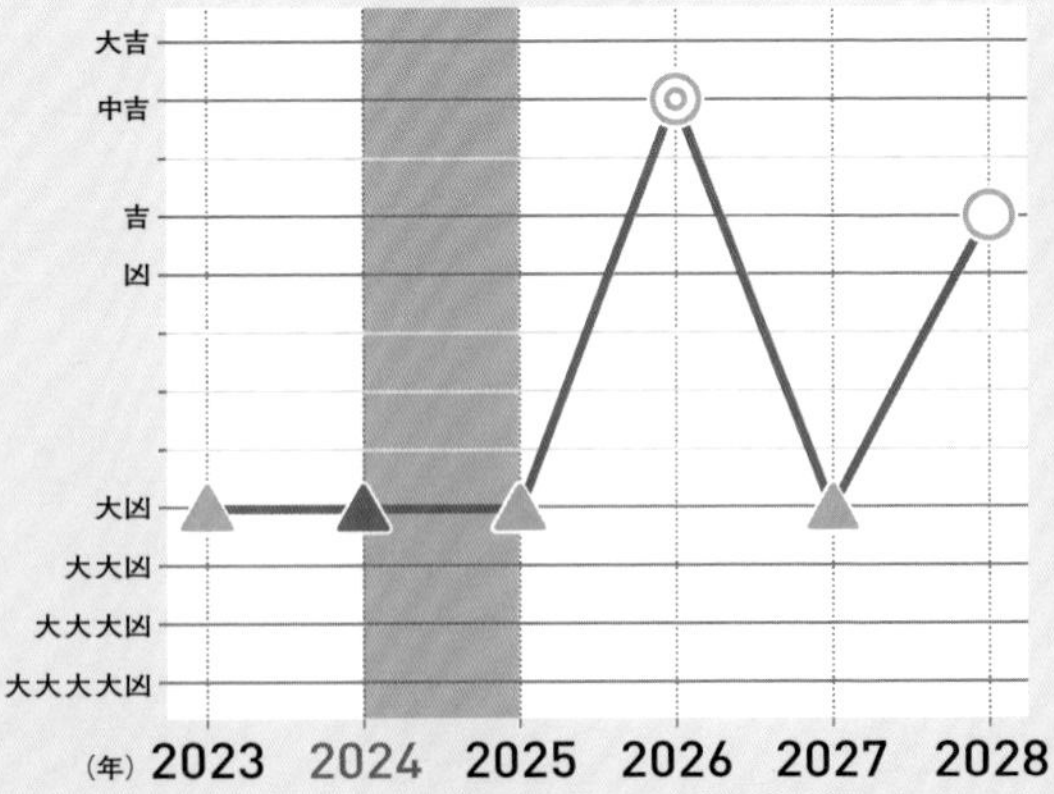

［年間運勢グラフ］

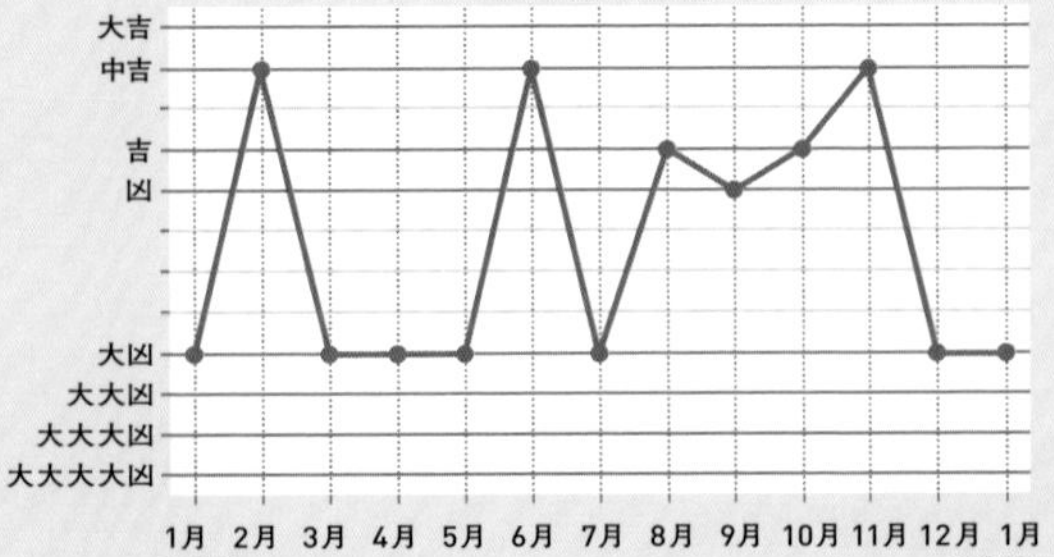

【運勢】

がまんの年！ 現状維持に徹せよ

昨年に続き今年も▲大凶です。さらに来年も▲大凶。▲大凶2年目で疲れが大きく出ます。仕事もプライベートも今までの進め方が通用しないケースが多くなります。

今年はここ数年の悪い蓄積が表に出やすい時期です。これまで手を抜いていた物事は停滞してしまうかもしれません。その場合は自己判断をせず、有識者に助言を求めると良いでしょう。頭が柔軟になっているので、受け入れることができるはずです。

そして、ラクをしようとせずに、地道な努力で打開を図ってください。▲大凶の時期は、地道に努力すると意外と成果が出るものです。今まで努力を積み重ねてきたかたは、まれに大きなチャンスに恵まれます。ですが、3年連続▲大凶なので、仮にチャンスがあっても、だめもとのチャレンジは避けたほうが無難。何事も現状維持に徹したほうが、結果として良い年だったと思えるようになるはずです。

【仕事運】

確実に過ごせ！ 案外なんとかなる

昨年から▲大凶が続いているので、特に仕事面は顕著に流れが悪化します。対処法は、とにかく地道に努力すること。挨拶やお礼をきちんとするなど、基本的なことを面倒がらず地道に取り組むと、▲大凶のわりにそれなりの成果が出ることも多いのです。

今年は1年を通してミスや勘違いが増えます。メールの文面や契約内容などは、いつも以上に念入りにチェックしましょう。そして上司としっかり連携して、何かあったときにフォローしてもらえる態勢を整えておくと良いでしょう。面倒でも必ず上司の承認を受けて、後ろ盾になってもらいましょう。自分だけの判断で進めたり、自分一人で抱え込んだりすることがないように注意してください。

独立、転職に関しては、ともにおすすめできません。▲大凶の時期は判断力が低下し、トラブルが起こりやすく、対処もうまくできません。特に独立の場合は最初の数年が肝心なので、運気が上がる2026年まで待つべきです。やむをえない場合は、資金や売上目標などに十分な余裕を持った計画で進行してください。転職に関しても▲大凶が続くので推奨できません。どうしても待てない場合は、月の運気が良い時期に面接に行くように。ただし、仮に転職が成功しても、来年も▲大凶ですので、新しい職場で苦労するかもしれません。覚悟して臨んでください。

【恋愛運】

自己判断は危険。助言を求めよ！

今年の恋愛は危険だらけ。▲大凶ですので直感や判断力が下がり、相手を見極める能力が低下します。引き寄せが悪くなり、良くない人から言い寄られることが増えます。さらに衝動的に行動したくなり、なにげないことを運命だと勘違いしてしまいます。冷静に、慎重に判断しましょう。ただし、プロの婚活コーディネーターがついている場合は問題ありません。かえって成果が出やすくなりますので、アドバイスに従って積極的に取り組みましょう。

そして今年は自分の常識を変えるには良い時期です。今までのメイクやファッション、髪形ではなく、プロにならって改善してみましょう。最初は違和感があるかもしれませんが、開運につながる可能性が大です。

【家庭運】

開き直ってしっかり甘えろ！

今年は1年を通して不安定で、その気持ちを一番身近な人にぶつけてしまいそうです。ただ、がまんしてため込んでしまうと、かえって悪化します。対処法としては、まずは潔く「不安定だからやさしくして」とお願いすること。そしてスキンシップです。肌の触れ合いが心の乱れを鎮めてくれます。また、体を鍛えるのもおすすめ。パートナーと二人でジムに通ったり、ウオーキングをするのも良いでしょう。おなかから下の筋肉、特に腹筋と大腿四頭筋を鍛えると不安定さがやわらぎます。さらに、趣味を持つことも効果的です。山や森、海など自然に触れるものなら、なお良いでしょう。相手と好みが合わなければ一人でもかまいませんので、ぜひ始めてみてください。

子育てでは、気まぐれで子どもを振り回さないように。今年はキレやすいので、過度に叱りがちです。意識してやさしく接し、叱った場合はフォローを入念に行いましょう。運気が最悪なので、子どもの進路を決める場合は慎重に判断してください。また、学校やママ友とトラブルになりやすいので、穏便に解決することを心がけましょう。

【金運】

増やそうとするな！何もいじるな！

散財に注意してください。判断力がありませんので、家や車といった大きな買い物は避けましょう。衝動買いをしやすい時期ですが、多くの場合、後悔することになります。十分に注意してください。また、▲大凶のときはストレスがたまりますので、無駄遣いが増えがちです。家計簿をつけて収支をしっかり管理して、無駄な出費を抑えましょう。

今年は家の修繕、冠婚葬祭、病気など不意の出費が多くなる時期です。ある程度のお金を用意しておいたほうが良いでしょう。また、詐欺にもあいやすくなります。投資や儲け話などには基本的に手を出さないように。友人や身内からの勧誘も増えそうです。自分だけで判断せずに、信頼できる人に相談して慎重に対処してください。

【健康運】

厳重注意！しっかり休息を

▲大凶の年は運動神経、反射神経が鈍ります。車の運転やスポーツにはくれぐれも注意してください。また、免疫力も低下しますので、体調をくずしやすかったり、持病が悪化したりする可能性があります。定期検診や健康診断はきちんと受けましょう。

注意点

大凶2年目、厳戒態勢をとれ！

今年は1年を通して非常に不安定です。▲大凶2年目なので、昨年のダメージを引きずっていて、かなり悪いです。通常の▲大凶よりも厳重な注意が必要です。

今年は衝動的に物事を始めたくなったり、逆に長年続けてきたことを突然やめたくなったりします。一人で考えていると不安がどんどん大きくなり、極端な行動に出てしまう場合も多いので、信頼できる友人などに相談して落ち着きをとり戻しましょう。

また、今年は些細なことで炎上しやすい時期です。対応が遅れると一大事になってしまうかもしれません。小さなことでも軽視せずに、問題があればできるだけ速やかに、かつ丁寧に対処してください。

三碧木星の月運

2024

1

January

1/6～2/3

頑固に注意！今はがまんのときだ

運勢

▲大凶のち○吉

今月の注意点と開運のカギ

先月の運気からさらに下がって▲大凶です。九星気学では今月が１年の最後の月ですが、年の運気も▲大凶とかなり悪い時期ですので、十分に注意してください。来月には運気が上がるので、この１カ月の辛抱です。

とにかく今月は頑固になりがちなことに要注意。心が狭くなって人の意見を聞き入れられず、部下や後輩の小さなミスにもキレてしまいます。「こうあるべき」という自分の中のルールが厳しくなって他人にも押しつけがちですが、度が過ぎると人間関係にひびが入りかねません。「人にやさしく、対応は柔軟に」を胸に、意見が違ってもまずは相手の話を聞いてください。上司の指示も素直に聞き入れましょう。

仕事も恋愛も、今月は新たなチャレンジや方針転換をせずに現状維持に徹してください。▲大凶のストレスで何かを始めたくなりますが、すべて来月に回しましょう。事故や病気にも注意が必要な時期です。少しでも体調が悪いと感じたらすぐに病院へ行くようにしましょう。

［年間運勢グラフ］

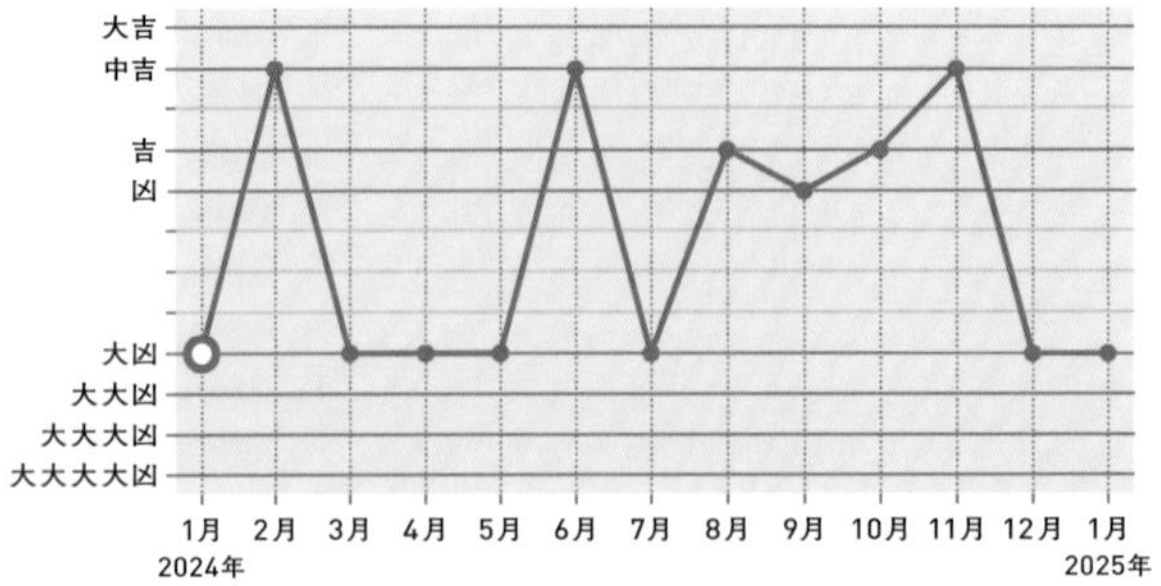

【今月の心構え 三か条】

一 地道な作業で現状維持を！

二 今はおとなしくしてまわりに合わせろ！

三 何事も慎重に。事故、病気に注意

＊九星気学では前年の運気です

仕事運

▲大凶

判断力、注意力が極端に低下しますので、今月はとにかく無事に乗りきることをめざしましょう。ベースの運気が○吉でモチベーションは高いのですが、その勢いがあだとなり、心が狭く、自分の意見を周囲に押しつけてしまいます。１カ月のがまんですので、納得がいかないことも一度は受け入れて、信頼できる人に相談するようにしましょう。部下とはあまり接点を持たないほうが良いでしょう。お説教は関係が悪化するだけなので、絶対にやめてください。今月はやさしい上司に徹し、指摘したいことはすべて来月まで待ちましょう。方針転換やチャレンジも来月以降に持ち越しを。

恋愛運

▲大凶

最悪の運気です。新年会シーズンですが、今月は飲み会や合コンには行かずに家でおとなしくしていましょう。幹事や酔っぱらいの介抱をしても評価されず、逆にトラブルになります。異性を見る目もなく、誰が見ても危険な人に走ってしまいます。しかもだめな相手ほど「この人には私しかいない」と思い込み、悲しい結果に終わりそう。お酒のトラブルも起こりやすいので要注意です。

家庭運

▲大凶

心の余裕がなくなり、些細なことも許せなくなります。ケンカがエスカレートして縁が切れる可能性もあります。今月のケンカはすべて運気のせい。納得がいかなくてもこちらからあやまりましょう。子どもに対してもすぐにキレたり勘違いで叱って傷つけてしまうおそれがあります。子どもをとことん追い詰めてしまいそうです。冷静さを保ち、じっくりと話を聞いてあげましょう。

金運

▲大凶

お金をなくしたり落としたりすることが増える運気です。▲大凶のストレスで大きな買い物をしたくなりますが、良いものを見極める力がなく、失敗する可能性が高いのでやめておきましょう。今月は生活に必要な買い物だけにとどめてください。ただし感謝やお礼のための出費は必要経費。お世話になっている人に贈り物やごちそうをするなど、相手が喜ぶことは大切にしましょう。

健康運

▲大凶

回復力や免疫力が下がり、体調不良になりやすい運気です。運動神経や反射神経も低下して事故やケガにつながりやすいので要注意。睡眠をしっかりとり、無茶な行動は避けましょう。今月は忍耐力が高まるせいで、かなりの不調でも気づかなかったりがまんしてしまったりして病状が悪化する可能性があります。特に胃の不調、皮膚のかゆみや荒れを感じたときはすぐに治療しましょう。

運勢

◎中吉

今月の注意点と開運のカギ

運気は先月から上向いて◎中吉です。仕事も恋愛も勢いよく進められる運気ですので、気合を入れて頑張りましょう。来月から3カ月連続で▲大凶になるため、今月が勝負です。▲大凶にはさまれた◎中吉のためそこまでパワーは出ませんが、ここ数カ月の中では今月が一番ましな時期。「短期決戦」をテーマに、何事も結果にこだわっていきましょう。今までを振り返り、手薄になっていることにはここで力を入れて取り組んでください。勢いがあるので何でも一人で進めたくなりますが、周囲に頼ることも忘れずに、良い運気のうちにやり残しがないようにしましょう。

ただし、今月は強気な態度になりがちなので要注意です。カッとなったり他人に意見を押しつけたりしやすく、相手が困っていても気づきません。感情も顔に出やすくなります。今月トラブルを起こすと来月以降さらにこじれて修復が難しくなるので、何事も冷静に進めましょう。低姿勢を保って言葉遣いも丁寧に、指摘より提案することを心がけてください。

［年間運勢グラフ］

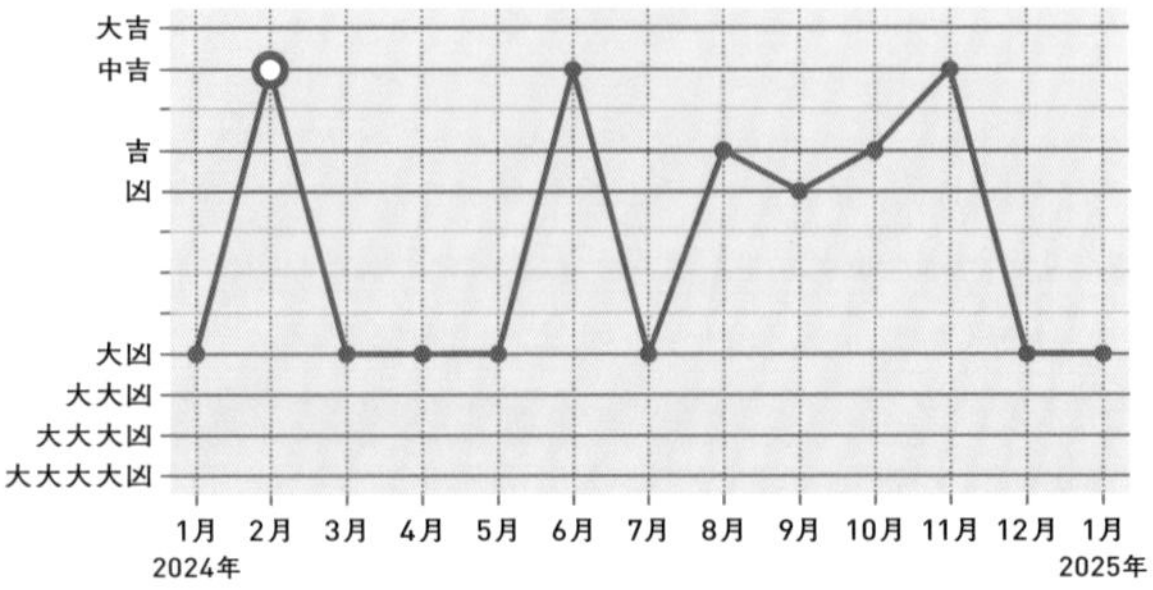

三碧木星の月運

2024

2

February

2/4～3/4

結果にこだわれ！短期決戦で頑張るときだ

【今月の心構え 三か条】

一 来月から運気低下。今月中に結果を出せ！

二 あまりに強引な行動や態度は控えろ

三 口調はやさしく。空気を読め！

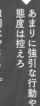

今月の【大開運日】16日、25日【激ヤバ日】18日、27日【大潮】10日～12日、24日～27日【土用期間】1日～3日

仕事運 ☆大吉

月の運気が▲大凶にはさまれた◎中吉のためそこまでパワーは出ませんが、来月から▲大凶が3カ月続くので、今月中に結果を出しましょう。やや移り気になりがちですが、初志貫徹を心がけて。交渉力や営業力が上がるので、アポをとりにくい取引先へのアタック、価格交渉や取引内容の改善も積極的に行うと良いです。転職活動中の人は上をめざして挑戦を。無意識に態度が大きくなりがちですから、言葉遣いには要注意。社内での交渉にも適した時期ですが、難色を示されたら潔く引いて。粘りすぎはNGです。今月中に片づきそうなことを確実に終わらせましょう。

恋愛運 ◎中吉

良い運気です。出会いの場に積極的に参加して、多くの人の中からターゲットをしぼりましょう。とはいえ▲大凶にはさまれた◎中吉のため、そこまでパワーはありません。良い人がいたら慎重に食事に誘うくらいにとどめてください。気持ちをはっきり伝える時期ではないので、雰囲気が悪ければ一度引いて。運気が上がる6月までは関係を無理に進めず、友人関係をキープしましょう。

家庭運 △凶

ケンカが増える時期です。厳しい言葉で相手を傷つけてしまいそう。来月以降は▲大凶が続いて関係を修復しづらくなるので、今月中に素直にあやまりましょう。今まで言えなかったことを話し合うには良い時期ですが、別れの決断は避けてください。子育てでは、子どもと将来の話をすると大きな夢を持ってもらえそうです。子どもが萎縮しないように、やさしい口調を心がけましょう。

金運 ◎中吉

今月は▲大凶にはさまれた◎中吉のため、当然ながら良いとはいえません。年の運気も▲大凶ですので、何事も慎重に進める必要があります。基本的には今月は何もしないほうが良いのですが、どうしてもという場合は、多少の価格交渉をすると良い買い物ができるでしょう。大盤振る舞いには要注意。必要以上にごちそうしたり、口車に乗せられて余計なものを買ったりしそうです。

健康運 △凶

特にのど、声帯、肝臓に注意しましょう。月の運気が◎中吉で勢いがつき、家の中にいるよりも外に出たくなって外食や飲み会なども多くなりますが、それがあだとなりそうです。暴食暴飲をしないようにくれぐれも注意して、しゃべりすぎにも気をつけましょう。来月から▲大凶が3カ月続きますから、今月はゆっくり休んでコンディションを整えてください。

運勢

☆大吉 のち ▲大凶

今月の注意点と開運のカギ

先月の◎中吉から一気に下がって▲大凶になりました。再来月まで▲大凶が3カ月続くので、十分な注意が必要です。三碧木星は年運も▲大凶ですので、かなりパワーダウンします。無理に結果を出そうとせず、5月いっぱいまでは現状維持に徹してください。ここで強引に動いて失敗すると、来月はさらに悪化するので気をつけましょう。こういうときは現状維持に徹して日々の業務に全力投球すると、意外に良い成果が出るものです。ぜひ心がけてください。

今月は特に周囲からの頼まれごとに注意しましょう。お世話になっている先輩や友人からお願いごとが舞い込んできますが、丁重にきっぱりと断りましょう。安易に受けると、あとで大変なことになります。一度決めたことを迷う運気でもありますが、変えてはいけません。とにかく何事も現状維持で、急な方針転換は絶対にしないことです。また、事故や病気にも注意。無意識に無理をしてしまうことが多いので、車の運転や暴飲暴食、睡眠不足に気をつけてください。

[年間運勢グラフ]

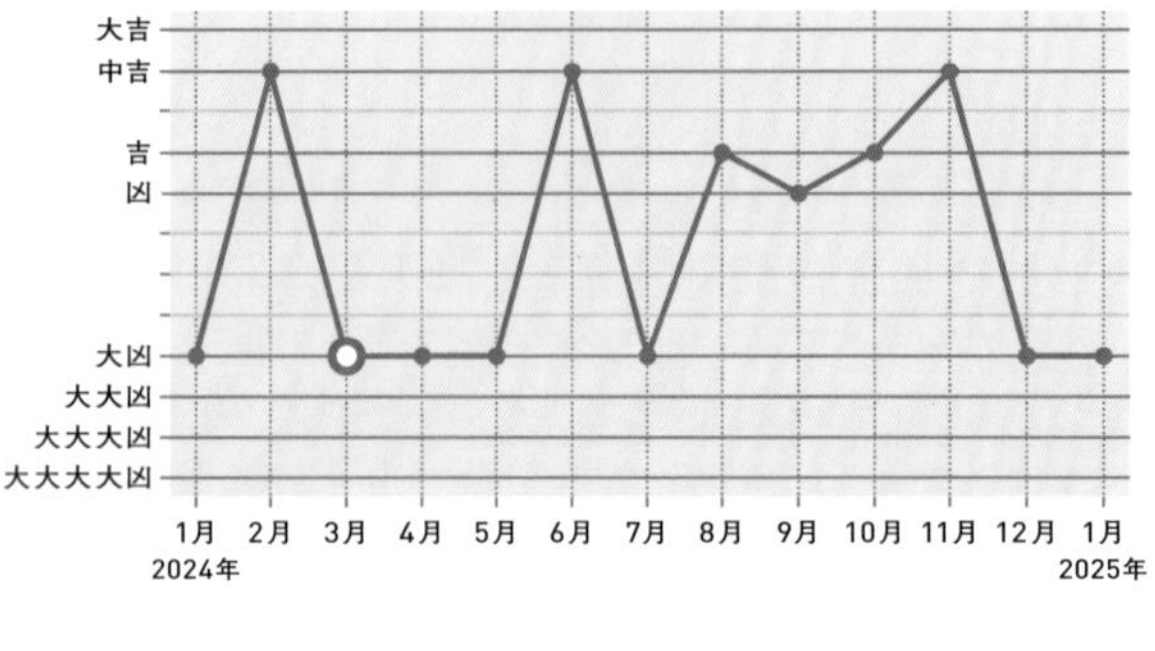

三碧木星の月運

2024

3

March

3/5～4/3

3カ月連続大凶の開始。意識して警戒せよ！

【今月の心構え 三か条】

一 やる気は出るが滑りがち。先を考えろ！

二 お人よし禁止。方針は変えるな

三 何事も慎重に。事故、病気に注意

仕事運

▲大凶

かなり悪い運気です。ルーティンワークで思わぬミスをする可能性があるので、普段以上に慎重に進めましょう。言った言わないのトラブルも増えるので、連絡事項は必ず書面かメールで。来月も▲大凶なので、ここでミスをすると修復できず、さらなるトラブルに発展します。しかも今月はアドリブがききません。得意先との交渉、上司への報告は内容をしっかりイメージしてから行いましょう。言い忘れや誤解を与える発言で台無しになる可能性が高いので、事前に台本をつくってシミュレーションを重ねてください。無理な頼まれごとも増える運気ですが、きっぱりと断りましょう。

恋愛運

▲大凶

慎重にいきましょう。出会いがあり、人を引きつける力や会話力も高い時期ですが、▲大凶なので相手を見る目がなく、普段は絶対に好きにならないような人に魅力を感じてしまいます。押しにも弱く、頼まれると嫌と言えません。その場では保留して、信頼できる人に相談を。たとえ良いと思った人でも、運気が安定する6月まで待ちましょう。しばらくは何もしないのが賢明です。

家庭運

▲大凶

パートナーに情けをかけることがあだとなります。親しい間柄でも大きな頼まれごとには絶対に応じないこと。特にお金、教育、介護などのデリケートな相談は、今月は聞かないくらいの気持ちでいてください。新しいルールづくりは運気が安定する6月以降に。子育て中の人は、些細なことでキレたり勘違いで叱ったりして子どもを傷つけてしまいそうです。感情を抑えて接しましょう。

金運

▲大凶

5月いっぱいまでは要注意です。気持ちが大きくなって高価なものを欲しくなりますが、必要なものだけを買うように心がけて、多額のお金やクレジットカードは持ち歩かないようにしましょう。身近な人からの借金の相談にも絶対に乗らないでください。特に友人や知人から久しぶりに連絡があった場合は用心して、お金の話題になったらすぐに話を切り替えるようにしましょう。

健康運

▲大凶

回復力や免疫力が下がり、体調不良に陥りがちです。運動神経や反射神経も低下しますので、不意の事故やケガにも注意しましょう。睡眠をしっかりとり、無茶な行動は慎むように。また、他人の心配をしすぎて心労やストレスがたまりやすい時期でもあります。このストレスが、頭皮や髪の傷み、胃腸の不調に直結しそう。今月は他人のグチを聞くのはやめましょう。

三碧木星の月運

2024

4

April

4/4 ~ 5/4

大凶2カ月目。
いっそう警戒せよ！

運勢

▲大凶

今月の注意点と開運のカギ

今月は▲大凶2カ月目、しかも年の運気も▲大凶です。来月までこの運気が続きます。今月はたとえるなら徹夜2日目のような感覚で、体は重いのに眠さに慣れてきてナチュラルハイの状態。直感力や判断力が落ちているのにやる気だけはあるため、勘違いで全力投球して大きな失敗につながりそうです。今月のひらめきや直感は決して信じてはいけません。たとえ良いアイディアがひらめいてもその場では行動せず、メモに残すようにしておきましょう。判断力が回復する6月にもう一度見直して、あらためて良いと思ったら実行してください。仕事も恋愛もくれぐれも慎重に。運気のせいで気持ちが不安定で注意力も散漫になりますので、不意の事故やケガ、また病気にも気をつけましょう。

今月は本来、まれに大当たりする可能性があり、だめもとの大勝負に出ても良い運気です。しかし年の運気が▲大凶で月の運気も3カ月連続の▲大凶と、さすがに運気が悪すぎます。今月は一か八かの勝負には出ないほうが良いでしょう。

［年間運勢グラフ］

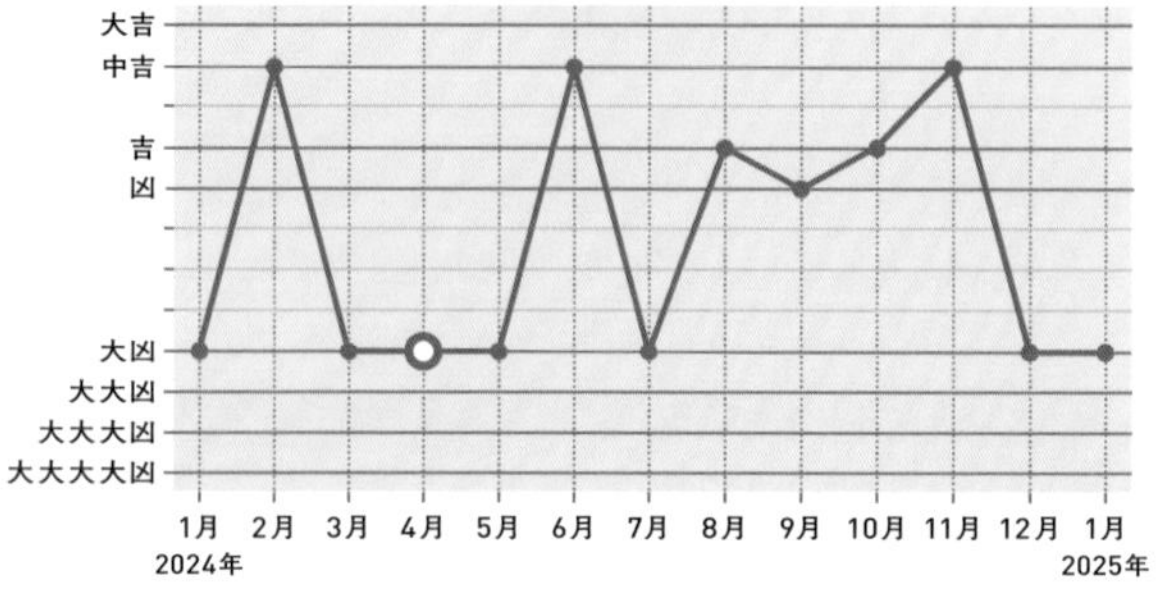

【今月の心構え 三か条】

一 信頼できる上司や先輩に指導をあおげ！

二 不安定な運気。迷ったらいったん停止

三 何事も慎重に。事故、病気に注意

今月の【大開運日】なし　【激ヤバ日】21日、30日　【大潮】9日〜11日、23日〜26日　【土用期間】16日〜30日

仕事運 ▲大凶

現状維持に徹しましょう。▲大凶が続く時期は大きなミスをしやすく修復のチャンスもないため、こじれて大きな問題に発展する可能性があります。急にアイディアがわいたり突発的に行動したくなったりしますが、勢いで進めると本当に危険です。慣れた業務も確認しながら進めてください。一方、▲大凶が続くときは普通のことは全部だめなのですが、吸収力だけは上がります。こういうときに信頼できる上司や先輩に指導を求めると、普段は腹落ちしないことが妙に納得できたりします。あくまでも信頼できる人に限りますが、しっかり指導を受けてみると良いでしょう。

恋愛運 ▲大凶

超最悪の時期です。人を引きつける雰囲気が高まりますが判断力に欠け、良くない人に突っ走ってしまいます。こういう時期に出会った人に、人生を狂わされてしまうことは多いのです。厳重に注意してください。問題がなかったカップルも、突然別れたくなったり急な心変わりがあったりしそうです。すべて錯覚ですから今は大きな判断をせず、5月いっぱいは現状維持に徹しましょう。

家庭運 ▲大凶

些細なことでイライラしたり浮気を疑ったりして家族を困らせてしまいそう。すべて運気のせいなので、相手にイライラをぶつけないこと。ただ、無理に感情を抑えるのも良くないので、不安なときは素直に甘えると良いでしょう。子育て中の人も、普通に叱っているつもりが度を越してしまったり、不注意から子どもの不調や何らかのサインを見逃したりしがちです。十分に注意して。

金運 ▲大凶

衝動買いに注意です。▲大凶のときは買い物でストレスを発散したくなるため、多額の現金やクレジットカードは持ち歩かないようにしてください。投資話などの勧誘を受けやすい時期でもありますが、すべて断りましょう。今まで続けてきたものは現状維持で良いのですが、新しいものには絶対に手を出してはいけません。今月の「これ、いいかも」というひらめきはすべて錯覚です。

健康運 ▲大凶

今月の▲大凶は「今までのツケが出る」という意味があります。これまで睡眠不足や体に良くない食事、運動不足などの不摂生を続けてきた人は、ここで何か症状が出てしまうかもしれません。おかしいと思ったらすぐに病院へ行きましょう。古傷も悪化しやすいので、症状が出たらしっかり治療してください。睡眠をしっかりとり、無茶な行動は控えるようにしましょう。

三碧木星の月運

2024

5

May

5/5～6/4

あと1カ月の辛抱。
気をゆるめるな！

運勢

▲大凶 のち ☆大吉

今月の注意点と開運のカギ

いよいよ▲大凶3カ月目に突入です。すべてが雑になりがちな1カ月で、妙に太っ腹になって細かいことを気にしない傾向がありますが、その気分のままに突き進むと大変なことになるので絶対にやめましょう。ベースの運気が☆大吉のため、やる気が出て何事も精力的に行いたくなります。しかし今月も引き続き直感力が鈍っているため、とっさの判断がくるって大失敗に終わりそうです。しかも根拠なく気持ちが大きくなり、周囲を顧みない行動や無意識の失言も多くなるので注意してください。仕事でも恋愛でも「まあいいか」で進めてしまうと、とり返しのつかないことになりかねません。何事も慎重さを忘れないようにしてください。

ちょっとしんどい今月のあと、来月は◎中吉、再来月がまた▲大凶と、上がったり下がったりの運気が続きます。このように変化が激しいときは、運気が落ち着くまで現状維持が基本です。急な方針転換や直感に頼った早計な行動はやめて、些細なことでも丁寧に進めましょう。

［年間運勢グラフ］

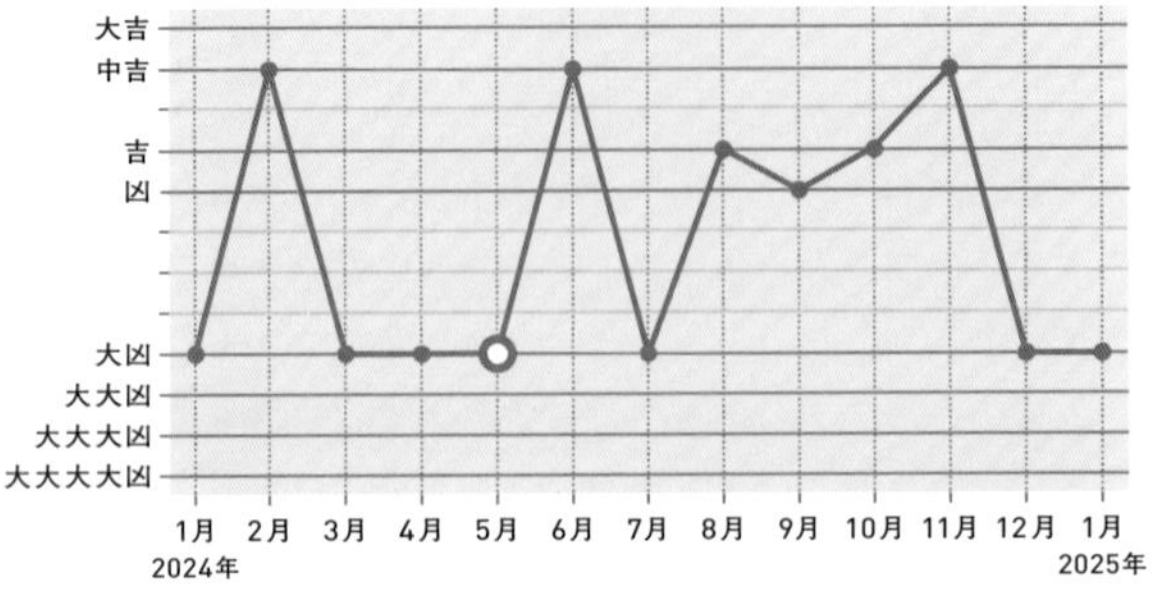

【今月の心構え 三か条】

一 上司と連携してゆっくり進め！

二 雑になるな！ 細かいことを気にしろ

三 何事も慎重に。事故、病気に注意

仕事運

▲大凶

ベースの運気が☆大吉で何事にも挑戦したくなりますが、突き進むと大きく後悔しそうです。会社を辞めたくなったり転職したくなったりしても、運気による一時的な感情ですので惑わされないようにしましょう。新たな取引やスカウトなど条件の良い話がきても絶対に乗ってはいけません。判断に迷ったら必ず有識者に相談を。また、仕事仲間に無意識に失礼な態度をとりがちです。丁寧な言動を心がけ、感謝や謝罪の言葉を普段以上に伝えましょう。逆にこれらの注意を守って日々の業務に集中すれば、予想外の大きな成果が出る時期でもあります。くれぐれも大物は狙わないように。

恋愛運

▲大凶

人を見る目が完全に曇っているのに妙に気持ちが大胆になり、良くない人の誘いに乗ってしまいます。本来は紹介運が良い時期ですがそれがあだとなり、気乗りしなくても断れずにトラブルに発展しそう。たとえ良い紹介でも今月は丁重に断りましょう。婚活中の人も小休止です。カップルは急に恋愛感情が冷めて別れたくなりますが、とり返しのつかないことになるので現状維持に徹して。

家庭運

▲大凶

今月のケンカは大切な縁を切ってしまいかねません。妙に冷酷な気分で、あやまられてもばっさり切り捨ててしまいそうになるので注意してください。冷静さを保ち、気まずいときはその場から離れましょう。子どもに対しても冷静さを欠いて叱ってしまい、傷つけることになりそうです。何事も雑になる今月は子どもへの意識が薄れてしまうことも。丁寧に接しましょう。

金運

▲大凶

最悪の運気なのに、なぜか臨時収入があったり儲け話がやってきたりします。意欲がある一方で判断力がまったくないため深く考えずに決めてしまい、あとで大きなトラブルになりそうです。大きな買い物は避けて、生活に必要なものだけを買ってください。「おごり魔」「あげ魔」にもなりがちですので、財布のひもはしっかり締めましょう。とにかく今月は何もしてはいけません。

健康運

▲大凶

今月は特に脳や心臓、大腸に注意したい時期ですが、生活全般が雑になりやすく、なかでも食生活ではインスタント食品や加工食品が増えそうです。回復力や免疫力が下がる▲大凶の時期ですので、生活習慣による不調を招かないようきちんとした食事や睡眠を心がけ、無茶な行動も避けましょう。運動神経や反射神経の低下による不意の事故やケガにも気をつけてください。

運勢

◎中吉 ときどき 大波

今月の注意点と開運のカギ

3カ月連続の▲大凶が明けて◎中吉になりました。今月前半は先月までの悪い運気の影響でやる気が出ないかもしれませんが、やらなければならないことは今月中に片づけたほうが成功率が高くなります。やるべきことをリストアップして、順番にこなしていくのが良いでしょう。大波の影響で気持ちが少し不安定になり、何事に対しても迷いが多くなりますが、基本的には初志貫徹がおすすめです。来月はまた▲大凶に下がりますので、大事なことは可能な限り今月中にすませましょう。特に仕事面ではその傾向が強くなるので意識してください。

不安定な感情が影響して、誤解を招くひとことや失言が無意識に出そうです。十分に注意して、丁寧な言葉遣いを心がけましょう。報告や連絡、交渉ごとは口約束のトラブルが起こりやすいので、書面に残してください。積極的に外に出ると良いのですが、疲れがとれにくい時期でもあります。暴飲暴食、寝不足にはくれぐれも気をつけましょう。

［年間運勢グラフ］

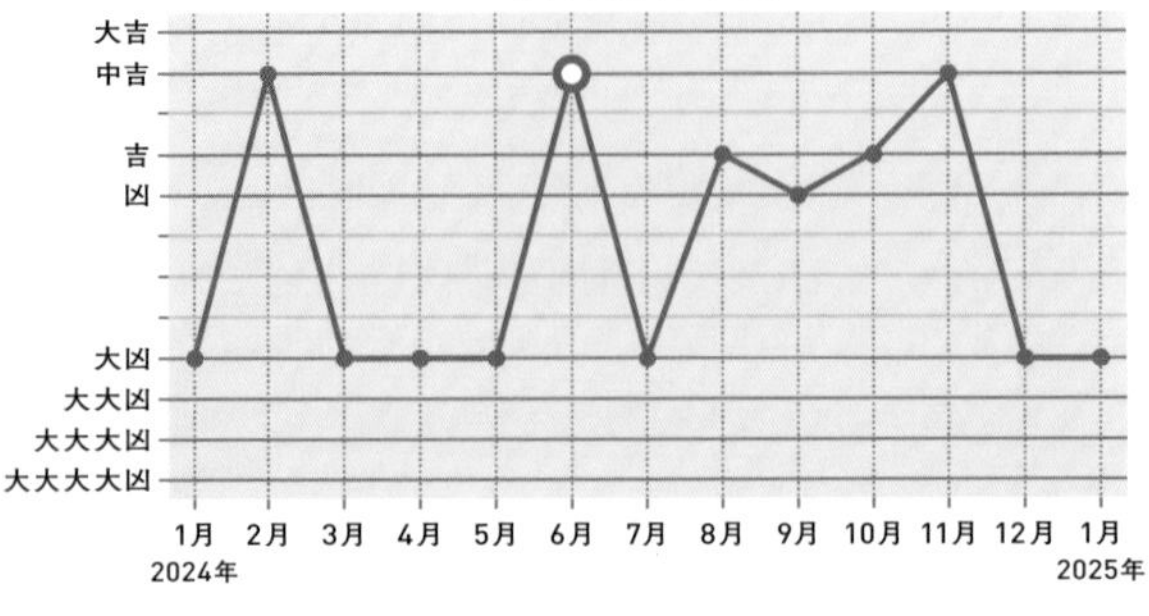

三碧木星の月運

2024

6

June

6/5 ～ 7/6

今月だけ運気アップ。やるべきことは今やれ！

【今月の心構え 三か条】

一 趣味も仕事のうち！積極的に取り組め

二 新しい友達を増やすと運気が上がる

三 暴飲暴食、寝不足にくれぐれも注意

今月の【大開運日】12日　【激ヤバ日】23日　【大潮】6日～9日、21日～24日　【土用期間】なし

仕事運
◎中吉

社交運が良く、人脈を広げやすい運気です。今月は新規開拓に向いています。社内でも今まで接点がなかった人に接触すると、新たな発見がありそうです。得意先の懇親会やゴルフコンペ、社内の集まりにも積極的に参加しましょう。場を盛り上げると今後の評価につながります。ただし余計なひとことや目上の人への言葉遣いには注意。自分をアピールできる時期ですが無礼講にならず、謙虚な姿勢を忘れずに行動しましょう。気持ちが不安定でときおり判断力が下がり、簡単なミスは増えるものの、来月は▲大凶のため今月が勝負。普段より慎重に、確認しながら進めましょう。

恋愛運
☆大吉

出会い運が好調。紹介よりも、人が集まる場所に飛び込むと良い人にめぐり合えそうです。友人や同僚など大勢で食事に出かけると運命の人がいるかもしれません。これまでと違う服装やメイクを試すと新たな魅力にあふれ、出会いにつながるでしょう。ただし来月は▲大凶のため、良い人がいてもゆっくり仲を深めること。焦ると炎上します。見栄っ張りや余計な発言にも注意です。

家庭運
◎中吉

パートナーとアクティブなデートをしましょう。映画を見て食事をしてバーに行ってと分刻みで予定を組むと、余計なパワーが発散されて仲良く過ごせます。非日常感のある場所に行くのもおすすめです。子どもとは一緒に楽しいことを見つけたり、休日は思いきり遊んであげると親子で運気が上がります。言葉遣いには注意。無意識に家族を怒らせたり傷つける可能性があります。

金運
○吉

人とのつながりが良い出会いや仕事に結びつく運気ですので、交際費はある程度は使いましょう。お世話になっている人に贈り物をするのも良いでしょう。ただし大波の影響で気持ちが大胆になり、高いものを買ったりおごりグセがついたりしそうです。衝動買いの可能性も高く、気づくと財布が空っぽということもあるので注意して。一人の食事は質素にするなどメリハリをつけましょう。

健康運
△凶

疲れがとれにくい1カ月です。「よく働き、よく遊べ」という運気で外食や接待などの機会が増えます。全力投球して休みをとらず、気づいたら不調に陥りそうです。大波の影響で気持ちが不安定になり、少しのことでは気づかないのです。今月は一度体調をくずすとなかなか治りません。意識して休日をつくり、体を休めましょう。特にのどや気管支、肺、口内炎に注意です。

三碧木星
の月運

2024

7

July

7/7 ~ 8/6

大凶だが吸収力は高い。これまでの見直しを！

運勢

▲大凶 のち △凶

今月の注意点と開運のカギ

先月の◎中吉から一気に▲大凶に下がりましたが、来月以降は好調な運気が続きます。１カ月のがまんですので頑張りましょう。▲大凶の時期はなにも悪魔が舞い降りるなどというわけではありません。頭の回転が鈍くなり、判断力が低下してミスにつながることがとても多いのですが、意識して行動すればほとんどの災難は回避できます。ただし気持ちが不安定になるため、対人関係では特に注意が必要です。感情的に人と接するのはやめましょう。

一方、▲大凶にもメリットがあることは覚えておきましょう。人間誰しも運気が上がるほど頑固になり、逆に下がれば頭が柔軟になる傾向があります。運気が落ちている時期に信頼できる人のアドバイスを聞くと、今までは受け入れられなかった考えも納得できるようになります。ただし話を聞くのはあくまでも信頼できる人にとどめてください。

反射神経、運動神経が鈍るので、事故やケガ、病気に気をつけてください。特に腰や筋肉を痛めると長引きます。

［年間運勢グラフ］

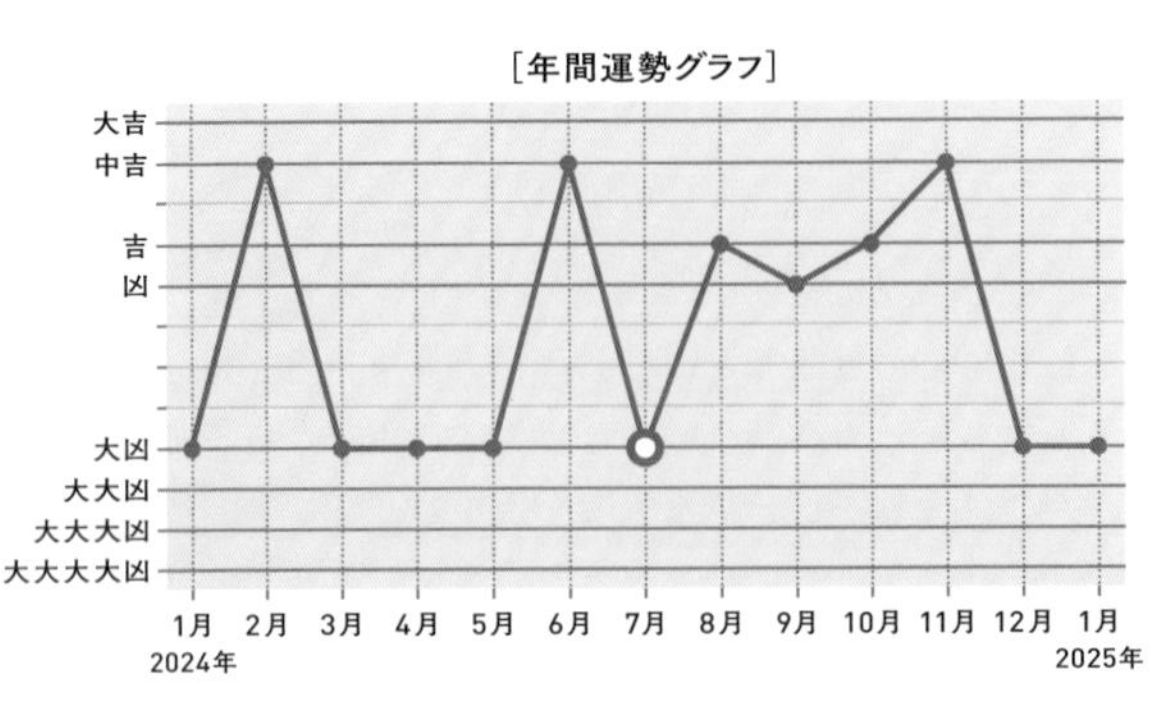

【今月の心構え 三か条】

一 柔軟性アップ！指導を受けよう

二 疑う前に相談しよう！孤立は厳禁

三 何事も慎重に。事故、病気に注意

今月の【大開運日】なし　【激ヤバ日】22日　【大潮】6日～8日、20日～23日　【土用期間】19日～31日

仕事運 ▲大凶

ミスが多く判断力も落ちるため、とにかく慎重にいきましょう。気持ちも不安定で、些細な言葉に反応して涙が出たり相手を困らせる言葉を発したりしそう。意識して抑えないと周囲に迷惑をかけてしまいます。ただし集中力や柔軟性は上がります。集中力を要する業務ははかどるので今月中に終わらせてしまいましょう。吸収力も高いため、上司や先輩、専門家の指導を受けるのも良いです。三碧木星はここのところ▲大凶が続いて仕事はうまくいきにくいのですが、何かを学んで自分の力にするには非常に良い時期です。いつかは、と思っていたことは今月中に習うと良いでしょう。

恋愛運 ▲大凶

最悪の運気です。異性を引きつけるオーラが全開で人が寄ってきますが、人を見る目はまったくありません。優柔不断で気持ちも不安定。寂しくて「誰でもいいからやさしくして」という雰囲気をかもし出し、強引に誘われると断れません。出会いの場で大胆な行動に出て自滅する可能性も高く、とても危険な運気です。今月は家でおとなしくしていましょう。告白も避けるべきです。

家庭運 ▲大凶

今月のあなたはネガティブで疑心暗鬼。パートナーの浮気を疑って詰め寄ったり、一人で落ち込んだりと厄介な人になりそう。その場の感情で動くと大切な縁を切ってしまうので要注意です。性の意識が高まるので、触れ合う時間を増やすと安心できます。子育て中の人も、些細なことでキレたり勘違いで叱ったりして子どもを傷つけてしまいそうです。感情を抑えてやさしく接しましょう。

金運 ▲大凶

金運も最悪です。判断力がなく、気持ちも不安定です。だめだとわかっていても抑圧された願望が爆発して衝動買いをしがちですが、この時期に買ったものは後悔しますのでくれぐれも注意を。高額商品を買うのはもってのほか、分割やリボ払いも厳禁です。お金の貸し借りも絶対しないように。家族の介護や家の修繕などに関するお金の話も増えますが、すべて来月以降に回しましょう。

健康運 ▲大凶

回復力や免疫力が下がり、体調不良になりやすい▲大凶の時期です。5月まで▲大凶が続いたのでかなり弱っています。しっかり休息をとるように心がけてください。特に今月は骨や筋肉、腰を痛めやすいので注意です。スポーツ前には入念な準備運動を。ネガティブな気持ちでストレスがたまりやすいので、ヨガや整体で体をほぐして心もリラックスさせるのがおすすめです。

三碧木星
の月運

2024

8

August

8/7 ～ 9/6

ようやく運気上昇！ 強引に一歩を踏み出せ

運勢

○吉

今月の注意点と開運のカギ

先月まで▲大凶が多く、停滞ぎみだった運気が○吉になりました。頭が冴えて多くのアイディアが浮かび、体もよく動きます。▲大凶が続いた時期は判断力が下がるので、仕事もプライベートも今までの流れで良いのかどうか、ここで一度じっくりと見直すことをおすすめします。方針さえ決まれば運気は好調ですから、積極的に動いて大丈夫です。今月から11月までは良い運気が続きます。仕事も恋愛も結果を出せるように、ひたすらアイディアを出して周囲にもアピールするなど頑張りましょう。新しいことはどんどんとり入れて、今のうちにある程度は軌道に乗せておきましょう。

一方で、あらが目立ったり上から目線の態度になったり、衝動的に行動してミスにつながることも多い運気です。謙虚な姿勢を心がけ、何事も周囲に気をくばりながら進めましょう。言葉遣いも丁寧に。ウソはばれやすく、ズルや裏技も通用しません。「要領よく」は失敗のもとです。何事も勝手にアレンジしたりせずルールどおりに進めてください。

[年間運勢グラフ]

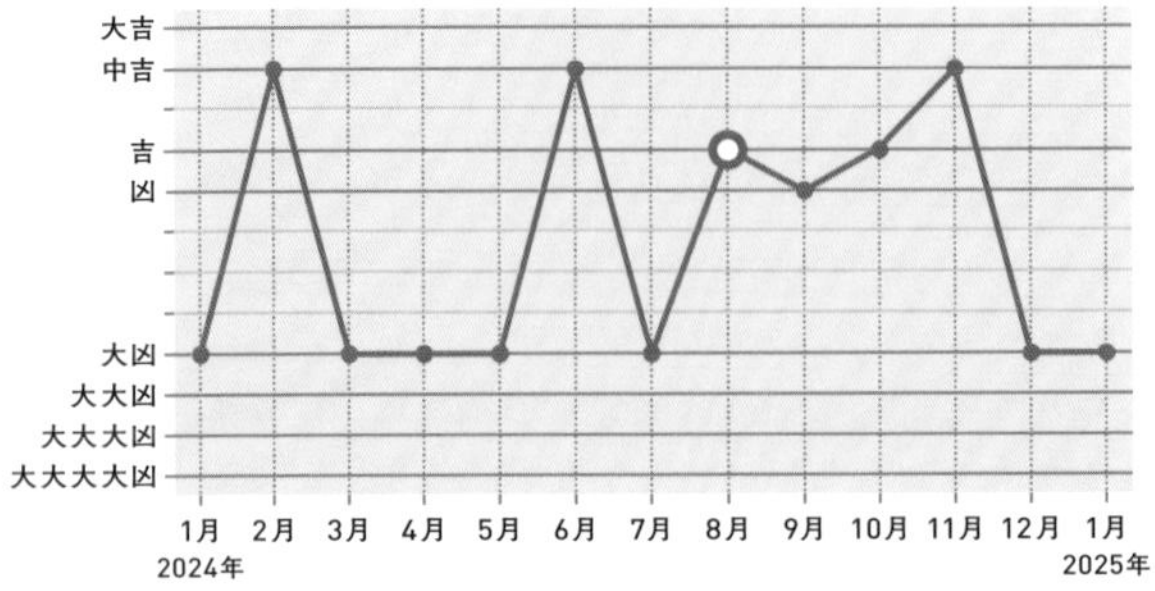

【今月の心構え 三か条】

一 まずはこれまでの方針を見直せ！

二 小細工は不要！ 正面から直球勝負せよ

三 謙虚な態度に徹すれば運気アップ！

今月の【大開運日】11日、29日【激ヤバ日】27日【大潮】4日～7日、19日～22日【土用期間】1日～6日

仕事運

◎中吉

まずは今までの仕事の流れを見直してください。方針が決まったら七転び八起きの精神で何事にもチャレンジを。頭が冴えて良いアイディアも浮かびます。人からの評価が高く存在感も増すため、営業やプレゼンはもちろん、転職の面接にも向いています。新しいことにも積極的に挑戦してください。今月は評価を得やすい一方、ねたまれたり悪い評判が立ったりもしやすい運気です。知らず知らずのうちに上から目線の態度になり、反感を買ってしまうかもしれません。謙虚な態度を心がけ、下手な小細工もせず、正攻法で丁寧に進めましょう。

恋愛運

◎中吉

判断力が上がる今月は、恋愛中の人は今の相手で良いのかどうかを判断する絶好の機会です。今月はとても目立って人を引き寄せるので、新たな出会いも期待できます。華美な服装は避けて上品な装いで出かけましょう。つい大胆に振る舞いがちですが、くれぐれも慎重に。熱しやすく冷めやすい運気ですので、良い人がいてもすぐに深い仲にはならず、誰かに相談してから進めましょう。

家庭運

△凶

カッとなりやすくケンカが増えそうです。隠しごとがある人は、ばれる前に自分から伝えましょう。一方で、気がかりなことを話し合うには良い時期です。子どもの才能を見つけやすいので注意深く観察しましょう。ただし理想が高すぎる傾向があるので、それを子どもに押しつけないように。教えたりさとす場合も発言が二転三転しやすいので、思いつきでものを言うのはやめましょう。

金運

◎中吉

好調で臨時収入も期待できます。年の運気が▲大凶なので家や車などの大きな買い物は慎重に決めるべきですが、あまりに高額でなければ今月購入すると良いでしょう。ただし今月は衝動的で、熱しやすく冷めやすい運気でもあります。ある程度の直感は信じても良いのですが、高額なものを買う場合は慎重に。必ず事前に誰かに相談して、「納得できる」と思えたら買いましょう。

健康運

△凶

勢いがありモチベーションも高いので、加減がわからず無理をしがちです。意識してセーブしましょう。持病がある場合、症状が表れやすい時期です。だましだまし過ごしてきた箇所が悪化したら今月中に病院へ。神経が過敏でストレスがたまる時期でもあります。ファッション優先で体を冷やしたり厳しいダイエットをしないように注意。目や歯、髪も入念にケアしましょう。

運勢

△凶

今月の注意点と開運のカギ

先月の〇吉から下がって△凶です。やる気が出ずにちょっとしたことで落ち込み、考え方もネガティブになりがち。しかし、それは運気による気分の問題で、強引に動いてしまえば成果を出せる時期です。運気は安定しているので、気持ちを奮い立たせて頑張りましょう。

来月、再来月と良い運気が続きます。今月は何事も冷静にコツコツと進められる運気ですから、来月以降のための準備期間ととらえましょう。今月は特に集中力や学習能力が上がり、事務処理や今後のプランを考えることに適しています。柔軟性も上がるので、今までは従えなかったことや納得できずに進められなかったことがある人は、いったん受け入れてみることをおすすめします。それをきっかけに、この先大きく前進できそうです。気分が落ち込みがちですが、寂しいときは一人で抱え込まずに誰かに相談するなど周囲を頼ってください。ネガティブな感情は今月中に解消して、来月以降に全力投球できるようにしましょう。

［年間運勢グラフ］

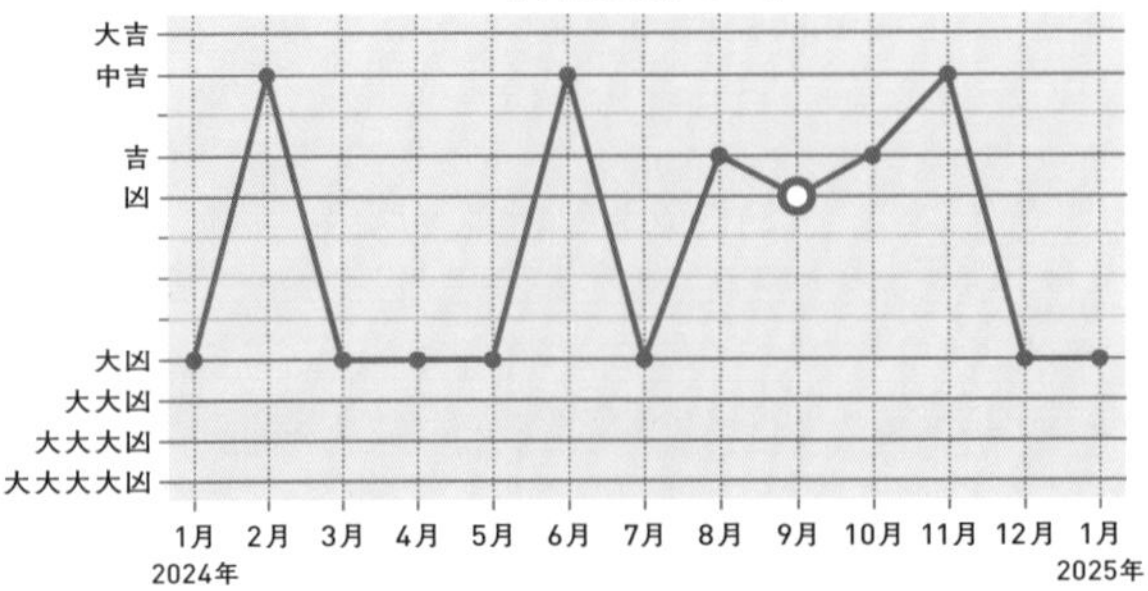

三碧木星の月運

2024

9

September

9/7～10/7

ネガティブな時期だが動けば成果は出る！

【今月の心構え 三か条】

一 集中力アップ！研修、勉強は今だ

二 都合の悪いことは今月中に手を打て

三 上司や先輩との連携で運気アップ

今月の【大開運日】16日 【激ヤバ日】25日 【大潮】3日～5日、17日～20日 【土用期間】なし

仕事運

○吉

なかなかやる気が出ませんが、集中力や学習能力はアップするため書類整理や試験勉強がはかどります。やるべきことがある人は今月中に終わらせて。「今月はこれを片づける」と周囲に宣言するのも有効です。柔軟性も上がるので、今まで従えなかった上司の指示も受け入れるチャンス。評価されるだけでなく新たな発見にもつながります。また、今月は隠しごとが見つかりにくい運気ですので、心当たりがあるなら人に知られないうちに解決して、運気が上がる来月以降に備えましょう。今月は過密スケジュールがおすすめです。先月からの勢いに乗り、来月まで走りきりましょう。

恋愛運

○吉

異性を引きつけるオーラが全開で、出会いが期待できます。気分が上がらなくてもできるだけ出会いの場に行き、紹介も受けるようにしましょう。SNSでつながったり友人から始めても良いでしょう。昔の恋人と復縁しやすい運気なので、心当たりがある人は連絡をとってみては。ただし急に大胆になりやすいので要注意。どんな出会いも即断即決せず、第三者に相談してゆっくり進めて。

家庭運

◎中吉

今月は性への意識が高まります。寂しさをがまんしているとネガティブになるので、パートナーに甘えてスキンシップを増やすことが開運のカギです。こちらの希望を伝えるのも良いでしょう。妊活にも適しています。子育て中のかたは子どもの健康チェックを。少しでも気になることがあれば病院へ行きましょう。子どもともたくさん触れ合うと信頼関係が高まります。

金運

○吉

暗くなる運気の影響で、買い物でストレスを発散したくなるかもしれません。収支を細かくチェックして倹約を意識しましょう。コツコツためることも金運アップにつながるので、定期預金を始めるのも良いタイミングです。過払い金など回収すべきお金を整理する時期でもあります。断捨離もおすすめ。しまい込んでいた大切なものや当たりの宝くじが見つかることもありそうです。

健康運

☆大吉

今月は回復力が上がるので、持病を本格的に治したい人や、先延ばしにしていた治療がある人は今月中に動くことをおすすめします。特に不調がない人も健康チェックをして、何か見つかったらすぐに治療にとりかかりましょう。気分がネガティブになりがちで、その影響で体が冷えて婦人科系の不調や膀胱炎を発症しそうです。できるだけストレスをためないようにしましょう。

三碧木星の月運

2024

10

October

10/8～11/6

運気アップ！今月と来月で勝負だ

運勢

○吉

今月の注意点と開運のカギ

先月の△凶から上がって○吉になりました。来月は◎中吉でさらに運気が上昇しますが、再来月は▲大凶になるため、この2カ月が勝負といえます。仕事も恋愛も、多少強引と思ってもこの期間にしっかり成果を出せるように行動してください。ただし勢いで突っ走るのではなく、丁寧に確認しながら進みましょう。

一方、今月は頑固になりがちなので要注意。「こうあるべき」という自分の考えが強くなり、人に押しつけてしまいそうです。自分に厳しく、まわりにやさしく、頑固さを封印して柔軟な姿勢を心がけてください。ただ、がまんのしすぎは禁物です。不満をため込んで良いことはありません。不満や困りごとは信頼する人に早めに相談しましょう。また、上司や先輩の意見には素直に従い、かわいがられる部下になりましょう。上司の立場の人は部下運が最高なので、積極的に交流を図るようにしてください。ここで良い関係を築いておくと、今後の業務がよりスムーズに進みます。

[年間運勢グラフ]

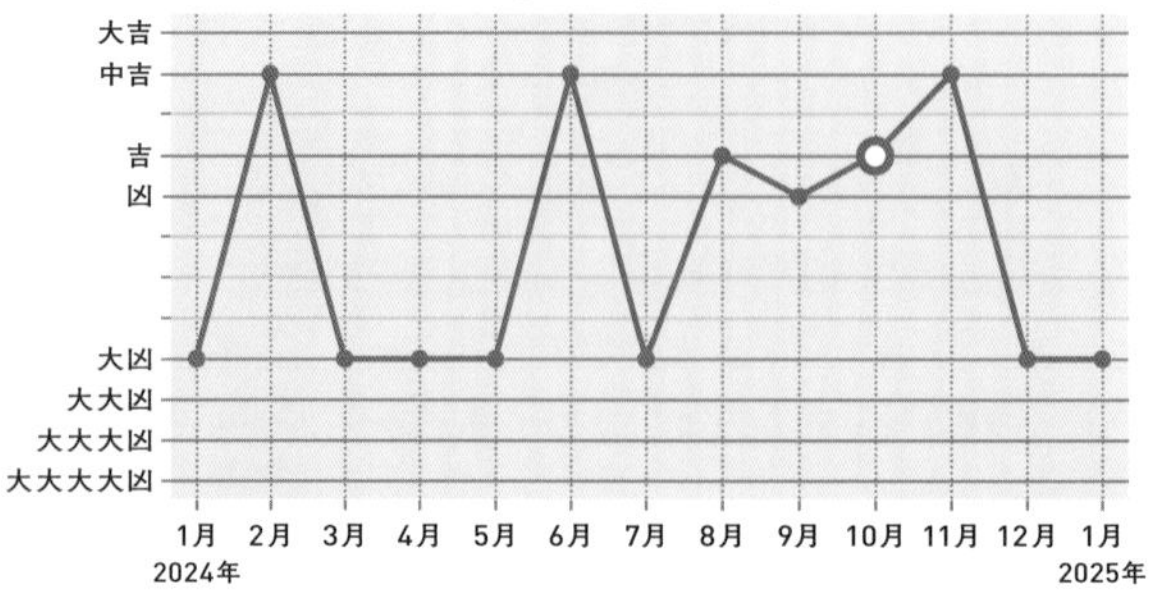

【今月の心構え 三か条】

一 多少強引でも動いてしまえ！

二 意識して部下、後輩と会話せよ

三 マイルールと頑固さに要注意！

今月の【大開運日】10日、19日　【激ヤバ日】2日　【大潮】2日～5日、17日～20日　【土用期間】20日～31日

仕事運

○吉

好調です。今月、来月と2カ月連続で運気が上昇するので、今月はこれまでを振り返るとともに基礎を固め、来月に成果を上げるという2カ月スパンで考えると良いでしょう。計画を立てるのにも良い時期なので、予算や人員などを詳細に計画しましょう。部下運も好調です。積極的に部下と交流を図って関係性を高めると良いでしょう。つい見る目が厳しくなってお説教したくなりますが、そこはがまんです。ここで良い関係を築いておくと今後は良い連携がとれそうです。2時間以上一緒にいると部下の心を開きやすくなるため、じっくり話す機会をつくって関係を築いてください。

恋愛運

◎中吉

母性あふれる1カ月です。裏方を引き受けたり困っている人を助けたりすると好感度が上がります。新たな出会いもありますが、友達から恋人に発展する可能性が高いでしょう。異性を見る目が厳しくなって些細な言動や服装で冷めてしまうこともありますが、運気の影響なので気にしないこと。油断すると所帯じみた雰囲気になりがちです。服装などで華やかな雰囲気を心がけましょう。

家庭運

☆大吉

家の中で楽しみましょう。料理は豪華でなくても愛情を込めたものが喜ばれます。模様替えや断捨離もおすすめ。使い古した日用品は変えましょう。パートナーを見る目が厳しくなりますが、運気のせいなので大きな心で接して。子どもとはしっかり向き合うと良い時期です。悪いクセや言動も直しやすい時期ですが、厳しく言いすぎると聞いてもらえないのでやさしくさとしましょう。

金運

○吉

何事もきっちり行うことが金運アップにつながります。家計簿をつける、無駄な食費をかけない、食材を使いきるなど「無駄なくきっちり」を心がけましょう。上司の立場の人は、部下への日頃の感謝を形に表すと運気が上がります。食事をごちそうしたり欲しがっていたものを贈ったりして部下との絆を深めましょう。惜しまずに、相手が感激するくらいの振る舞いをすると良いでしょう。

健康運

▲大凶

今月のあなたは忍耐力のかたまりです。そのせいでかなりの不調になっていても気づきにくく、知らず知らずのうちにがまんしてしまい、病状が悪化する可能性があります。少しでも不調を感じたら、すぐに病院に行きましょう。特に胃の調子が悪かったり、皮膚のかゆみや荒れなどを感じたりしたときは要注意です。軽症のうちに治療しましょう。

三碧木星
の月運

2024
11
November
11/7 ~ 12/6

今年のピーク到来！
すべてで結果を出せ

運勢
◎中吉

今月の注意点と開運のカギ

先月の○吉からさらに上がって◎中吉です。今月が今年のピークです。仕事も恋愛も勢いよく進められる運気なので、気合を入れて頑張りましょう。来月と再来月が2カ月連続で▲大凶なので、短期決戦で何事も結果にこだわっていきましょう。今までを振り返り、手薄になっていることはここで力を入れて取り組んでください。その際、勢いがあるため何事もつい一人で進めたくなりますが、周囲を頼って力を借りることも忘れずに。良い運気なので、ぜひやり残しがないようにしましょう。

ただし、今月は強気な態度になりがちなので要注意です。些細なことでカッとなったり人に意見を押しつけたりしやすく、相手が困っていても気づきません。感情も顔に出やすくなります。今月にトラブルを起こすと来月以降はさらにこじれて修復が難しくなるので、何事も冷静に進めましょう。低姿勢を保ち、言葉遣いも丁寧に。「指摘」より「提案」する姿勢を心がけてください。

［年間運勢グラフ］

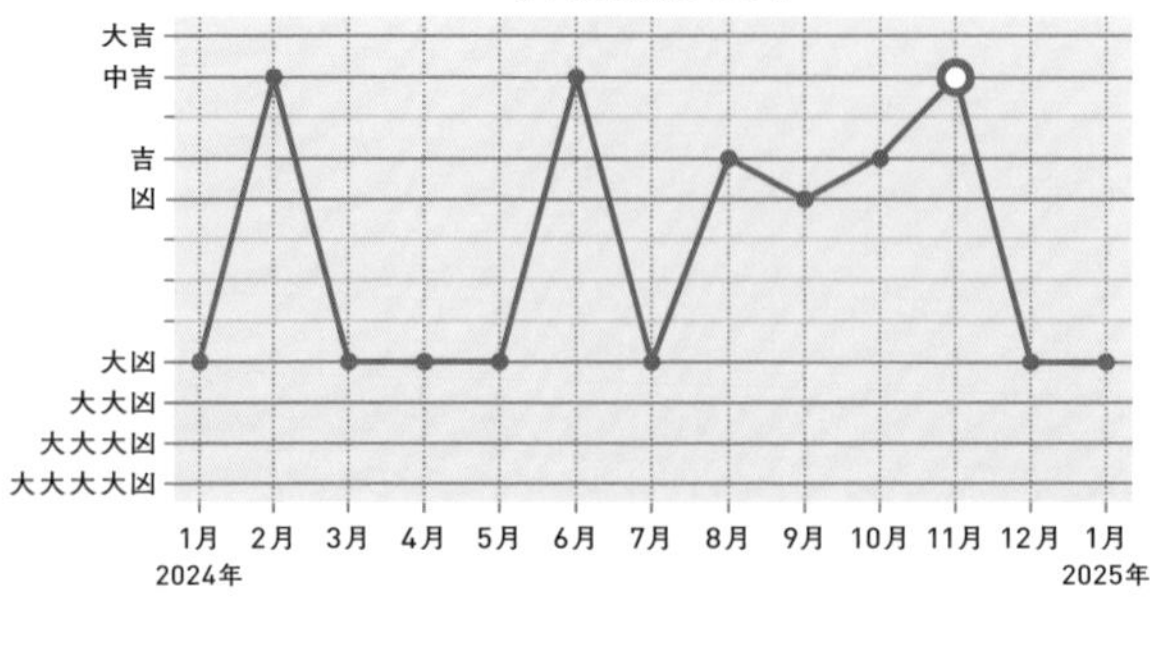

【今月の心構え 三か条】

一 何事も決断あるのみ！今月が勝負だ

二 仕事も恋愛も結果にこだわれ

三 押しつけではなく提案せよ！

仕事運

☆大吉

何事も成功率が非常に高い時期なので前進あるのみです。来月と再来月が▲大凶なので、今月中に結果を出しましょう。急な方針転換や思いつきで新しいことを始めるなど移り気になりがちですが、来月以降は運気が下がるため、今は新しいことに挑戦する時期ではありません。初志貫徹を心がけてください。交渉力や営業力も上がるので、アポをとりにくい取引先へのアタック、価格交渉や取引内容の改善、社内での交渉も積極的に行いましょう。転職活動中の人は、上をめざして挑んでください。ただし無意識に態度が大きくなり、強引さも出がちなので行動や言葉遣いは丁寧に。

恋愛運

◎中吉

飲み会や合コンに積極的に参加すると良い結果が出る可能性が高い時期です。多くの人に会ってターゲットをしぼりましょう。ある程度は直感を信じても大丈夫なので、良い人がいたら食事に誘ってみましょう。ただ、気持ちをはっきり伝えるのは良いのですが、押しつけるのは逆効果です。断られたら潔く引くこと。運気が上がる来年2月までは無理に進めず、友達のままでいましょう。

家庭運

△凶

相手へのダメ出しや言葉がきつすぎて傷つけてしまうかもしれません。来月以降は関係を修復しにくくなるので、思いやりの気持ちを大切に、ケンカをしたら素直にあやまりましょう。今まで言えなかったことを話し合うには良い時期です。子どもとは将来の話をすると良いでしょう。ただし、きつい口調で子どもを萎縮させないように注意。子どもから話をさせるよう心がけてください。

金運

◎中吉

好調です。特に、以前から買おうと思っていたものを買うには良い時期です。年の運気が▲大凶なので慎重に進める必要はありますが、少し強気に価格交渉すると良い買い物ができるでしょう。ただし、気持ちが大きくなって「まあいいか」と安易に決めてしまわないように気をつけてください。大盤振る舞いにも要注意です。その場のノリで散財しないように注意しましょう。

健康運

○吉

今月は特にのど、声帯、肝臓に注意してください。月の運気が◎中吉で勢いがつくため、家の中でおとなしくしているよりも外に出たくなり、外食や飲み会なども多くなることでしょう。しかし今月はそれがあだとなります。暴飲暴食にはくれぐれも注意を。外に出た際は、楽しいからといってはしゃいでおしゃべりをしすぎないように気をつけてください。

運勢

☆大吉 のち ▲大凶

今月の注意点と開運のカギ

運気は先月の◎中吉から一気に下がって▲大凶になりました。来月も▲大凶が続くので、その自覚を持って頑張っていきましょう。この場合の「頑張る」とは無理に結果を出すことではありません。来年1月いっぱいまでは現状維持に徹してください。ここで強引に動くと失敗を招きやすく、来月はさらに悪化してしまいます。気をつけましょう。

今月は周囲からの頼まれごとに注意です。お世話になっている先輩や友達からお願いごとが舞い込んできますが、丁重に、しかしきっぱりと断りましょう。安易に受けるとあとで大変なことになります。一度決めたことをくよくよと迷う運気でもありますが、変えてはいけません。とにかく何事も現状維持を心がけて、急な方針転換は絶対にしないようにしてください。

事故や病気にも注意が必要です。▲大凶のため判断力が下がり、無意識に無理をしてしまうケースが多いので、車の運転や暴飲暴食、睡眠不足に気をつけてください。

[年間運勢グラフ]

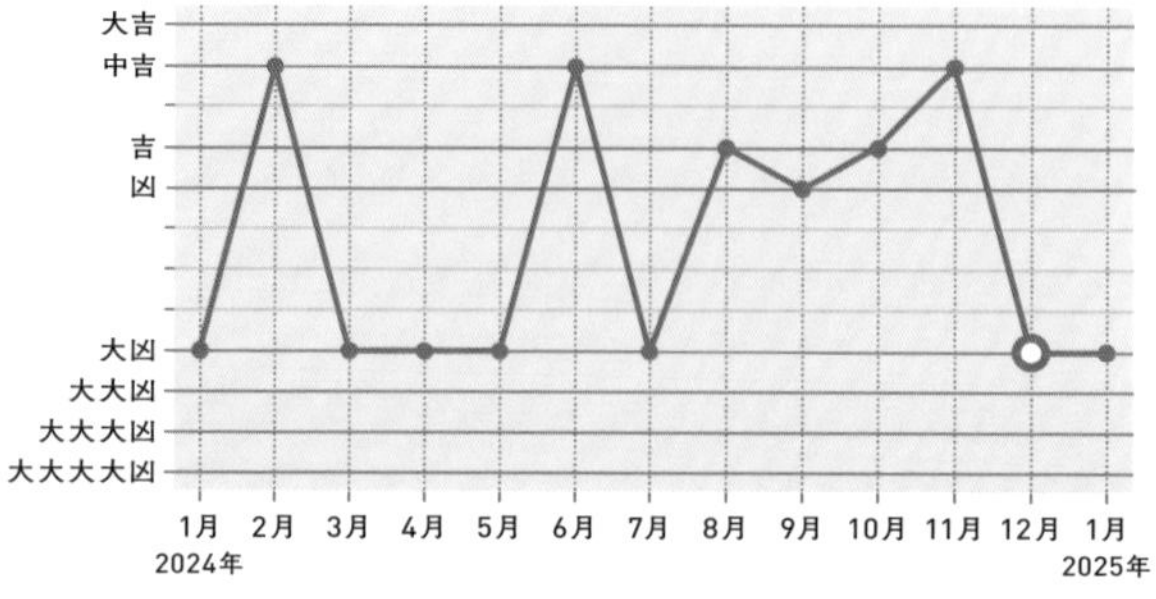

三碧木星の月運

2024

12

December

12/7～1/4

やる気は出るが速度は落とせ！

【今月の心構え 三か条】

一 粘り強く、ゆっくり確実に進め！

二 お人よし禁止。方針は変えるな！

三 何事も慎重に。事故、病気に注意

今月の【大開運日】なし　【激ヤバ日】13日　【大潮】1日〜4日、16日〜19日、31日　【土用期間】なし

仕事運

▲大凶

単純なミスが増えます。慣れている作業も慎重に、普段以上に丁寧に行うことを心がけましょう。言った言わないのトラブルも増えるので、連絡事項は必ず書面に残すように。来月も▲大凶のため、ここでミスをすると修復できず、さらなるトラブルに発展します。また、今月はアドリブがききません。得意先との交渉、上司への報告などは内容をしっかりイメージしてから行いましょう。言い忘れや誤解を与える発言で台無しになる可能性が高いので、事前に台本をつくってシミュレーションをくり返してください。無理な頼まれごとが増える運気ですが、きっぱり断りましょう。

恋愛運

▲大凶

出会いはあり、人を引きつける力や会話力も上がりますが、▲大凶なので相手を見る目がなく、普段なら絶対に好きにならない人に魅力を感じてしまいます。しかも危険な人ほど魅力的に感じてしまう厄介な運気。押しにも弱く、頼まれると嫌と言えません。判断力が落ちていることを自覚して慎重に。良い人でもすぐに深い仲にはならず、運気が上がる来年2月まで待って進めましょう。

家庭運

▲大凶

家庭内でも大きな頼まれごとには絶対に応じてはいけません。特にお金、教育、介護などデリケートな話は今月は聞かないくらいでちょうどいいです。新しいルールづくりは運気が上がる来年2月以降に。イライラしがちでケンカも増えそうですが、意識して体を動かして冷静になりましょう。子どもに対しても些細なことでキレてしまったりして傷つけそうです。注意しましょう。

金運

▲大凶

今月と来月は要注意。金運は最悪ですが気持ちが大きくなり、高価なものを欲しくなります。店員さんのおすすめを断れない運気なので、財布のひもを締めておきましょう。身近な人からの借金の相談にも絶対に乗らないでください。特に久しぶりの友人や知人から連絡があった場合は用心しましょう。お金の話題になったらすぐに話を切り替えて、相談にも乗らないようにしてください。

健康運

▲大凶

他人の心配をしすぎて心労やストレスがたまりやすい時期です。苦労話やグチなどを聞くだけでストレスになり、頭皮や髪の傷みにつながったり胃腸の不調に直結しそうです。運気が上がる来年2月までは他人の相談には乗らないことです。回復力も下がっているので、睡眠をしっかりとって無茶な行動はしないようにしましょう。事故や不注意によるケガにも要注意です。

三碧木星の月運

2025

1

January

1/5 ～ 2/3

気分はとても不安定。迷いがあれば動くな！

運勢

▲大凶

今月の注意点と開運のカギ

今月は▲大凶2カ月目です。もともと不安定で直感力や判断力が落ちているため、状況が見えていないまま迷走して失敗に終わりそうな運気です。まず、今月のひらめきや直感は決して信じてはいけません。ひらめいてもその場で行動せずに書きとめておき、判断力が回復する来月にもう一度見直して、良いと思ったら実行してください。なかでも金銭面でのひらめきは錯覚ですので、絶対に避けましょう。恋愛中の急な心変わりなども運気のせいですので、勢いにまかせて行動に移さないようにしてください。

また、気持ちが不安定になって些細なことでイライラしてまわりの人に当たったり、気分が落ち込んだりしそうです。心が不安定なときは、信頼できる上司や先輩、家族や友達など周囲の人に素直に甘えましょう。注意力や反射神経も落ちていますので、不意の事故やケガにも気をつけましょう。仕事や恋愛はもちろん、ほかの面でもくれぐれも慎重さを大切にしてください。

[年間運勢グラフ]

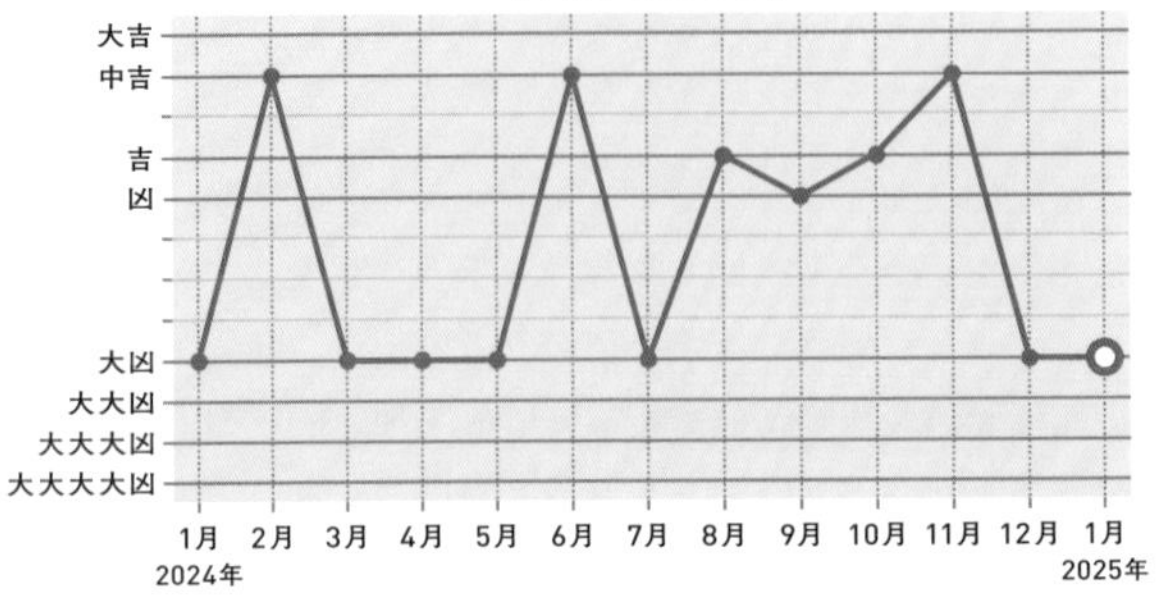

【今月の心構え 三か条】

一 上司、先輩と連携して責任を分散させよ

二 不安定な運気。迷ったら今は動くな

三 何事も慎重に。事故、病気に注意

＊九星気学では前年の運気です

仕事運　▲大凶

現状維持に徹しましょう。急にひらめいたり突発的に行動したくなったりしますが、勢いで進めると本当に危険です。▲大凶が続く時期は大きなミスをしやすく修復のチャンスもないため、こじれて大きな問題に発展する可能性があります。今月は挑戦は避けて、慣れている業務も十分に確認しながら進めてください。ただし、▲大凶の時期は吸収力が上がります。こういうときに信頼できる上司や先輩に指導を求めると、普段は腹落ちしないことが妙に納得できたりします。あくまでも信頼できる人に限りますが、しっかり指導を受けてみると良いでしょう。

恋愛運　▲大凶

おとなしくしていましょう。人を見る目が曇っているのにかまってほしいオーラが出ています。判断力も落ちて、良くない人に突っ走り後悔しそうです。カップルも運気の影響で突然別れたくなったり心変わりしそうになりますが、気持ちのままに行動すると大切な人との縁を切ってしまうことになるかもしれません。今月は大きな判断はせずに、現状維持に徹してください。

家庭運　▲大凶

些細なことが許せなかったり浮気を疑ったりして家族を困らせそうです。イライラは運気のせいなので気にしないことです。ただ、感情を押し殺すことはよくありません。心が不安定なときは素直に甘えましょう。子どもに対してもキレやすい時期。普通に叱っているつもりが度を越してしまうことがあります。子どもの不調や重要なサインも見逃しがちなので注意しましょう。

金運　▲大凶

衝動買いに注意しましょう。▲大凶のときは買い物でストレスを発散したくなりますが、判断力が落ちているので買ったことを後悔することになります。投資話などの勧誘を受けやすい時期でもありますが、すべて断ってください。今まで続けてきたものは良いのですが、新しいものには絶対に手を出してはいけません。今月の「これ、いいかも」というひらめきはすべて錯覚です。

健康運　▲大凶

今までのツケが出る運気です。睡眠不足や体によくない食事、運動不足など、これまで不摂生を続けてきた人は今月に何か症状が出てしまうかもしれません。早めに病院に行くようにしましょう。古傷も悪化しやすいので、体への意識を高めて症状が出たらしっかり治療すること。回復力や免疫力が下がる時期ですので、睡眠をしっかりとって無茶な行動は控えましょう。

2024年の
年運と月運

「四緑木星」

【Year keyword】

謙虚の年

速度を落とせ！
礼儀をわきまえて
周囲と連携しろ！

四緑木星

2024年の運気

☆大吉 のち ▲大凶 ときどき 大波

※九星気学の1年は旧暦で、1年の境目は節分（2024年は2月3日）です。

[6年間の運勢グラフ]

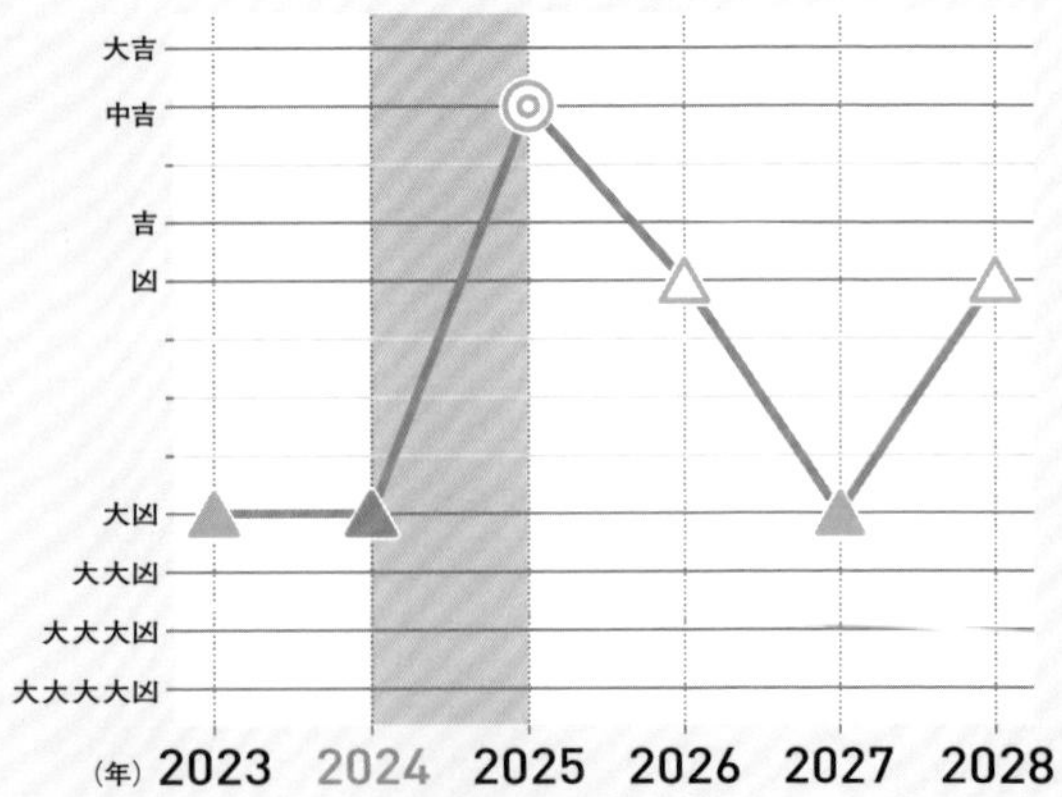

[年間運勢グラフ]

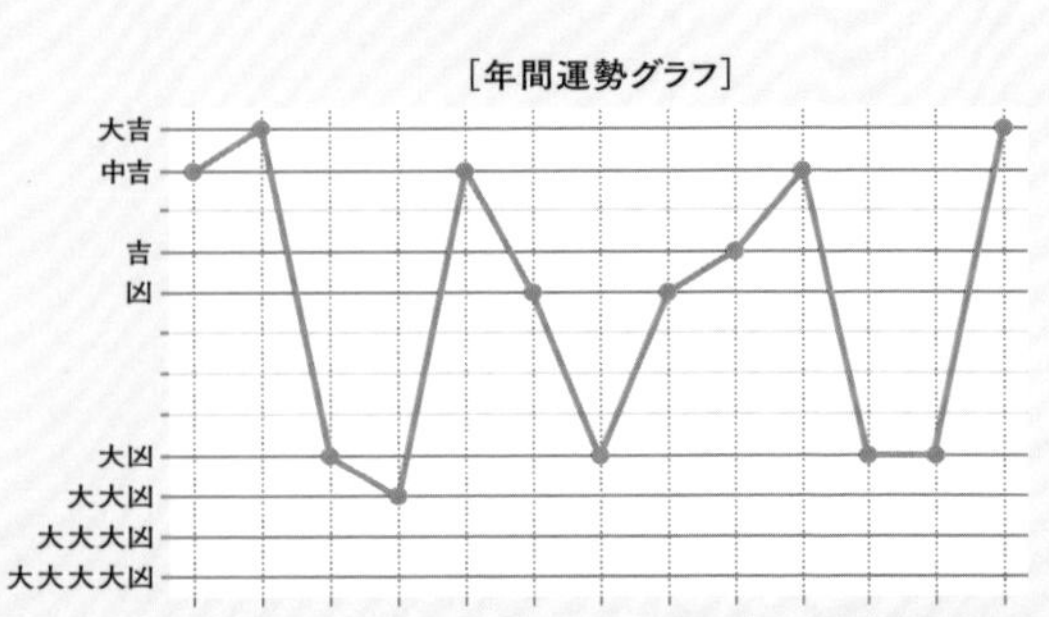

【運勢】

大胆になるな！ 周囲の助けを得よ

昨年に引き続き今年も▲大凶です。大波の影響で気持ちが不安定になります。ベースの運気が☆大吉なので勢いがあってモチベーションも高く、冷静な判断で大きなことをやってしまいますが、そのあとで大失敗につながりやすい危険な運気です。連続▲大凶の影響で心身ともに疲れているはずが、徹夜2日目の状態のように気持ちだけハイになり暴走しやすいのです。場の空気を読まない態度にもなりやすく、上司や目上の人の反感を買ってしまうことにもなりかねません。

これらを未然に防ぎ運気を上げるためのポイントは、礼節を重んじながら周囲に助けてもらうこと。上司運や協力運は悪くないので、独りよがりの行動は控え、周囲の助言やサポートを得ながら進むようにしましょう。

【仕事運】

とても不安定！ 石橋をたたけ！

現状維持に徹する1年です。ベースの運気が☆大吉で何事にも挑戦したくなりますが、そのまま突き進むと大きな後悔をすることになります。来年の仕事運は好調なので、現状維持に徹して来年につなげましょう。突然会社を辞めたくなったり転職したくなったりしますが、運気による一時的な感情ですので惑わされないように。新たな取引やスカウトなど条件の良い話が届いても安易に乗ってはいけません。すべて断るくらいの気持ちでいましょう。

また、場の空気を読まない態度をとらないように注意。1年を通して気持ちが不安定ですので、上司や部下に対して無意識に失礼な態度をとってしまうかもしれません。言葉遣いは意識して丁寧に、「ありがとう」「ごめんなさい」はいつも以上に伝えましょう。

独立、転職にも向いていません。▲大凶2年目で判断力が低下し、良い顧客やビジネスパートナーなどを引き寄せる力も落ちています。また、大波の影響で気持ちが不安定です。特に独立は最初の数年が肝心なので、▲大凶の年の起業は避けましょう。起業は可能なら2025年まで待つべきです。転職に関しても、試験や面接で本来のパフォーマンスが出せず、良い印象を持ってもらえないでしょう。気持ちが不安定なので、つい不適切な発言をしてしまいそうです。運気が上がる来年まで待ったほうが賢明です。やむをえない場合は有識者に相談し、話を進めるのであれば準備をいつも以上に入念に行いましょう。

【恋愛運】

出会い運は最悪。ゆっくり進めろ！

▲大凶2年目で人を見る目が完全に曇っています。それなのに妙に気持ちが大胆になり、よくない人の誘いに簡単

に乗ってしまいます。本来は紹介運が良い時期ですが、それがあだとなります。大きなトラブルに発展することもありそうですので、どんなに良い紹介でも気乗りしない人に対しては丁重にお断りを。結婚も来年のほうが適しています。ただし婚活中の人で信頼できるコーディネーターがいる場合は、助言を聞きながら進めても良いでしょう。

カップルも要注意。運気のせいで急に恋愛感情が冷めて別れたくなりますが、とり返しのつかないことになります。感情に流されて安易に方針を変えないようにしてください。

【家庭運】

投げやりにならずに会話を

ケンカが増えそうです。今年の大きなケンカは大切な縁を切ってしまいかねないので注意してください。妙に冷酷な気分で、あやまられても許す気になれず、ばっさり切ってしまいそうです。冷静さを保ち、ケンカになってもこちらからあやまりましょう。

仮に気まずくなったら、その場から離れたほうが良いでしょう。スキンシップに体が反応しないかもしれませんが、これも運気のせいです。どうしても強がってしまうのですが、本当は気持ちが不安定で寂しいはず。素直に相手に甘えましょう。

子どもがいるかたは、気づかないうちに子どもへの意識が薄まる時期なので、意識的に接点を増やすと良いでしょう。不安定な▲大凶の時期は勘違いや間違いが増えます。よく確認してから子どもに伝えることを心がけましょう。

【金運】

投資運は最悪！儲け話は信じるな

金運は最悪なのですが、簡単にトクをしそうな話がやってきたりするので、非常に厄介な1年です。意欲はありますが、判断力がまったくないため注意してください。深く考えずに決めてしまい、あとで大きなトラブルになりそうです。

今年は大きな買い物は避けて、生活に必要なものだけを買うようにしてください。用がないのにお店に足を運ぶのもよくありません。店員さんからすすめられたら断れず、必要がない商品を購入してしまった、などということがありそうです。

さらに、友人や後輩に対して、「おごり魔」「あげ魔」になりがちです。軽率な行動は必ず後悔します。財布のひもはしっかりと締めて、余計な出費を抑えましょう。とにかく今年は大きなことは何もしてはいけません。

【健康運】

気持ちは前向きだが体力はない！

▲大凶なので免疫力が非常に下がっています。これまで不摂生をしてきたかたは、その蓄積が表面化しやすく、目に見える形で現れやすい時期です。ちょっとおかしいなと思ったら軽視せずにすぐに病院に行き、診察を受けてください。大事になる前に手を打ちましょう。

また、反射神経や運動神経も落ちているので、車の運転や運動時の事故やケガに注意。車のスピードメーターをこまめに確認したり、準備運動をしっかり行いましょう。

注意点

過信や軽率な行動は慎め！

ベースの運気が☆大吉なので▲大凶の実感がなく、好調のように感じてしまうかもしれません。ですが、その調子で進めると、あとで大変なことになってしまう運気です。

さらに、2年連続▲大凶の運気により、体は疲れているのになぜか気持ちは盛り上がり、普段ならありえないような大きなミスを大胆にしてしまう危険もひそんでいます。対処法は、最後の最後まで気を抜かないこと。慎重さを心がけていれば大丈夫。うまく乗り越えられます。

▲大凶なので事故やケガなどの災難も起こりやすく、さらに免疫力が低下しているので体の不調も出やすい時期です。自分の体力を過信せず、体をいたわることを心がけましょう。また、気持ちが大きくなり、横柄な態度や無頓着な発言に気づかないことが多くなります。常に謙虚な姿勢を忘れずに、礼節を重んじて行動するようにしましょう。

四緑木星
の月運

2024
1
January
1/6 ~ 2/3

七転び八起き！まずは行動せよ！

運勢

◎中吉

今月の注意点と開運のカギ

九星気学では１月は前年の運気です。今月は先月の○吉から上がって◎中吉です。来月はさらに上昇して☆大吉になります。年の運気は▲大凶ですが、月の運気が上昇傾向にあるため、仕事もプライベートもこの２カ月が結果を出しやすいタイミング。特に今月は、七転び八起きの精神で何事も果敢にチャレンジすると良い時期です。チャンスを座して待つのではなく、こちらからつかみにいきましょう。今月の積極的な行動が来月の成果につながります。

ただし、今月はかなり強気な性格が表に出てしまいますので注意してください。自分の意見をほかの人に押しつけて反感を買いがちです。感情がすぐ顔に出たり、無意識に口調がきつくなったりということがないように気をつけましょう。誰に対しても丁寧に接することを心がけてください。一人で進めようとせず、周囲の意見もとり入れるようにしましょう。自分一人の力ではなく、周囲の協力があって今があるのです。そのことを再認識して謙虚に行動すると道が開けます。

［年間運勢グラフ］

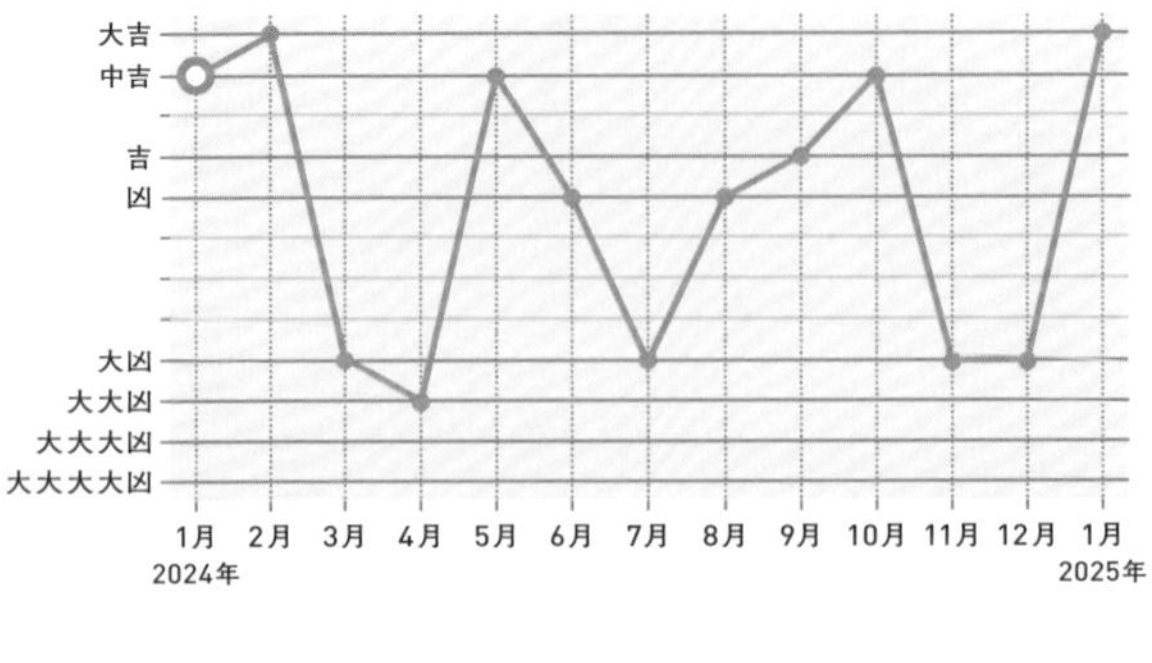

【今月の心構え 三か条】

一 今こそ決断！今月、来月が勝負だ

二 仕事も恋愛も数打てば当たる

三 押しつけではなく丁寧に提案せよ

＊九星気学では前年の運気です

仕事運
◎中吉

アピール力が強くなり、交渉能力や営業力が上がります。今月は七転び八起きの精神で積極的にチャレンジし、来月に結果を出せるように頑張りましょう。営業職の人は今までなかなか会ってもらえなかった会社にアポをとってみる、仕事のステップアップを考えている人はその道の成功者の話を聞く、転職を考えている人はその会社に勤務している人にコンタクトをとってみるなど、具体的な行動を起こすと良いでしょう。ただし、強引に物事を進めてしまう傾向もあります。せっかくの良い運気ですので些細なことでつまずかないように、周囲との調和を大切にしながら進めましょう。

恋愛運
◎中吉

恋愛運も好調です。「数打てば当たる」という運気ですので、まずは大勢の人が集まる場所に行き、良い人がいたらこちらから食事に誘ってみましょう。ファッションは華やかなイメージでまとめるのがおすすめです。ただし、強引になりがちなのには注意してください。相手の都合を考えて慎重に行動し、反応がイマイチであればいったん引いて、再アプローチは来月にしましょう。

家庭運
○吉

今月のあなたは口うるさくなり、ケンカが増えそうです。ただ、今まで言えなかったことを話し合うのには良い時期ですので、冷静にお願いする姿勢で相談してみましょう。子どもとは将来の話をすると良いでしょう。自分の過去の夢を話すと大きな夢を持ってもらえそうです。口調がきつくなりがちなので気をつけて、聞き上手を心がけましょう。家族で外出するのもおすすめです。

金運
○吉

年の運気が▲大凶のため慎重に進めることが前提ですが、今月は大きな買い物をするのには良いタイミングです。交渉力がありますので、価格や条件の交渉をしても良いでしょう。ただし、運気の影響で気持ちが大きくなって大盤振る舞いや衝動買いをしたり、雰囲気に流されてすすめられたものを買ったりする可能性も。計画的な買い物を心がけ、その場のノリで購入するのは避けて。

健康運
△凶

暴飲暴食、しゃべりすぎからくるのどや声帯、肝臓の不調に特に注意です。勢いがある運気のため、家の中でおとなしくしているよりも外に出たくなり、外食や飲み会も多くなります。予定を詰め込みすぎて、気がつけば休日がなくなってしまったということがないように、スケジュールを管理してください。休息をしっかりとって体調を整え、運気がさらに上がる来月に備えましょう。

運勢

☆大吉

今月の注意点と開運のカギ

九星気学では今月が新しい１年のスタートです。月の運気は先月の◎中吉から上がって☆大吉です。年の運気は昨年から引き続き▲大凶ですが、先月から絶好調の運気が続き、仕事もプライベートもやる気が出て充実した日々になります。良い運気が続くときは何もしなくてもそれなりに過ごせますが、それではせっかくの運気が台無しです。来月から２カ月連続で▲大凶になります。何事も今月中に結果を出す姿勢で進めていきましょう。

キーポイントは粘り強さ。交渉ごとも、断られてからどのように挽回するかが重要です。黙って引き下がるのではなく、いくつかプランを提示できるように下準備をして臨みましょう。一方、気をつけるべき点は直前で迷わないこと。急に方針を変えたくなったり、仕事を辞めたくなったりしますが、それは運気による錯覚です。ここで失敗すると来月とり戻すのに苦労します。今まで進めてきたことの結果を出すことに専念しましょう。お人よしにも注意が必要です。

［年間運勢グラフ］

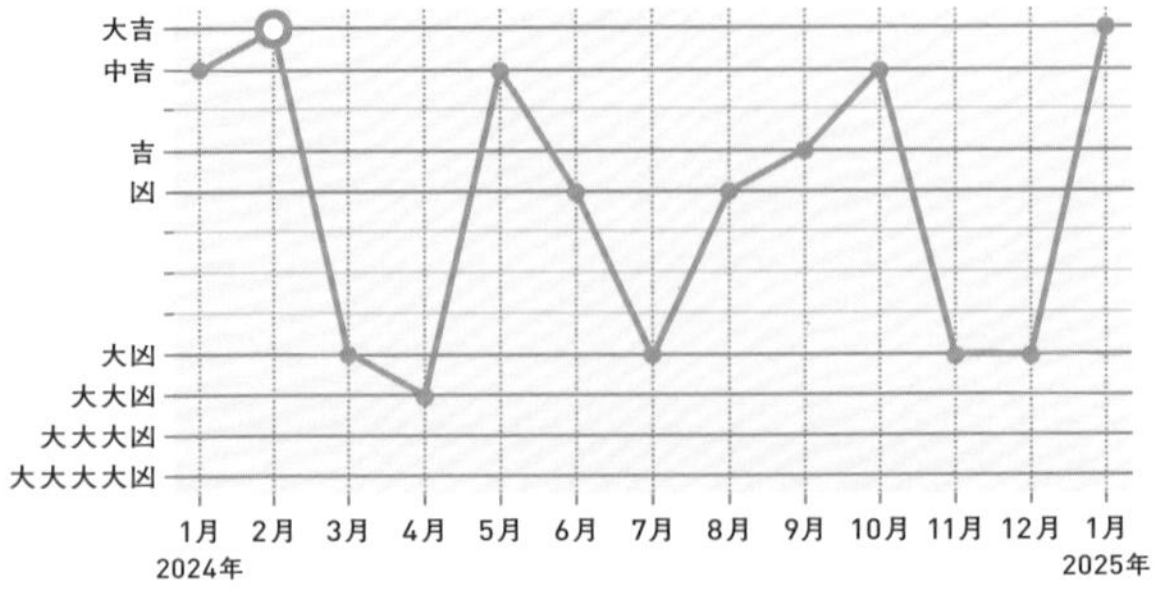

四緑木星
の月運

2024
2
February
2/4～3/4

多少強引でも結果を出せ。
粘り強さがポイントだ

【今月の心構え 三か条】

一 断られてもあきらめるな。果敢にチャレンジ！

二 第一に結果を求めて行動しろ！

三 優柔不断、お人よしに気をつけろ

今月の【大開運日】10日、19日【激ヤバ日】14日、23日、28日【大潮】10日～12日、24日～27日【土用期間】1日～3日

仕事運

☆大吉

勝負の月です。今手がけていることを丁寧に進めて、結果を残しましょう。今月は営業能力や交渉力が上がります。交渉の場では条件の提示だけではなく今後の発展性が思い描けるように話すと、相手が乗ってくれるでしょう。仮に断られても、今月はそこからが勝負。粘り強く交渉を続けると結果につながります。社内でも賃金交渉や待遇改善などが通りやすくなります。ただし、頼まれごとには注意してください。軽い気持ちで引き受けてしまうと習慣化し、自分の首を締めることになります。あいまいな返事はトラブルのもと。できないものはきっぱり断りましょう。

恋愛運

◎中吉

良縁が期待できます。特に今月は深いつきあいになる人と出会えるチャンス。年収、価値観など条件がそろっているかどうかを確認しながら探しましょう。友人からの紹介のほか、知り合いを見直してピンとくる人がいたら積極的にアプローチを。ただし今月は優柔不断で、言い寄られると断れずに押しきられる可能性があります。その気がないなら気持ちをしっかりと伝えましょう。

家庭運

◎中吉

家庭運に恵まれた月です。相手に尽くすことで関係がより良好になります。こちらからの要望が通りやすいので、引っ越しや妊活などの希望があれば相談を。ただし、相手からのお願いごとには要注意。安易に受けると、あとで苦労することになります。子どもに対しては要望や夢をかなえてあげると、今後に生きてくるでしょう。何に興味を持っているかを事前にリサーチしましょう。

金運

☆大吉

先月に続いて好調です。年の運気が▲大凶なので慎重さは必要ですが、大きな買い物をするなら今月でしょう。交渉力が抜群なので、思いきって価格交渉をしても良いでしょう。ただし、今月は情に厚くて流されやすい傾向にあります。口車に乗せられたりだまされやすかったりするので十分に注意してください。すすめられたものをそのまま買うのはやめましょう。お金の貸し借りも禁物。

健康運

△凶

お人よしの傾向にある今月は、他人の心配をしすぎて心労やストレスがたまりやすい時期です。苦労話に同情してひと肌脱いでしまいますが、これがストレスに変わり、頭皮や髪の傷み、胃腸の不調につながります。本当に助けてあげたいと思うとき以外は断りましょう。どうしていいかわからない場合は、一人で抱え込まずに信頼できる人に相談しましょう。

四緑木星
の月運

2024

3

March

3/5 ~ 4/3

大凶に急降下！ 不安定に注意せよ

【今月の心構え 三か条】

一 上司、先輩との連携で責任を分散せよ

二 不安定な運気。迷ったらいったん停止

三 何事も慎重に。事故、病気に注意

運勢

▲大凶

今月の注意点と開運のカギ

先月の☆大吉から一気に下がって▲大凶となりました。来月はさらに運気が下がります。年の運気も▲大凶ですから、かなり大変な2カ月になります。つらいときは人に相談して、一人でため込まないようにしましょう。

今月は、急にひらめいて周囲の反対を聞かずに突き進み、失敗することが多くなりそうです。ひらめきはすべて却下し、何事も慎重に丁寧に進めることが大切です。些細なことでも迷ったら一度立ち止まって、上司や先輩、同僚や家族に相談しましょう。一人で進めてしまうと、何かあったときに責任がすべて自分にかかってくるので危険です。特に今月は「今までのツケが出る」という運気。仕事や人間関係で改善すべき点が出てくるかもしれません。ここで軌道修正しておくと今後につながりますので、原因を確かめて修正しておくことをおすすめします。睡眠不足や体によくない食事、運動不足などの不摂生も体に現れやすいときですから、生活の改善に努めましょう。

[年間運勢グラフ]

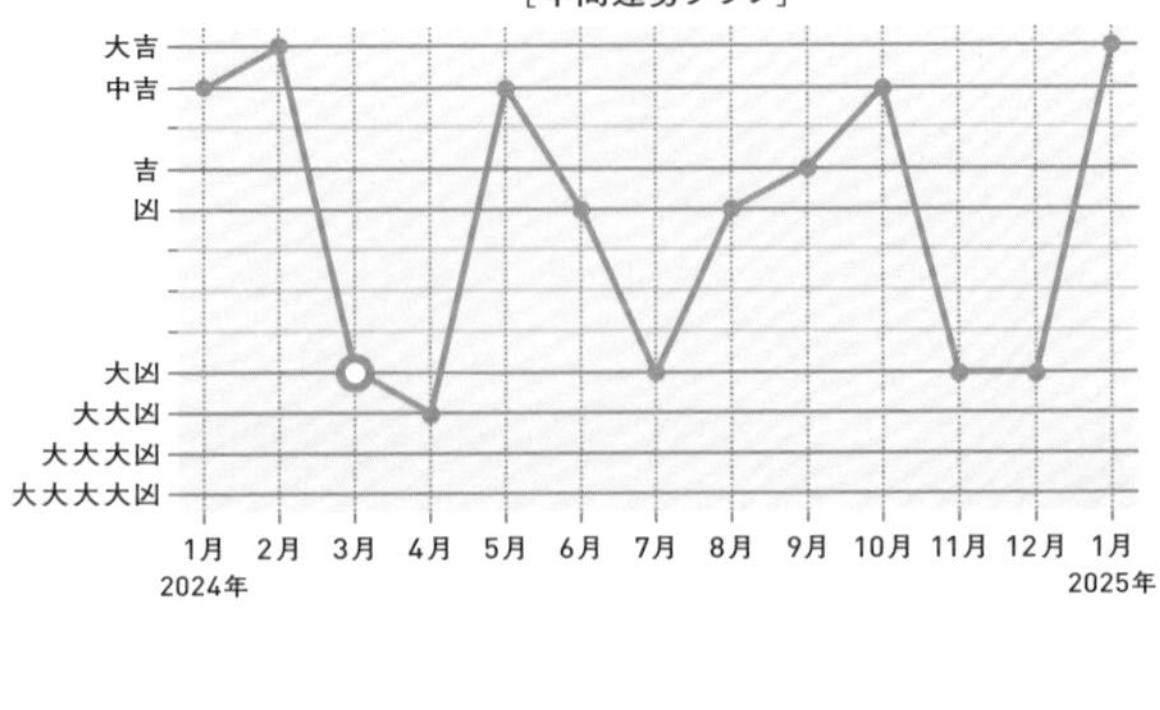

今月の【大開運日】なし　【激ヤバ日】6日　【大潮】10日~13日、25日~28日　【土用期間】なし

仕事運　▲大凶

これまでのやり方を見直し、改善点を洗い出してみましょう。▲大凶のときは柔軟性が上がり、吸収力も高まるため、普段なら素直に聞けない指示でも抵抗なく受け入れることができます。修正すべき点を素直に受け入れられる時期ですので、今のうちに軌道修正しましょう。また、ミスが増える時期なので、必ずミスをするという前提のもと、何事も慎重に進めると良いでしょう。口約束によるトラブルも生じがちなので、取引先とのやりとり、会社への報告は必ず文書に残すように。何事も一人で進めずに必ず上司や先輩と連携して、チームプレーで臨みましょう。

恋愛運　▲大凶

恋愛から一歩引いて、家でおとなしくしていましょう。判断力がないうえにメンタルが弱って、異性に依存しやすい運気です。こういうときはトラブルに巻き込まれやすくなりますので、出会いの場には行かないほうが良いでしょう。カップルも要注意。急な心変わりがありそうですが、今月中に大きな判断をするのは厳禁です。運気が上がる5月までは現状維持に徹しましょう。

家庭運　▲大凶

不安定でキレやすい時期です。気のゆるみから、一番信頼している身近な人に八つ当たりしてしまいそう。子どもに対しても感情をぶつけやすくなり、危険な状態です。心を傷つけないように注意しましょう。▲大凶ですが柔軟になれる時期ですので、何か指摘を受けたときは、意地を張らずに相手の意見を受け入れましょう。不安や孤独を感じたら、二人の時間を増やして甘えましょう。

金運　▲大凶

ストレスによる買い物をしたくなりますので、衝動買いには気をつけましょう。買うつもりがなく見ていただけなのに、突然気持ちが変わって大きな買い物をしてしまい、後悔しそうです。誘惑のある場所には近づかない、多額の現金やクレジットカードは持ち歩かないのが得策です。投資の話や勧誘が多い時期ですが、すべて断るように。特に新しい金融商品に手を出すのは危険です。

健康運　▲大凶

今月の▲大凶は「今までのツケが出る」という意味があります。睡眠不足や体によくない食事、運動不足など、これまで不摂生をくり返してきた人は今月は体調をくずしやすいため、生活改善に努めてください。また、古傷が悪化しやすいので、症状が出た場合はしっかり治療しましょう。睡眠をしっかりとり、無茶な行動もしないように意識を変えていきましょう。

四緑木星
の月運

2024

4
April

4/4～5/4

運気はさらに悪化！空回りに気をつけろ

運勢

☆大吉

のち

▲大凶

ときどき

大波

今月の注意点と開運のカギ

先月に続いて▲大凶２カ月目に突入です。通常の▲大凶のエネルギーより強力で、運気が荒れる大変不安定な時期。ベースの運気が☆大吉のため、やる気が出て何事も精力的に行いたくなりますが、直感が鈍っているのでとっさの判断がくるって大失敗に終わりそうです。根拠もなく気持ちが大きくなり、周囲を顧みない行動も多くなります。気持ちが荒れて身近な人に感情をぶつけてしまったり、無意識の失言もあるので注意してください。なにしろすべてが雑になりがちな１カ月です。仕事でも恋愛でも細かいことを気にせずに進めてしまいがちですが、とり返しのつかないことになりかねません。勘違いやミスが増えるので、些細なことでも丁寧に、慎重に進めるのが良いでしょう。急な方針転換をしたり、直感で動いたりといった衝動的な行動もやめましょう。

今月はできるだけ気持ちにゆとりを持てるように、リフレッシュする時間も大切にしてください。来月からは運気が回復します。落ち着くまでは現状維持に徹しましょう。

［年間運勢グラフ］

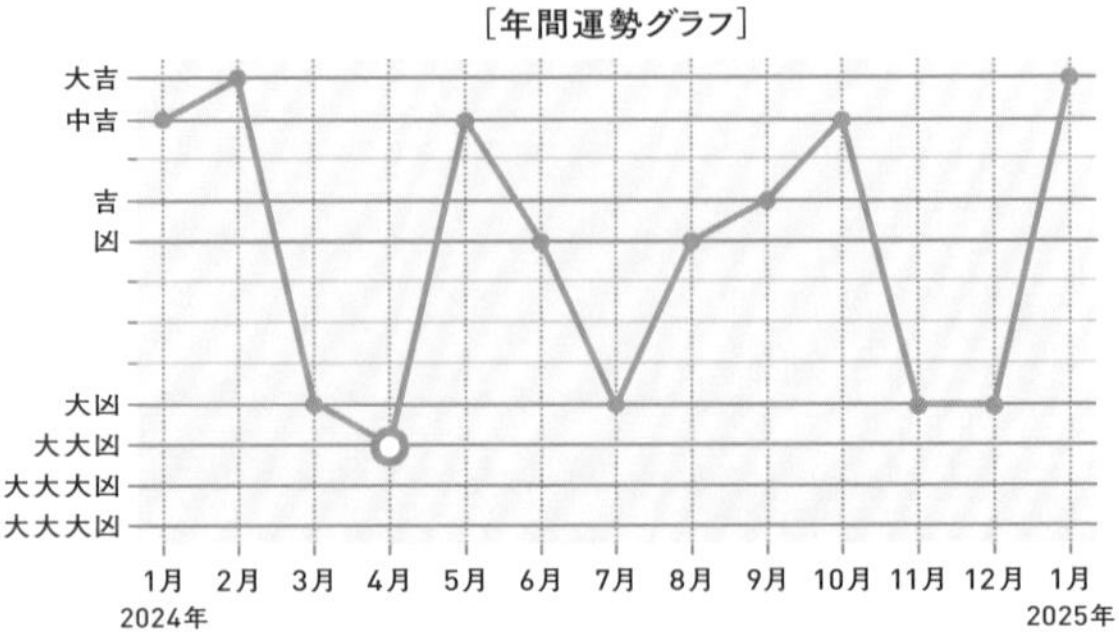

【今月の心構え 三か条】

一 すべてが雑になりがち。丁寧さを心がけろ！

二 場所をわきまえて礼儀正しく

三 意識してスピードダウン。事故、病気に注意

今月の【大開運日】なし　【激ヤバ日】26日　【大潮】9日～11日、23日～26日　【土用期間】16日～30日

仕事運

▲大凶

今月は現状維持に徹してください。ベースの運気が☆大吉で何事にも挑戦したくなりますが、そのまま突き進むと失敗する可能性は大。大きな後悔をすることになります。突然会社を辞めたくなったり、転職したくなったりしますが、運気に振り回された一時的な感情ですので惑わされないように。新たな取引やスカウトなど条件の良い話が届いても慎重に。判断に迷ったら必ず信頼の置ける人に相談してください。また、場を読めない態度をとりがちですから注意してください。言葉遣いは意識して丁寧に、感謝や謝罪の言葉もいつも以上にきちんと伝えましょう。

恋愛運

▲大凶

恋愛面でも引き続きおとなしくしていましょう。人を見る目が完全に曇っているのに妙に気持ちが大胆になり、よくない人の誘いに簡単に乗ってしまいます。気乗りしない人でも断れず、トラブルに発展しそう。どんなに良い紹介でも今月は丁重にお断りを。カップルも要注意。運気のせいで急に恋愛感情が冷めて別れたくなりますが、とり返しのつかないことになるので注意してださい。

家庭運

▲大凶

今月のケンカは大切な縁を切ってしまいかねません。冷酷な気分になって、あやまられても許す気になれず、ばっさり切ってしまいそうになるので注意。気まずくなったらその場から離れるのが良いでしょう。また、子育ても雑になりがちです。ちょっとしたことでカッとなったり、勘違いで叱ってしまうことも。感情的にならずに、子どもの話をじっくり聞くことを心がけましょう。

金運

▲大凶

基本的に何もしないほうが良い時期です。投資や儲け話がやってきたりしますが、判断力がまったくないため、簡単に話に乗らないように注意してください。深く考えずに決めてしまうと、あとで大きなトラブルになりそうです。大きな買い物は避け、生活に必要なものだけを買いましょう。財布のひもはしっかりと締めて余計な出費を抑えて。とにかく今月は何もしないように。

健康運

▲大凶

回復力、免疫力が下がって体調不良になりやすく、運動神経や反射神経の低下による事故やケガにもつながりやすい時期です。食生活も雑になり、インスタント食品や加工食品ですませてしまいがち。今月は特に脳や心臓のほか大腸にも注意という運気ですから、食事や生活習慣で不調をきたさないように注意してください。無茶な行動は避けておとなしくしていましょう。

四緑木星
の月運

2024

5

May

5/5 ~ 6/4

よく働き、よく遊べ！趣味でストレス発散だ

運勢

◎中吉

今月の注意点と開運のカギ

連続の▲大凶から◎中吉に急上昇。来月は△凶に下がるため、今月が勝負の月になります。エネルギーにあふれて「よく働き、よく遊べ」という運気ですので、仕事だけでなくプライベートも充実させていくと良いでしょう。仕事ばかりでストレスが発散できず、モチベーションが維持できない場合、今月は趣味の世界を広げることをおすすめします。多くの人と会うことで新たな人脈も広げられる良い運気です。友人の趣味に便乗して始めてみたり、昔の趣味を再開してみたりすると、精神のバランスがとれて仕事のパフォーマンスも上がるでしょう。仕事のやる気を高めるためにも積極的にチャレンジしてみましょう。

今月は積極的に外に出かけると良い時期ですが、無理のしすぎで体調をくずしやすくなります。食べすぎや飲みすぎ、寝不足には十分に気をつけて、休養はしっかりとりましょう。睡眠時間もいつもより長く確保し、サプリメントを飲むなど体調管理にも気をくばりましょう。

[年間運勢グラフ]

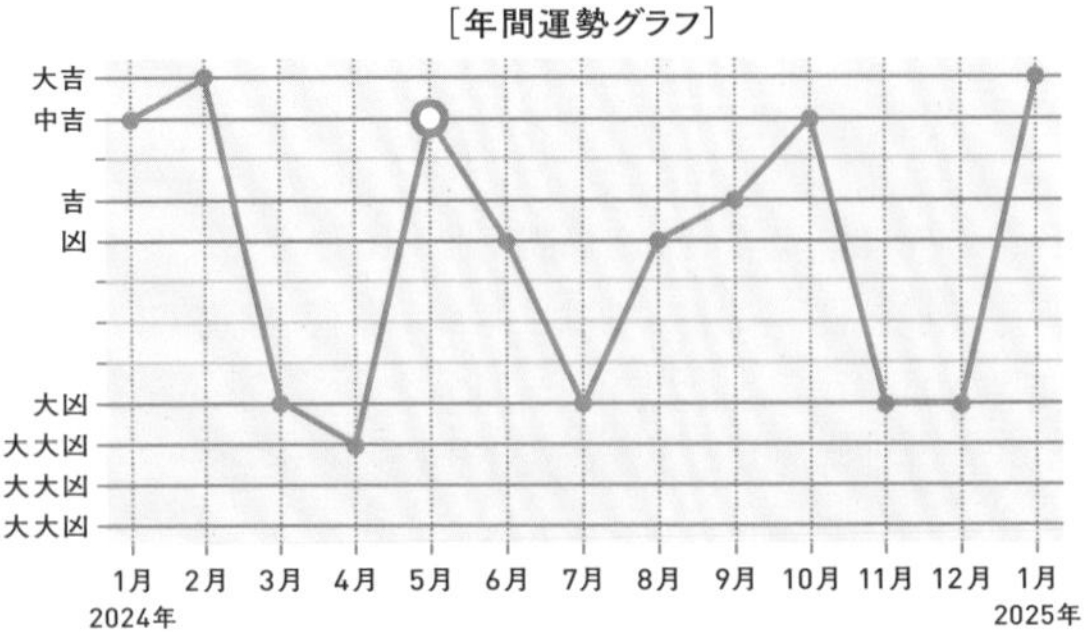

【今月の心構え 三か条】

一 趣味も仕事のうち。積極的に活動しろ！

二 新しい友達を増やすと運気アップ！

三 暴飲暴食、寝不足に要注意

仕事運

◎中吉

良い運気の時期は、何事も成功率が高くなります。特に社交運が良く、人脈を広げられるときですので、営業で新規開拓をしたり、今まで接点がなかった社内の人にコンタクトをとってみると良いことがありそうです。ただし、仕事上での余計なひとことには注意。特に目上の人への言葉遣いや態度にはいつも以上に気をくばって。謙虚で控えめな態度で臨めば人間関係が良くなり、仕事の成果にもつながります。再来月は▲大凶になり、すべての物事がいったんストップします。今月と来月で結果を残すことが大切ですが、来月は今月ほどはやる気が出ません。今月が勝負です。

恋愛運

☆大吉

出会い運が好調です。人がたくさん集まる場所に飛び込んでみると良い人にめぐり合えるでしょう。友人や同僚などと大人数で食事に行くのも良さそうです。また、これまでと違うファッションやメイクにチャレンジしてみましょう。雰囲気を変えると新たな魅力にあふれ、開運につながります。社交的に振る舞うと良い運気ですが、見栄を張りやすくなるので注意しましょう。

家庭運

◎中吉

アクティブに過ごしましょう。エネルギーがあり余り、家でまったり過ごしているとストレスがたまってケンカに発展してしまいます。分刻みのスケジュールで出かけるとパワーが発散されて仲良く過ごせるでしょう。子育て中の人は、休日に子どもと思いきり遊んだり一緒に楽しむレジャーを見つけたりすると、親子ともに運気が上がります。家族に対する余計なひとことには注意して。

金運

○吉

人とのつながりから良い出会いや仕事に結びつく運気です。交際費はケチらず、誘いがあればフットワーク軽く出かけましょう。お世話になっている人に感謝の気持ちを形にして贈るのもおすすめです。ただ、気持ちが大胆になりやすく、「どうせ買うなら」と予算以上の高額商品を買いがちな時期でもあります。大きな買い物の場合は、目的と理由と金額のバランスを見て十分に検討を。

健康運

△凶

疲れがとれにくく、回復も遅い1カ月です。「よく働き、よく遊べ」という運気のため、外食や飲み会など人と交流する機会が増えるでしょう。しかし休みをとらずに全力投球を続けた結果、体を壊すことになりそうです。悪くなる前に意識して休日をつくり、体を休めましょう。睡眠時間もいつもより長めを心がけてください。特にのどや気管支、肺の不調や口内炎に注意です。

四緑木星
の月運

2024
6
June
6/5 ~ 7/6

気分はネガティブでも無理やり動け！

運勢

△凶

今月の注意点と開運のカギ

先月の◎中吉から△凶になりました。△凶は運気が安定していて決して悪くはないのですが、気持ちのうえではモチベーションが上がらず、ネガティブ思考になりがちです。来月は▲大凶になり、すべてのことをストップさせなければならないので、気分が乗らなくても今月が勝負です。無理やり動けば成果は出ますので、一人で頑張ろうとせず、周囲の力を借りながら物事を進めましょう。

仕事では営業やプレゼンといった社外的なことよりも、社内でコツコツと仕上げる地道な作業が向いています。学習能力が上がりますので、資格試験の勉強やレポート作成、伝票処理などのデスクワークに取り組む月にしましょう。柔軟性も上がるので、習いごとを始めるのも良さそうです。何かを教わることによって、自分の振り返りにもなります。気持ちが落ち込んでつい悲観的に考えてしまうときは、仕事以外の世界に目を向けて集中できるものを見つけると良いでしょう。まずは、やる気が出ることから始めてみましょう。

［年間運勢グラフ］

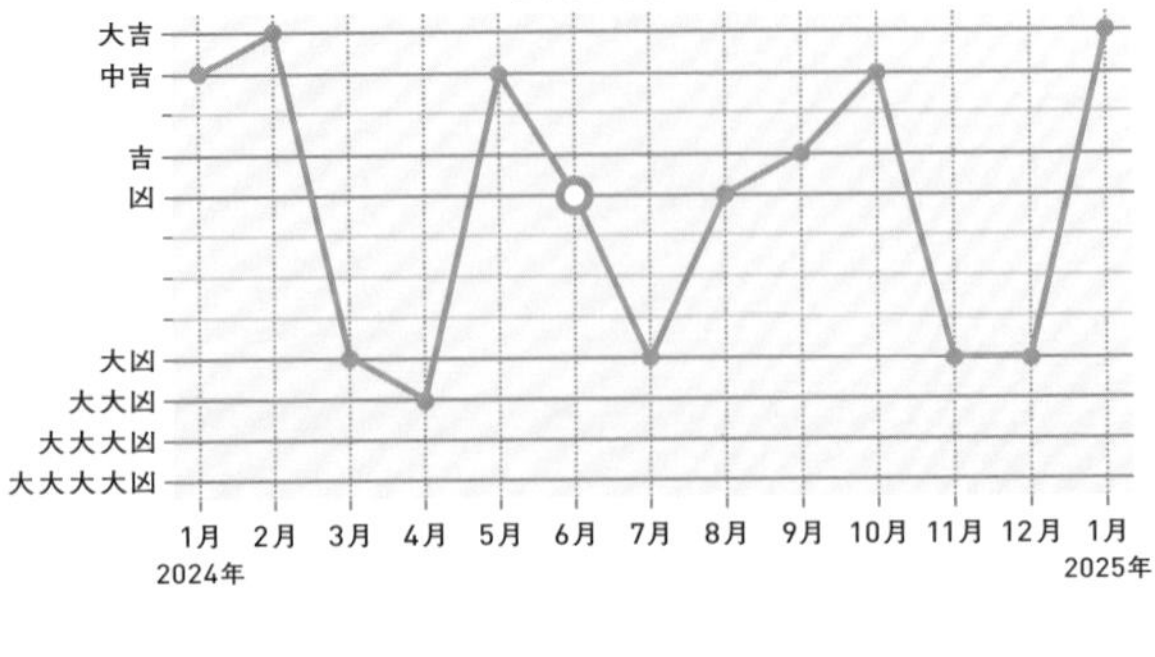

【今月の心構え 三か条】

一 面倒な作業は今月中にすませろ！

二 情報収集で次の展開を計画しろ

三 落ち込んだら上司や先輩と連携を！

今月の【大開運日】24日　【激ヤバ日】29日　【大潮】6日〜9日、21日〜24日　【土用期間】なし

仕事運

○吉

集中力が上がり、資格の勉強やレポート作成に良い時期です。来月は▲大凶になります。できる限り前倒しを意識して、今手がけていることは今月中に終わらせるほうが良いでしょう。新しいことを始める場合も、今月中に着手するほうが賢明です。ある程度は軌道に乗せておき、来月は現状維持に徹するプランで進めましょう。また、今月は順応性も上がりますので、上司や先輩からの指示には素直に従い、コミュニケーションを積極的にとると良いでしょう。素直に従うと好感を持たれ、今後の評価にもつながります。今月は他人に歩み寄ることを念頭に行動しましょう。

恋愛運

○吉

異性を引き寄せるオーラが出る1カ月です。ネガティブで消極的になり、なかなか外出する気になれないかもしれませんが、家に引きこもっていては誰とも出会えません。一人で行きにくければ、友人と一緒に飲み会やイベントなどに参加すると良いでしょう。ただし、相手から言い寄られると断りにくい面も。良い出会いが期待できるからこそ、流れにのまれず慎重に判断しましょう。

家庭運

◎中吉

ネガティブな思考になりがちで、寂しさや孤独を感じやすくなります。パートナーとの時間をいつもより多めにとり、スキンシップを増やしましょう。心がほぐれて気持ちが安定し、冷静になれます。今月は相手に歩み寄ることを心がけて。子育て中のかたは、子どもとの対話を増やして将来について一緒に考えてみましょう。選択肢を広げてあげることが開運のポイントです。

金運

○吉

コツコツとお金をためるのに適した時期ですので、倹約にこだわってみましょう。金運は悪くないのですが、油断すると無駄にお金を使ってしまいそうです。ネガティブで暗くなる運気のときには買い物でストレスを発散したくなるかもしれませんが、収支をこまめにチェックして倹約を徹底しましょう。サブスクや携帯電話のプランを見直すほか、定期預金を始めるのも良さそうです。

健康運

○吉

免疫力と回復力が上がるので、持病を本格的に治したい人や手術などを先延ばしにしていた人は、今月中の治療がおすすめです。何も症状がない人も、ここで健康チェックをすると良いでしょう。今月は骨や筋肉、腰を痛めやすいので注意しましょう。スポーツ前には入念な準備運動を。ネガティブな気持ちでストレスがたまりやすいので、ヨガや整体で体をほぐすのもおすすめです。

四緑木星
の月運

2024
7
July
7/7～8/6

勢いで動くな！
石橋をたたいて進め

運勢

○吉 のち ▲大凶

今月の注意点と開運のカギ

今月はブレーキをかけるべき時期です。とにかく慎重にいきましょう。ベースの運気が○吉で勢いがあります。やる気が出てアイディアもわくのですが、それが▲大凶の影響で引っくり返るという大変危険な運気です。感情の起伏も激しく、カッとなった気持ちを抑えられません。今まで運気が良かった分、強気な姿勢が身についていますので、まわりを振り回すことになります。上司や取引先との会話、大勢の前での態度などはいつも以上に丁寧さを心がけましょう。周囲とのコミュニケーションを大切にしておけば、来月に向けて良い流れをつくれそうです。

今月は深呼吸をして、何事もあせらず現状維持に努めましょう。今月のひらめきや直感はすべて無視するくらいでちょうどいいです。衝動的に動くとすべてがくつがえされます。また、突発的な事故や病気、ケガにも要注意。少しでも体調が悪いときは無理をせずに休みましょう。来月から3カ月は運気が上昇します。今はがまんです。

［年間運勢グラフ］

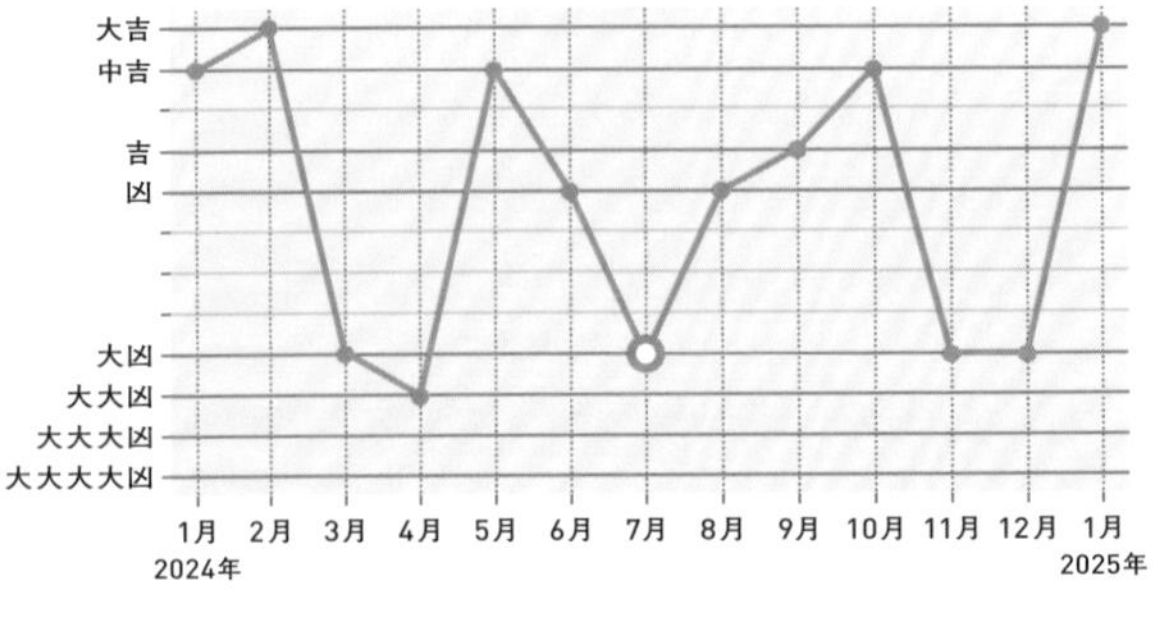

【今月の心構え 三か条】

一 仕事も恋愛もいったん停止！

二 炎上注意！礼節を重んじて行動せよ

三 何事も慎重に。事故、病気に注意

今月の【大開運日】なし　【激ヤバ日】26日　【大潮】6日～8日、20日～23日　【土用期間】19日～31日

仕事運

▲大凶

とにかく注意が必要な1カ月です。勢いがあるので何事も積極的に進めたくなりますが、それがすべて悪い方向に作用してしまいます。今月は何事もいったん停止し、やるべきことをいつもより丁寧に進めることに徹しましょう。新しいことはアイディアだけまとめておいて、来月以降にそれを生かしましょう。強気な態度は厳禁。上から目線や軽はずみな言動が大きなトラブルに発展しそうです。礼節を大事にしましょう。日頃お世話になっている人にはちょっとした手みやげを渡すと喜ばれます。周囲とのコミュニケーションをいつも以上にとり、良い状態で来月につなげましょう。

恋愛運

▲大凶

出会いを求めるのはいったんストップ。今月のあなたは華があって目立ちます。そのうえ行動力もあり、ひらめきや直感力もすぐれていますが、▲大凶の影響でそれらがすべてあだとなってしまいます。衝動的に深い仲になってトラブルに巻き込まれることも。来月からは運気が安定しますので、この1カ月は家でおとなしくしていましょう。自分磨きが運気アップのポイントです。

家庭運

▲大凶

家族に接する態度も意識して丁寧にしましょう。ケンカが多くなり、普段は気にならないような言葉にも過剰に反応してしまいます。制御できず徹底的にぶつかってしまうと、二人の関係は修復不可能になってしまうことも。できるだけ一人の時間を楽しむと良いかもしれません。子どもに対しても感情的に接して傷つけてしまうおそれがあります。意識してやさしく接しましょう。

金運

▲大凶

金運も最悪の月です。衝動買いに走りやすく、高級品に目がいってしまいます。日用品以外は買い物をしないように徹底しましょう。以前から欲しかったものでも、すぐに買ってしまうことがないように。もう一度よく考えて、決めるのは倹約の運気がめぐる来月にしましょう。投資や金融商品に手を出すのも危険です。お金に関してもしっかりと守りに徹する1カ月にしてください。

健康運

▲大凶

回復力、免疫力が下がり、体調不良になりやすい時期です。運動神経や反射神経も低下して、不測の事故やケガにもつながるので注意しましょう。神経が過敏でストレスがたまりやすいのにもかかわらず、ベースの運気が○吉のため勢いだけはあり、外遊びや暴飲暴食に走りがちです。意識してセーブを。睡眠をしっかりとり、無茶な行動をしないように注意しましょう。

四緑木星
の月運

2024
8
August
8/7 ～ 9/6

運気は安定。強引に行動を起こせ！

運勢

△凶

今月の注意点と開運のカギ

先月の波のある○吉のち▲大凶の運気から、今月は安定した△凶に変わりました。やる気が起こらず小さなことで落ち込み、考え方もネガティブになりがちですが、行動さえ起こしてしまえば成果が出せる運気です。多少無理やりにでも行動を起こしましょう。来月から2カ月連続で運気が上昇します。その動きにうまく乗るためにも、行動を止めないことが重要です。孤立するとモチベーションがガタ落ちするので、上司や先輩などまわりの人との接点を増やしながらモチベーションを保ちましょう。

△凶は悪い運気ではなく、ステップアップをするために必要な時期です。大きく動くときではありませんが、今後の目標を定めたり計画を立て直したりなどの地固めに適しています。柔軟性が上がるので、周囲の意見をとり入れて修正すべき点がないか確認を。体調面では全般的に調子が悪く感じてしまうことも多いのですが、ネガティブな精神に起因する場合がほとんどですので気合で乗りきりましょう。

[年間運勢グラフ]

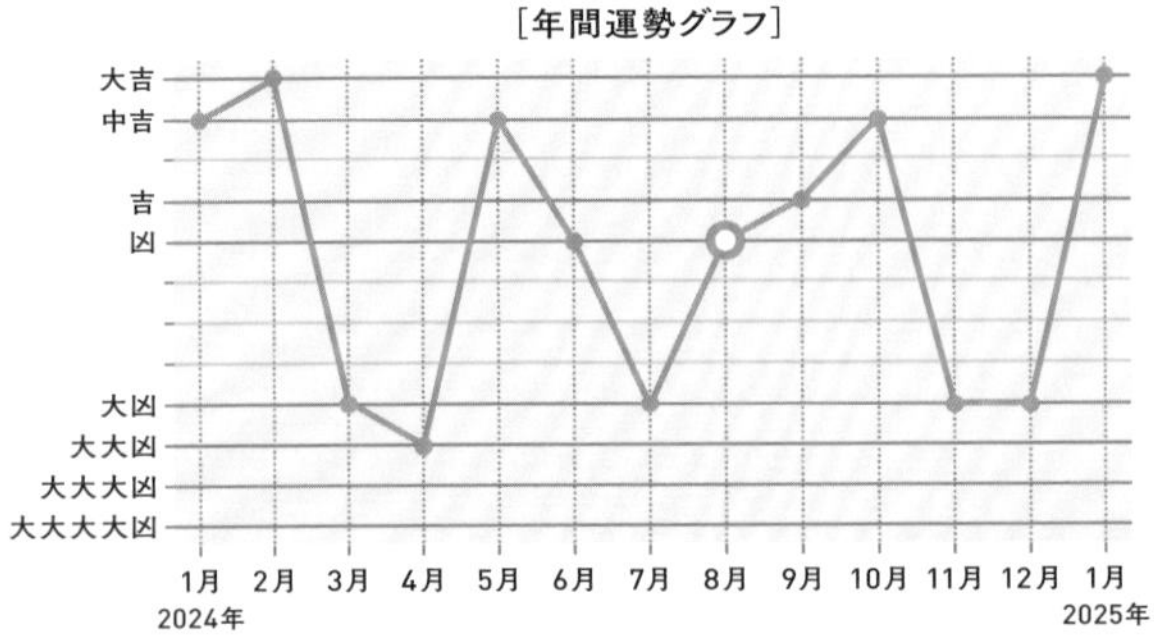

【今月の心構え 三か条】

一 集中力アップ！研修、勉強するなら今

二 一歩を踏み出して来月につなげろ

三 一人で行動すると出遅れるので注意！

仕事運　○吉

やる気がなかなか起こらず、気持ちが暗いほうへと流されやすくなります。しかしその分、集中力や学習能力が上がるので、手つかずの書類の整理や試験勉強がはかどります。やるべきことに向き合い、次のステップへの準備期間にしましょう。営業やプレゼンなど積極的に外に出て動く時期ではないのですが、面倒な勉強や下準備を地道に行うと来月以降の飛躍につながります。また、柔軟性が上がるので上司の指示を受け入れやすくなります。これまでのやり方を見直し、自分を改善するチャンスになりますので、周囲の意見には耳を傾けるようにしましょう。

恋愛運　△凶

外に出かけようという気分になれないかもしれませんが、異性を引きつけるオーラはありますので、出会いが期待できる場所には積極的に出かけましょう。ただし、いざその場に行くと急に大胆になり、アプローチを受けると流されてしまう場合が多いので十分に注意してください。今月は昔つきあっていた人と再びつながることがありそう。心当たりのある人は連絡をとってみましょう。

家庭運　☆大吉

甘え上手になることが開運のポイントです。パートナーと一緒に過ごす時間を増やし、スキンシップも多めにとりましょう。冷えていた関係も、再び距離が縮まります。妊活にも適した時期です。子どもとは、進学や課外活動など今後の方針について一緒に考えてみましょう。運気のせいでどうしてもだめ出しが多くなりそうですが、そこはがまん。子どもの選択肢を広げてあげましょう。

金運　○吉

コツコツためることが金運アップにつながります。今月は意識的に倹約を心がけましょう。買い物をしてストレスを発散したくなりますが、財布のひもを締めて、お金を積み上げていくことに集中しましょう。定期預金を始めたり、過払い金や回収すべきお金がないかを確認するのもおすすめです。お金と向き合って無駄を省き、増やせるものは増やすように。断捨離も有効です。

健康運　○吉

先月は体の不調が露呈しやすい▲大凶でした。今月は免疫力や回復力が上がるので、持病を本格的に治したい人や手術など先延ばしにしていた治療がある人は、今月中に始めると良いでしょう。どうしてもネガティブな気持ちになってストレスがたまりやすいうえに、腰や筋肉、骨を痛めやすい時期ですので、ヨガや整体などで心と体をほぐして整えるのをおすすめします。

四緑木星
の月運

2024

9

September

9/7～10/7

結果を求めて一歩を踏み出せ！

運勢

○吉

今月の注意点と開運のカギ

先月の△凶から上がって○吉です。来月はさらに◎中吉に上がりますが、再来月は▲大凶に下がります。今月と来月の2カ月が勝負ですので頑張りましょう。気持ちはあまり盛り上がりませんが、強引に行動を起こしてしまえば結果はついてきやすい時期ですから、初めの一歩を踏み出せるかどうかが肝心です。まわりに「これをやる」と宣言してしまい、自分を追い込むのも良いでしょう。人のお世話係や裏方に回ってサポートすると良いときですので、会社やチーム内でのコミュニケーションを大切にしましょう。プライベートでも家族との時間をつくり、パートナーや子どもの喜ぶことをすると家族の運気もアップします。

ただし、今月は無意識に頑固になりやすい時期でもあります。勝手にルールをつくり、それ以外のことは拒否してしまうかも。他人にも押しつけがちになりますので気をつけましょう。あまり納得できないことでも客観的に考えて必要であれば、がまんして行動することも大切です。

［年間運勢グラフ］

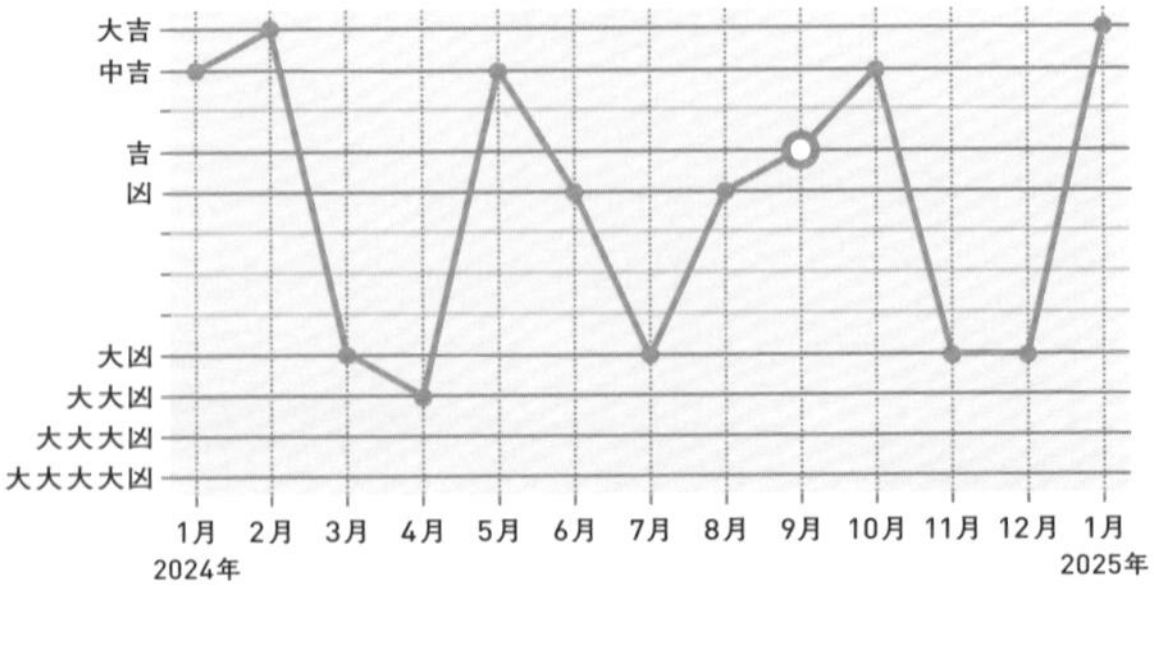

【今月の心構え 三か条】

一 結果のためにこだわりは捨てろ！

二 意識して部下、後輩のサポートをしろ

三 マイルールや頑固さに注意

今月の【大開運日】24日　【激ヤバ日】9日　【大潮】3日～5日、17日～20日　【土用期間】なし

仕事運
○吉

来月まで良い運気が続きます。来月にしっかりと成果を上げるためにも、今月は頑張りましょう。特に部下運が好調ですので、積極的に部下や後輩とコミュニケーションを図ってください。業務を手伝ってもらったりこちらから指導することで、自分のモチベーションも上がり、仕事の効率も向上します。部下や後輩と一緒に仕事をしている人や指導する立場の人は、連携を見直してみるのも良いでしょう。また、食事に誘ってみるなど仕事から離れて話をするのも良さそうです。ここで良い関係を築いておくと、今後良いチームワークで成果が出せるでしょう。

恋愛運
○吉

好調です。面倒見が良くなり、人のお世話をしたくなる気分。裏方を引き受けたり困っている人を助けたりといった行動が開運につながります。また、今月は今までの知り合いが恋人に発展する可能性が高いでしょう。連絡先を見直して、気になる人がいたらコンタクトをとりましょう。ただし、異性を見る目が厳しくなるので要注意です。大らかな気持ちで接しましょう。

家庭運
◎中吉

家での時間を楽しむように心がけましょう。愛情のこもった手料理を作ると喜ばれます。部屋の模様替えや断捨離をして居心地を良くすると、家庭運がさらにアップします。ただし、家族に対して自分のルールを押しつけがちになります。パートナーや子どもに対して厳しくしすぎてしまう傾向があるので注意しましょう。一時的な感情でケンカをしないように気をつけてください。

金運
○吉

金運も好調です。「無駄なくきっちり」がキーワード。しっかり家計簿をつけてお金の管理をしてみましょう。料理に関しても、無駄な食費をかけない、食材を余らせずに使いきることを心がけると運気アップに結びつきます。また、今月は部下運が良いときなので、食事をごちそうしたり、ちょっとしたプレゼントを贈るのも良さそうです。日頃の感謝の気持ちを表すようにしましょう。

健康運
△凶

体調面では忍耐力が高まりますが、それが裏目に出そうです。じつはかなりの不調であっても気づきにくく、無意識にがまんして症状が悪化する可能性があります。少しでも不調に気づいたらすぐに病院へ行ってください。特に胃の調子が悪かったり、皮膚のかゆみや荒れを感じたりしたときは要注意。大したことはないからと放っておかずに、すぐに治療しましょう。

四緑木星の月運

2024

10

October

10/8 ～ 11/6

運気アップ！今月中に結果を出せ！

運勢

◎中吉

今月の注意点と開運のカギ

先月からさらに上がって◎中吉です。来月から▲大凶が2カ月続きますので、今月が勝負です。仕事もプライベートも結果重視でいきましょう。チャンスは待つのではなく、こちらからつかみにいきましょう。積極的に人に会うことで良い人脈を築くことができます。今月に良い流れをつくっておき、来月以降は慎重に進めると良いでしょう。

ただし、今月はかなり強気な性格が出てしまいますので注意してください。自分の意見をほかの人に押しつけて反感を買いがちです。感情をすぐ顔に出したり、無意識に口調がきつくなったりということがないように自制して、誰に対しても丁寧に接することを心がけましょう。運気が良いときは評価を受けやすい半面、悪い評判も立ちやすくなります。ここで評判を落としてしまってはもったいないので、周囲とのコミュニケーションは大切に。自分一人の力ではなく、周囲の協力があって今があります。そのことを再認識して行動しましょう。行動は大胆に、態度は謙虚に徹しましょう。

［年間運勢グラフ］

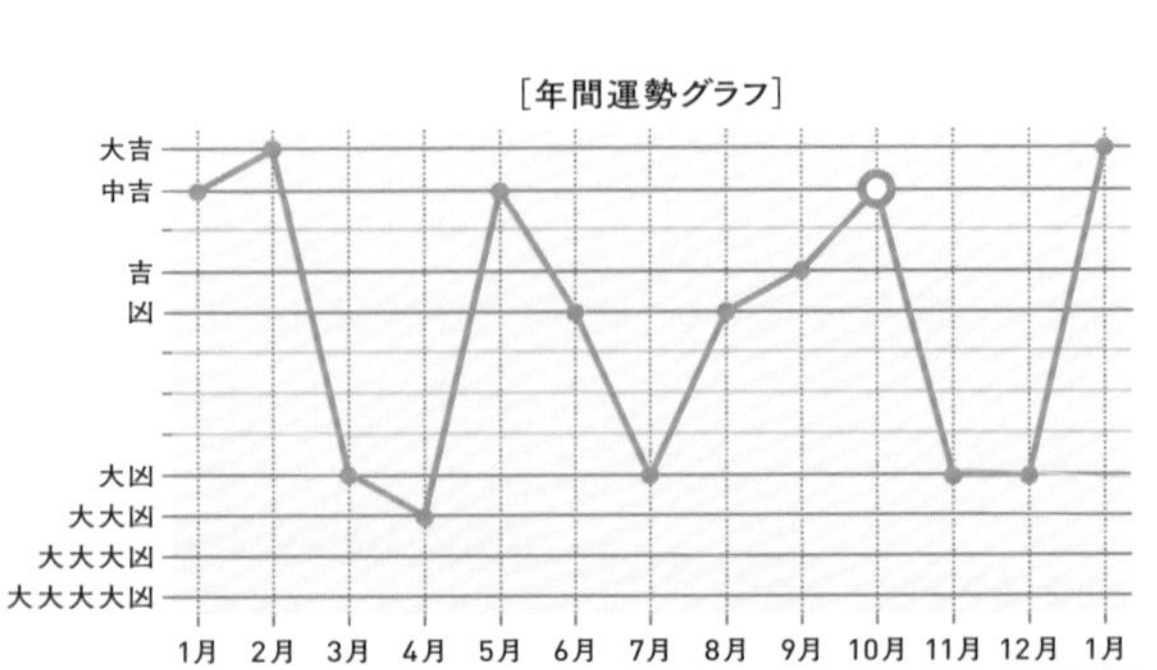

【今月の心構え 三か条】

一 今こそ決断！今月が勝負だ！

二 仕事も恋愛も結果にこだわれ

三 押しつけではなく提案しよう

仕事運 ○吉

アピールする力が強くなり、交渉能力や営業力が上がります。来月から2カ月連続の▲大凶ですので、今月中に結果を出せるように頑張りましょう。今月は、どんな仕事でもとにかく手数が勝負です。普段の倍、人に会う、普段の倍の量を処理するなど、行動力を発揮することが結果につながりやすくなります。多少無理をしても、1カ月間を過密スケジュールで突っ走ってください。ただし今月は無意識に態度が大きくなってしまうので注意。周囲を無視して強引に物事を進めてしまう傾向もあります。些細なことでつまずかないように、周囲との調和を大切にしながら進めましょう。

恋愛運 ◎中吉

恋愛運も好調です。「数打てば当たる」という運気ですので、まずは大勢の人が集まる場所に行き、良い人がいたら食事に誘ってみましょう。服装は華やかなイメージが良いでしょう。ただし来月から運気が落ちるので、ここで強引になりすぎないように注意。気持ちをはっきり伝えるのもしばらく待ったほうが良いでしょう。積極的なアプローチは運気が上がる来年1月まで待ちましょう。

家庭運 ○吉

強気になる時期のため、ケンカに注意です。こまごまと文句を言って相手を疲れさせてしまいそう。ただし今まで言えなかったことを話し合うのには良い時期ですので、冷静に話してみましょう。子どもに対しても当たりがきつくなるので、まずは口調に気をつけて話を聞いてあげることを心がけて。休日は外でアクティブに過ごすと良いでしょう。家族で新しいことにチャレンジを。

金運 ○吉

年の運気が▲大凶なので慎重に進めることが前提ですが、大きな買い物をするには良い時期です。交渉力があるので、価格や条件の交渉をしても良いでしょう。ただ、気持ちが大きくなる時期でもあるため、大盤振る舞いや衝動買いをしがちです。さらにその場の雰囲気に流されて、すすめられたものをパッと買ってしまう可能性があります。本当に欲しいもの以外は購入を控えましょう。

健康運 △凶

のどや声帯、肝臓に特に注意が必要な時期です。勢いがあって家の中よりも外に出たくなり、外食や飲み会なども多くなりそうです。予定の詰め込みすぎで睡眠不足になり、疲れがたまって体調不良に陥るおそれがあります。暴飲暴食にもくれぐれも注意を。来月から2カ月連続で運気が低下します。ここで体調をくずすとなかなか回復できないので、体調管理に気をくばりましょう。

四緑木星
の月運

2024

11

November

11/7 ~ 12/6

石橋をたたいて進め！
お人よしには要注意

【今月の心構え 三か条】

一 ペースを落として ゆっくり確実に進め！

二 頼まれごとは 必ず誰かに相談を

三 何事も慎重に。 事故、病気に注意！

運勢

☆大吉 のち ▲大凶

今月の注意点と開運のカギ

運気のベースが☆大吉で、妙にやる気や勢いがある時期です。しかし▲大凶の影響がありますので、その勢いを落とさないと、あとで大変なことになります。盛り上がる気持ちを抑えて、何事もスピードダウンを意識しましょう。来月まで▲大凶が続くので、今月失敗すると修復できずに大炎上する可能性もあります。年の運気も▲大凶のうえに今月から2カ月▲大凶が続くとなると、かなり大きなダメージを受けることになります。運気が落ちることを意識して、目の前のことに慎重に取り組むようにしましょう。

仕事でもプライベートでも、頼まれごとには要注意。無理なお願いでも、情に流されて「ひと肌脱ごう!」と考えてしまう運気です。お世話になっている人からのお願いでも、その場で即答せずに誰かに相談し、運気が上がる1月までは明確な返事をしないように。借金や宗教の勧誘、セールスにも用心です。また、勢いがあるため自然と無理をしがち。車の運転や睡眠不足、ケガ、暴飲暴食にも要注意です。

［年間運勢グラフ］

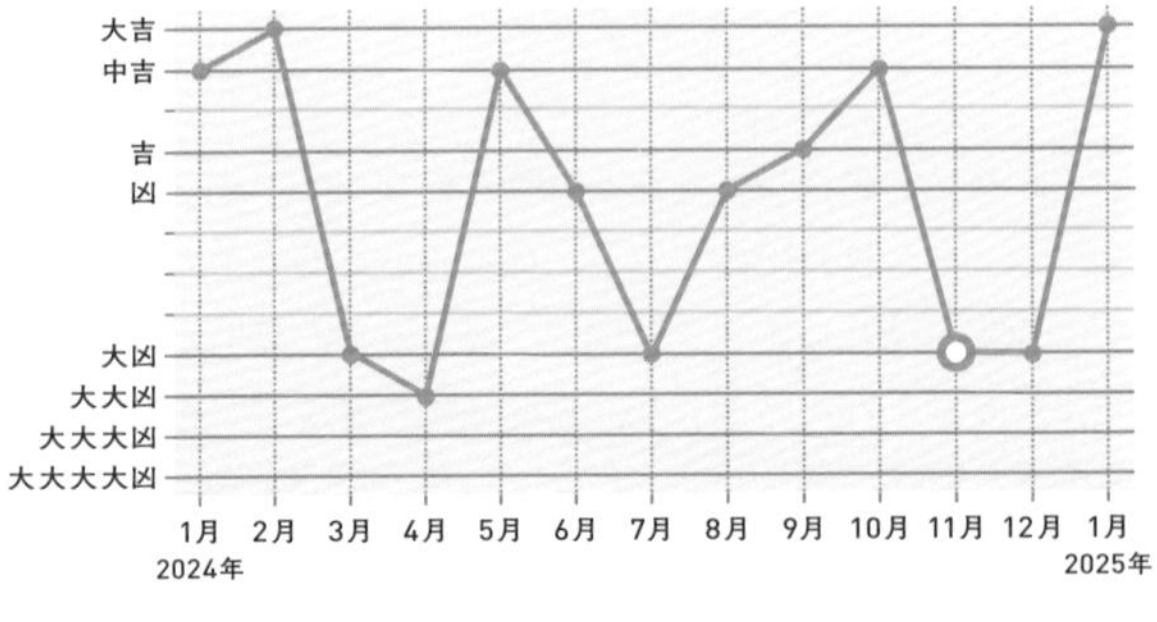

仕事運

▲大凶

かなり注意が必要な運気です。▲大凶のときは頭が回っていないため、普段なら気づくことを見逃してミスにつながりそうです。このような時期は新しいことはせず、現状維持に徹してください。もし何かを変える場合は慎重にチェックを重ね、確実な選択をしましょう。不注意や勘違いも発生しやすいので気をつけてください。今月は何をやってもトラブルにつながりやすい時期。トラブルが起こることを前提に進めて、いざというときは上司に助けてもらえるよう、何事も事前に承諾を得ておきましょう。また、今月は無意識に態度が大きくなりがちです。謙虚な姿勢を心がけて。

恋愛運

▲大凶

出会うチャンス、人を引きつける力、会話力と総じて高いのですが、相手を見る目がありません。普段なら絶対に好きにならない相手や危険な人ほど魅力的に感じてしまう厄介な運気。強く言い寄られると受け入れてしまいがちですが、その気持ちは間違い。その場では保留にして、信頼できる人に相談を。良い人と出会ってもすぐには深い仲にならず、運気が上がる1月まで待ちましょう。

家庭運

▲大凶

家族であっても重要な頼まれごとには絶対に応じないこと。特にお金、教育、介護などのデリケートな相談は、今は聞かないくらいが良いです。安易に受けるとあとで大変なことになります。新しいルールは運気が上がる1月以降に決めてください。子どもの教育方針に迷いが生じるかもしれませんが、この時期の方針変更はあだとなります。今は情報収集にとどめて、決定は1月以降に。

金運

▲大凶

今月は要注意です。判断力や決断力が落ちる最悪な時期なのに気持ちだけは大きくなり、勢いで高価なものを買いたくなります。さらに店員さんのおすすめを断れず、結果として押しきられてしまうという運気。成り行きで予算の数倍の商品を買う羽目にもなりかねないので、十分に気をつけてください。1月までは財布のひもを締め、必要なものだけを買うようにしてください。

健康運

▲大凶

回復力、免疫力が下がって体調不良になりがちです。運動神経や反射神経の低下による不測の事故やケガも起こりやすくなりますので、十分に注意しましょう。さらに、他人の心配をしすぎて心労やストレスがたまりやすい時期でもあります。今月は意識して頼まれごとや苦労話を聞かないようにしましょう。まずは自分自身の健康維持をしっかり行いましょう。無茶な行動も避けて。

四緑木星
の月運

2024
12
December
12/7～1/4

今は動くな！
来月まで待て！

運勢

▲大凶

今月の注意点と開運のカギ

今月は▲大凶2カ月目。そして、2023年から2年続いた▲大凶の最終期です。運気が落ちて、判断力や直感力も激しく低下していますので、本当に注意が必要です。その一方で、妙に衝動的な行動をとりたくなってしまう時期でもあります。今月のひらめきや直感は決して信じてはいけません。たとえひらめいてもその場では行動せず、来月以降のために書きとめておくと良いでしょう。運気のバイオリズムは必ずあり、良い運気のときもあれば悪いときもあるものです。飛躍をするためには準備する期間が必要です。今月は、次のステップに向けてのエネルギーをためるときだと思って、無理に動こうとせずに地固めに徹しましょう。

特に今月は「今までのツケが出る」という運気です。仕事や人間関係で改善すべき点が出るかもしれません。ここで軌道修正しておくと来月以降につながりますので、原因を確かめて修正してしまいましょう。来月からは運気が急上昇します。それまでの辛抱です。

[年間運勢グラフ]

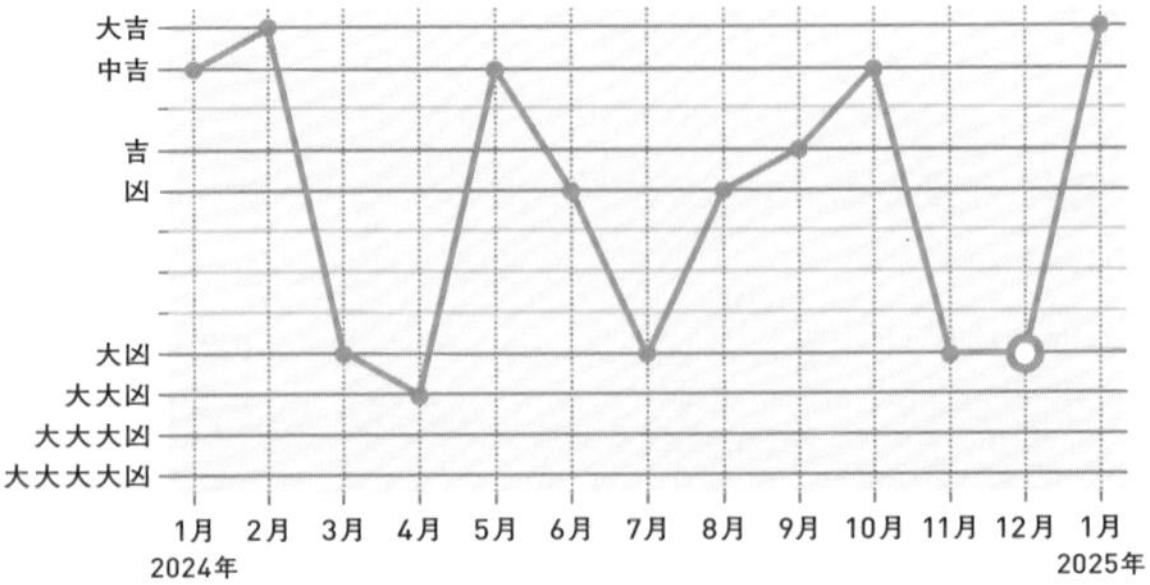

【今月の心構え 三か条】

一 年運も月運も大凶！この1カ月を耐えろ！

二 不安定！迷ったらいったん停止

三 何事も慎重に。事故、病気に注意

今月の【大開運日】なし　【激ヤバ日】17日　【大潮】1日～4日、16日～19日、31日　【土用期間】なし

仕事運　▲大凶

上司や先輩と相談して、これまでのやり方を見直して改善点を洗い出しましょう。▲大凶のときは柔軟性、吸収力が上がります。普段なら素直に聞けない指示でも、抵抗なく受け入れることができます。修正すべき点を素直に受け入れられる時期ですので、今のうちに軌道修正しましょう。また、ミスが増えますので、必ずミスをするという前提で何事も慎重に進めたほうが良いでしょう。上司の許可をとり、ミスが発覚した際も責任を分散できるようにすると良いでしょう。口約束のトラブルも生じますので、取引先とのやりとり、会社への報告は必ず文書に残すようにしてください。

恋愛運　▲大凶

かなり悪い時期ですので、良い出会いはないでしょう。判断力がないうえに異性に依存したくなるので非常に危険。恋愛からは一歩引いて、家でおとなしくしていましょう。スキンケアやヘアケアに力を入れるなど、自分磨きをすると良いでしょう。カップルも要注意です。急な心変わりがありそうですが、運気の波で影響を受けているだけです。今月中に大きな判断をするのは厳禁です。

家庭運　▲大凶

気持ちが不安定でキレやすい時期です、一番信頼している身近な人に八つ当たりしてしまうので気をつけて。不安や孤独を感じたら押しころさず、素直にパートナーに甘えましょう。柔軟性は上がるので、何か指摘を受けたときは意地を張らずに相手の意見を受け入れて。子どもに対しても感情のコントロールがきかなくなりそうです。冷静さを保ち、意識してやさしく接してください。

金運　○吉

金運は上昇しつつありますが、年の運気が2年連続▲大凶の最終期ですので、基本的に調子はよくありません。気持ちは前向きになってきますが、石橋をたたいて慎重に行動しましょう。今月は表面的には元気ですが、判断力は高くありません。お金に関する勉強には適した時期ですが、実行するのは来月以降に。大波の影響で衝動的にもなっていますので、十分に注意が必要です。

健康運　▲大凶

これまで睡眠不足や体によくない食事、運動不足など不摂生を続けてきた人は要注意。今月の▲大凶は「今までのツケが出る」という意味があります。積もり積もった不摂生のせいで、体に何か症状が出てしまうかもしれません。おかしいと思ったらすぐに病院へ。体調不良になりやすく、事故やケガも起こりやすい時期ですから、しっかり体調管理をして無茶な行動は慎みましょう。

運勢

☆大吉

ときどき大波

今月の注意点と開運のカギ

先月から一気に上がって☆大吉です。表面的な運気は上がりますが、年の運気は2年連続▲大凶の最終月。潜在的には運気がかなり落ちていますので、油断すると悪いことが起きてしまいそうです。来月から年の運気が▲大凶を抜け、一気に◎中吉に上がります。今月はあえて慎重に行動し、来月から本格的に行動を起こしていくのが良いでしょう。

今月のように一気に運気が上昇したときは、上から目線の発言や強気な態度に注意してください。細かいことに気が回らず雑になる、思いやりに欠けた態度になる、ストレートに言いすぎるといった行動で相手を怒らせてしまいそうです。また、大波の影響で1カ月を通して気持ちが不安定です。運気に振り回されて落ち込んだりキレやすくなったりしますので注意。イライラしたときは、その場からそっと離れて気持ちを落ち着かせましょう。せっかくの良い運気ですから、謙虚な姿勢とやさしい雰囲気、笑顔を心がけて。何事も周囲に気を遣いながら結果を残せるように頑張りましょう。

［年間運勢グラフ］

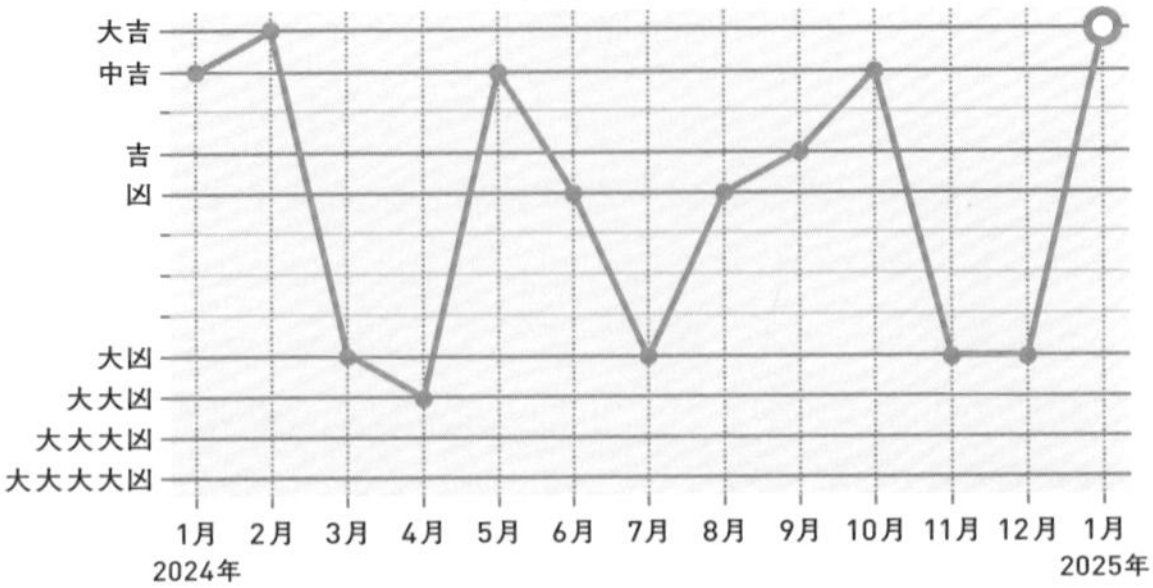

四緑木星の月運

2025

1

January

1/5～2/3

運気は急上昇！
あえて慎重に行動せよ

【今月の心構え 三か条】

一 来年の運気上昇に向けて油断せず準備しろ

二 援助運が好調。上司、先輩と連携せよ！

三 無神経、無頓着、雑な言動に要注意！

＊九星気学では前年の運気です

今月の【大開運日】15日　【激ヤバ日】24日　【大潮】1日〜2日、14日〜17日、29日〜31日　【土用期間】17日〜31日

仕事運
☆大吉

絶好調の運気です。特に援助運が高いため、小さいことでも上司と連携しながら進めると良いでしょう。報告、連絡、相談を密にして、何かあったときはすぐにフォローしてもらえる態勢を整えておきましょう。先月まで▲大凶が続いていたので、方向性や方法がずれている可能性があります。ここで一度、業務の見直しをして、何をどう進めるのか計画を立て直すと良いでしょう。ただし大波の影響で気持ちが不安定です。良い運気ですので謙虚な姿勢と丁寧な言葉遣いを忘れずに、細かいところにまで気をくばりましょう。周囲の空気を無視した発言には注意してください。

恋愛運
○吉

紹介運やお見合い運に恵まれているので、結婚相談所に入っているかたはチャンスです。上司や先輩からの紹介も積極的に受けましょう。判断力や洞察力がすぐれている半面、冷静すぎて良い人と出会ってもピンとこないかもしれません。気乗りしない場合もすぐには断らず、恋愛運がさらに上がる来月まで待ちましょう。振る舞いが雑になりがちですので、上品さを心がけましょう。

家庭運
○吉

デリケートなことも冷静に話し合える運気です。保険の加入、貯蓄、お金の使い道など心配ごとを解決しましょう。ただし冷静になりすぎて冷たい人と思われそうです。言動や身だしなみも雑になりがちですから丁寧さを心がけ、相手にもやさしく接しましょう。子どもに対しても態度が雑になり、無関心になりがちなので気をつけて。意識して向き合い、たくさん会話をしましょう。

金運
○吉

金運も好調です。今月はお金に関する勉強をすると運気がさらに上がります。副業を考えている人は準備を始めると良いでしょう。セミナーに参加するなど積極的に人脈を広げましょう。今月は大きな買い物の準備にも適しています。投資運も好調ですので、株などの金融商品や不動産を検討しても良いです。ただし勢いで買うのはNG。確かな知識を得て来月以降に慎重に進めましょう。

健康運
▲大凶

生活全体が雑になりがちですので注意しましょう。特に食生活が顕著で、インスタント食品や加工食品が増えそうです。今月は、脳や心臓、大腸に特に注意したい時期です。乱れた食事や生活習慣でこれらに不調をきたさないよう、丁寧な生活を心がけるようにしましょう。大波の影響で気持ちも不安定ですから、意識してリラックスする時間をつくりましょう。

2024年の
年運と月運

「五黄土星」

【Year keyword】

欲望の年

しっかり遊べ！
本当に欲しいものを
手に入れろ！

五黄土星

2024年の運気

◎中吉

※九星気学の1年は旧暦で、1年の境目は節分（2024年は2月3日）です。

［6年間の運勢グラフ］

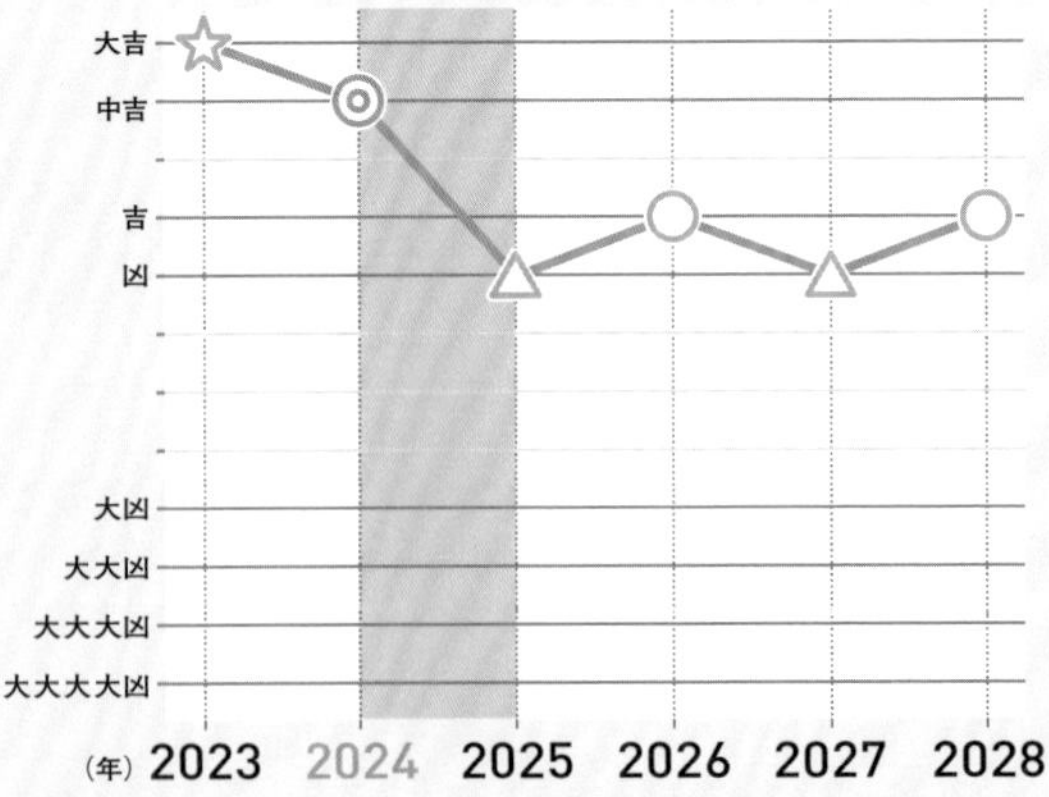

［年間運勢グラフ］

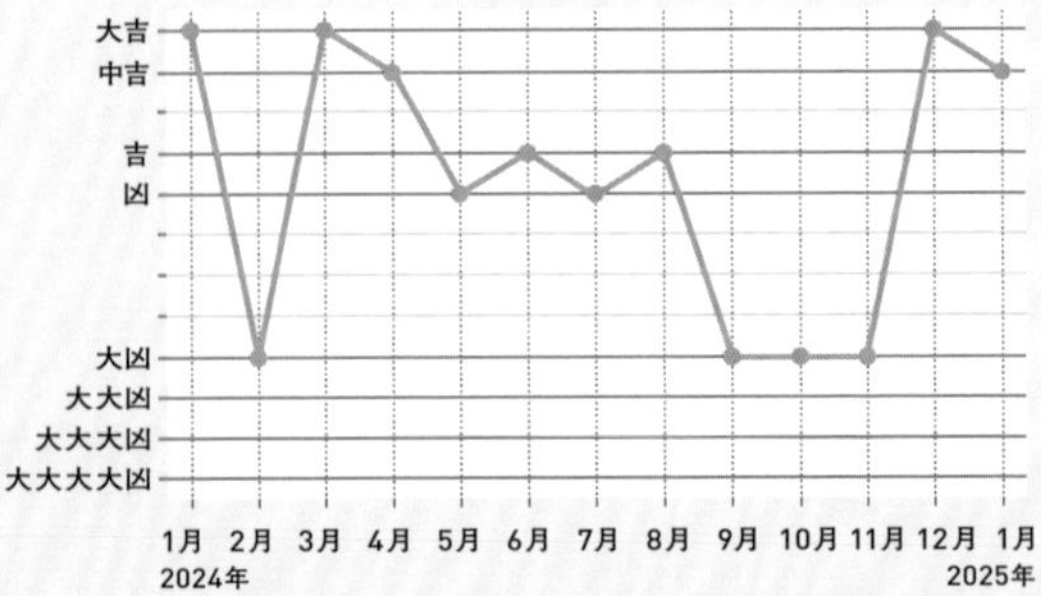

【運勢】

仕事も遊びも全力で取り組め！

昨年に引き続き今年も良い運気です。今年は特に社交運が上がっています。ここで人脈を広げておくと今後の成果につながりますので、誘いを受けたら積極的に参加しましょう。これからの人生のキーパーソンが現れる可能性も高いです。仕事もプライベートも最後にものを言うのは人脈です。仕事だと思って人脈づくりに励みましょう。

そして、今年はプライベートも充実させるとき。趣味を充実させると仕事のパフォーマンスも上がり、そこからさらに人脈も広がります。映画を見る、音楽を聴くだけでなく、ゴルフやテニスを習い始めたり、積極的にコミュニティに参加したり、友人の趣味を一緒に体験したりと、行動を起こすことが重要です。趣味も仕事のうちと思って、遊びも真剣に。この1年は何事も全力投球でいきましょう。

【仕事運】

人脈づくりも重要な仕事！

仕事運は好調で、決断力や判断力があり、パワーも出ます。とにかく今年は人との出会いで世界が広がるとき。取引先のイベントや社内行事には積極的に参加し、顔を売るようにしましょう。場を盛り上げたり、サービス精神を発揮したりすれば、仕事につながることもありそうです。

ただし、注意点は「口は災いのもと」。失言や言った言わないのトラブルが起こりそうです。口頭で重要な要件を話したあとは、必ず文書で残すようにしてください。運気が良いときは評価も受けますが、周囲からのねたみや悪い噂も立ちやすいとき。見栄を張らず謙虚にいきましょう。

転職や独立は積極的に進めましょう。運気が良いときは判断力があるので、選ぶ会社を間違える可能性が低く、面接に通りやすい、自分を積極的にアピールできるといった利点があります。さらに来年は順応性が上がり、我がなくなる年。新しい環境になじみやすくなります。今年中に新天地を見つけて来年は腰を落ち着けると、非常に良い流れになります。転職の意思がない人も、せっかくの運気ですのでエージェントに登録して、どんな会社に転職できるかを確かめてみると良いでしょう。

独立も積極的に進めましょう。特に今年は人脈を広げられる運気ですので、優良顧客や今後のカギとなるようなビジネスパートナーと出会う可能性も高まります。開業後も積極的に営業活動をしたり、異業種交流会に参加したりと、アピールし続けていくことが運気アップのポイントです。

【恋愛運】

出会いは多いが、高望みに注意！

恋愛運は非常に良く、今年は良い人を引き寄せやすい1年です。特に趣味の場やサークル活動など集団で行動すると、その中で良い出会いがあるでしょう。進め方としては、いきなり特定の人にしぼるよりもまずは友人をたくさん増やし、その中から決めると成功率が上がります。

注意点は、初対面で見栄を張りやすくなることです。自分のことを話すときは2割減くらいがちょうどいいでしょう。とにかく謙虚な姿勢を心がけてください。

結婚にも良い運気です。今年はゴールインして良いでしょう。物事がスムーズに進む運気ですので、両親に会わせたり、式場の予約をしたりと一気に進めましょう。遊び足りないと思うことがあるかもしれませんが、良い相手がいるかたは今年が理想的な時機です。

【家庭運】

しっかり遊べばいいことがある！

家庭内でもパワーがみなぎる1年です。エネルギーがあり余っているため、家の中に引きこもっているとケンカが増えます。休日は家族でレジャーに出かけたり、キャンプや登山に挑戦したりと、これまで始められなかったことにトライしてみると良いでしょう。

注意点は、あなたの余計なひとことでケンカに発展してしまうケースが多くなることです。ひとこと多い、もしくはひとこと足りずに言い争いになります。パートナーに対しての感謝の言葉は、多少大げさに表現すること。逆に不満は控えめに、丁寧にオブラートに包んで言いましょう。余計なケンカは回避して、お互い機嫌よくいられるようにしましょう。

子どもとは一緒に楽しいことを探してみましょう。共通の趣味が見つかると運気がアップしそうです。また、親のだらしない部分がばれやすい時期なので、子どもに対しても正しい言葉遣い、丁寧な身ぶりを意識しましょう

【金運】

使うところにはしっかり使え！

金運は「めぐらせる」がテーマです。お金をため込むのではなく、ある程度使って循環させるのが良いでしょう。家や車など高額な商品を買うなら今年中にしましょう。

ただし、見栄を張った買い物はやめましょう。今年は高級志向になり、数千円の買い物のはずが、気づいたら桁が増えていた、ということもあるかもしれません。良い買い物をするために予算はしっかり立てて、自分に合ったものを選ぶようにしましょう。

また、おごりグセが出やすいので注意しましょう。社交的になる1年ですが、お金の管理はしっかりと。交際費は必要ですが、月の限度額は決めておきましょう。

【健康運】

しっかり遊んで、しっかり休め！

今年は抵抗力が低下します。普段より疲れがたまりやすく、風邪などもひきやすくなります。

今年は社交運が高いため、積極的に外に出かけるべき時期ですが、その分、休養もしっかりとるようにしましょう。強制的にでも、何もせずに家でのんびりする時間をつくると良いでしょう

注意点

良い運気だから、やらなきゃ損！

良い運気が続くときは、なんとなく日々の忙しさに流されて過ごしてしまい、気づいたら良い運気が終わっていた、ということにもなりかねません。良い運気だからこそ、いつまでに何をどう進めるのか、計画的な行動を心がけて。この運気を無駄にしないよう、やらなきゃ損という強い意志を持って、積極的に行動する1年にしましょう。

仕事も遊びも全力投球の1年です。趣味に全力投球することでストレスを発散でき、仕事にも集中できます。趣味がない人は今年こそは見つけましょう。

また、くり返しになりますが、さまざまな状況で「口は災いのもと」という事象が起こります。余計なひとことで上司や取引先に不快感を与えてしまったり、他人の秘密を軽率に話してしまって大きなトラブルになったりと、信用を失うことにもつながりかねません。発言にはくれぐれも注意してください。

五黄土星
の月運

2024
1
January
1/6～2/3

チャンス到来！今こそ勝負だ！

運勢

☆大吉

今月の注意点と開運のカギ

好調な3カ月の締めくくりの月です。年の運気も月の運気も良い流れで、ここで行動しなければもったいないほど。来月は▲大凶になるため、何事も今月中に結果を出す意気込みで臨みましょう。「直前で迷う」という運気でもありますが、それに流されることなく、仕事も恋愛もここまで進めてきたものに結果を出すべく専念してください。

今月のポイントは粘り強さです。何かを交渉するとき、好きな人に告白するときなど、断られてからがチャンスだと思ってください。一度断られてもすぐにはあきらめずに、何度もアプローチしたり挑戦したりすると、状況が好転する可能性が高いです。

ただし、人からの頼まれごとには弱いので注意。特に借金や保証人のお願い、宗教の勧誘には気をつけてください。来月は運気が一気に下がるので、ここで安易に引き受けてしまうと後悔することになります。親しい相手からの依頼でも決して即断せず、誰かに相談してから決めましょう。

［年間運勢グラフ］

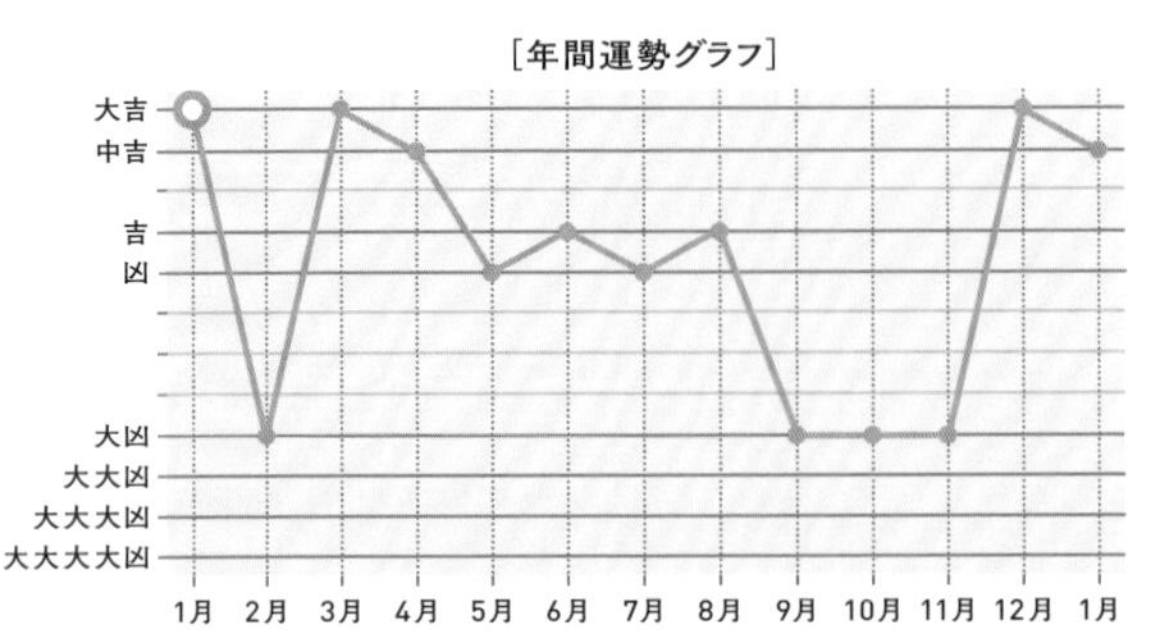

【今月の心構え 三か条】

一 たとえ断られてもあきらめるな！

二 成果を出すことにとにかくこだわれ

三 優柔不断、お人よしに注意せよ！

＊九星気学では前年の運気です

仕事運 ☆大吉

結果重視で進めましょう。来月は▲大凶なので今月が勝負。今月は営業力や交渉能力がアップします。プレゼンや交渉では条件や金額の提示だけでなく、将来を思い描ける内容にすると相手の心をつかめそうです。断られても粘り強く交渉しましょう。社内でも賃金や待遇などを交渉するのに適した時期です。一方で、頼まれごとには要注意。軽い気持ちで引き受けると、あとで自分の首を締めかねません。また、突然「方針を変えたい」「会社を辞めたい」といった衝動にかられますが、運気のせいなので気にせずに。現状維持に徹し、目の前のことを丁寧に仕上げましょう。

恋愛運 ◎中吉

良い人を引きつける力が強く、深い仲になる人に出会うチャンスです。結婚に結びつくかどうか、年収や価値観などの条件を確認しましょう。まわりに良い人がいないか見直すのもおすすめです。良い人には積極的にアプローチすると成功率が高い時期。粘りがポイントなので、一度断られてもアプローチを続けて。ただし迫られると弱い運気です。気が乗らなければはっきり断りましょう。

家庭運 ◎中吉

パートナーに尽くしましょう。手料理やマッサージをしたり贈り物をしたりすると、あとで何倍にもなって返ってきそう。お願いが通りやすいので「引っ越したい」「子どもが欲しい」など思いを伝えましょう。ただし相手のお願いには注意。夫婦でもできないことは断ってください。今月は、子どもの要望をかなえてあげると今後に生きてきそうです。ただし甘やかしすぎないように。

金運 ☆大吉

好調です。年の運気が良く、判断力もあるので、大きな買い物をするなら今月がおすすめです。交渉能力が高く、だめもとの価格交渉が成功する可能性も高いです。ただし今月はだまされていることに気づきにくいので注意。店員さんのおすすめをうのみにせず、吟味してから買いましょう。お金に困っている人に貸すのもNG。どうしても貸す場合は、返ってこないものと思いましょう。

健康運 △凶

他人の心配をしすぎて心労やストレスがたまりやすい時期です。苦労話を聞いてひと肌脱ぎたくなりますが、それがストレスに変わっていきます。さらにそのストレスが、頭皮、髪の傷みや胃腸の不調につながる可能性が高いです。本当に助けてあげたいと思うとき以外は断りましょう。どうして良いかわからない場合は、一人で抱え込まずに誰かに相談してください。

五黄土星
の月運

2024

2

February

2/4 ~ 3/4

いったんスピードダウン。ただしまれに大当たりも

運勢

▲

大凶

今月の注意点と開運のカギ

九星気学上では今月が2024年のスタートです。年の運気は良いのですが、月の運気は先月の☆大吉から一気に下がって▲大凶。五黄土星の人は、特に▲大凶のダメージが強く出る傾向があるので注意です。今月は「今までのツケが回ってくる」運気。仕事や人間関係などでうまくいっていないことがあれば、今のうちに原因を突き止めて改善しておきましょう。来月以降に好転する可能性が高まります。

反射神経が鈍るので、不測の事故には十分に注意してください。また、運気の影響で急な心変わりが起こりやすくなったり、言葉遣いが荒くなったりします。今月は何事も慎重に取り組むことを意識して、衝動的な行動は控えましょう。

一方で、今月は「まれに大当たりする」という運気でもあります。恋愛では憧れの相手に、転職活動では理想の会社に思いきってアプローチしてみると良い結果が得られる可能性があります。失敗しても笑ってすませられるなら、ぜひトライしてみてください。

［年間運勢グラフ］

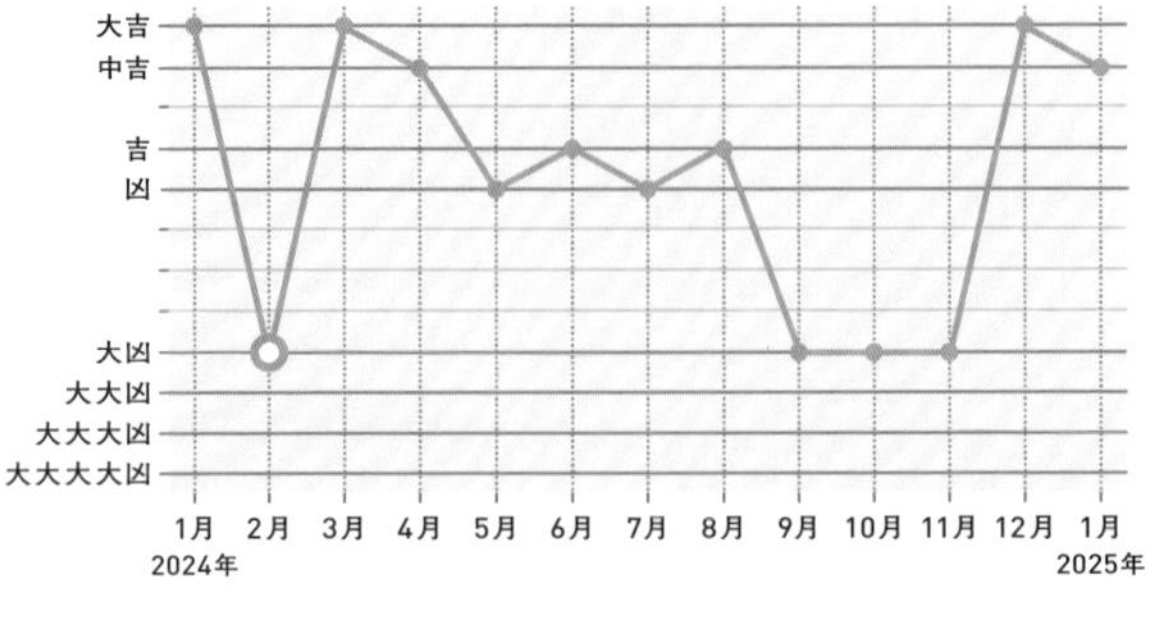

【今月の心構え 三か条】

一 上司や先輩との協力でリスクを回避しろ！

二 とにかく不安定。迷ったらいったん停止

三 何事も慎重に。事故、病気に注意！

仕事運

▲大凶

仕事で改善すべき点はないか、上司に聞いてみると良いでしょう。▲大凶のときは柔軟性や吸収力が上がるため、素直にアドバイスを聞くことができます。日々の仕事はミスが必ず起こる前提で取り組み、複数回チェックをしましょう。口約束が招くトラブルも起こりやすい運気。取引先とのやりとりや上司への報告は必ず書面で行ってください。ただし今月は一か八かの勝負に向いています。普段アポがとれない人に連絡したり、格上の会社にアプローチしてみたりすると良い結果が得られるかもしれません。失敗しても笑って終われることが前提ですが、トライする価値はあります。

恋愛運

▲大凶

今月は静かに過ごしましょう。相手を見る目も判断力も低下しているため、良くない相手に突っ走ってしまいそうです。出会いを求めるのは来月以降に。ただし、憧れの人に思いきって告白すると、良い結果が得られる可能性も。うまくいかなくても落ち込まないならトライしてみましょう。順調なカップルは急な心変わりがありそうですが、運気の影響なので来月まで様子を見ましょう。

家庭運

▲大凶

気持ちが不安定でキレやすく、身近な人に八つ当たりしてしまいそう。運気のせいで不安定になる可能性をあらかじめ伝えておきましょう。相手の指摘や要望を受け入れると絆が深まり、良好な関係を築けます。不安なときはがまんせずに、相手に素直に甘えましょう。子どもにも些細なことで怒ってしまうので注意。子どもの不調やサインを見逃しがちなので、冷静に向き合いましょう。

金運

▲大凶

買い物でストレスを発散したくなるので、衝動買いにはくれぐれも注意してください。買わないつもりでいたのに急に気持ちが変わり、大きな買い物をして後悔することになりそうです。多額の現金やクレジットカードは持ち歩かないほうが無難です。投資などの勧誘も受けやすい時期ですが、すべて断ること。特に新しいものには絶対に手を出さないようにしてください。

健康運

▲大凶

今月の▲大凶には「今までのツケが回ってくる」という意味があります。睡眠不足や不健康な食事、運動不足など不摂生を重ねてきた人は何か症状が出るかもしれません。不調を感じたらすぐに病院へ。古傷の悪化もしやすいので、症状が出たらしっかり治療してください。回復力や免疫力が下がっているので注意し、運動神経や反射神経の低下による事故やケガにも用心しましょう。

五黄土星
の月運

2024

3

March

3/5 ～ 4/3

援助運が最高！
周囲の協力で結果を出せ

運勢

☆大吉

今月の注意点と開運のカギ

先月の▲大凶から一気に上がって☆大吉です。月の序盤は先月の影響が残ってなかなかやる気が出ませんが、仕事運も恋愛運も絶好調ですので、気合を入れて頑張ってください。なにかと一人で進めたくなりますが、今月は援助運が良く、特に目上の人に協力してもらって前に進める運気。上司や先輩、信頼できる友人、その道のプロなど周囲の協力を得るようにしてください。一人で進めるよりも成功率が大きくアップします。

ただし、今月のように運気が一気に上昇したときは、上から目線の発言をしたり強気な態度をとったりしがちなので注意しましょう。さらに、細かいことにまで気が回らず雑な対応になる、思いやりに欠ける態度をとる、ストレートに言いすぎるなどの言動で周囲の人を怒らせてしまいそうです。良い運気のときこそ、謙虚な姿勢とやさしい雰囲気、そして笑顔でいることを心がけて。周囲に気をくばりながら結果を残せるように頑張りましょう。

［年間運勢グラフ］

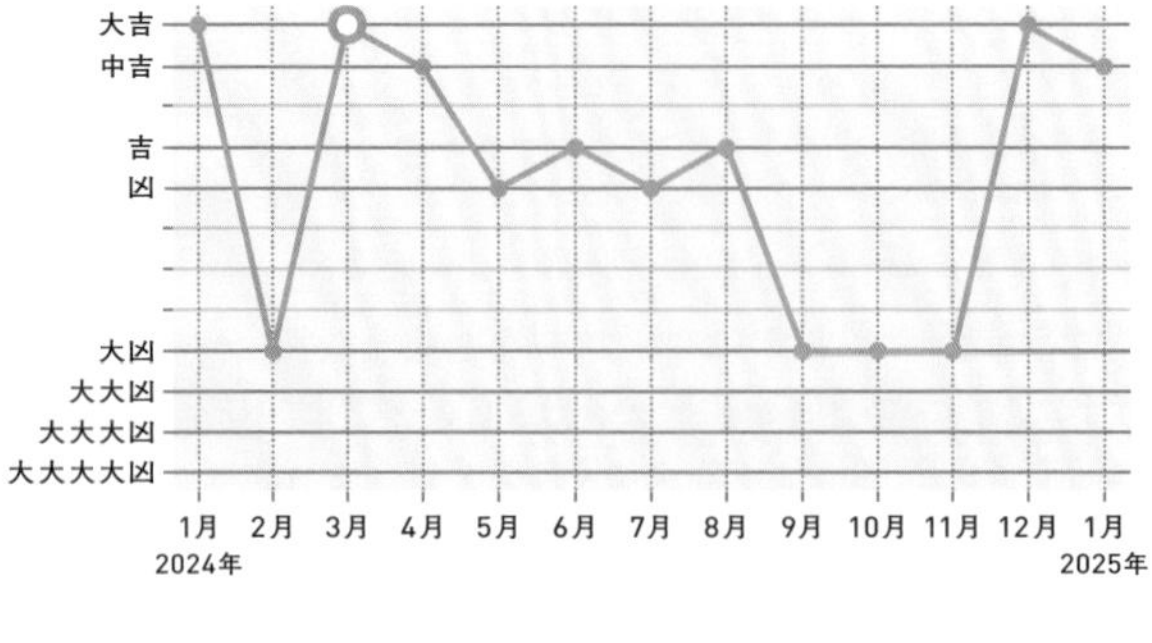

【今月の心構え 三か条】

一 運気は最高！結果を出すことに集中

二 上司、先輩に手伝ってもらえ！

三 空気を読まない態度、気くばりの低下に注意

仕事運

☆大吉

仕事運は絶好調です。特に上司運が良いので、小さなことも上司と連携して進めると良いでしょう。報告、連絡、相談を密にして、トラブルが起こってもすぐにフォローしてもらえる態勢を整えておきましょう。先月が▲大凶だったので、手がけている仕事の方向性や方法がずれている可能性があります。ここで一度見直しをして計画を立て直しましょう。まわりの空気を無視した発言には用心してください。冷静に判断することは良いのですが、厳しい言葉で上司や取引先に誤解を与えかねません。謙虚な姿勢と丁寧な言葉遣いを忘れず、細かいところにまで気をくばりましょう。

恋愛運

○吉

紹介運やお見合い運が良く、特に結婚相談所に入っている人はチャンス。良い人の紹介をコーディネーターにあらためてお願いすると良いでしょう。ただ、今月は判断力や洞察力が上がる半面、冷静すぎて良い人に出会ってもピンとこないかもしれません。気乗りしなくてもすぐには断らず、恋愛運が上がる来月まで待ちましょう。振る舞いが雑になりがちなので、上品な言動を心がけて。

家庭運

○吉

デリケートなことも冷静に話し合えるので、家計の不安などを解決しておきましょう。冷たい人と思われがちなため、やさしい言動と丁寧な身だしなみを意識してください。離別運が良くて腐れ縁を切るには最適なので、別れたい人は話を進めましょう。子どもにも無関心になる運気。意識して子どもと向き合う時間をつくりましょう。子どもに必要なものの購入には良い時期です。

金運

☆大吉

金運も好調です。お金に関する勉強で運気が上がります。副業を考えているなら準備を始めて、セミナーにも積極的に参加すると、専門家とつながれる可能性があります。大きな買い物にも適した運気です。投資運も良いので金融商品や不動産を買うのもおすすめ。ただし勢いで買ってしまう運気ですので、堅実に知識を得て始めてください。人にすすめられたものを買うのは危険です。

健康運

△凶

生活全般がおろそかになりがちな運気なので、意識的に整えてください。細かいことを気にせず大らかに過ごすことは良いのですが、特に食生活がいいかげんになり、インスタント食品や加工食品ですませることが増えそうです。今月は特に脳や心臓、大腸に注意すべき運気。食事や生活習慣の乱れが原因で不調を招かないように注意しましょう。

運勢

◎中吉

今月の注意点と開運のカギ

先月に続いて良い運気です。今月は「よく働き、よく遊べ」という運気。特に40歳以上の人は、仕事ばかりの毎日になってしまうとストレスがうまく発散できず、モチベーションを維持できなくなってしまいそうです。今月はプライベートでも新しい人脈をつくれる良い運気なので、遊びにも積極的に取り組みましょう。新しい趣味にチャレンジしてみることはもちろん、昔はまっていた趣味を再開するのも良いかもしれません。

ただし、余計なひとことを言ってしまったり、約束を忘れたりしがちなので気をつけてください。連絡は口約束ではなく文書で残し、誤解を招く表現も避けましょう。

また、今月は体の回復力が下がります。外に積極的に出かけると良い時期ですが、食べすぎや飲みすぎには気をつけましょう。寝不足にも注意です。睡眠は意識していつもより多めにとるようにしてください。サプリメントをうまく活用するのもおすすめです。

［年間運勢グラフ］

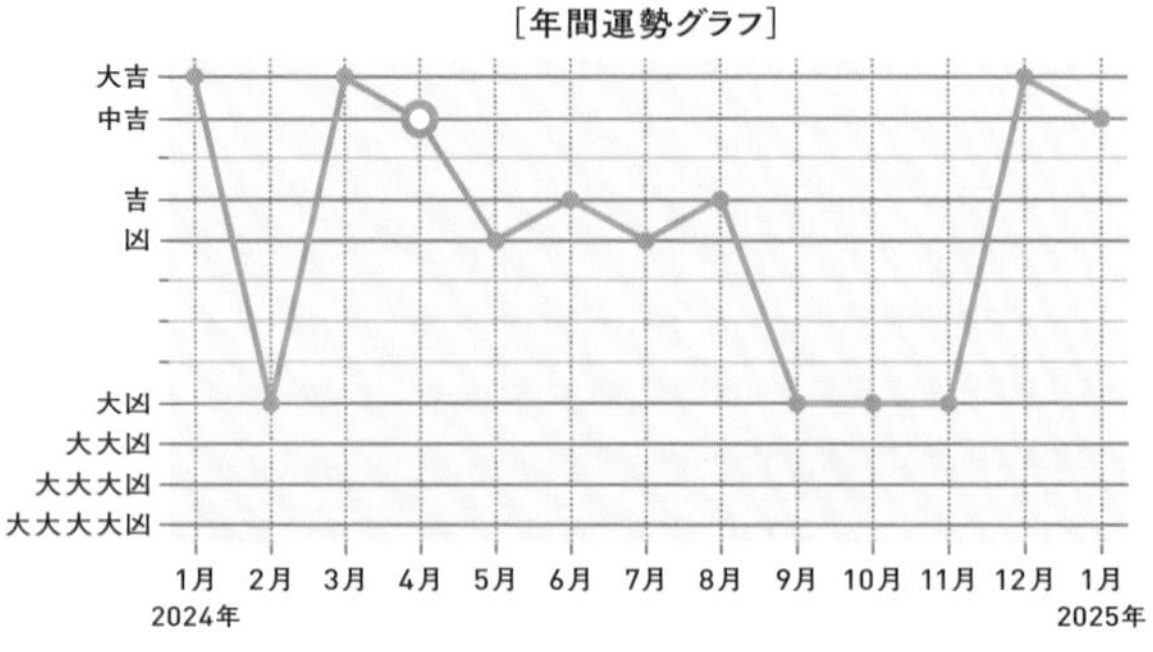

五黄土星の月運

2024

4

April

4/4～5/4

しっかり遊べ！
プライベートを充実させろ

【今月の心構え 三か条】

一 趣味も仕事のうち。積極的に楽しめ！

二 新しい友達を増やすと運気が上昇！

三 体調不良に注意。暴飲暴食、寝不足はNG

仕事運

◎中吉

社交運が好調で、人脈を広げられる運気です。今月は新規開拓に適しています。得意先だけでなく社内の誘いにも積極的に応じて、人脈を開拓しましょう。盛り上げ役を引き受けると、今後の評価にもつながります。ただし、余計なひとことや見栄を張った発言には要注意。特に目上の人への言葉遣いには気をつけましょう。積極的に自分を売り込める時期ですが、あくまでもまじめさをベースにユーモアを交えて振る舞う意識を忘れずに。謙虚な態度で臨めば人間関係が良くなり、仕事の成果も上げられます。些細なことでも普段より慎重に、丁寧な言葉遣いを心がけましょう。

恋愛運

☆大吉

出会い運が特に好調です。紹介よりも、人が集まる場所に飛び込むと良い人にめぐり合えるでしょう。友人や同僚と食事に行くのも良いです。これまでと違うファッションにすると新しい魅力が生まれ、良い縁に結びつきそう。おしゃれな友達に手伝ってもらうのもおすすめです。見栄を張って年収や職業を誇張して言ってしまいがちです。その場のノリで発言せずに正直に伝えましょう。

家庭運

◎中吉

家にこもるより外に出かけてストレスを発散しましょう。事前にきちんと予定を立てて出かけると仲良く過ごせそうです。二人でおしゃれをして少し贅沢な食事をすると愛が深まります。家庭内では余計なひとことに注意。雰囲気が悪くなったら自分からあやまりましょう。子どもと楽しいことを見つけたり思いきり遊んだりすると、親子の運気が上がります。子どもへの言葉遣いも丁寧に。

金運

○吉

人との縁が出会いや仕事に結びつく運気。誘われたら必ず出かけるくらいの気持ちで、交際費は惜しまずに使いましょう。お世話になっている人への贈り物も、有意義なお金の使い方です。目的がはっきりしているものにはお金を使って良いでしょう。ただし、つい気持ちが大きくなって贅沢をする可能性も。せっかくだからと思うかもしれませんが、限度を超えないように注意です。

健康運

△凶

今月は疲れがとれにくいので、休息をとりながら過ごしましょう。「よく働き、よく遊べ」の運気で、会食や飲み会、ゴルフなどの機会が増えますが、休まず全力投球を続けるうちに、気づいたら体調をくずしていたということになりかねません。今月は風邪をひいたりするとなかなか治らないので、意識して体を休めましょう。特にのどや気管支、肺の不調、口内炎に注意してください。

五黄土星の月運

2024
5
May
5/5 ～ 6/4

仕事もプライベートも選択肢を増やせ！

運勢

△
凶

今月の注意点と開運のカギ

先月の◎中吉から△凶になりましたが、決して悪い運気ではありません。モチベーションは下がりますが、集中力や学習能力はアップするので、試験勉強やレポート作成、伝票整理などコツコツ仕上げる作業には向いています。やるべきことがある人は今月中に仕上げましょう。

柔軟性も上がるので、今まで苦手だと思っていたことにチャレンジしてみてください。自分の仕事の進め方の評価を上司や先輩に確認し、よくない点やクセを直すのも良いでしょう。指摘されたときはピンとこなくても、受け入れると成長できます。

ただし今月はとにかくネガティブで、やる気が出ません。とはいえ無理やり動けば成果を出せる運気なので、上司や友達に背中を押してもらってなんとか頑張りましょう。孤立しがちですが、寂しいときは素直に人に相談し、頼ってください。食事などにつきあってもらってグチや悩みを話し、励ましてもらいましょう。

［年間運勢グラフ］

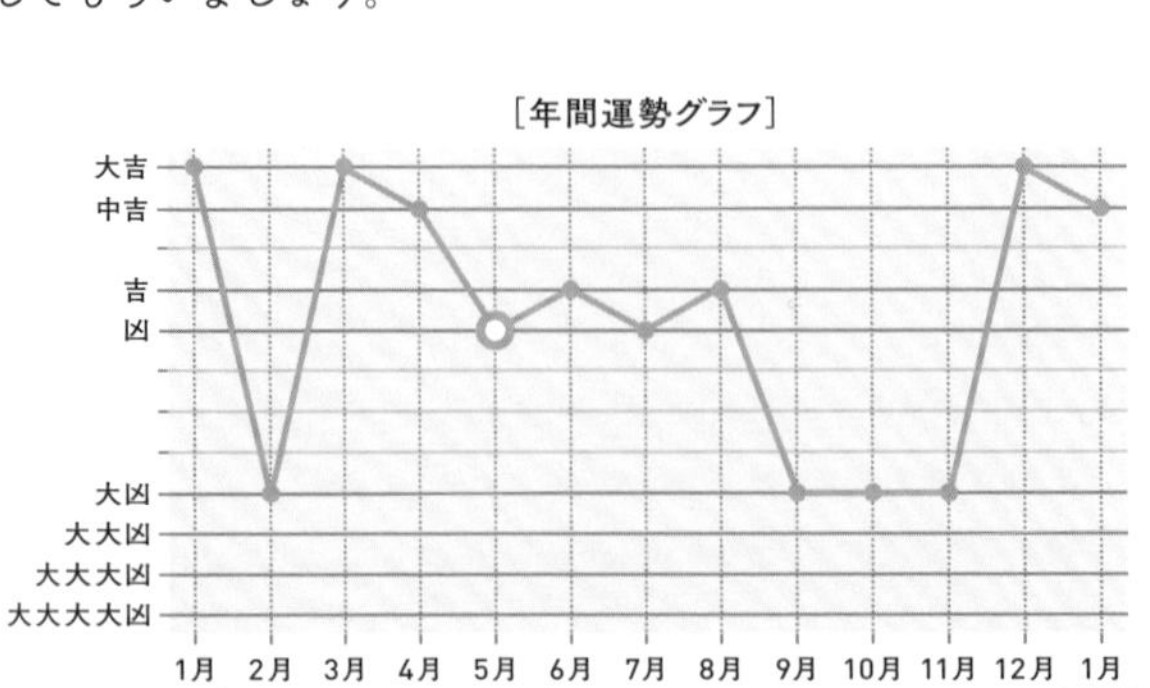

【今月の心構え三か条】

一 面倒な作業は今月中に片づけろ！

二 情報収集をして次の展開に備えろ

三 落ち込んだら周囲にすぐ相談を！

仕事運

○吉

集中力が高まり、勉強やレポート作成に良い運気です。来月は仕事運が好調なので、今のうちに情報収集をするなど準備をしておきましょう。見直しにも良い時期ですので、上司に相談して今後の仕事の進め方を検討し、修正すべき点をしっかりと直しておくと良いです。順応性も上がるので、この機会に上司の指示に忠実に従ってみてください。今まで納得がいかなかった部分が理解できるかもしれません。素直に従えば従うほど今後の評価につながります。一般的に上司とうまくいかない理由は、相性よりも指示に従っていないことに起因しているようです。今月が解消のチャンスです。

恋愛運

○吉

異性を引きつけるフェロモンが出て、魅力的になっています。出会いを求めて行動を。強気な人も、やさしい振る舞いができるチャンスです。出かける気分になれなくても、友達に頼んで出会いの場に連れ出してもらいましょう。ただし、押しに弱いので注意。いざ出会いの場に行くと急に大胆になり、強引に誘われると断れません。いきなり深い仲にはならず、友達から始めましょう。

家庭運

○吉

運気の影響で何事も悲観的にとらえがちですが、パートナーとのスキンシップを増やしてみましょう。気持ちが安定し冷静になれます。順応性が上がるので、相手の趣味やファッションの好みに合わせるなど歩み寄りを心がけてください。子どもの進学や部活動など、将来について一緒に考えるのにも良い時期です。否定的な発言は控えて選択肢を広げてあげることが開運のポイントです。

金運

◎中吉

倹約を意識しましょう。金運は悪くありませんが、ダラダラとお金を使ってしまいそうです。ネガティブな運気ゆえに買い物でストレスを発散したくなりますが、だからこそ倹約が大切です。少額のものでも値段にこだわりましょう。収支を細かくチェックして貯蓄をするのにも良い時期。定期預金を始めても良いです。過払い金や回収すべきお金がある人は、今月中に整理してください。

健康運

○吉

免疫力と回復力がアップするので、持病を本格的に治したい人、手術などいつかは取り組まなければならない治療がある人は今月中がおすすめです。不調がない人も健康チェックをして、何か見つかったらすぐに治療にとりかかりましょう。骨や筋肉、腰を痛めやすいので注意して、スポーツ前には入念な準備運動を。ストレスがたまりやすいので、ヨガや整体で体をほぐすのも良いです。

五黄土星
の月運

2024

6
June
6/5 ~ 7/6

謙虚な態度を忘れるな。直球勝負でいけ！

【今月の心構え 三か条】

一 アイディアを出して変化を起こせ

二 できることは全部ここでやってしまえ

三 早合点するな！落ち着いて考えろ！

運勢

○吉

今月の注意点と開運のカギ

先月の△凶から上がって○吉です。頭が冴えてアイディアがわき、体も軽やかに動く運気。仕事で新しい企画を提案したり営業を強化するなど、自分から行動を起こせば周囲の評価は高まるでしょう。

このタイミングで髪形やファッションを変えると、さらに運気がアップします。おしゃれな友達に相談しても良いですし、これを機にメイクやファッションを本格的に学んでも良いでしょう。

今月は周囲から高い評価を得られる一方、振る舞いにあらが目立ったり、えらそうな態度をとったり、早合点してしまったりといったマイナスの部分も露呈しそうです。普段以上に謙虚な姿勢を心がけて、何事も周囲に気を遣いながら進めましょう。言葉遣いも丁寧に。

運気が良い時期はより多くの成果を求めたくなりますが、そこでズルや裏技は通用しません。何事も定石を踏みながら確実に進めましょう。

[年間運勢グラフ]

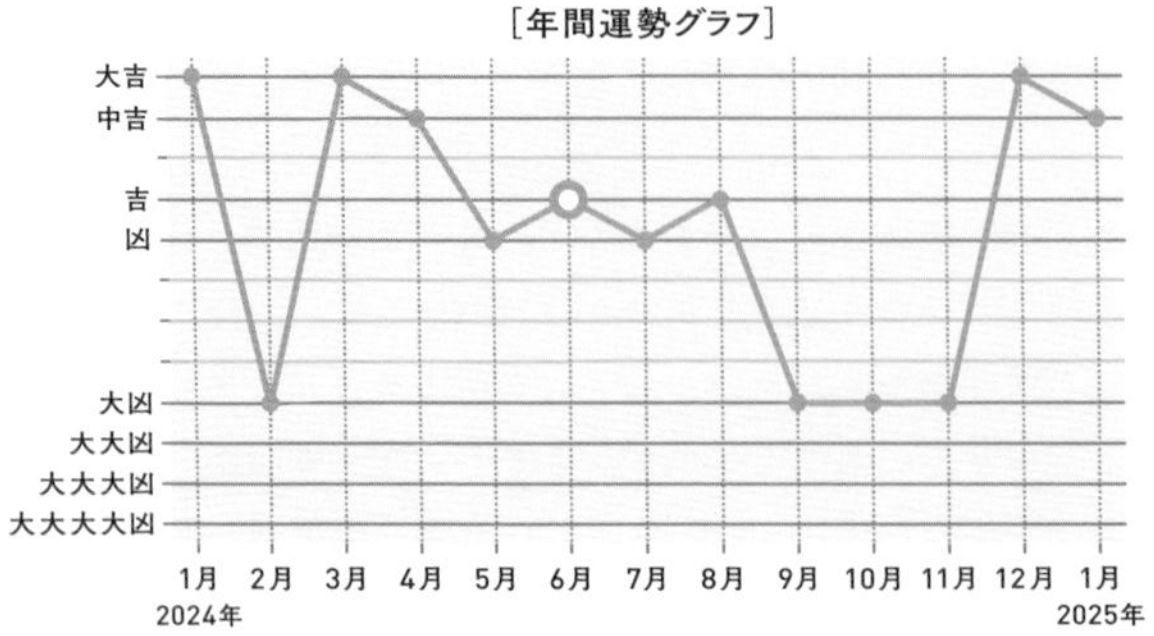

今月の【大開運日】14日、23日、25日
【激ヤバ日】18日
【大潮】6日～9日、21日～24日
【土用期間】なし

仕事運 ◎中吉

よく頭が回り、周囲の評価も高まる1カ月です。とにかく目立つので、営業やプレゼンは積極的に行うと良いでしょう。新しいことに取り組むのにも良いタイミングです。習慣で続けている非効率な業務は排除し、効率化しましょう。企画力も抜群なので、イベントの企画や商品開発などにも積極的にかかわると良いです。目立つ運気のため評価は得やすいのですが、一方で悪い評判も立ちやすくなっています。無意識に上から目線の態度になり、反感を買うかもしれません。とにかく謙虚な態度を心がけましょう。ウソや隠しごとは避けて、何事も正攻法で丁寧に進めましょう。

恋愛運 ◎中吉

今月のあなたはとても目立ち、人を引き寄せる華やかさがあります。異性を魅了するオーラが出ているため、出会いの場に行けば良縁が期待できます。ただし勢いがあるため、大胆に振る舞いすぎることも。慎重に行動しましょう。熱しやすく冷めやすい運気でもあるので、すぐに深い仲にはならず、信頼する人に相談してから進めましょう。引き寄せが良い時期なので大事にして。

家庭運 △凶

感情的になりやすく、ケンカが増えそうです。ウソや隠しごとが露呈する運気。話し合うには良い時期なので、気がかりなことはさらけ出しましょう。ドレスアップして高級店で食事をするなど、非日常の体験が二人の愛を深めます。新しい趣味を一緒に始めるのも良いです。離婚を考えている人は今月が好機。子どもの才能を見つけやすい時期ですが、理想を子どもに押しつけないように。

金運 ◎中吉

好調です。年の運気が良くて判断力があり、臨時収入も期待できます。家や車など大きな買い物は今月が好機です。ただし今月のあなたは衝動的で、ひらめきや直感で決めてしまいがちです。ある程度の直感は信じても良いのですが、熱しやすく冷めやすい運気でもあるので、衝動買いは失敗のもとになります。高額な買い物は必ず誰かに相談して、納得したうえで進めるようにしましょう。

健康運 ○吉

勢いもやる気もあるため、つい無理をして体に負担がかかります。寝不足や暴飲暴食をしがちなので、意識してセーブしましょう。持病がある人は症状が出やすい時期でもあるため、悪化したら潔く病院に行きましょう。神経が過敏でストレスもたまりがちです。服装を優先するあまりに体の冷えや過剰なダイエットに注意。目や歯、髪も傷めやすいので気をつけましょう。

五黄土星
の月運

2024

7

July

7/7～8/6

ここで立ち止まるな！無理やり動け！

今月の心構え
三か条

一 集中力が上昇！今こそ研修や勉強を

二 都合の悪いことは今月中に処理しろ

三 孤立するな！上司や先輩と会え

運勢

△凶

今月の注意点と開運のカギ

先月の勢いある○吉から下がって△凶になりました。考え方がネガティブになって小さなことでも落ち込みやすく、積極性もありません。落ち込んだときは一人で抱え込まずに、悩みと無関係の第三者に相談しましょう。特に今月は、人の噂話に振り回されやすい時期です。じつは誤解である場合が多いので、妙な噂を聞いても真相をきちんと確認してから態度を決めるようにしましょう。

基本的にネガティブな1カ月ですが運気は安定しているため、無理にでも動けば成果を出すことができます。9月から3カ月連続で▲大凶がやってきます。運気が良いのも来月まで。この2カ月で仕事でもプライベートでも成果を上げられるよう頑張りましょう。集中力や学習能力が上がり、事務処理や今後の計画を立てることにも適した運気です。柔軟性も上がるので、仕事やプライベートで今までなんとなく拒否していたことを受け入れると改善や成長につながりそうです。来月に向けてしっかり成果を上げていきましょう。

［年間運勢グラフ］

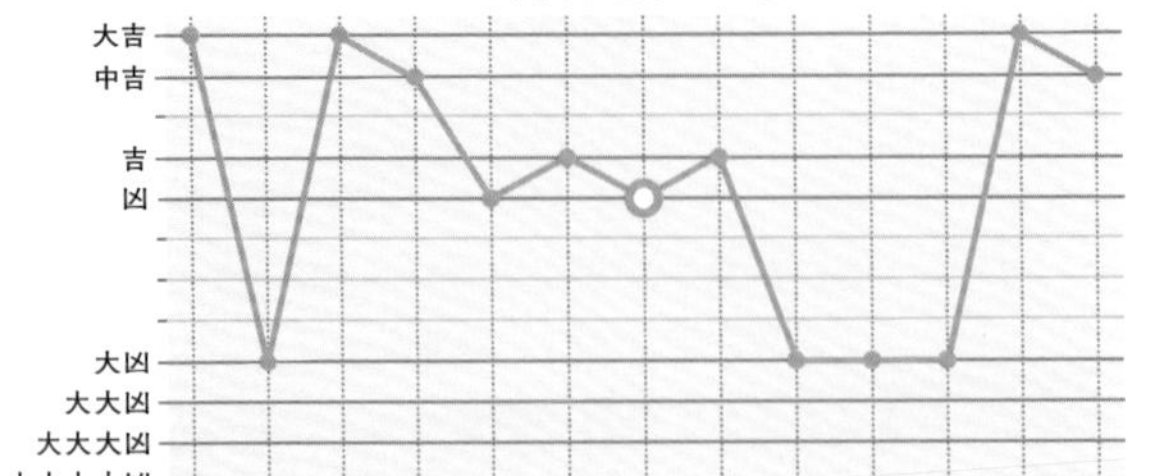

仕事運
○吉

なかなか前向きな気持ちになれない半面、集中力や学習能力が上がります。普段手をつけられない書類の整理や資格の勉強などがはかどるため、やるべきことはここで終わらせましょう。柔軟性も上がるので、上司の指示に納得できていなかった人は従ってみてください。上司に好かれるだけでなく新たな発見にもつながり、自分を見直すきっかけにもなります。隠しごとはばれにくい時期なので、トラブルを抱えている人は今月中に解決しておきましょう。再来月の9月から▲大凶が3カ月続きます。今月にしっかり地固めをして、▲大凶前の来月に結果を出しましょう。

恋愛運
△凶

魅力がアップして異性を引きつける1カ月です。良い出会いが期待できるでしょう。家にこもりたい気分ですが、出会いが期待できる場所へ積極的に出かけてください。友人の紹介を受けたりSNSでつながったり、昔の恋人と復縁する可能性も。ただし出会いの場で急に大胆にならないように注意。やさしく言い寄られたら断れない運気です。良い人がいても友達から始めましょう。

家庭運
◎中吉

パートナーに甘えて過ごすことが開運のポイントです。普段のコミュニケーションから夜の生活まで、素直に話してみましょう。妊活にも適した時期。寂しさをがまんするとネガティブになるので、スキンシップを図って平穏な心をとり戻しましょう。今月は子どもの健康チェックをし、気になったら病院へ。子どもにもネガティブな感情を押しつけずにスキンシップで信頼を深めて。

金運
○吉

倹約を心がけましょう。下向きの運気の影響で、買い物でストレスを発散したくなるかもしれません。散財しないように小さな支出までチェックし、無駄遣いをなくしましょう。コツコツためることが金運アップにつながります。定期預金を始めるのもおすすめです。過払い金や回収すべきお金がある人はここで整理を。断捨離も有効です。お金と向き合って無駄を省きましょう。

健康運
◎中吉

免疫力と回復力がアップします。悩んでいた病気をしっかり治したい人、いつかやらなければと思っている治療がある人は今が適した時期。自覚症状がなくても、この機会に健康チェックをしてみましょう。不調が見つかったらスピーディに治療を。ネガティブな気持ちから体が冷えて、婦人科系の不調や膀胱炎を招きがちです。気のおけない友達と頻繁に会って気晴らしをしましょう。

運勢

○吉

今月の注意点と開運のカギ

先月の△凶から上がって今月は○吉です。仕事もプライベートも確実に前進できる運気なので頑張りましょう。来月から3カ月連続で▲大凶に入るため、今月が勝負です。短期決戦で、何事も結果にこだわっていきましょう。今までを振り返り、手薄になっていることに力を入れて取り組んでください。振り返りながら何をどう進めるべきかという計画を立て、結果にこだわってひとつひとつ丁寧に、着実に進めていきましょう。

一方、今月の注意すべきポイントは頑固になってしまうことです。「こうしなければいけない」というマイルールが厳しくなり、それを部下や恋人にも押しつけたりきつく当たったりしてしまいそうです。細かいことが気になるのは運気のせい。そう自覚して、大きな心でやさしく接するようにしましょう。がまんのしすぎにも気をつけてください。不満や不安をため込んでも良いことはありません。知人や友人に早めに相談し、解消することを心がけましょう。

[年間運勢グラフ]

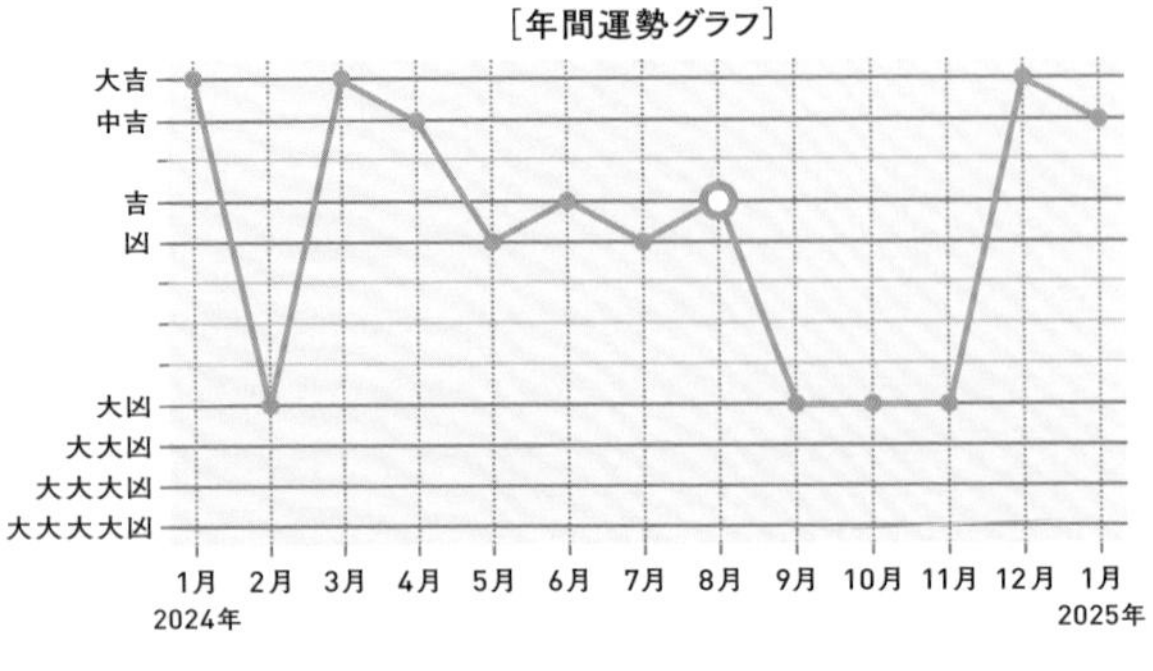

五黄土星の月運

2024

8

August

8/7～9/6

出遅れるな！意識して結果につなげろ

今月の心構え 三か条

一 無理やり動けば良いペースになる！

二 意識して部下や後輩と会話しろ

三 頑固さに注意！マイルールに固執するな

仕事運

○吉

好調です。来月から▲大凶が続くので、今月は結果にこだわることを心にとめてください。今までを振り返って基礎を固めつつ、成果を上げていきましょう。今月は特に部下運が好調ですので、積極的に部下や後輩とコミュニケーションを図り、関係性を見直すと良いでしょう。テレワークなどで直接会えない場合も、チャットや電話で頻繁にコンタクトを。ついつい見る目が厳しくなってお説教したくなってしまいますが、今月はひたすら聞き役に徹して部下の心を開きましょう。ここで良い関係を築いておくと、今後も良い連携で仕事ができそうです。

恋愛運

○吉

積極的に人のお世話をすると好感度が上がります。新しい出会いもありますが、知人が恋人に発展する可能性が高いでしょう。連絡先を見直し、気になる人にはコンタクトをとりましょう。ただし異性を見る目が厳しくなりがちです。些細な言動で突然冷めてしまいますが、運気のせいなので気にしすぎないように。身なりに無頓着になりがちなので、服装やメイクには気を遣いましょう。

家庭運

◎中吉

自宅時間を楽しみましょう。愛情がこもった料理が喜ばれます。ホームパーティを開くのも良いでしょう。模様替えや断捨離もおすすめで、特に使い古した日用品を新調すると良いでしょう。パートナーを見る目が厳しくなりますが、運気のせいなので大きな心で接してください。子どもとしっかり向き合って礼儀作法や勉強を見てあげると良い時期ですが、厳しすぎるのはNGです。

金運

○吉

今月は「きちんとしましょう」という運気です。家計簿をしっかりつけてお金の管理をしましょう。生活費の無駄を省くと運気が上がります。部下運が良い時期なので、上司の立場の人は部下に対して日頃の感謝を表すことが運気アップにつながります。食事をごちそうしたりプレゼントを贈ると良いでしょう。相手が感激するくらいの振る舞いをするくらいがちょうどいいです。

健康運

△凶

今月のあなたは忍耐力のかたまりになっています。じつはかなりの不調であっても自分で気づきにくく、がまんして症状を悪化させてしまう可能性があります。些細なことでも体の不調に気づいたらすぐに病院に行き、治療を受けましょう。特に胃の調子が悪かったり、皮膚のかゆみや荒れなどを感じたりしたときは要注意。すぐに治療を始めてください。

運勢

◎中吉 のち ▲大凶

今月の注意点と開運のカギ

先月の〇吉から一気に下がって▲大凶です。今月はベースの運気が◎中吉で、仕事や婚活などもやる気が出るため押し進めたくなりますが、その勢いにまかせて進めてしまうと▲大凶の運気が作用して大失敗を招きそうです。早合点をして大きなミスをしてしまったり、つい強気になって怒ってはいけない相手に激怒してしまったり、強引に意見を押し通して相手に引かれてしまったりする傾向があります。順調に見えることも意識的にペースを落として、くれぐれも慎重に進めてください。再来月まで▲大凶が続くので、ここで大きなミスや人間関係のトラブルがあると大炎上に発展する可能性が高いです。修復も難しくなるでしょう。

仕事も恋愛も現状維持を心がけてください。月の運気は▲大凶が続きますが、年の運気は好調です。意識してペースを落として慎重に進めれば、無事に乗りきることができるでしょう。何事も丁寧に確認しながら進めてください。些細な問題も一人で抱え込まずに、周囲に相談すると良いでしょう。

［年間運勢グラフ］

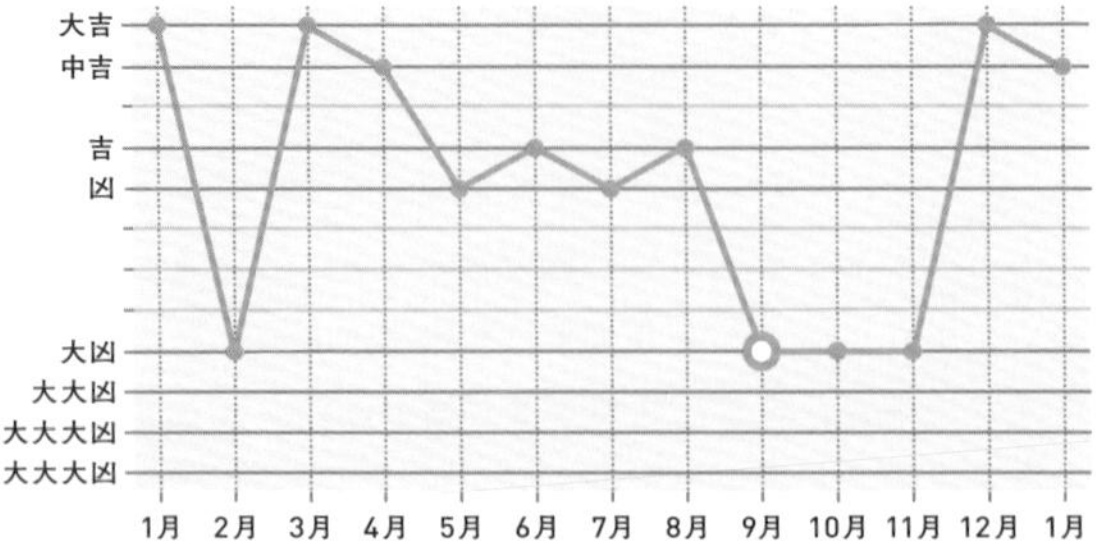

五黄土星の月運

2024

9

September

9/7～10/7

暴走に注意！意識してペースを落とせ

【今月の心構え 三か条】

一 3カ月連続の大凶開始。心して備えろ

二 意識してやさしい言葉を選べ

三 何事も慎重に。事故、病気に注意！

仕事運 ▲大凶

現状維持に徹しましょう。アイディアがわいて勢いもあるので何事も積極的に進めたくなりますが、すべてがあだとなる運気です。今月は新しい挑戦や方針転換は控えて、ルーティンワークを丁寧にこなすのみにしてください。用心したいのは強気な態度。上から目線のちょっとした発言がトラブルに発展しそうです。特に断言してしまうことに注意しましょう。「できます」「問題ありません」などと言いきりがちですが、あとで大変なことになるので「可能性がある」など含みのある言い方に。即断即決、独断専行も失敗のもとです。特に上司や取引先には普段以上に気を遣いましょう。

恋愛運 ▲大凶

運気は▲大凶ですが、行動力は高いので要注意です。良いと思ったら簡単についていってしまったり、派手な服装や誘うような態度になりがちです。見る目が曇り、体目当てやお金目当ての人を見抜けないことも。連絡先の交換程度で様子を見ましょう。恋人と急に結婚したくなったり別れたくなったりしますが、現状維持が基本です。行動を起こすのは運気が上がるまで待ちましょう。

家庭運 ▲大凶

ケンカが増えるでしょう。強気になってパートナーに意見を押しつけがちですが間違いであることが多く、素直に認められず逆ギレしてしまいそうです。今月は二人だけで過ごさずに友人を家に招くと良いでしょう。友人の存在で場がなごみ、落ち着きをとり戻せます。子どもに対しても小さなことでカッとなったり勘違いで叱ったりしそう。口調もきつくなりがちなので注意を。

金運 ▲大凶

金運も最悪です。高級なものに目がいきがちなうえに「前から欲しかった」「出会ってしまった」などと錯覚して即買いしてしまいそうですが、後悔するでしょう。今月は生活に必要なものだけを買うように意識し、カードは持ち歩かず財布に入れる現金も少なめに。強気な運気の影響で金融商品に興味がわきますが、手を出すのは厳禁。お金に関しては守りに徹しましょう。

健康運 ▲大凶

回復力、免疫力が下がり、体調不良になりやすい時期です。今月は特にのど、声帯、肝臓に注意しましょう。ベースの運気が◎中吉で勢いがつき、外食や飲み会が増えそうですがそれがあだとなります。暴飲暴食など無茶な行動は避けて、睡眠をしっかりとってください。運動神経や反射神経も低下して不測の事故やケガの可能性も高まりますが、意識すれば大半は防げます。

運勢

☆大吉 のち ▲大凶

今月の注意点と開運のカギ

今月は▲大凶２カ月目です。運気のベースが☆大吉なので、やる気や勢いがあります。しかし今月は「のち▲大凶」。勢いをセーブしておかないと、あとで大変なことになります。仕事も恋愛も、盛り上がる気持ちを抑えてスピードダウンしましょう。来月まで▲大凶が続くので、今月失敗すると来月以降に大炎上につながる可能性があります。新しいことを始めたり大きな挑戦をするのは避けて、現在手がけていることをミスなく丁寧に進めることに専念しましょう。

今月は、とにかく頼まれごとに注意してください。無理なお願いをされても情に流されて「私がひと肌脱ごう！」と考えてしまう運気です。たとえお世話になっている人のお願いでも即答せず、必ず誰かに相談して、運気が上がるまではっきり返事をしないように。借金や宗教の勧誘、セールスにも用心しましょう。勢いがあり知らず知らず無理をしがちなので、車の運転や睡眠不足、ケガ、暴飲暴食にも要注意。▲大凶はまだ続きます。くれぐれも気をつけてください。

［年間運勢グラフ］

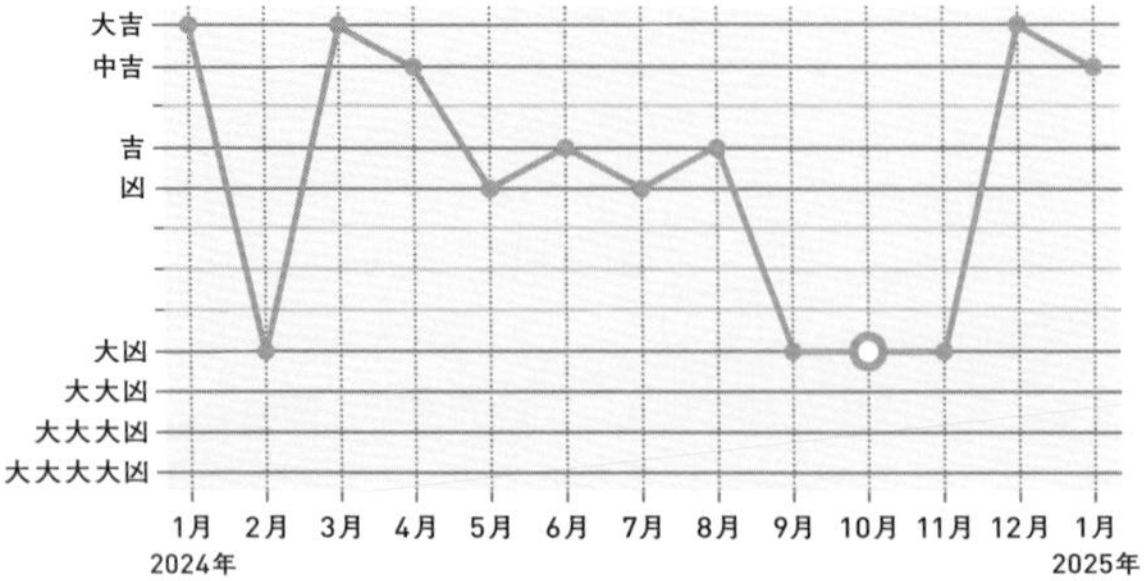

五黄土星
の月運

2024

10

October

10/8～11/6

お人よし、優柔不断に用心せよ！

【今月の心構え 三か条】

一 大凶２カ月目に突入。勢いにまかせるな！

二 頼まれごとへの即答や方針変更はＮＧ

三 何事も慎重に。事故、病気に注意！

仕事運

▲大凶

かなり注意が必要な運気です。▲大凶の時期は頭が回らず、普段は気づくことも見逃してミスが増えそうです。こういう時期はミスの発生を最小限に抑えることに努めて現状維持に徹してください。もし何かを変えざるをえない場合も、何度もチェックして確実な選択を。勘違いも発生しやすいので気をつけましょう。今月は何をやってもトラブルにつながりやすい時期。トラブルが起こることを前提に、いざというときは上司に助けてもらえるよう、事前に何度も念を押して許可を得ておきましょう。また、今月は無意識に態度が大きくなりがちですので本当に気をつけてください。

恋愛運

▲大凶

出会うチャンス、人を引きつける力、会話力と総じてレベルが高いのですが、▲大凶なので相手を見る目がまったくありません。普段は絶対に好きにならない相手、しかも危険な人ほど魅力的に感じる厄介な運気です。強く押されると受け入れてしまいがちですが、その場では保留にして信頼できる人に相談を。たとえ良い人でも、深い仲になるのは運気が上がる12月まで待ちましょう。

家庭運

▲大凶

パートナーに情けをかけることがあだとなります。重要な頼まれごとには絶対に応じないように。特にお金、教育、介護などの話は聞かないくらいでちょうどいいです。安易に受けると、もとに戻すのも難しいでしょう。お小遣いアップを頼まれた場合もその場で受け入れず、新しいルールは12月以降に決めてください。ケンカも増えそうです。スキンシップで心を落ち着かせましょう。

金運

▲大凶

要注意の運気です。判断力も決断力も落ちているのに気持ちが大きくなって、勢いで高価なものを買いたくなります。さらに店員さんのおすすめを断れず返事もあいまいになり、押しきられてしまいそう。成り行きで予算の数倍の商品を買う結果にもなりかねないので用心してください。12月になるまでは財布のひもを締めましょう。多額の現金やクレジットカードは持ち歩かないように。

健康運

▲大凶

くれぐれも注意が必要です。▲大凶2カ月目のため、回復力と免疫力がかなり落ちて体調をくずしがちのうえ、運動神経や反射神経も鈍って事故やケガにつながりやすい状態です。頭だけは妙に冴えているので体がついていかず、大ケガの可能性も。しっかり眠って無茶な行動は控えましょう。他人の心配でストレスがたまりがちですので、頼まれごとや苦労話は聞かないようにしましょう。

運勢

▲大凶

今月の注意点と開運のカギ

いよいよ▲大凶3カ月目に突入です。現在のあなたは言うなれば徹夜3日目の状態。心身に疲労が蓄積しているのにナチュラルハイになって直感で動いてしまい、それが大惨事につながるという大変危険な運気です。特に五黄土星の人は▲大凶のダメージが強く出るので要注意です。しかしあと1カ月のがまんです。今月は「ツケが回ってくる」という運気。仕事や人間関係などでこじれたまま放置していたことがあるなら、ここで原因を分析して改善しておくと、来月以降に良い方向に進むことができるでしょう。

反射神経が鈍るため、突発的な事故に注意してください。また、急に気分が変わったり、言葉遣いが悪くなったりしそうですが、慎重さを心がけて衝動的な行動は控えましょう。一方で今月は「まれに大当たりする」という運気でもあります。恋愛や転職活動で雲の上の存在にだめもとでアプローチしてみると、良い結果になる可能性も。失敗しても「まあいいか」と笑えるようなら、ぜひ挑んでみてください。

[年間運勢グラフ]

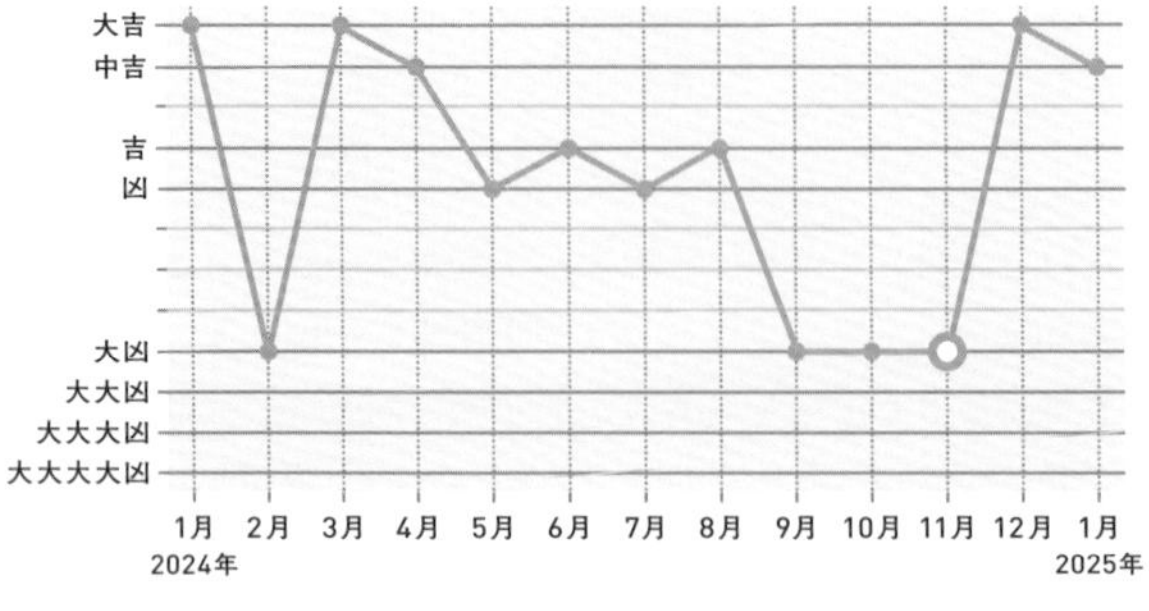

五黄土星
の月運

2024
11
November
11/7～12/6

不安定な状態が続く。石橋をたたいて渡れ！

【今月の心構え 三か条】

一 大凶3カ月目！悪い状態の自覚を持て

二 不安定な状況。迷ったらいったん停止

三 何事も慎重に。事故と病気には常に用心

仕事運　▲大凶

思考が柔軟で吸収力も上がる時期です。仕事の進め方などで改善点がないか、上司に聞いてみましょう。今ならアドバイスを素直に受け入れられますので、改善できるチャンスです。日々の仕事ではミスに十分に用心を。「ミスが必ず起こる」という前提のもと、2回以上のチェックを心がけてください。口約束によるトラブルも起こりやすい運気です。取引先とのやりとりや上司への報告は必ず書面に残してください。今月は一か八かの勝負に向いています。なかなかアポがとれない人への連絡やいつも断られる取引先へのアタックを試みると、良い結果が出るかもしれません。

恋愛運　▲大凶

おとなしく過ごしましょう。人を見る目、判断力ともに下がっていて、だめな人でも運命と錯覚して暴走しそうです。出会いを求めるなら、運気が上がる来月以降が良いでしょう。ただし、自分はとうてい釣り合わないと思う理想の相手に思いきって告白すると、良い結果が出る可能性もあります。カップルは突然の心変わりがあっても運気のせいなので、変わらず関係を保ってください。

家庭運　▲大凶

気持ちが不安定で逆上しやすく、家族に当たってしまいがちな運気です。「運気のせいで不安定になりそう」と先にあやまっておきましょう。不安なときは素直に甘えてスキンシップで愛を深めましょう。相手の指摘や希望を受け入れると信頼が深まります。子どもに対しても怒りがエスカレートしがちです。感情に振り回されず向き合い、子どものサインを見逃さないようにしましょう。

金運　▲大凶

ストレス発散で突発的に買い物をしたくなる運気ですので用心してください。絶対に買わないと思っていたのに急に気が変わって高額なものを買い、悔やむ可能性が高いです。多額の現金やクレジットカードは持ち歩かないでください。投資などの誘いも受けやすい運気ですが断りましょう。以前から続けているものは良いのですが、新しく始めるのは絶対にやめてください。

健康運　▲大凶

今月の▲大凶は今までのしっぺ返しという意味があります。睡眠不足や運動不足、体に良くない食事など不摂生を重ねてきた人は、体に不調が表れる可能性があります。おかしいと思ったらすぐに受診を。古傷も悪化しやすいため、症状が出たらきちんと治療してください。▲大凶は体調不良になったり事故やケガも起こりやすい時期です。無理をせず睡眠を十分にとってください。

五黄土星
の月運

2024

12

December

12/7 ～ 1/4

運気は急上昇！
無理にでも行動しろ

運勢

☆大吉

今月の注意点と開運のカギ

先月までの3カ月連続の▲大凶から一気に上がり、今月は☆大吉です。序盤は先月の▲大凶の影響が残っていてモチベーションが上がりませんが、仕事運も恋愛運も最高潮ですので無理にでも行動を起こしましょう。

援助運も好調です。勢いがあって一人でどんどん進めたくなりますが、上司や先輩をはじめ、周囲の信頼できる人に協力してもらうようにしましょう。一人で取り組むよりも成功する確率が格段にアップします。

注意したいのが、つい横柄な発言をしたり強気な態度をとってしまいがちなこと。今月のように運気が一気に上昇したタイミングはそうした行動をとりがちなので、意識して気をつけてください。細かいことを考えずにいいかげんな対応をする、相手の気持ちを考えない、歯に衣着せずものを言うなどの言動でまわりの人を怒らせてしまいそうです。良い運気だからこそ謙虚さとやさしさ、笑顔を心がけて。周囲を思いやりながら結果を残すように頑張りましょう。

［年間運勢グラフ］

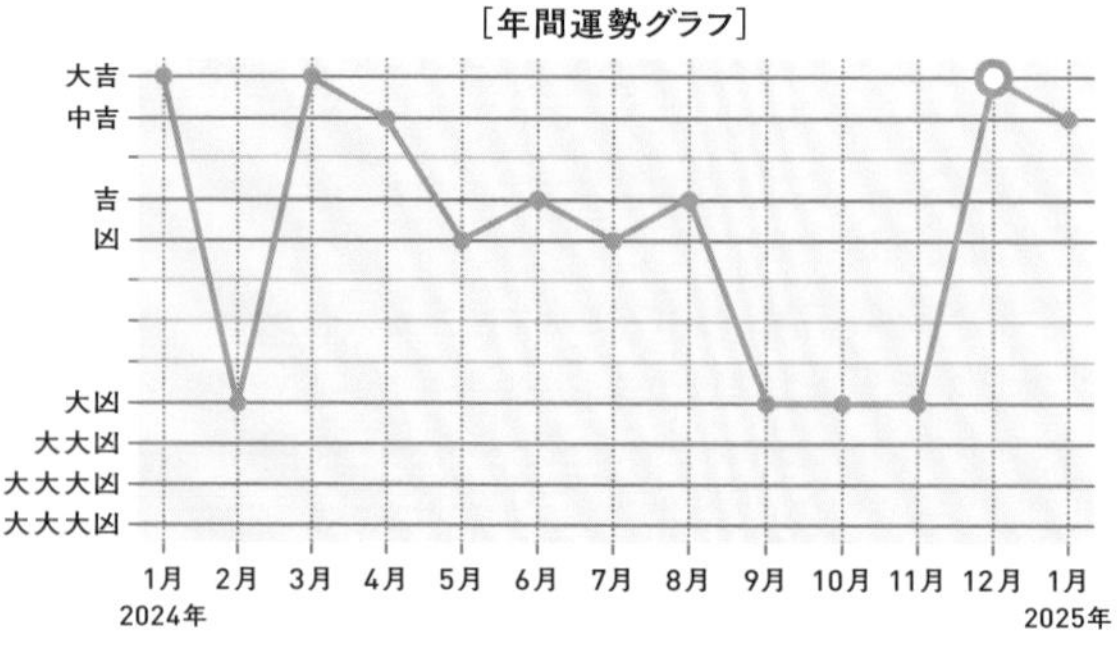

【今月の心構え 三か条】

一 結果にこだわって行動しろ

二 上司や先輩を頼って結果につなげろ

三 空気を読まない言動、無神経、無頓着に注意

仕事運
☆大吉

仕事運は絶好調。上司運が良いので、些細なことでも上司との連携を意識すると良いでしょう。報告、連絡、相談をこまめにし、何かあったら助けてもらえるようにしておきましょう。先月まで▲大凶が続いたので、業務の方針や進め方がずれていないか、ここでいったん見直しをすると良いでしょう。上司に意見をもらいながら、何をどう進めるべきかを再考してください。注意点は、まわりの空気を無視した発言をしがちなこと。判断力があるのに言動のせいで上司や取引先に誤解される可能性があります。謙虚さと丁寧な言葉を心がけ、細かいところまで意識してください。

恋愛運
○吉

恋愛運も好調です。特に紹介やお見合い運が良いので、結婚相談所に登録している人は、これはという人の紹介をコーディネーターにあらためて頼んでみましょう。判断力や人を見抜く力が高いですが、冷静すぎて良い人がいてもピンとこない可能性もあります。感情が動かなくてもすぐには断らず、来月まで待ちましょう。今月は振る舞いが雑になりがちなので気をつけてください。

家庭運
○吉

繊細なテーマも冷静に話し合える運気です。保険や貯蓄などの金銭面をはじめ、心配ごとは今月中に話し合って解決しましょう。言動や身だしなみに気をくばり、パートナーには普段以上にやさしくすることを心がけて。子どもへの態度が雑になりがちなので、たくさん会話をすると良いでしょう。子育てに必要な買い物に適した時期です。金額が張っても良質なものを選びましょう。

金運
☆大吉

お金の勉強や副業の準備開始に良いタイミングです。勉強会などに参加すると専門家と知り合えて今後につながりそう。今月は大きな買い物にも適しています。投資運も好調で、金融商品や不動産を買うのも良いでしょう。ただし、細かいことにまったく気が回らない運気なので、知識を得て十分に検討してから始めてください。すすめられたものをそのまま買うのは避けましょう。

健康運
△凶

勢いがあるがゆえに生活全般が雑になりがちですので、気をつけて過ごしてください。大らかに過ごすのは良いことですが、食生活のバランスがおろそかになり、インスタント食品や加工食品の比重が増えそうです。今月は特に脳や心臓、大腸に注意すべき時期。せっかくの良い運気ですから、食事や生活習慣の乱れで健康に不調をきたさないように注意してください。

運勢

◎中吉

今月の注意点と開運のカギ

ここ数年間は良い運気が持続していた五黄土星ですが、強運は今月まで。来月から運気が下がります。何をするにしても運気が高いときのほうが有利なので、仕事もプライベートも大事なことは今月中に取り組みましょう。

仕事も遊びも充実させると良い運気です。40歳以上の人は特に仕事漬けになるとストレスがたまり、やる気が出なくなります。プライベートでも新しい人間関係が広がる良い運気なので、遊ぶ時間を積極的に増やしましょう。新しい趣味を始めてみたり、昔好きだったことをもう一度始めたりするのもおすすめです。

気をつけたいのは余計なひとことを言いがちなことと、約束ごとにまつわる不注意。連絡事項は文書で残し、相手の誤解を招く表現も避けましょう。また、今月は体の回復力が下がります。積極的に出かけたい時期なのですが、頑張りすぎて食べすぎや飲みすぎ、寝不足になりがち。睡眠はいつもより多めにとり、サプリメントを活用するのも良いでしょう。

[年間運勢グラフ]

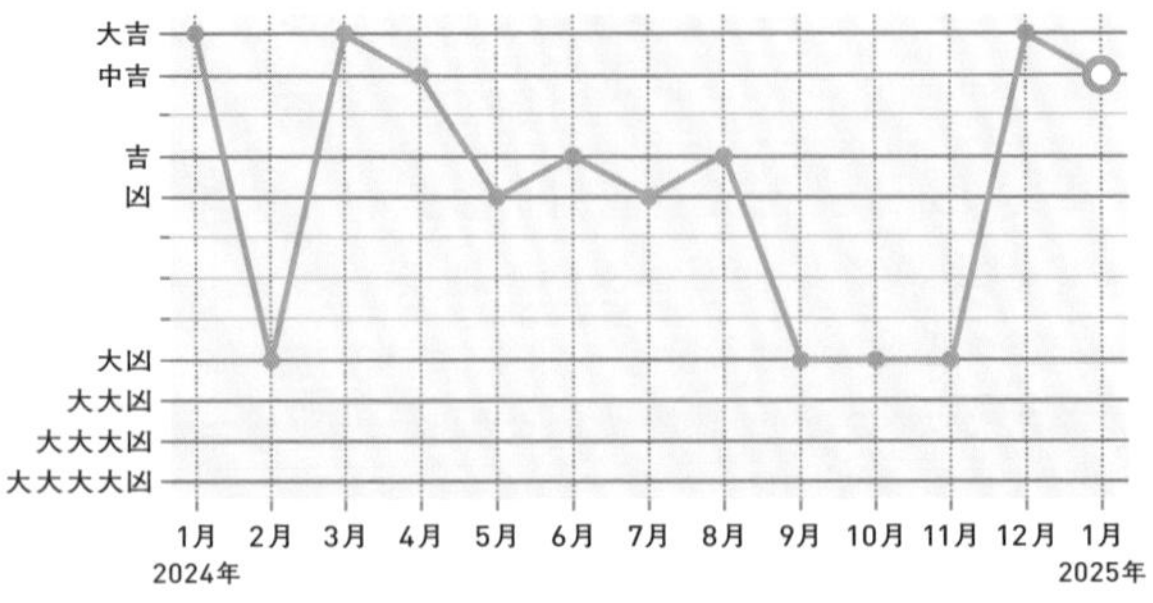

五黄土星
の月運

2025
1
January
1/5～2/3

強運最後の月！
やり残さないように動け

【今月の心構え 三か条】

一 来月から流れが変わる。今のうちに結果を出せ！

二 新しい友達を増やすと運気が上昇！

三 暴飲暴食と寝不足に注意して生活を整えよ

＊九星気学では前年の運気です

仕事運
◎中吉

強運最後の月です。やり残して後悔することがないよう、結果にこだわりましょう。今月は社交に最適な運気で、仕事でも人脈を広げられそうです。新規開拓にも適しているので、得意先だけでなく社内からの誘いにも積極的に応じましょう。幹事などを買って出ると評価されそうです。一方、余計なひとことや体裁を気にした発言には注意。特に目上の人への言葉遣いに気をつけてください。自分をアピールできるタイミングですが、「まじめに、おもしろく」を心がけましょう。謙虚さを貫けば人間関係も良くなり、仕事の成果にもつながります。

恋愛運
☆大吉

出会い運が好調です。多くの人が集まる場所に思いきって行くと、良い出会いがありそうです。友人や同僚との食事もチャンスの場です。普段と違う服装に挑戦すると新しい魅力にあふれ、良縁に結びつくでしょう。ただし今月は、見栄を張って年収や職業を大げさに言ってしまいそうです。相手に伝える前に頭の中で一度シミュレーションをして、偽らずに伝えてください。

家庭運
◎中吉

計画的なデートで余計なパワーを発散しましょう。目的なく出かけるより、しっかり予定を立てるとケンカをせずに過ごせます。二人でおしゃれをして豪華な食事に出かけると絆が深まります。「親しき仲にも礼儀あり」を肝に銘じ、険悪な空気になったら丁寧にあやまること。親子で楽しいことを見つけたり思いきり遊んだりすると子どもの運気もアップ。子どもにも丁寧な言葉で接して。

金運
○吉

人の縁から良い出会いや仕事に結びつく運気です。交際費は惜しまず、誘いは断らないくらいの心意気で過ごしましょう。いつもお世話になっている人にプレゼントを贈るのも良い使い方です。目的が明確なものにはしっかりお金を使ってください。一方、大らかになりすぎて贅沢をしすぎる可能性も。「せっかくの機会だから」と感じても、使いすぎないように注意しましょう。

健康運
△凶

疲れをなかなかリセットできない1カ月です。仕事も遊びも充実させよという運気のため、仕事に全力投球したうえに、外食、飲み会、ゴルフなどアクティブに動く機会が増え、結果的に体調をくずしそうです。今月は、たとえ風邪でも一度体調をくずすと治りにくい時期。休日をしっかり確保して休息をとってください。特にのどや気管支、肺の不調や口内炎には要注意です。

2024年の
年運と月運

「六白金星」

【Year keyword】

転換の年

大いに迷え！
学んで情報収集し
選択肢を増やせ！

六白金星

2024年の運気

△凶

※九星気学の1年は旧暦で、1年の境目は節分（2024年は2月3日）です。

[6年間の運勢グラフ]

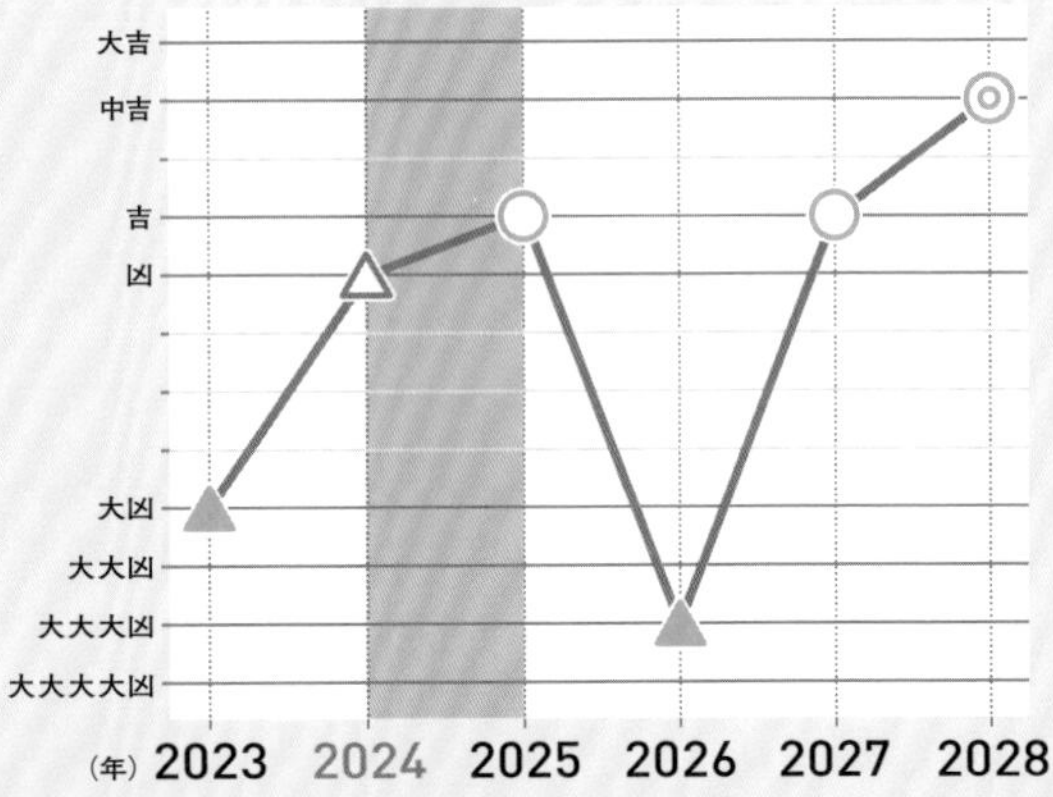

[年間運勢グラフ]

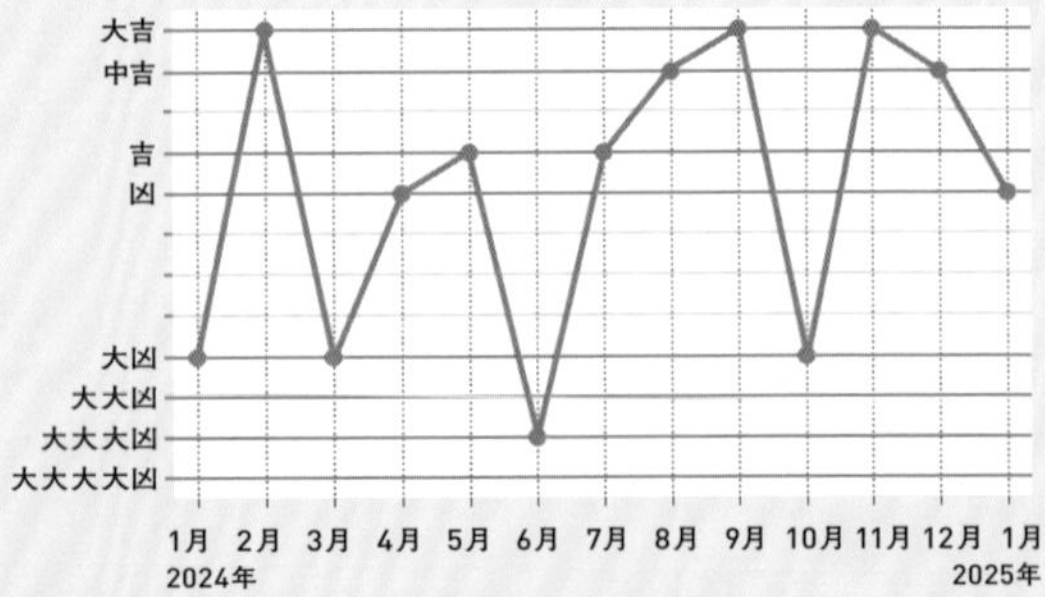

【運勢】

無理やり動いて来年につなげろ！

昨年の▲大凶から上がって△凶になりました。△凶は悪いわけではなく、モチベーションは下がりますが運気は安定し、柔軟性や順応性が上がるという利点があります。仕事でもプライベートでも新しい情報をキャッチでき、選択肢が広がりやすい時期です。想定外の選択肢が出てくるかもしれませんが、それが最適であることも多いので最初から除外せず、じっくり検討して無理やり行動しましょう。

再来年は▲大凶の中でも強烈な▲大大大凶がやってきます。今年は準備の年、来年は勝負の年と設定し、何事もこの2年で成果を上げるように行動しましょう。今年序盤は前年の▲大凶の影響が残っているため、なかなかやる気が起こらないかもしれませんが、「運気が上がった！」と自分に言い聞かせ、強引に行動していきましょう。

【仕事運】

一人で考えずにまわりを巻き込め！

△凶という運気はやる気は出ませんが、無理やり動けばなんとかなります。一人で考えずに、信頼できる上司や先輩、友人に協力を求めて行動しましょう。モチベーションは下がりますが、集中力や学習能力は上がるため昇進や資格のテストを受けるかたには好機です。

また、頭が柔軟になる時期ですので、今まで納得できなかった上司や先輩の指導が理解できたりします。反対に、普段指示を出す側のかたは、この機会に指示を受ける側に立ってみると良いでしょう。今後の選択肢を増やすような行動を起こしてみるのもおすすめです。今の会社に満足していても他社の待遇を調べてみたり、試しに面接を受けてみたりすると、新しい道が見つかるかもしれません。転職や独立には悪くない時期です。2026年に強烈な▲大大大凶がきますが、来年の○吉は相当なパワーが出て勢いもつきますので、転職も独立も早めに動き、軌道に乗せておきたいところです。

運気の流れだけでいえば最高の時期なのですが、ひとつだけ問題があります。今年は△凶の影響で非常にネガティブになり、転職や独立に臆病になりやすい時期。せっかくの好機を見送ってしまう可能性があるのです。もし臆病になってしまったら、仕事が順調な人などに相談するのが良いでしょう。自分の課題を誰かと共有することで勇気が出てきます。これまできちんと準備をしてきたかたは背中を押してもらい、とにかく早めに動きましょう。

【恋愛運】

良縁も期待大！とにかく積極的に

恋愛にも婚活にも良い運気です。魅力があふれて異性を引きつけるオーラが出ます。素敵な出会いも期待できますので、積極的に出会いの場に出かけましょう。ただし、今年は何を行うにしてもネガティブで腰が重く、一人でいると何も行動せずに終わってしまいそうです。結婚相談所に登録してコーディネーターにサポートしてもらう、あるいは恋愛経験が豊富な友人にアドバイスしてもらうなど、誰かを頼ると前に進みやすくなるでしょう。また、今年はメイクや服装を少し派手にすると運気が上がります。

今年の注意点は、冷静さを欠いてしまうこと。突然大胆になったり、気持ちが燃え上がったりしますが、あせらずにゆっくり進めていくと良いでしょう。どんなに素敵な人でも、周囲によく相談して決めるようにしましょう。

【家庭運】

不安はスキンシップで解消！

今年は家の中を大切にすると良いでしょう。家具やテレビを買い替えたり、調理器具や食器にこだわったりすると家庭円満に。パートナーと一緒に買い物や料理をするという、普通のことが幸せに思える1年です。ただし、ジェラシーに要注意。今年は気持ちがネガティブになりますので、パートナーの行動が気になって仕方ありません。少し帰りが遅かったり、電話が長かったりするだけで不安になってしまいます。そんなときは自分からスキンシップを図りましょう。肌が触れ合うと心も落ち着くはずです。

また、今後のことを話し合うのに良い時期です。同居や介護、相続など、気になることを相談して選択肢を増やしておき、決めるのは来年でも良いでしょう。

子育てでは、進学やクラブ活動などで選択肢を広げてあげると良いでしょう。想定外のところに最適な答えがあるかもしれませんので、だめもとのことも検討しましょう。今年1年は子どもとのスキンシップを多めにとり、ネガティブな発言は控えるように心がけてください。

【金運】

増やすより減らさない努力を！

家にお金をかけると良いでしょう。家具や食器の買い替え、家のリフォームなどには適した時期です。複数社から見積もりをとって、検討を重ねて決めましょう。住宅や車などの大きな買い物運も良好です。

ひとつ気がかりなのはケチになりすぎてしまうこと。金額にこだわりすぎて結果的に悪いものをつかんでしまった、おトクなオプションをはずしてしまったということが起こりやすいので気をつけてください。

また、今年は節約や貯蓄にも良い運気です。これまでためることができなかった人も、今年1年はいつも以上に節約を心がけてみましょう。買いたいものをがまんするよりも、無駄な出費を抑えることが大切です。しっかり家計簿をつけると無駄が見えてきます。

【健康運】

回復力は良好！ 治すなら今

今年1年は、基本的に回復力が高まる時期です。これまで気になっていた体の不調や、先延ばしにしてきた手術などがあるかたは、今年治療を受けると回復が速く、成功率も高くなります。また、ネガティブになる傾向が強いためストレスをため込みやすく、それが原因で体調不良になるかもしれません。スポーツなどに意識的に取り組み、ストレスを発散するように心がけましょう。

注意点

メンタルの落ち込みに注意！

△凶という運気は悪いことが起こる運気ではありませんが、とても消極的になります。何事に関しても受け身ですので、一人でいると何もせずに終わってしまいます。周囲の人とこまめに連絡をとり、孤立しないように心がけてください。

また、気持ちが非常にネガティブになります。良くいえば慎重でリスク管理ができるのですが、悪い意味ではすべてをネガティブにとらえ、精神的に落ち込んでしまいます。些細なことを勝手にマイナスに判断して、会社を辞めてしまったり、友人や恋人との縁を切ってしまったり。行動を起こす前に、必ず誰かに相談するようにしましょう。

来年はかなりパワーが出る時期。今年無理やり動いて来年のチャンスにつなげましょう。

六白金星の月運

2024

1

January

1/6 〜 2/3

今は動くな！すべては来月まで待て

運勢

▲大凶

今月の注意点と開運のカギ

先月の☆大吉から一気に下がって▲大凶です。九星気学では1月は1年の最終月で、年の運気は1年の終わりになるほどはっきり表れます。六白金星にとって2023年は▲大凶の年でした。今月はその年の最終月の▲大凶ですので、運気はかなり落ちています。くれぐれも気を引き締めて慎重に過ごしてください。

今月は「今までのツケが出る」運気です。仕事でも人間関係でも何かが炎上してしまうかもしれませんが、そこで逃げたりごまかしたりせずにしっかり向き合いましょう。ここで問題を解決して状況を改善しておけば、来月以降につながります。今までの不摂生のツケも出やすいので、少しでも体調が悪いときはすぐに病院に行きましょう。注意力が落ちるため不意の事故やケガにも気をつけてください。また、今月は急な心変わりも起こりやすい時期。不安定な感情に振り回されず、出会いに関しても仕事に関してもとにかく慎重さを大切に。衝動的な行動は避けてください。

［年間運勢グラフ］

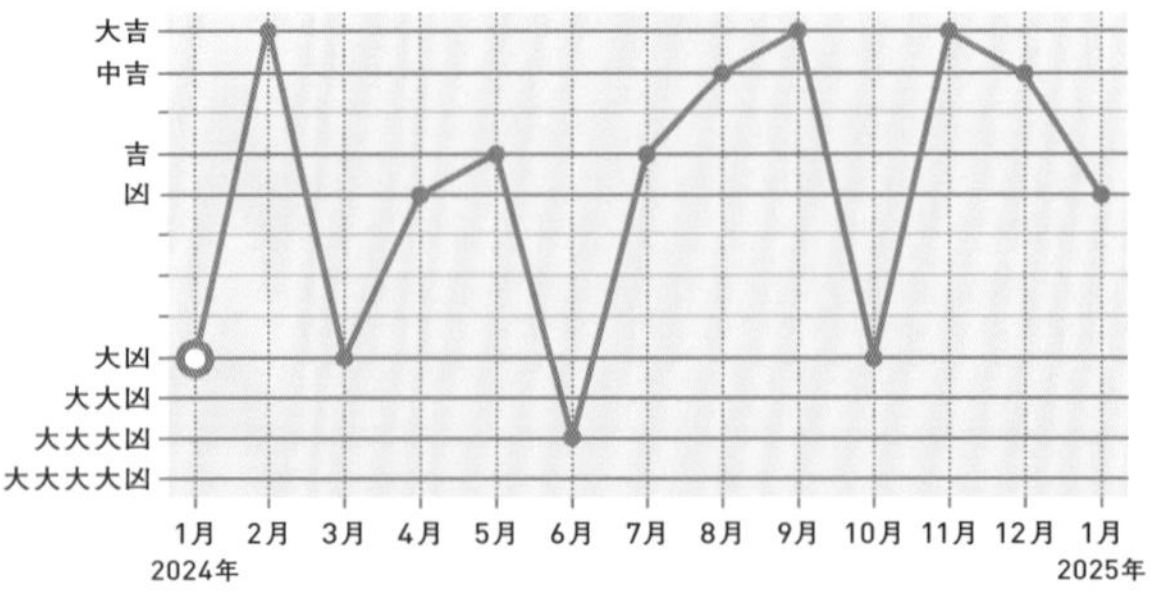

【今月の心構え 三か条】

一 大凶の年、最後の大凶。心して行動しろ！

二 不安定になる！迷ったらいったん停止

三 何事も慎重に。事故、病気に注意

＊九星気学では前年の運気です

仕事運
▲大凶

かなり悪いので覚悟して臨みましょう。まず判断力が低下しています。この時期の大きな判断は裏目に出ることが非常に多く、大炎上する可能性が大です。方針は変えず、現状維持に徹しましょう。うっかりミスも多いので確認は念入りに。何を行うにしても上司に報告して、判断を仰ぎましょう。不測の事態に助けてもらえて、間違いの防止にもつながります。また、クレームが多い時期ですので、少しでも心当たりがあればあらかじめ準備をしておきましょう。年の運気の▲大凶も今月で終わります。最後の最後に問題を起こさないように慎重に過ごしてください。

恋愛運
▲大凶

人を見る目が曇り、よくない人を運命の人と錯覚して突っ走りがちです。誘いが多い季節ですが出会いは求めずに、恋愛運が上がる来月まで待ちましょう。カップルの急な心変わりは運気による錯覚ですので、今月中に大きな判断をするのは厳禁。来月になるまでは現状維持に徹してください。大切な人と縁を切ってしまいやすい時期ですので、十分に注意してください。

家庭運
▲大凶

相手の些細な行動が許せなかったり、いきなり不機嫌になって相手を困らせそうです。心にも余裕がありませんがすべて運気のせいですので気にせず、素直にパートナーに甘えて解消を。子どもに対してもちょっとしたことでキレてしまったり、不調や何らかのサインを見逃したりしそうです。感情に振り回されず冷静に向き合って、意識してやさしく接するようにしましょう。

金運
▲大凶

運気が悪いときは買い物でストレスを発散しがちですが、今月の衝動買いは後悔することになりそうです。投資などお金がらみの勧誘を受けやすい時期ですが、すべて断るように。特に新規のものには絶対に手を出してはいけません。ただし今月は、長年探していたものやレアものに出会える可能性があります。来月まで考えが変わらなければ前向きに購入を考えても良さそうです。

健康運
▲大凶

今までのツケが出る時期。これまで睡眠不足や体によくない食事、運動不足など不摂生が多かった人は、ここで何か症状が出てしまうかもしれません。おかしいと思ったらすぐに病院へ行きましょう。古傷も悪化しやすいので注意。▲大凶のときは回復力、免疫力が落ちて体調不良になったり、運動神経や反射神経の低下による事故やケガにもつながりやすいので気をつけましょう。

六白金星
の月運

2024
2
February
2/4～3/4

年運が上昇！
初めの一歩を踏み出せ

運勢

☆大吉

今月の注意点と開運のカギ

先月の▲大凶から一気に上がって☆大吉です。今月は九星気学上の2024年のスタート月で、年の運気も昨年の▲大凶から△凶に上がっています。△凶は決して悪い運気ではなく、安定するとともに柔軟性や順応性が上がりますので頑張りましょう。体感はあまりないかもしれませんが、今年の物事の成功率は去年と比べてはるかに上昇しています。特に今月は援助運が良く、目上の人や専門家の協力を得て前に進める運気です。序盤は先月の▲大凶を引きずってなかなかやる気が出ませんが、仕事運も婚活運も絶好調です。上司を頼ったり婚活コーディネーターのアドバイスを参考に動いたりして成果を上げましょう。

一方、急に強気になって無意識に無神経な態度をとったり、上から目線の発言をしたりしそうです。デリケートな問題に大ざっぱな対応をしたり、大胆な決断をして周囲に引かれたりするので気をつけましょう。謙虚さと笑顔を心がけ、周囲に気をくばりつつ結果を出すように頑張ってください。

［年間運勢グラフ］

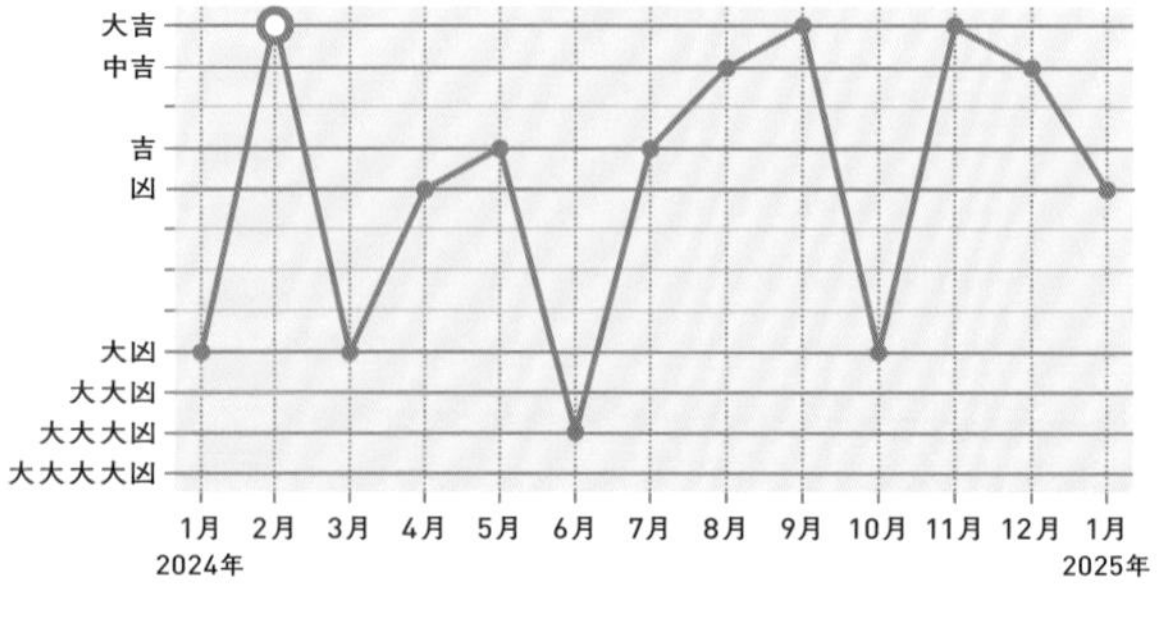

【今月の心構え 三か条】

一 心機一転、ここから動き出せ！

二 上司、先輩を頼ると運気アップ

三 無神経、無頓着には注意しよう

仕事運
◎中吉

絶好調です。序盤は先月の▲大凶を引きずってなかなかやる気が出ませんが、無理にでも動いてしまいましょう。特に今月は上司運が好調なので、小さなことも上司と連携して進めると良いでしょう。スタンドプレーは失敗のもと。報告、連絡、相談を密にして、何かあったときにフォローしてもらえる態勢をつくっておきましょう。給与を上げたい人は今月中に交渉してみてください。ただし、空気を読まない態度には注意。冷静な判断は良いのですが、取引先や上司にもストレートに意見しすぎて礼儀のない人と誤解されるおそれがあります。言葉遣いには気をつけましょう。

恋愛運
◎中吉

紹介運やお見合い運が好調です。特に婚活コーディネーターがついている人はチャンス。とっておきの人を紹介してもらいましょう。今月は判断力と洞察力にすぐれ、相手をしっかり見極められますが、冷静すぎて良い人と出会ってもピンとこない可能性も。気乗りしなくてもすぐには断らず、気分が上がる4月に会うようにしましょう。身なりや仕草が雑になりやすいので注意してください。

家庭運
△凶

家計面などデリケートなことも冷静に話し合えます。未婚カップルも今後の二人の関係を話し合うのに良い時期。ただし、態度が冷静すぎて相手に冷たく思われてしまいがちです。身だしなみにも気をくばりましょう。子どもに対する言動も雑になったり、気づくと無関心になっていたということも。意識して向き合う時間をつくりましょう。子育てに必要なものを購入するなら今月中に。

金運
☆大吉

お金の勉強をするのに良い運気。副業を検討中の人は準備を始めてください。勉強会に積極的に参加すると、その道の専門家とつながれそうです。不動産や金融商品の勉強にも適した時期ですが、十分な知識を得ずに運用を始めるのは危険です。大きな買い物にも適していますが、「まあいいか」と適当に買ってしまわないように。すすめられたものをそのまま買うのも避けましょう。

健康運
△凶

生活全体が雑になりがちなので注意しましょう。気分が安定して大らかに過ごせるのは良いのですが、特に食生活が雑になって、インスタント食品や加工食品が増えそうです。旬の食材を使って自炊するなど、栄養のあるものをとるように心がけましょう。今月は特に脳や心臓、大腸に注意という運気です。食事や生活習慣の乱れで体調をくずさないように注意しましょう。

六白金星
の月運

2024

3

March

3/5 ～ 4/3

やる気は出るが運気低下。ペースを落として臨め！

【今月の心構え 三か条】

一 口は災いのもと！発言に注意

二 体調不良多し。健康管理を重視

三 何事も慎重に。事故、病気に注意

運勢

◎中吉 のち ▲大凶

今月の注意点と開運のカギ

先月の☆大吉から急下降して今月は▲大凶です。来月には運気が上がりますので、１カ月のがまんです。気持ちを引き締めて乗りきりましょう。

今月はベースの運気が◎中吉でモチベーションが高い時期です。フットワークも軽く、何事も頑張りたくなりますが、その勢いのまま物事を進めると大炎上してすべてが壊れてしまう可能性が高い運気です。何事も勢いで押しきらずに慎重に進めてください。

さらに「口は災いのもと」の象徴が出ています。家族や友人、会社の同僚など身近な人に対して、無意識に余計なひとことを言って傷つけてしまうおそれがあります。「親しき中にも礼儀あり」を意識して、何を言うと怒らせたり傷つけたりしてしまうのか、相手の思いをくみとりながら接しましょう。健康面にも要注意です。体力が低下して体調不良になりがちなときですので、少しでも不調を感じたら早めに病院に行くことをおすすめします。

［年間運勢グラフ］

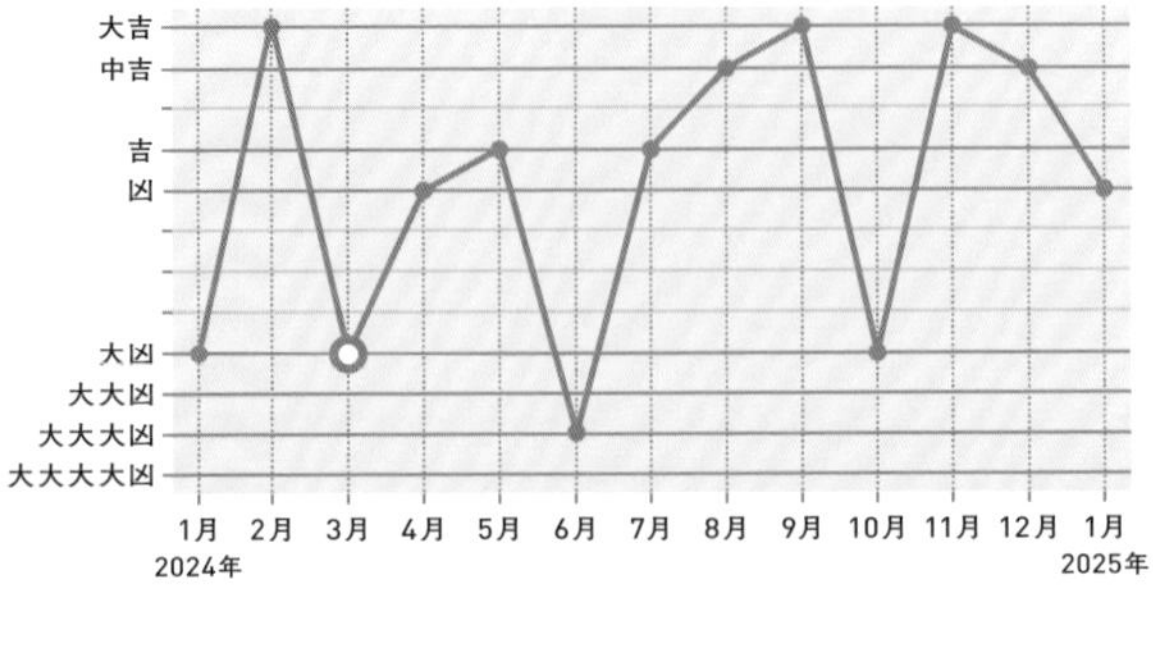

今月の【大開運日】なし　【激ヤバ日】31日　【大潮】10日～13日、25日～28日　【土用期間】なし

仕事運

▲大凶

とにかく「言葉のトラブル」に注意してください。余計なひとことで上司や取引先を激怒させてしまいそうです。言葉選びは慎重に。言った言わないのトラブルにも注意です。打ち合わせ内容は必ず議事録を作成し、上司の承認をもらいましょう。ミスも多く、請求書の記載ミス、メールの誤送信など単純ミスから大きなトラブルになります。慣れた業務でもダブルチェックを欠かさずに。予定のうっかり忘れやダブルブッキングがないよう、１日のスケジュールはしっかりと確認を。今月は社交運が上がるのですが、それも裏目に出ます。酒の席での振る舞いにも気をつけましょう。

恋愛運

▲大凶

今月は出会いの場や飲み会に行かない、紹介も受けないと徹底しましょう。社交的になりますが判断力がなく、恋愛のトラブルに巻き込まれやすくなります。余計なひとことで相手を怒らせたり、誤解を招くことも多いでしょう。せっかくの縁を無意識のひとことで失ってしまってはもったいないので、運気が安定する来月までは大きく動くことはやめておきましょう。

家庭運

▲大凶

家庭内でも「口は災いのもと」に注意。些細なことにキレて暴言を吐いたり、普通に接しているつもりなのに相手に突き刺さる言葉を発したりしそうです。ケンカも増えて別れたくなりますが、今月の判断はすべて間違いと思ってください。大切な話し合いも今月はしないように。子どもに対しても言葉の暴力で傷つけるおそれがあります。叱るときも言葉遣いには気をつけましょう。

金運

▲大凶

お金の扱いに注意すべき運気。衝動買いをしたり高価なものを欲しくなったり、見栄を張って余計なものを買ったりしそうです。店員さんのおすすめを断れず、予算の倍以上の高額商品を買う羽目になるかもしれません。お財布の紛失やカードの不正利用など不運なことも起こりやすい時期。運気が上がる来月までは大きな買い物は避けて、生活に必要なものだけを買うようにしましょう。

健康運

▲大凶

免疫力が下がって体調不良になりやすいうえに、回復力も落ちているため疲れがとれにくい１カ月です。ベースの運気が◎中吉で精力的に動きたくなりますが、気づかないうちに体調をくずしていたなどということにもなりそうです。無茶な行動を避けて、意識して体を休めるようにしましょう。特にのどや気管支、肺の不調や口内炎などに気をつけてください。

六白金星
の月運

2024

4

April

4/4～5/4

ネガティブだが頭は回る。無理やり動け！

運勢

△凶

今月の注意点と開運のカギ

先月の▲大凶から上がって△凶になりました。△凶は決して悪い運気ではなく、安定した運気といえます。集中力や学習能力が上がるため、試験勉強やレポート作成、伝票整理など地道な作業に向いている時期です。面倒であと回しにしていたことがある人は、今月中に仕上げましょう。柔軟性や吸収力も上がるので、苦手だと思っていたことにもチャレンジすると良いでしょう。仕事の進め方を上司や先輩に確認すると、これまで気づかなかった課題を教えてもらえそうです。指摘されたときにはあまり納得がいかなくても、素直に受け入れて改善すると今後に生かせるでしょう。

ただ、今月はとにかくネガティブな気分でやる気が出ません。無理やり動けば成果が出る運気なので、上司や友達、家族に背中を押してもらって頑張りましょう。孤立しがちですが、寂しいときや気分が落ちたときは素直にまわりの人を頼ってください。食事につきあってもらい、グチや悩みを話して励ましてもらってこの時期を乗りきりましょう。

［年間運勢グラフ］

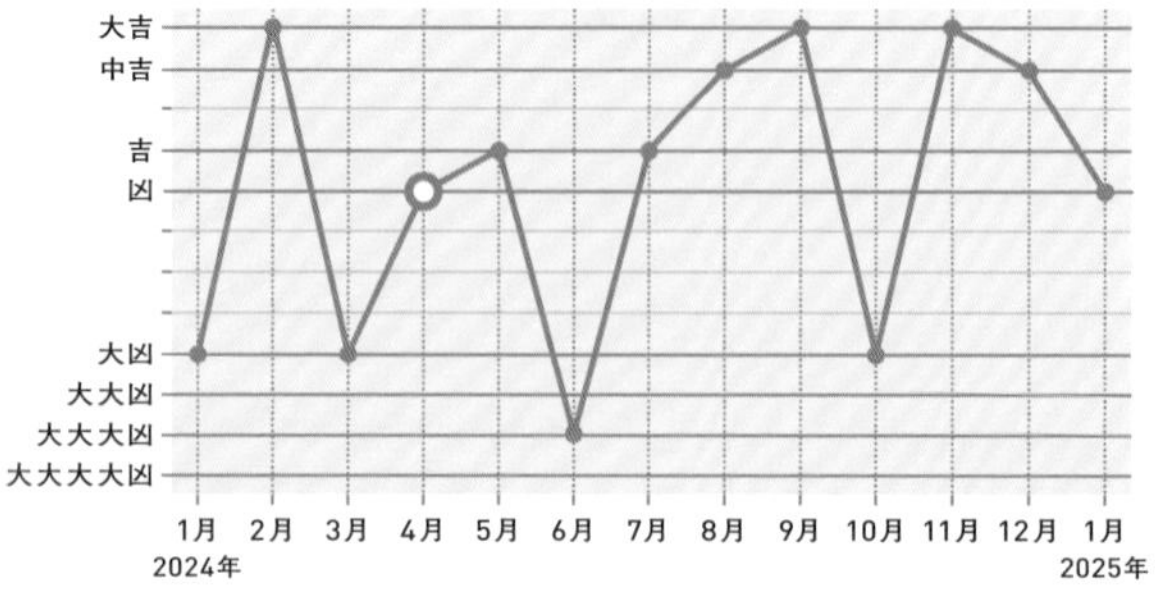

【今月の心構え 三か条】

一 集中力アップ。面倒な作業は今やれ！

二 答えは想定外にある。選択肢を増やせ

三 孤立するな！落ち込んだらすぐに相談

仕事運

○吉

集中力が上がり、勉強やレポート作成、調査などに向いている運気です。来月は仕事運がさらに上がりますから、今月は情報収集などの準備に励んで来月に備えると良いでしょう。今までの見直しにも良い時期です。上司や先輩に相談してこれからの仕事の進め方を検討し、修正すべき点はここでしっかりと直しておきましょう。せっかく順応性も上がっている運気ですから、上司の指示に忠実に従ってみましょう。今まで納得がいかなかった指摘が理解でき、今後の仕事に生かせる可能性もあります。素直に従えば従うほど評価にもつながり、上司との関係も良くなるでしょう。

恋愛運

○吉

異性を引きつける雰囲気に満ちています。普段は強気な人も、やさしい振る舞いができるチャンスです。消極的な運気のせいでなかなか出かける気分になれませんが、友達に頼んで出会いの場に連れ出してもらいましょう。ただ、飲み会などに行くと急に大胆になり、強引に誘われると断れません。良い人に出会えたと思ってもすぐ深い仲になるのは避けて、友達から始めましょう。

家庭運

○吉

運気の影響でパートナーの浮気を疑うなど何事も悲観的にとらえがちですが、そんなときこそスキンシップの回数を増やしてください。気持ちが安定して冷静になれます。順応性が高い今月は、相手に歩み寄ると運気が上がります。子どもとは学校やクラブ活動などの今後を一緒に考える良い機会です。ポイントは選択肢を増やすこと。否定的な発言は控えて可能性を広げてあげましょう。

金運

◎中吉

倹約を心がけましょう。金運は悪くないのですが、ネガティブな運気ゆえに買い物でストレスを発散したり、ついダラダラとお金を使ったりしがち。だからこそ倹約が大切になるのです。コツコツとお金をためるにも良い時期ですので、収支を細かくチェックしたり定期預金を始めたりすると良いでしょう。過払い金や回収すべきお金がある人は、このタイミングで整理してください。

健康運

○吉

今月は免疫力や回復力が上がりますので、持病を本格的に治したい人や治療をあと回しにしていた人は今月中に動きましょう。健康体だという人も一度検診を受けてみて、何か見つかればすぐに治療を始めましょう。今月は骨や筋肉、腰を痛めやすい運気。スポーツ前には入念な準備運動をしてください。ストレスもたまりやすいので、ヨガや整体でリラックスするのもおすすめです。

六白金星
の月運

2024

5

May

5/5～6/4

パワー全開！正攻法で直球勝負

運勢

○吉

今月の注意点と開運のカギ

頭が冴えてアイディアがわき、体も軽やかに動く○吉の月です。成果が出せる時期ですので、気合を入れて頑張りましょう。アピール力も上がりますので、新しい企画を提案したり営業を強化するなど積極的な行動をとると良いでしょう。また、今月は美意識が高まる時期です。髪形や服装、メイクなど外見を変えてみると運気アップにつながります。センスの良い友人を頼ったり、プロにメイクやファッションを習ったりしても良いでしょう。

ただし今月は、あらが目立ったり上から目線の態度になったりと、マイナスの要素も多い運気です。ズルや裏技も通用しません。運気が上昇したからこそ、いつも以上に謙虚な姿勢を心がけてください。来月は強烈な▲大凶ですので、ここでトラブルを起こしてしまうと想像以上にこじれて修復も難しくなります。何事も結果にこだわりつつ、あくまで態度は謙虚に。7月以降は良い運気が続くので、それまではミスが出ないように慎重に進めましょう。

[年間運勢グラフ]

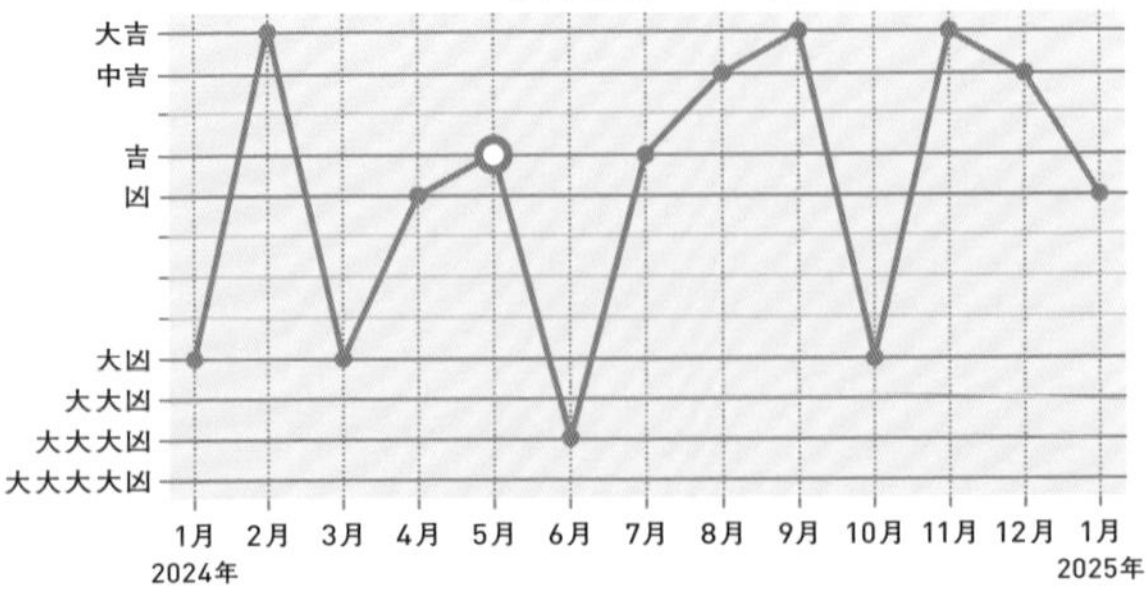

【今月の心構え 三か条】

一 アイディアを出して変化を起こせ！

二 ズルは自滅を招く。正々堂々と！

三 謙虚な態度に徹すれば運気アップ

仕事運

◎中吉

周囲の評価が高くて目立つ時期ですので、営業やプレゼン、転職の面接に向いています。来月は強烈な▲大凶になるので、今月が勝負。結果を求めていきましょう。今までの業務の効率化を図るのにも良い時期です。企画力も抜群ですから、どんどんアイディアを出して成果に結びつけましょう。ただし評価を得やすい半面、人からねたまれたり悪い評判が立ったりしやすい運気です。そんなつもりがなくても上から目線の態度が目立って反感を買いがちですので、謙虚な姿勢を心がけましょう。ウソや隠しごともばれます。下手な小細工をせずに、何事も正攻法で丁寧に進めましょう。

恋愛運

◎中吉

出会い運が好調です。今月のあなたはとても目立って人を引き寄せ、良い出会いが期待できます。上品さは保ちつつ少し思いきったファッションに身を包んで出かけましょう。ただし気持ちが大きくなりがちで、熱しやすく冷めやすい運気でもあります。良い人がいてもすぐに深い仲にはならず、誰かに相談してからにしましょう。来月は強烈な▲大凶。ここで変な人とかかわると厄介です。

家庭運

△凶

ケンカが多くなりそうです。感情的にぶつからないようにしましょう。隠しごとはばれるので、言えなかったことがある人は先に伝えること。気になっていたことを話し合うには良い時期です。新しいことに二人で挑戦すると運気がアップします。また、子どもの才能を見つけやすい時期ですから、注意深く観察してみましょう。ただし理想を押しつけないように注意しましょう。

金運

△凶

臨時収入が期待できるうえに、住宅や車などの大きな買い物にも適した運気です。ただし注意点もあります。今月のあなたは衝動的で、ひらめきや直感で決めてしまいがちです。ある程度の直感は信じても良いのですが、高額商品を買う場合は慎重に進めましょう。熱しやすく冷めやすい運気の特徴もあるので、必ず誰かに相談して、納得してから買うようにしましょう。

健康運

△凶

勢いがあり無理が多くなる時期です。働きすぎ、遊びすぎによる寝不足や暴飲暴食などの不摂生に注意です。意識してセーブしましょう。体に悪い部分がある場合、兆候が現れる時期でもあります。だましだまし過ごしてきた箇所が悪化した場合もすぐに病院へ。神経が過敏になってストレスもたまりがち。体の冷えや目や歯の不調、髪の傷みに注意です。激しいダイエットも避けましょう。

六白金星の月運

2024

6

June

6/5～7/6

今年最悪の月！ 周囲を頼って耐えるとき

【今月の心構え 三か条】

一 来月は運気急上昇。今月だけ辛抱だ！

二 一人で行動するな！上司の指示をあおげ

三 何事も慎重に。事故、病気に注意

運勢

▲大凶 のち △凶

今月の注意点と開運のカギ

今月は特に注意が必要です。先月の〇吉から一気に下がって▲大凶、しかも強烈な▲大大大凶です。暗くなり、そして物事が引っくり返るという2つの負の要素が重なるうえに、気持ちも不安定。何事も先月の良い運気の勢いのまま進めてしまうと、それがあだとなります。月初から意識して、仕事も恋愛も大幅にペースダウンしましょう。今月はいつも以上に気分が落ち込み、どんどん悪いほうへと考えてしまいます。それがもとでトラブルが起こったり、人間関係にひびが入ってしまうかもしれません。しかしそれは運気のせいです。不安なときは信頼できる人に話を聞いてもらい、すっきりしましょう。一人でため込むのは禁物です。

来月から運気が急上昇します。今月に大きなミスをするとその修復作業に追われ、せっかくの運気上昇を生かせません。来月まではできるだけ大きなミスをしないように、何事も慎重にいきましょう。変更は失敗のもとです。現状維持に徹し、石橋をたたきながら進みましょう。

［年間運勢グラフ］

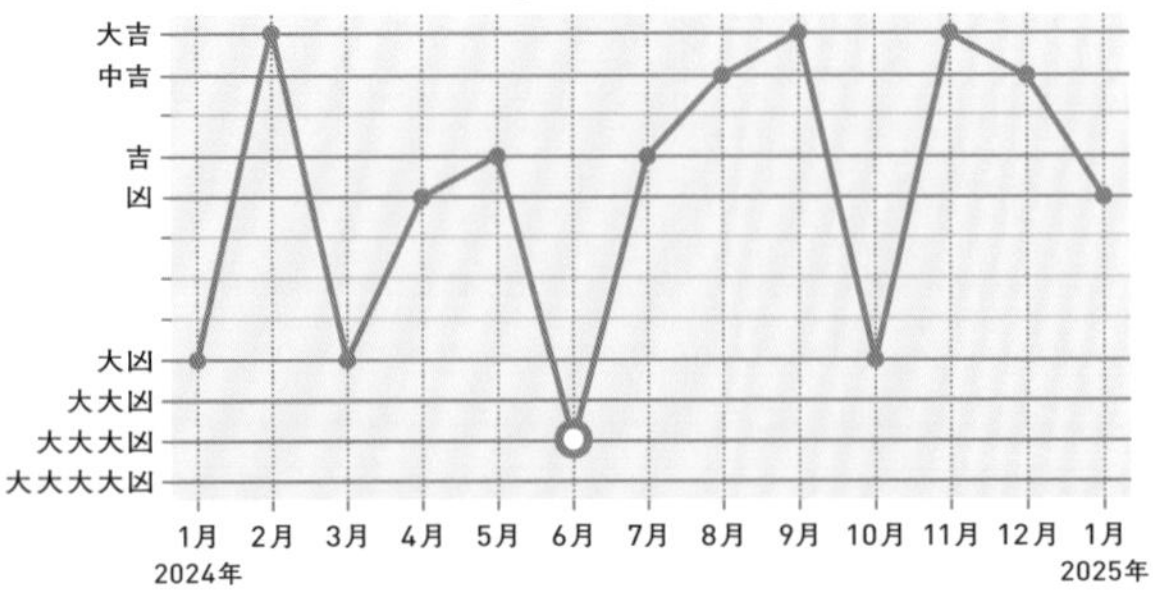

今月の【大開運日】なし　【激ヤバ日】11日　【大潮】6日～9日、21日～24日　【土用期間】なし

仕事運

▲大凶

とにかく慎重を期して行動を。先月の勢いのまま進めてしまうと危険です。請求書の桁間違い、お釣りの間違いなど、普段ならありえないようなミスが起こりそうです。ミスを見越してすぐ対処できるように予防線を張りましょう。ダブルチェックを欠かさず、どんな些細なことでも上司に判断をあおぎ、何かあったときはすぐにフォローしてもらえるようにしっかり根回しを。言葉遣いにも注意です。嫌みな言い回しやくどい話し方は避けましょう。突然新しいことに挑戦したくなったり、今までの方針を変えたくなったりしますが、それも運気のせいですのでやめておきましょう。

恋愛運

▲大凶

最悪の運気です。異性を引きつけるオーラが全開で、出会いの場に行くとたくさんの誘いを受けそうです。しかし人を見る目がまったくないため、誰が見ても危険な人に心を奪われてしまいます。気持ちが不安定で、いきなり相手を挑発したり大胆にアピールしたりして、トラブルに巻き込まれる可能性も大。来月は運気が回復しますから、それまでは家で自分磨きに徹しましょう。

家庭運

▲大凶

相手の言動を責めたり勝手に落ち込んだりと、ネガティブで疑心暗鬼になりがちです。運気のせいですから気にしないように。その場の感情で動くと大切な縁を切ってしまうので注意してください。性への意識は上がるので、不安なときは触れ合う時間を増やしましょう。子どもに対しても否定的な感情をぶつけて傷つけてしまいそうです。スキンシップを図って信頼関係を高めましょう。

金運

▲大凶

判断力がなく、心も不安定な月です。抑圧された願望が爆発して衝動買いをしてしまいそうです。この時期に買ったものはたいてい後悔しますので、くれぐれも注意してください。高額商品を買うのはもってのほか、分割やリボ払いも厳禁です。お金の貸し借りも絶対にしないこと。来月から運気が上昇して選択眼や交渉力、判断力も戻ってきますから、今月はひたすらがまんです。

健康運

▲大凶

回復力、免疫力が下がって体調不良になりやすい時期です。運動神経や反射神経も低下して、不意の事故やケガも起こりやすいので意識して行動しましょう。どうしても気持ちがネガティブになりがちですが、その影響で体が冷えて、婦人科系の不調や膀胱炎を発症しそうです。仲の良い友達と会って話を聞いてもらうなどして気晴らしをしましょう。

六白金星の月運

2024

7

July

7/7～8/6

ここからがスタート！3カ月計画を立てよ

運勢

○吉のち大波

今月の注意点と開運のカギ

先月の▲大大大凶から○吉に急上昇し、不安定な運気が一気に霧散します。来月は◎中吉、再来月は☆大吉と、3カ月連続で運気が上がります。とても良い時期に入りますので、もう少し先で良いかなと思っていたことも、ぜひ今月中にスタートさせましょう。

しばらく不安定な運気が続いていたので、仕事も恋愛も本来の方向性から大きくずれている可能性があります。何をどう進めるのかをもう一度しっかり考えて、この3カ月で軌道修正しながら成果を上げていきましょう。ただし、頑固さには注意してください。運気は良いのですが、頭はかたくなります。「こうあるべき」という思い込みが強く、それを他人にも押しつけてしまいそうです。せっかくの良い運気ですから柔軟にいきましょう。さらに、今月後半は大波の運気の影響で不安定です。度が過ぎるがまんはNGです。つらいことをため込んでも良いことは何ひとつありません。信頼できる人に早めに相談して問題を解決しましょう。

［年間運勢グラフ］

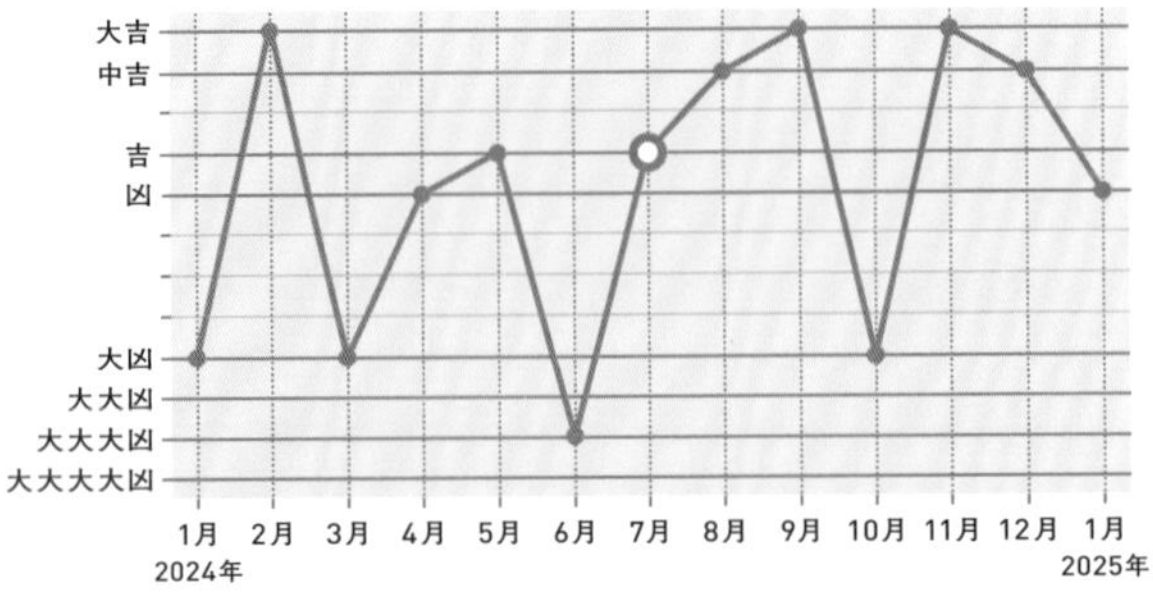

今月の心構え 三か条

一 強引にでも一歩を踏み出せ！

二 後半は不安定だが方針は変えるな！

三 マイルール、頑固さに注意

今月の【大開運日】12日　【激ヤバ日】25日　【大潮】6日～8日、20日～23日　【土用期間】19日～31日

仕事運

○吉

今月から3カ月連続で運気が上昇します。来月はどんどん挑戦し、再来月に成果を上げられる運気です。今月は基礎固めの時期。不安定な運気が続いていたため、当初の方針と進め方が大きくずれている可能性があります。ここでしっかり見直しを。部下運が好調な今月は、SNSなども活用して積極的に部下との交流を図りましょう。ただし部下を見る目が厳しくなって、ついお説教したくなりそうです。批判は控えてひたすら話を聞き、相手の心を開きましょう。今月後半は大波の影響で気持ちが不安定です。厳しさに拍車がかかりそうなので、意識して穏やかに接するようにしましょう。

恋愛運

○吉

出会い運は好調ですが、先月までの悪い運気の影響が残っていることや、19日から土用期間が始まることを考えると、今月はゆっくり進めたほうが良いでしょう。積極的に人のお世話をするといつも以上に好感度が上がります。知人が恋人に発展する可能性も高いです。ただ、異性を見る目が厳しくなる、みずから所帯じみてしまうなどの傾向があるので注意しましょう。

家庭運

☆大吉

家の中で工夫しながら過ごすと良い運気です。少ない食材で愛情を込めて料理をしたり、模様替えや断捨離もおすすめです。相手に対しては見る目が非常に厳しくなります。特に後半は気持ちが不安定ですので、意識してやさしく接してください。子どもとはしっかり向き合って面倒を見ると良い時期です。悪いクセや言動なども、今月中にやさしく指導すると直りやすくなります。

金運

○吉

お金の管理をしっかりすると金運がアップします。不安定な運気が続き、無駄な出費が増えていたかもしれません。ここで見直しを。倹約ぎみのほうが運気が上がる時期です。一方、今月は部下運が良い時期ですので、部下にごちそうして絆を深めましょう。家に招いたりプレゼントを贈るのも良いです。今月後半は気持ちが不安定になるので、実行するなら中旬までが良さそうです。

健康運

△凶

忍耐力の高さが裏目に出ます。かなりの不調であっても気づかなかったり、がまんしたりして症状が悪化する可能性があります。少しでも不調に気づいたらすぐに病院に行きましょう。特に胃の調子が悪かったり、皮膚のかゆみや荒れなどを感じたりしたときは要注意です。今月後半は大波の影響で気持ちが不安定です。意識してストレスを発散する日をつくりましょう。

六白金星
の月運

2024

8

August

8/7～9/6

パワー全開！失敗をおそれず実行を

運勢

◎中吉

今月の注意点と開運のカギ

運気は先月からさらに上がって◎中吉です。さらに来月は☆大吉に上がります。今月前半は、先月の後半から続く大波の影響で不安定さが残りますが、10日前後には回復します。この2カ月間は、仕事も恋愛も結果が出せる時期。気合を入れて頑張りましょう。特に今月は、失敗をおそれず何事にも挑戦すると良い運気です。「数打てば当たる」という運気ですので、選り好みせずにチャレンジしていると、その後につながる大切なものに出会えそうです。良い運気ですので、やり残しがないようにしてください。

ただし、勢いがつきすぎてすぐにカッとなったり、自分の意見を人に押しつけたりしやすいので注意してください。強気もほどほどに。思いを伝えるときは、押しつけではなく冷静に提案するように心がけてください。ここでトラブルを起こすと修復作業に追われて、良い運気の来月に何もできなくなってしまいます。つい気持ちが大きくなってしまうので、車の運転ではスピードの出しすぎに注意です。

［年間運勢グラフ］

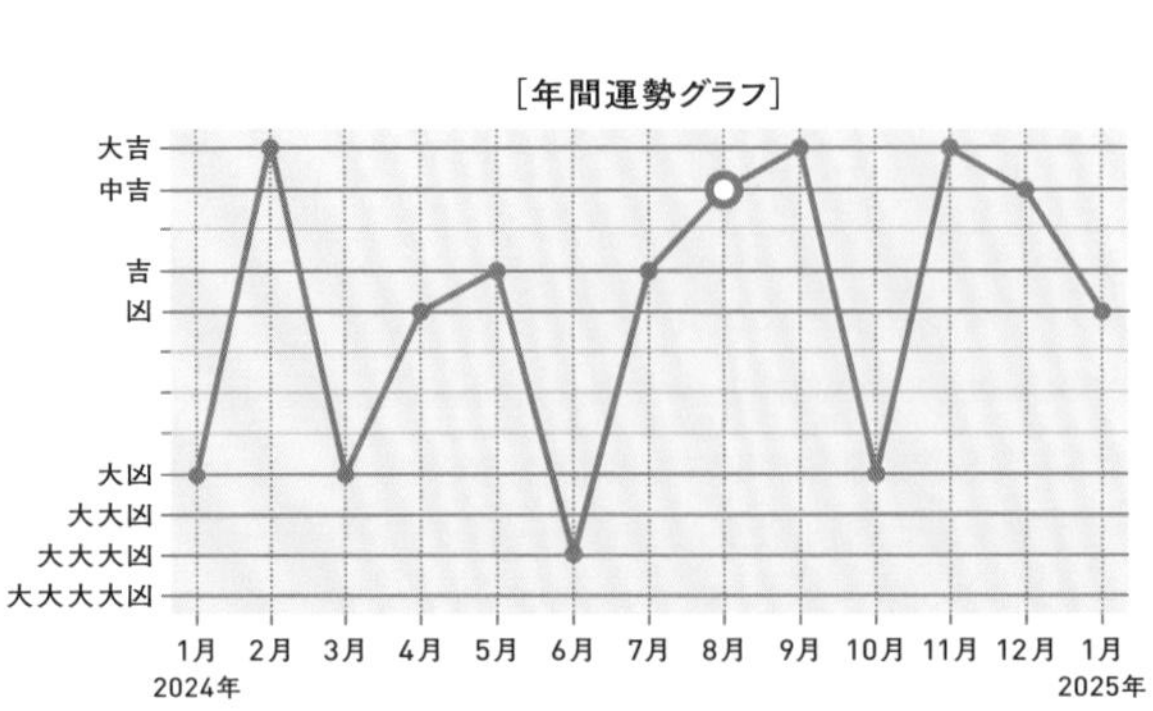

【今月の心構え 三か条】

一 今こそ決断！スピードを上げろ

二 仕事も恋愛も数打てば当たる！

三 押しつけではなく提案しよう

今月の【大開運日】24日　【激ヤバ日】21日　【大潮】4日～7日、19日～22日　【土用期間】1日～6日

仕事運　◎中吉

かなりパワーが出て物事の成功率が非常に上がります。課題がある人はぜひ今月に取り組んでください。ただ、結果がイマイチの場合は潔く一度引くこと。今月は粘るには適さない時期です。来月は結果も出やすく、粘ると良い時期なので仕切り直しましょう。今月は新しい進め方を見つけたり、取引先の要人と知り合うなど新たな出会いがありそうです。ただ、意志が強く頑固になりやすい運気の影響で、それらを門前払いしてしまうかもしれません。それは非常にもったいないこと。あまり気乗りしなくても、新しい話は前向きに受け入れると良いでしょう。

恋愛運　◎中吉

積極的に出会いの場に参加すると、今後の人生に大きくかかわるキーパーソンと出会える可能性が高いです。多くの人と交流して、ターゲットをしぼりましょう。いきなり深い仲になるのは禁物ですが、ある程度は直感を信じてもOKですので、良い人がいたらアプローチを。ただ、えらそうな態度にならないように注意。気持ちをはっきり伝えるのは良いのですが、押しつけは逆効果です。

家庭運　△凶

パートナーに対する言葉がきつすぎて傷つけてしまうかも。命令ではなく、「こうするといいんじゃない？」と提案するようにしましょう。どうしてもぶつかりやすい時期ですが、こちらから折れましょう。休日は二人でアクティブに過ごして。子どもとは未来の話をして夢を持たせると良いでしょう。ただし口調がきつくならないように注意。子どもから話させることを心がけてください。

金運　◎中吉

大きな買い物をするには非常に良い時期ですが、前半は先月の大波の影響が残っているため、買うなら運気が回復する10日過ぎにしましょう。少し強気に価格交渉をすると、良い値段で買い物ができそうです。ただし気持ちが大きくなり、その場のノリで高いものを買ってしまう可能性も高いので注意です。何を買うにしても即断即決せずに、誰かに相談してから決めましょう。

健康運　△凶

ベースの運気が◎中吉で勢いがつき、社交性が上がって外食や飲み会なども多くなる1カ月です。暴飲暴食をしたりはしゃいでしゃべりすぎたりして、特に肝臓、のど、声帯に負担をかけそうです。気持ちが大きくなって気がつかないうちに無理をしがちですから、意識して休息をとるようにしましょう。車の運転ではスピードの出しすぎにくれぐれも注意してください。

六白金星
の月運

2024

9

September

9/7～10/7

今年のピーク！粘って結果にこだわれ

運勢

☆大吉 ときどき 大波

今月の注意点と開運のカギ

先月の◎中吉からさらに上がって☆大吉です。今月が今年の運気のピーク。仕事や恋愛はもちろんのこと、何事も成功率が上がって結果を残せる１カ月です。契約を何件とれたか、売り上げはいくらかなど、具体的な数字を意識して行動しましょう。特に今月は粘り強さがカギとなります。交渉ごとも断られてからがスタートです。黙って引き下がるのは損。あきらめずに何度もアタックしてみましょう。とにかく今月は結果にこだわって行動してください。

ただし、今月は大波の影響で気持ちが若干不安定になります。「直前で迷う」という象徴が出ているため、これまで続けてきたことを急に変えてしまいたくなるでしょう。そう思うのは運気のせいですから気にせずに、何事も継続しているものに対して結果を残すことに専念しましょう。他人の意見にも惑わされやすい時期ですが、信頼する人以外の意見は気にしないことです。頼まれごとも断りにくいので十分に注意しましょう。

［年間運勢グラフ］

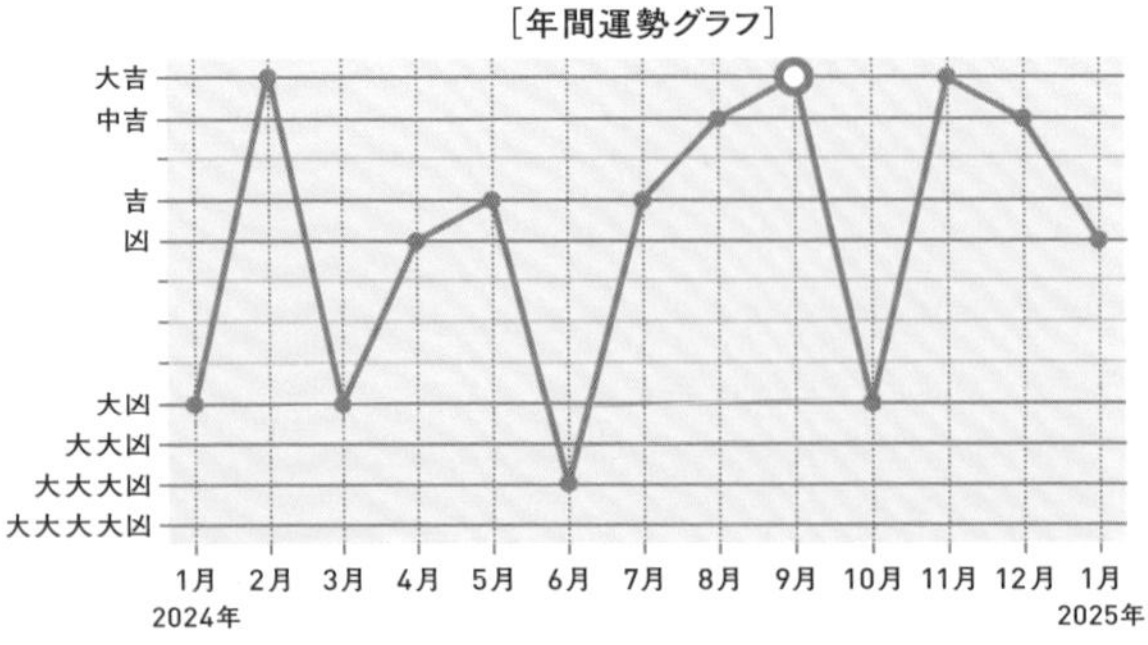

今月の心構え
三か条

一 断られてからが勝負。あきらめるな！

二 種まきの時期ではない。成果を出せ！

三 優柔不断、お人よしに注意せよ！

今月の【大開運日】11日、29日　【激ヤバ日】26日　【大潮】3日〜5日、17日〜20日　【土用期間】なし

仕事運
☆大吉

営業力や交渉能力が上がり、強気で押していくと結果が出やすい時期です。交渉の場では、条件の提示に加えて発展性を思い描ける話をすると、相手が乗ってくれそうです。もし断られても粘り強く交渉しましょう。利益はいくら確保できるのか、契約は何件とれるのかなど具体的な数字を意識することをおすすめします。長期で動いている案件も、今月に中締めをすると良いでしょう。一方で、頼まれごとには注意です。軽い気持ちで引き受けてしまうとそれが習慣化し、自分の首を締めることになります。あいまいな返事をせずにきっぱり断って。優柔不断もよくありません。

恋愛運
○吉

良い人を引きつける力が強く、出会いが期待できそうです。深いつきあいになる相手に出会えそうですが、表面的な楽しさや外見の良さよりも、価値観や年収など結婚に結びつく条件を重視して。友人の紹介や、知人をもう一度見直すのも良いでしょう。良い人がいたら積極的にアタックを。相手から迫られると断れないお人よしの傾向があるので、だめな場合にはきっぱり断りましょう

家庭運
◎中吉

相手に尽くすと良い時期です。欲しがっていたものを贈ると、あとで何倍にもなって返ってくるかも。伝え方は気をつける必要がありますが、お願いごとが通りやすいので、重要なことを相談してみましょう。一方、相手のお願いごとには注意です。たとえ夫婦間でも無理なことは断りましょう。今月は先回りして子どもの要望をかなえてあげると良い運気ですが、甘やかすのはNGです。

金運
☆大吉

先月から良い運気が続き、判断ミスが少ない１カ月です。比較的大きな買い物をするなら今月でしょう。ただし大波の影響で気持ちが若干不安定で、迷いが出る時期でもあります。急に違うものが欲しくなってしまいますが、そこは初志貫徹でいきましょう。どうしても迷うならいったん仕切り直して。金銭面でもお人よしには注意。お金の貸し借りには十分に気をつけましょう。

健康運
△凶

お人よしになりがちな今月は、他人の心配をしすぎて心労やストレスがたまりやすいでしょう。苦労話などに共感してひと肌脱いでしまいますが、これがストレスとなって頭皮や髪の傷みにつながったり、胃腸の不調に直結します。本当に助けてあげたいと思うとき以外はきっぱり断りましょう。どうしたら良いかわからない場合は、一人で抱え込まずに誰かに相談してください。

六白金星の月運

2024

10

October

10/8 ～ 11/6

今月だけペースダウン。来月からまた勝負だ！

運勢

▲大凶

今月の注意点と開運のカギ

先月の☆大吉から一気に下がって▲大凶ですが、来月はまた☆大吉に上がります。☆大吉にはさまれた▲大凶なのでそこまで気にしなくて良いのですが、仕事もプライベートも今までの勢いを止めて、いったん見直してみると良いでしょう。今月は「今までのツケが出る」という運気。仕事でも人間関係でも、何かが炎上してしまう可能性があります。ここでごまかさずにしっかり向き合って改善しておけば、来月以降につながります。今までの不摂生のツケも出やすいので、少しでも体調が悪いときはすぐに病院に行きましょう。事故や病気にも注意です。また、今月は急な心変わりにも注意してください。仕事も恋愛もとにかく慎重に、衝動的な行動はとらないようにしてください。

また、まれに大当たりする運気でもあります。条件的に難しい会社に営業をかける、ハイレベルの会社の求人に応募する、憧れの人に告白するなど、だめもとの勝負はやってみる価値あり。正攻法のチャレンジは運気が上がる来月に。

［年間運勢グラフ］

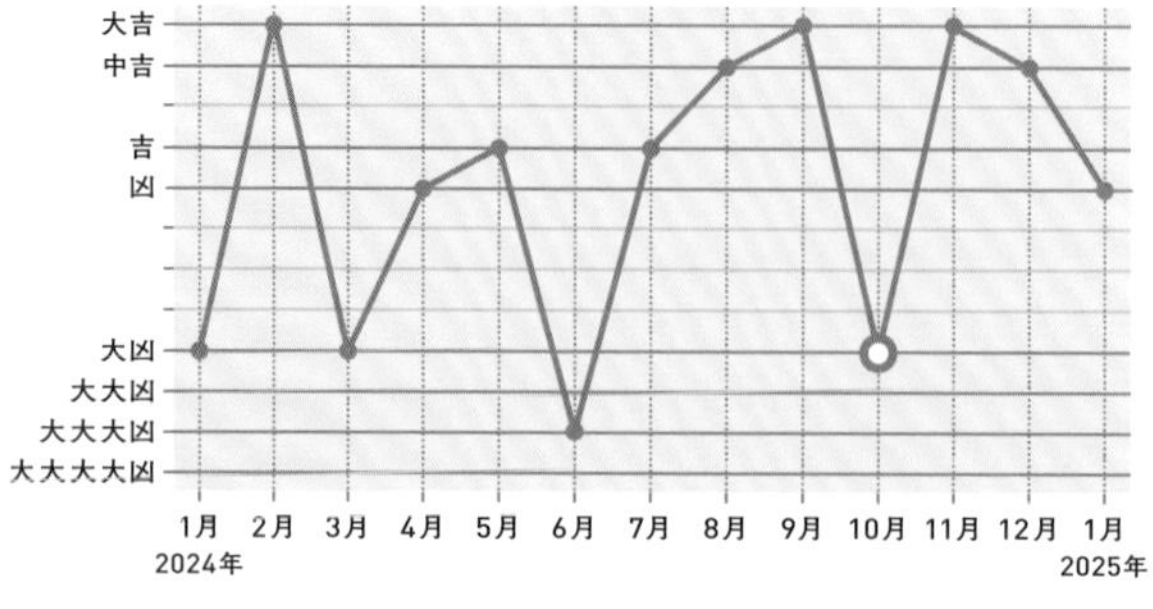

【今月の心構え 三か条】

一 だめもとの勝負はやってみる価値あり

二 不安定！迷ったらいったん停止

三 何事も慎重に。事故、病気に注意

今月の【大開運日】なし　【激ヤバ日】26日　【大潮】2日～5日、17日～20日　【土用期間】20日～31日

仕事運

▲大凶

判断力が低下しているのに、先月までの好調な運気で気持ちが大きくなっています。その勢いのまま大きな判断をすると裏目に出てしまい、大炎上してしまう可能性も。基本的に方針は変えず、現状維持に徹しましょう。うっかりミスも増えがちですので、チェックは念入りに。何事も上司に報告して判断をあおぎましょう。不測の事態にサポートしてもらえるうえに、報告することで間違いを未然に防ぐ可能性が上がります。クレームも多い時期です。少しでも心当たりがあれば、あらかじめ準備をしておきましょう。運気が上がる来月まではミスは最小限に抑えて慎重に進めましょう。

恋愛運

▲大凶

異性を見る目が曇っているのに、かまってほしいオーラが出ています。判断力も低下して、だめな人を運命の人と錯覚して突っ走りがちです。今月は家でおとなしくしていましょう。仲良しのカップルの急な心変わりは運気による錯覚ですから、今月中に大きな判断をするのは厳禁です。なお、普段なら絶対に振り向いてもらえない人に告白するなら、大勝負に向く今月中に。

家庭運

▲大凶

心に余裕がなくて些細なことが許せなかったり、いきなり不機嫌になって相手を困らせたりしてしまいそう。すべて運気のせいですので気にせず、素直にパートナーに甘えて解消しましょう。子どもに対しても▲大凶の影響で加減がわからず、普通に叱っているつもりが度を越してしまうことも。さらに子どもの不調やサインを見逃してしまうことも。意識して冷静に向き合いましょう。

金運

▲大凶

買い物でストレスを発散したくなりますが、衝動買いには十分に注意してください。後悔することになりそうです。投資話などお金がらみの勧誘を受けやすい時期ですが、すべて断って。特に新規のものには絶対に手を出してはいけません。一方で長年探し続けてきたものやレアものに出会える可能性があります。慎重に検討したうえであれば、来月は購入を考えても良さそうです。

健康運

▲大凶

今までのツケが出るという運気ですので、これまで不摂生をくり返してきた人は何か症状が出てしまうかもしれません。おかしいと思ったらすぐに病院へ行きましょう。また、古傷の悪化にも注意が必要です。▲大凶のときは回復力、免疫力が下がり、体調不良になりやすい時期。運動神経や反射神経の低下による不意の事故やケガにもつながりやすいので用心しましょう。

運勢

☆大吉

今月の注意点と開運のカギ

先月の▲大凶から一気に上がって☆大吉です。そして来年まで好調が持続します。もし多少失敗しても挽回できますので、どんどんチャレンジしましょう。

今月は特に援助運が良く、目上の人や専門家の協力を得て前に進む運気です。序盤は先月の▲大凶を引きずってなかなかやる気が出ませんが、仕事運も恋愛運も絶好調。上司を頼ったり婚活コーディネーターのアドバイスを参考に動いたりして、成果を上げましょう。何でも一人で進めたくなりますが、今月は周囲の協力を素直に得たほうがうまくいきます。

一方、運気が安定すると急に強気になりますので注意しましょう。無意識に無神経な態度をとったり、上から目線の発言をしがちです。妙に冷静になってデリケートな問題に大ざっぱな対応をしたり、あまり喜ばれないような大胆な決断をしてまわりに引かれたりするので気をつけましょう。謙虚さと笑顔を心がけ、周囲に気をくばりながら結果を出すように頑張ってください。

［年間運勢グラフ］

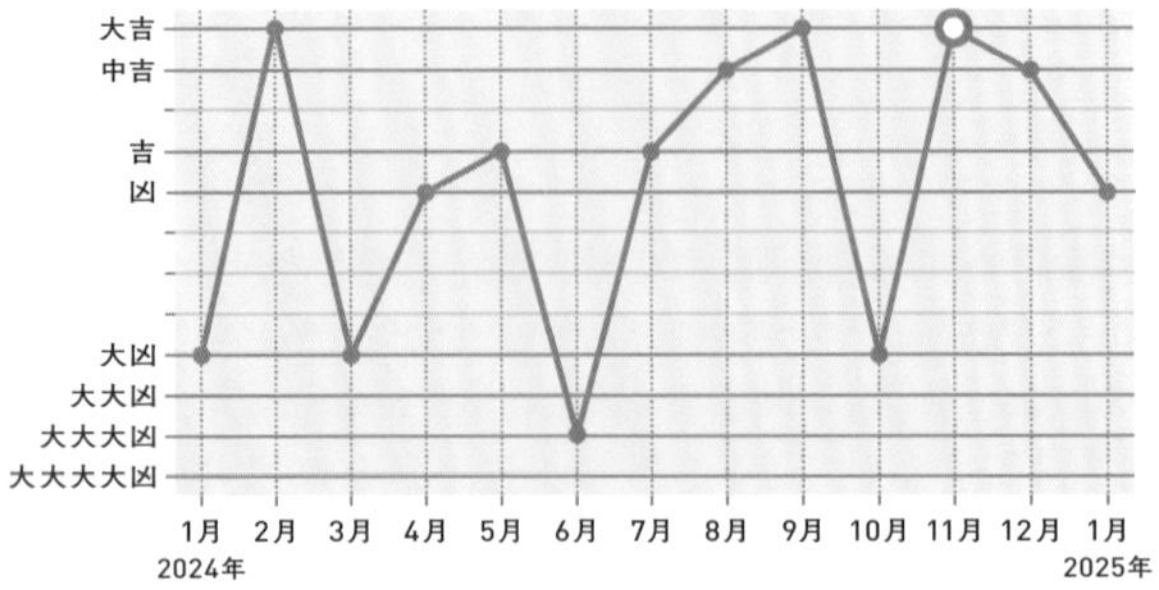

六白金星の月運

2024

11

November

11/7～12/6

大きな結果が出る月。冷静に動け！

【今月の心構え 三か条】

一 年内は好調が継続！今こそ走るときだ

二 上司、先輩を巻き込んで手伝ってもらえ！

三 無神経、無頓着な言動に注意

仕事運

◎中吉

絶好調です。序盤は先月の▲大凶を引きずってなかなかやる気が出ませんが、気合で動いてしまいましょう。特に今月は上司運が好調ですので、小さなことも上司と連携して進めることをおすすめします。独断での行動は失敗のもとです。ただし、空気を読まない態度には注意してください。冷静な判断は良いのですが、上司や取引先にストレートに意見してしまうかもしれません。度が過ぎると冷酷な人と誤解されますから、まずは言葉遣いに気をつけること。仕事も雑になりがちなので丁寧に進めましょう。給与を上げたい人は、ここで交渉してみると良いでしょう。

恋愛運

◎中吉

紹介運やお見合い運が好調です。特に結婚相談所に入会中の人は、とっておきの相手を紹介してもらえそう。判断力と洞察力にすぐれ、相手をしっかり見極められます。ただし感情に振り回されないのは良いのですが、冷静すぎて良い人でもピンとこない場合があります。すぐには断らず来月に会うようにしましょう。身なりや言動が雑になりがちですので、上品さを意識してください。

家庭運

△凶

デリケートなことも冷静に話し合える運気です。金銭面などの心配ごとは夫婦で解決しましょう。ただ、あっさりしすぎて冷たく見られてしまうおそれがあるので要注意。身だしなみにも気をくばりましょう。子育ても普段より雑になり、子どもに無関心になりがちです。意識して向き合う時間をつくりましょう。子育てに必要なものがあれば今月中に購入を。質にはこだわりましょう。

金運

☆大吉

お金の勉強をすると良い時期。副業を検討中の人は準備を始めましょう。勉強会に積極的に参加すると、その道の専門家とつながる可能性が高くなります。投資運も好調で、不動産や金融商品を買うのも良いのですが、十分に知識を得てから始めてください。大きな買い物にも適していますが、適当に買ってしまいがちですので注意して。すすめられるまま吟味せずに買うのも危険です。

健康運

△凶

何事も雑になる傾向が見られる今月は、生活習慣も雑になるので注意が必要です。なかでも食生活が乱れて、インスタント食品や加工食品が増えそうです。新鮮な生鮮食品をとるなど食生活の改善を意識しましょう。今月は脳や心臓、大腸に注意という運気。ストレスをためずに大らかに過ごすのは良いことですが、食事や生活習慣の乱れで体に不調をきたさないようにしましょう。

六白金星
の月運

2024

12

December

12/7 ~ 1/4

趣味も仕事のうち。よく働き、よく遊べ！

運勢

◎中吉

今月の注意点と開運のカギ

今月は◎中吉です。先月からの好調な運気が継続し、成果が出せる1カ月ですので気合を入れて頑張りましょう。来月は△凶ですが、九星気学上の年の始まりである2月からは年の運気が上昇します。今の勢いで来年まで走ってしまいましょう。今月は「よく働き、よく遊べ」という運気です。仕事だけ頑張るのではなく、プライベートも充実させると良いでしょう。特に40代以上の人は、たとえ適職でも仕事だけではモチベーションが維持できなさそうです。趣味の世界から新たな人脈をつくれる良い運気ですので、どんなことでもチャレンジしてやる気を高めると良いでしょう。過去の趣味を再開するのもおすすめです。

ただ、調子に乗りすぎて失言や誤解を招く言葉を発しそうですから注意してください。また、回復力が下がっています。社交運が良いうえに時期的にも外食が多くなりそうですが、暴飲暴食や寝不足には十分に気をつけて、できるだけ規則正しい生活を送るようにしましょう。

[年間運勢グラフ]

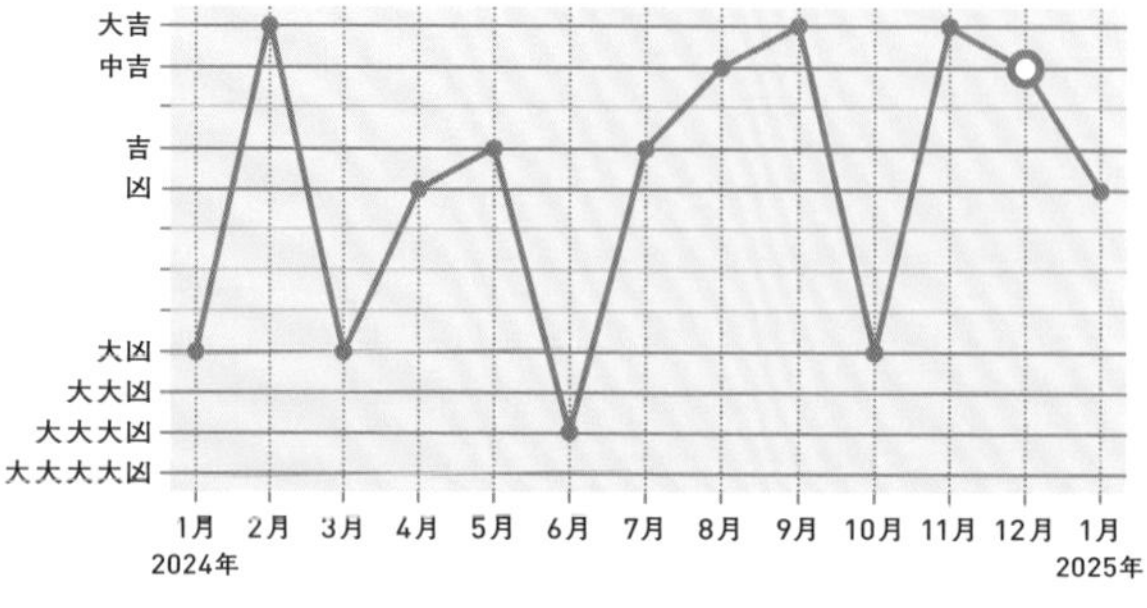

【今月の心構え 三か条】

一 明確なストレスの発散方法を探せ！

二 新しい人脈をつくると運気アップ

三 暴飲暴食、寝不足など生活の乱れに注意

仕事運
◎中吉

社交運が良く、人脈を広げられる運気です。新規開拓をしたり、今まで接点がなかった人と接触すると、新たな発見がありそうです。誘いにはすべて参加を。宴席では場を盛り上げると、人柄を評価してもらえます。ただ、余計なひとことや目上の人への言葉遣いには気をつけて。無礼講も下ネタもNGです。自分をアピールできる時期ですが、くれぐれも謙虚な姿勢を忘れずに。来月は悪い運気ではありませんがややパワーダウンして、月の後半は気持ちが不安定になります。新しいことは今月中にスタートさせ、手がけている仕事も今月中に結果を出しましょう。

恋愛運
☆大吉

イメチェンをしましょう。今月は印象を変えると恋愛運がアップします。特に普段地味な人は、少し派手にすると運気が上がります。出会いに関しては誰かの紹介よりもサークルや趣味の世界に飛び込むと、良い人にめぐり合う可能性が高いでしょう。社交的に振る舞うと良い運気ですが、見栄っ張りには注意。ウソがばれたときに引かれて、せっかくの縁が台無しになってしまいます。

家庭運
◎中吉

外出して分刻みのスケジュールで行動すると仲良く過ごせます。新しい場所の開拓や豪華な食事もおすすめです。ただし余計なひとことで、無意識に相手を怒らせる可能性があります。険悪なムードになったら丁寧にあやまりましょう。子どもとも一緒に楽しいことを見つけたり休日に思いきり遊んであげると、親子ともに運気が上がります。子どもにかける言葉も丁寧さを心がけて。

金運
○吉

人とのつながりから良い出会いや仕事に結びつく運気です。誘いがあったら必ず出かけるくらいのつもりで、交際費は惜しまずに使いましょう。いつもお世話になっている人に贈り物をするのもおすすめです。ただし今月は見栄を張りすぎる傾向があります。ケチになる必要はないのですが、高級志向になりすぎるのもよくありません。しっかり考えてからお金を使いましょう。

健康運
△凶

疲れがとれにくい1カ月です。今月は「よく働き、よく遊べ」という運気のため、外食やゴルフなどに誘われる機会も増えますが、休みをとらずに全力投球して、気づいたら体調をくずしていたなどということになりそうです。回復力が落ちている今月は、一度体調をくずすとなかなか治りません。意識して休日をつくり、体を休めましょう。特にのどや気管支、肺、口内炎に注意です。

六白金星
の月運

2025

1

January

1/5～2/3

来年の運気上昇に向けて自分を見直そう

運勢

△凶 のち 大波

今月の注意点と開運のカギ

九星気学では2月が1年の始まりです。六白金星は2025年の運気が上昇します。その準備段階である今月は何事も頑張れる時期なのですが、その前に目上の人の指導を受けて、今の自分のやり方が間違っていないかを見直すと良いでしょう。この段階で間違ったやり方を改善しておけば、来年の良い運気を十分に生かすことができます。

今月は△凶の運気です。△凶は決して悪い運気ではなく、精神状態はややネガティブでも集中力や学習能力が上がりますから、無理にでも動けば結果を出せます。一人で進めようとするとやる気が出ないため、周囲を頼って背中を押してもらいましょう。恋愛や婚活には良い時期です。婚活は結婚相談所などの専門家に支えてもらいながら進めましょう。後半は大波の影響で気持ちがさらに不安定になりますが、苦しいときは素直に周囲を頼りましょう。来月は運気が上がり、パワーがかなり出る時期です。公私ともに一気に成果を出せるように、今月はその準備期間ととらえて頑張りましょう。

［年間運勢グラフ］

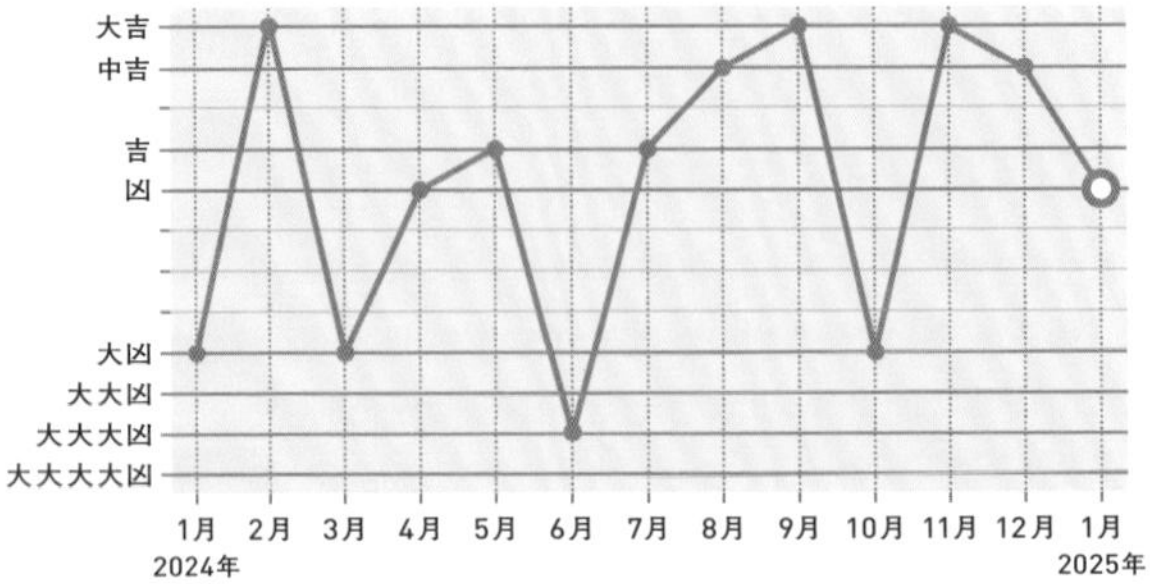

【今月の心構え 三か条】

一 面倒な作業は今月中に片づけよう

二 アドバイスを受けて今の自分を見直せ！

三 落ち込んだらすぐに頼れる人に相談を！

＊九星気学では前年の運気です

仕事運

○吉

集中力が上がって地道な作業に向く運気です。今月は自然にやる気が出る時期ではありませんので、自分で気合を注入して頑張りましょう。2025年は絶好調で、周囲の評価を得られる運気ですから、そこで成果を出すためにも今月はしっかり準備しましょう。順応性も上がるため、上司や先輩からのアドバイスは積極的にとり入れて、出された指示には忠実に従いましょう。自分が成長できるチャンスです。今月後半は大波の影響で気持ちが不安定に。ちょっとしたミスや勘違いが起こりやすくなります。良い運気ですが全力投球は16日までにして、その後は慎重に進めましょう。

恋愛運

○吉

異性を引き寄せるオーラが全開で、良い出会いを求めて行動すべきときです。消極的になる運気のせいで家にこもりがちですが、それではせっかくの良い運気を生かせません。仲の良い友人につきあってもらうなどして、出会いの場に出かけるようにしましょう。ただし、今月は押しに弱くなるので要注意。気乗りしない相手の場合はあいまいにせず、はっきり断りましょう。

家庭運

○吉

二人の仲を深めるとき。パートナーと過ごす時間を多めにとり、スキンシップも増やしましょう。運気の影響でネガティブな思考に陥りがちですが、不安なときほど素直に甘えましょう。相手の趣味を体験したり、ファッションや生活スタイルを合わせたりすると関係がより深まります。子どもとは将来について一緒に考えると良い運気です。選択肢や可能性を広げてあげましょう。

金運

◎中吉

金運は悪くはありませんが、小さな出費が積み重なって最終的に驚くような金額になりそうです。特に月の後半は気持ちが不安定になり、無駄遣いが増えがちですから注意してください。契約内容やプランの見直し、不要な契約の解除などを行い、無駄な出費を抑えることに注力しましょう。今月はコツコツお金をためるのにも良い時期です。無駄は省き、増やせるものは増やしましょう。

健康運

○吉

免疫力、回復力が上がるので、持病のある人や治療を先延ばしにしている人は、今月中の治療がおすすめです。特に症状がない人も健康チェックをすると良いでしょう。骨や筋肉、腰を痛めやすくストレスもたまりやすいので、体をほぐしてリラックスしましょう。今月後半は大波の影響で気持ちが不安定です。暴飲暴食に気づかず、体調をくずしやすいので注意してください。

2024年の
年運と月運

「七赤金星」

【Year keyword】

抜擢の年

打って出ろ！
態度は謙虚に
行動は大胆に

七赤金星

2024年の運気

○吉

※九星気学の1年は旧暦で、1年の境目は節分（2024年は2月3日）です。

［6年間の運勢グラフ］

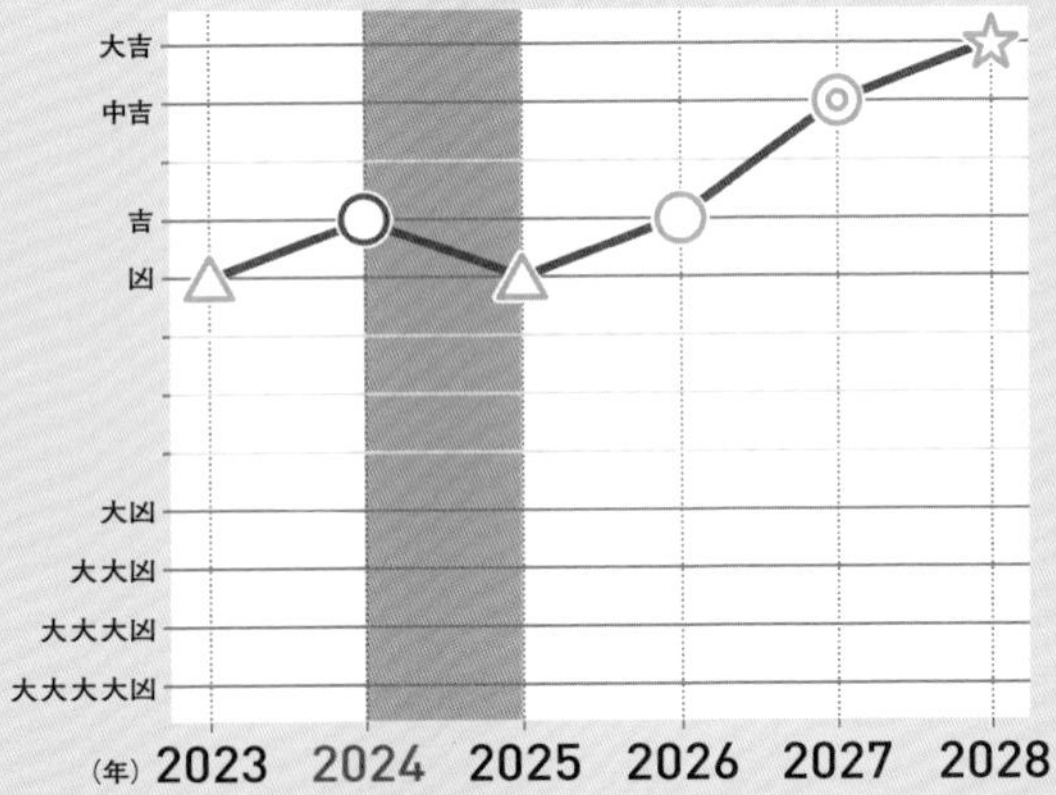

［年間運勢グラフ］

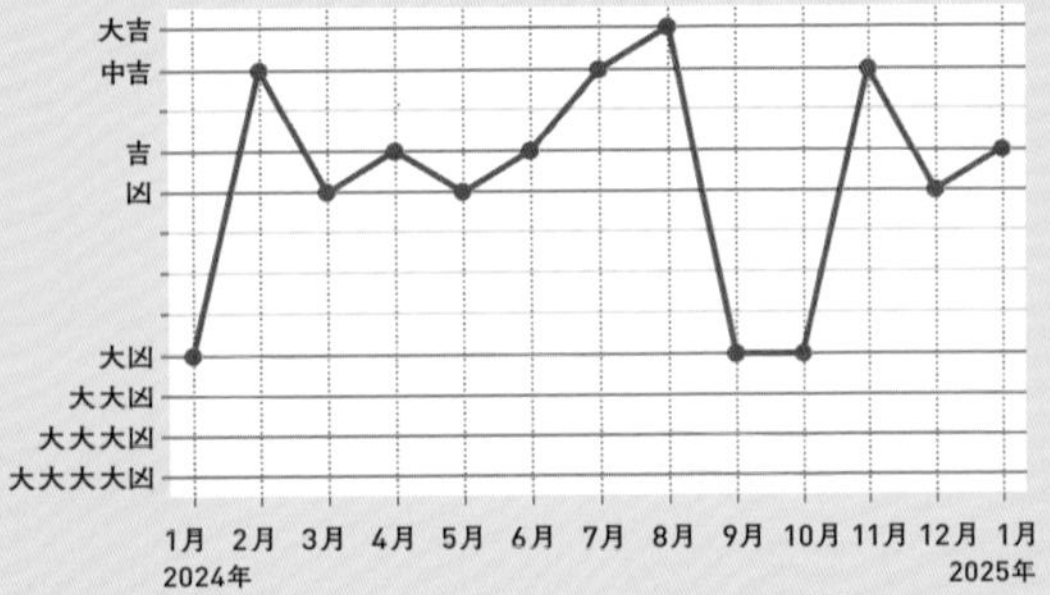

【運勢】

失敗をおそれず直球勝負だ！

昨年の△凶から上がって○吉です。今年の○吉はかなりパワーが出ますので、仕事もプライベートも積極的に進めていきましょう。今年は正攻法でストレートに進めるのが最適。パワーがある時期ですので、下手な小細工をしなくても物事は十分にうまくいきます。

また、今年は「出会いと別れ」という象徴があります。別れがないと新しい出会いもありません。これは人だけでなく、会社やサークル、今までの生活パターンも含めて、変えたほうが良いと思われることはここで変えましょう。

それにより新しい発見が得られる可能性が大です。

来年の運気は△凶。大きな物事は今年中に結果を出すほうが良いでしょう。しかし２０２８年まで良い運気が持続するので、少々失敗してもとり返せます。七転び八起きの精神で何事にも積極的にチャレンジしましょう。

【仕事運】

態度は謙虚に、行動は大胆に！

ここ数年で最高の運気ですので、仕事でも積極的にアタックしてください。じっくり検討するよりも動いてから考えるくらいが良いでしょう。高評価も受けやすく、注目度も上がります。新企画や改善案なども積極的に出していきましょう。みずからをアピールするチャンスです。逆に慎重になりすぎて好機を逃さないように注意してください。

来年の運気は△凶。特に仕事面でパワーダウンしますので、今年中に結果を出せるように意欲的に進めましょう。

ただし、今年は過大評価されやすい時期でもあります。実績以上に昇格したり、賞与がもらえたりと非常に良い時期なのですが、注意点もあります。今年は正攻法のみが通用します。手抜きやズル、不正はあとで必ず発覚しますので絶対にやめましょう。

転職運は最高で、面接でも高評価を得やすいため、ハードルが高い企業にもぜひチャレンジしてみてください。

独立に関しても非常に良い時期です。来年は今年ほどの勢いがなくなり、見直しなどの時期になりますが、そのあとは２０２８年まで非常に良い運気が続きます。独立の場合、起業してから安定するまでに数年かかります。すでに計画ができているなら今年中に一気に走りましょう。一方、これから計画を立てるのなら、あせらずじっくり進めたほうが良いでしょう。運気が本格的に上昇する２０２６年まで待つことをおすすめします。

【恋愛運】

良縁に期待大！でも高望みに注意

恋愛運は非常に良いです。今年は引き寄せる力が強く、判断力もすぐれています。良い人に出会える可能性が高いので、積極的にいろいろな人と会ってみましょう。また、今年の象徴は「美」です。ファッションやメイクを今まで以上に意識してみると良いでしょう。ポイントは自分が納得するかどうかではなく、まわりの人に美しくおしゃれに見えているかどうかです。ファッションやメイクが得意な友達にアドバイスしてもらうと良いでしょう。

注意点は、勢いがつきすぎてしまうこと。出会ってから恋人関係になるのを急ぎすぎると、せっかくの良縁が切れてしまいます。あせる気持ちを抑えて、時間をかけてゆっくり進めてください。また、理想が高くなりすぎる時期でもあります。高望みをしていないか、まわりの意見を聞いてみると良いでしょう。

【家庭運】

どうせばれる。正直に話し合え！

今年は洞察力がすぐれる年です。パートナーの素敵な面だけでなく、嫌な面も見えてしまいます。そんなときはまずは友人に相談し、それでも受容できないなら丁寧に伝えて、結論が出るまで話し合いましょう。ケンカになるかもしれませんが、そのほうが二人の仲は深まります。ため込むとお互いのためになりません。一方、今年は二人でおしゃれをして出かけると運気が上がります。よそいきの服を着て、ちょっと贅沢な時間を過ごすと良いでしょう。

また、今年は離婚運が良い時期です。以前から離婚を考えているパートナー、将来が見えない相手とはここが潮時です。勇気を出して決断し、次の道に進んでください。

家庭では子どもの才能を見つけやすい時期です。理想が高くなりすぎる傾向がありますが、それを子どもに押しつけないように注意して。また、ひらめきで話しがちになり、言うことが二転三転しやすくなります。話す前にじっくり考えましょう。

【金運】

直感を信じて、欲しいものを買え！

今年は判断力が高くて見極める力もあり、引き寄せる力も強いので大きな買い物に適しています。車や家などを買う予定があるかたは前向きに進めましょう。

しかし、注意点もあります。今年は自分が本当に欲しいかどうかより、まわりからどう見られるかを優先して選んでしまいそうです。見栄を張って、無駄に高額なものを買ってしまうかもしれません。自分の気持ちに素直になることを忘れずに。

今年は直感がすぐれているので、ある程度はインスピレーションで買っても良いのですが、即断即決はやはり危険。急いで買って後悔しないよう、購入するまでの時間を楽しむくらいの余裕を持つと良いでしょう。また、見栄を張っておごってしまうことが多くなる時期です。悪いことではありませんが、毎月の上限は決めておきましょう。

【健康運】

体調の変化を見逃すな！

運気は良いのですが、神経が繊細で過敏になり、些細なことでもストレスがたまってしまいます。ストレス発散を意識して過ごしましょう。また、普段はなかなか見つからないような小さな不調が早期発見されやすい運気です。ちょっとした不調でも、すぐに検査を受けましょう。

注意点

傲慢、ズルはクラッシュのもと！

今年は本当にパワーが強い時期ですが、注意点も多いため、差し引きで○吉となっています。注意点さえ厳守すれば、◎中吉並みのパワーが出ます。まずは態度に注意です。今年は実績を上げやすく、評価もされやすい時期ですが、まわりからは特別扱いのように見えてしまうかも。多少でもえらそうな態度をとると、すぐに悪評が出ます。謙虚な態度に徹してください。

また、何をやるにも正面から正々堂々と、を心がけてください。ズルや手抜きはすぐ明るみに出ます。過去のことも発覚しやすい時期です。心当たりがあるかたは早めに対処しましょう。

そして、今年は熱しやすく冷めやすい年。恋愛も買い物も即決したくなりますが、結果的に失敗してしまう可能性が大。時間をかけて検討することを意識しましょう。

運勢

▲大凶

のち

☆大吉

今月の注意点と開運のカギ

九星気学では1月は前年の運気です。今月は▲大凶3カ月目に突入です。さらに気を引き締めていきましょう。順調だったことが急にうまくいかなくなったり、壊れてしまったりする運気です。▲大凶で頭も心も体も疲弊しているはずなのに、気持ちだけは大胆になり、勢いで進めてしまいがちです。判断力がないのにもかかわらず大きな決断をしてしまい、ミスをおかしてしまうことにつながります。今月は何事も自分で判断せず、周囲に相談してから進めましょう。自分勝手な行動が増え、どんなことも「まあいいか」と進めたくなりますが、そうすると仕事も人間関係も壊れる結果を招きます。無意識に暴言を吐くこともあるので、冷静さを心がけて丁寧な言葉遣いを意識しましょう。

今月は仕事もプライベートも何もしないくらいでちょうどいいでしょう。2月は運気が急上昇するので、とにかくこの1カ月は無事に乗りきることに努めて、来月以降に備えましょう。

［年間運勢グラフ］

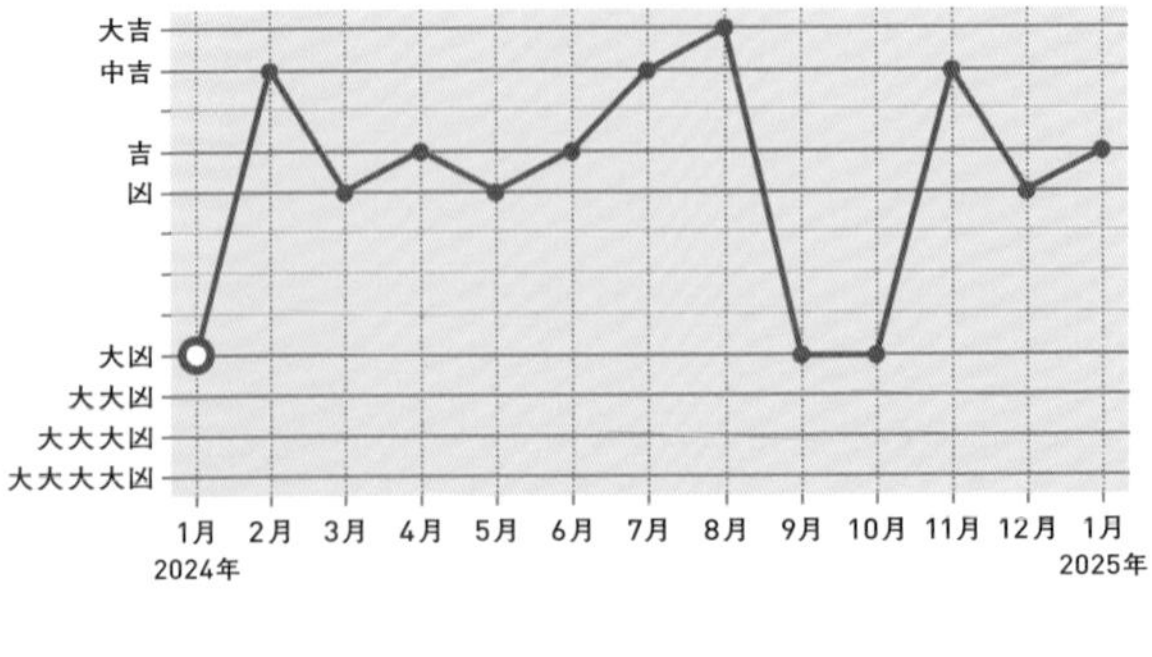

七赤金星
の月運

2024

1

January

1/6～2/3

2月から年運が上昇。
今月は用心せよ！

【今月の心構え 三か条】

一 大凶3カ月目で超危険！心して乗りきれ

二 やる気は出るが現状維持に徹しろ

三 事故、病気、判断ミスに注意せよ！

＊九星気学では前年の運気です

仕事運
▲大凶

危険な運気です。1カ月まるごと休むくらいでちょうどいいでしょう。ベースの運気が☆大吉でやる気は高まっていますが、その勢いがミスを招きます。今月は現状維持がキーワード。通常業務さえこなせればOKです。また、突然会社を辞めたくなったり転職したくなったりする「放棄願望」がわきますが、これは運気による一時的な感情ですのでくれぐれも行動に移さないように。条件が良さそうな新しい取引やスカウトなどの話も断ってください。もし迷ったら、必ず信頼できる人に相談してください。無意識に態度が大きくなりがちですので、言葉遣いも丁寧さを心がけて。

恋愛運
▲大凶

出会い運も最悪です。異性を見る目が完全にくるっているので、出会いの場には行かないようにしましょう。「苦手なタイプだけど上司の紹介だから断れない」などと遠慮して受けてしまうと、裏目に出る可能性が大。丁寧に断るか、仮に会うことになっても信頼できる人に相談してからにしてください。運気が急上昇する来月に向けて、今月はおとなしく過ごしましょう。

家庭運
▲大凶

家庭内で大ゲンカが勃発しやすい時期です。別れたいと思うかもしれませんが、運気のせいなので冷静になって現状維持に徹してください。▲大凶のときはスキンシップが非常に重要です。気が乗らなくても、相手からの誘いはある程度は受け入れましょう。子どもに対しても、感情に振り回された言動で傷つけるおそれがあります。冷静さを心がけ、じっくりと話を聞いてあげましょう。

金運
▲大凶

投資話や儲け話を持ちかけられたりと、一見良い運気に感じますが、じつは金運も最悪です。厄介なのが、気持ちが大胆で決断力もあるため、安易に話に乗ってしまいがちなこと。今月買ったものや契約したものは、すべて裏目に出ると思うくらいでちょうどいい運気です。高額な買い物もしたくなりますが、生活に必要なもの以外は買わないようにしましょう。

健康運
▲大凶

3カ月連続の▲大凶の影響で回復力、免疫力がかなり下がり、体調不良に陥りやすい時期です。運動神経や反射神経も低下しているので、不測の事故やケガにくれぐれも注意しましょう。食生活が雑になりがちですが、特に今月は脳や心臓のほか大腸にも注意という運気。ただでさえ回復力が下がっていますので、食事や生活習慣の乱れで不調を招かないように気をつけてください。

七赤金星
の月運

2024

2
February

2/4 ~ 3/4

気持ちを切り替えて よく働き、よく遊べ！

運勢

◎中吉

今月の注意点と開運のカギ

先月までの連続▲大凶が明けました。今月は一気に上がって◎中吉です。8月いっぱいまで安定した運気が続きますので、ここからスピードを上げて頑張りましょう。気学上は今月が新しい1年のスタート。七赤金星は年の運気が大きく上昇します。ただし3カ月連続で▲大凶が続いた影響で、仕事もプライベートも進む方向がいつの間にかずれている可能性があります。周囲の人にアドバイスを求めて、これまでのやり方を一度見直すと良いでしょう。

今月は「よく働き、よく遊べ」という運気。プライベートも充実させていくと良いでしょう。特に40歳以上の人は、たとえ適職でも仕事だけではストレスを発散できず、モチベーションを保てないようです。この機会に新しい趣味を見つけましょう。新たな人脈もつくれる良い運気です。ただし、余計なひとことには注意。態度も大きくなりがちですので、丁寧な言動を意識してください。回復力が下がるので、食べすぎ、飲みすぎ、寝不足にも要注意です。

［年間運勢グラフ］

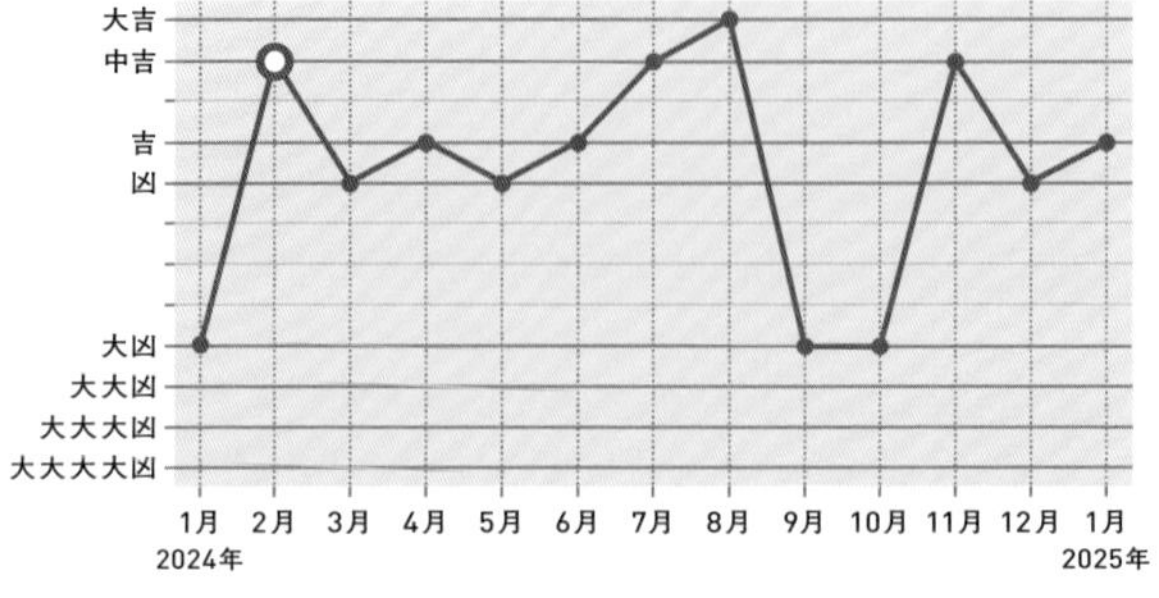

【今月の心構え 三か条】

一 趣味も仕事のうち。積極的にやれ！

二 新しい友達を増やすと運気アップ

三 暴飲暴食、寝不足に要注意

仕事運
◎中吉

好調な仕事運ですが、序盤は先月までの悪い運気を引きずってやる気が起こらないかもしれません。まずは上司や先輩と作戦会議をして、今までの見直しと現状把握を行いましょう。社交運が良く、新規開拓で新たな人脈を広げられる運気です。新しい取引先だけでなく、社内でも今まで接点がなかった人にコンタクトをとってみると新たな発見がありそうです。ただし、仕事上でも余計なひとことや見栄を張った発言に注意が必要です。口が軽くなる運気でもあり、「ここだけの話」が炎上のもとになるかもしれません。秘密も厳守してください。

恋愛運
☆大吉

出会い運が好調です。誰かを紹介してもらうより、人が集まる場所に飛び込むと良い人にめぐり合えるでしょう。ただし、年収や職業などに見栄を張りがちなので気をつけて。ばれたときにせっかくの縁がふいになってしまいます。余計なひとことにも注意です。月の前半は先月の運気を引きずるので、良い出会いがあってもゆっくり進めてください。気持ちは盛り上がりますが、慎重に。

家庭運
◎中吉

遊び運が全開。家にいるとストレスがたまるので、積極的に外に出かけましょう。分刻みのスケジュールを立てて、明確な目的がある過ごし方を。新しい趣味を始めるのも良いでしょう。子どもが喜ぶレジャーを見つけて一緒に楽しむと、子どもの運気も上がります。ただし、子どもやパートナーに対しての言葉遣いや言い方には注意。きれいな言葉、丁寧な言い方を心がけましょう。

金運
△凶

基本的には良い運気です。判断力も引き寄せ力も良い時期なので、大きな買い物にも適しています。また、人とのつながりが良い出会いや仕事に結びつく運気ですので、交際費はケチケチせずに使いましょう。誘われたら必ず出かけるようにしてください。ただし、勢いがつきすぎてみんなにおごってしまったり、過度に贅沢をしてしまったりする可能性があります。気をつけましょう。

健康運
△凶

疲れがとれにくい1カ月です。「よく働き、よく遊べ」という運気で外食や飲み会、ゴルフなどの機会が増えますが、休みをとらずに全力投球して、気づいたら体調をくずしていたなどということになりそうです。今月は風邪をひいたりするとなかなか治りません。意識して休日をつくり、体を休めてください。特にのど、気管支、肺のケアを心がけて。口内炎にも注意が必要です。

七赤金星
の月運

2024
3
March
3/5～4/3

無理やり動けば成果は出る！

【今月の心構え 三か条】

一 面倒な作業は今月中にやれ

二 情報収集で選択肢を増やせ

三 落ち込んだらすぐに相談を！

運勢

△凶

今月の注意点と開運のカギ

先月の◎中吉から△凶になりましたが、△凶は決して悪い運気ではありません。集中力や学習能力は上がりますので、試験勉強やレポート作成、伝票整理などコツコツ仕上げる作業に向いています。やるべきことがある人は今月中に仕上げましょう。情報収集にも適していますので、今のうちに情報を集めておくと今後の選択肢を広げることができます。柔軟性も上がり、苦手だと思っていたことにチャレンジしやすいときです。自分の仕事の進め方を上司や先輩に見てもらい、仕事のクセや方向性を修正するのも良いでしょう。たとえ指摘されたときはピンとこなくても、受け入れると今後の成長につながります。

ただし、今月はとにかくネガティブでやる気が出ません。無理やり動けば成果が出る運気なので、周囲の人に背中を押してもらって頑張りましょう。孤立しがちですが、寂しいときは素直に人を頼ってください。食事につきあってもらったり、グチや悩みを話して励ましてもらうと良いでしょう。

[年間運勢グラフ]

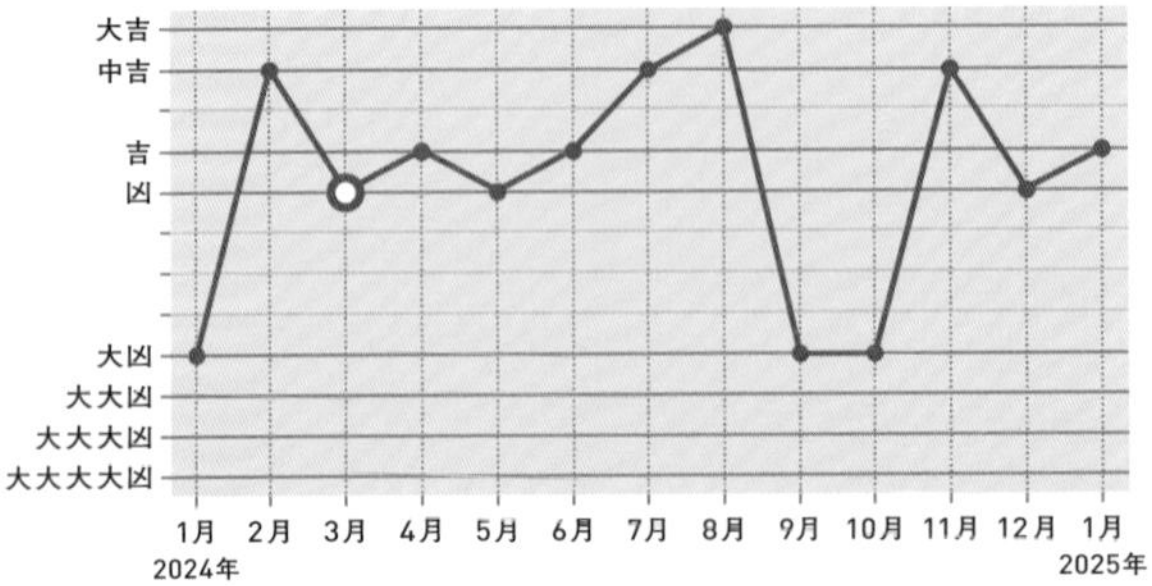

今月の【大開運日】2日、20日、29日
【激ヤバ日】18日
【大潮】10日～13日、25日～28日
【土用期間】なし

仕事運

○吉

集中力が上がり、勉強やレポート作成に良い運気です。来月は仕事運がさらに上がるので、今月は情報収集などの準備をして来月に備えましょう。今までの業務の見直しにも良い時期です。上司に相談しながらこれからの仕事の進め方を検討し、修正すべき点はここでしっかりと直しておきましょう。順応性も上がるので、今まで納得がいかなかった部分が理解できるかもしれません。もらったアドバイスに素直に従えば従うほど今後の評価につながり、上司や先輩との関係性も良くなります。上司との関係性に悩んでいる人は改善できるチャンス。ぜひこの機会を生かしましょう。

恋愛運

○吉

異性を引きつける魅力にあふれる月です。出会いを求めて行動しましょう。消極的な運気のためなかなか出かける気分になれませんが、友達に頼んで出会いの場に連れ出してもらいましょう。ただし、急に大胆になったり押しに弱かったりするので注意。特に強引に誘われると、その気がなくても断れません。良い人と出会えてもすぐに深い仲にはならず、友達から始めましょう。

家庭運

○吉

パートナーとの仲を深めるときです。運気の影響で何事も悲観的にとらえがちですが、そんなときはスキンシップを図ると良いでしょう。気持ちが安定します。順応性が上がる今月は、相手に歩み寄る姿勢で愛がさらに深まります。子どもとは将来のことを一緒に考える機会を持つことをおすすめします。子どもの意思を否定せず、選択肢を広げてあげることが開運のポイントです。

金運

◎中吉

倹約にこだわりましょう。金運は悪くないのですが、ダラダラとお金を使ってしまう運気です。ネガティブな気持ちから買い物でストレスを発散したくなりますが、ここはがまん。コツコツお金をためるのに良い時期ですので、収支を細かくチェックして貯蓄をしましょう。定期預金を始めるのも良さそうです。過払い金や回収すべきお金がある人は、このタイミングで清算してください。

健康運

○吉

免疫力や回復力が上がります。持病を本格的に治したい人、手術などの治療を先延ばしにしていた人は今月中にすませて。特に症状がない人も健康チェックをすると良いでしょう。骨や筋肉、腰を痛めやすいので、スポーツ前には入念な準備運動をするなど十分に注意しましょう。ネガティブな気持ちでストレスがたまりやすいので、ヨガや整体で心身をほぐすのもおすすめです。

七赤金星
の月運

2024

4

April

4/4～5/4

謙虚な態度に徹して大胆にぶちかませ！

運勢

○吉

今月の注意点と開運のカギ

先月の△凶から上がって○吉です。頭が冴えてアイディアがわき、体も軽やかに動く運気で、かなり成果も出やすい時期です。せっかくのチャンスですから仕事も恋愛も頑張りましょう。仕事では新しい企画を提案したり営業を強化するなど、積極的な行動をとると良い結果が出るでしょう。髪形やファッションを変えるとさらに運気が上がります。おしゃれな友達にコーディネートをお願いしたり、本格的にメイクやファッションを習ったりしても良いでしょう。

評価が高い半面、あらが目立ったり上から目線の態度になったりと、マイナスの要素も多い運気です。勢いがあって強気になるので、ますますえらそうな態度になりがちです。ウソや隠しごとがばれやすかったり、ちょっとした早合点がトラブルにつながることも。良い運気なので頑張りたい時期ですが、小細工は避け、いつも以上に謙虚な姿勢と丁寧な言葉遣いを心がけること。何事も周囲に気を遣い、かつ大胆に進めることが開運のポイントです。

［年間運勢グラフ］

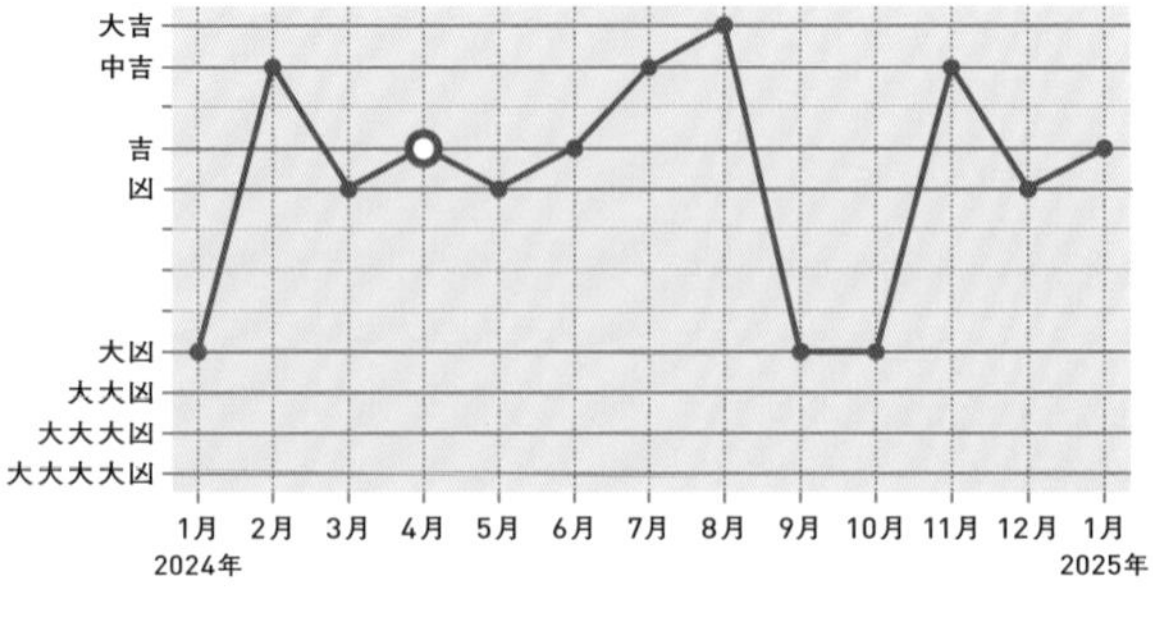

【今月の心構え 三か条】

一 アイディアを出して変化を起こせ！

二 ずるいことはするな！正々堂々といけ！

三 謙虚な態度に徹すれば運気アップ！

今月の【大開運日】7日　【激ヤバ日】23日　【大潮】9日～11日、23日～26日　【土用期間】16日～30日

仕事運

◎中吉

評価されやすいので、営業やプレゼンに積極的に取り組みましょう。転職の面接にも良い運気です。新しいことにも挑戦しましょう。現在の業務を見直して効率化を図るのも良いでしょう。ただし今月は評価を得やすい半面、ねたまれたり悪い評判が立ったりもしやすい運気です。無意識に上から目線の態度が目立ち、反感を買うかもしれません。とにかく謙虚な態度を心がけてください。何か特別なことがなくても上司や取引先に感謝の贈り物をして、良い関係性を築いておきましょう。ウソや隠しごともばれるので要注意。小細工は失敗のもとです。何事も正攻法で進めましょう。

恋愛運

◎中吉

今月のあなたはとても目立ち、異性を引きつけるオーラが出ています。いつもより少しだけ大胆な装いをして積極的に外に出ると、良い出会いが期待できるでしょう。勢いがあるため気持ちが大きくなって衝動的に振る舞いがちですが、くれぐれも慎重に。今月は熱しやすく冷めやすい傾向もあるので、良い人がいてもすぐに深い仲にはならず、信頼できる人に相談しながら進めましょう。

家庭運

△凶

いろいろなことが露呈するので要注意。隠しごとがある人は早めに伝えて、気がかりなことはきちんと話し合いましょう。カッとなりやすい時期ですが、感情的にならず、伝え方を十分に考えたうえで話してください。離別運が良いので、不倫や腐れ縁のカップルは今月が縁を切るチャンス。また、子どもの才能を見つけやすい時期ですので、注意深く観察すると良いでしょう。

金運

◎中吉

好調です。臨時収入が期待でき、大きな買い物にも適した運気です。家や車などの購入を検討中なら、ここで決断すると良いでしょう。衝動買いには要注意。直感で決めてしまいがちですが、今月の運気には熱しやすく冷めやすい特徴もあるので、高額のものを買う場合は特に慎重になってください。必ず事前に信頼できる人に相談して、納得できると思ったら買うようにしましょう。

健康運

△凶

勢いがあり、つい無理が多くなる時期。仕事のしすぎや遊びすぎから、寝不足や暴飲暴食に陥りがちです。大事になる前に意識してセーブしましょう。体に悪い箇所がある場合、表面化しやすい時期でもあります。不調を感じたらすぐ病院へ。神経が過敏になり、ストレスもたまりがち。体の冷えや過剰なダイエットはNGです。目や歯、髪も傷めやすいので入念にケアしましょう。

七赤金星
の月運

2024
5
May
5/5 ～ 6/4

現状を確認して反省を！改善が開運への道だ

運勢

△凶

今月の注意点と開運のカギ

先月の勢いのある○吉から下がって△凶です。来月からの本格的な運気上昇を前に、今月は準備の月となります。運気は安定していますが、わき上がるような元気はなく、小さなことで落ち込むなど考え方もネガティブになります。しかし、無理やりにでも行動してしまえば成果は出ますので頑張りましょう。集中力や学習能力が上がり、今後の計画や事務作業に適した運気です。柔軟性も上がるので、今まで上司の指示に従えなかったこと、納得できず進められなかったことがある人はここでチャレンジを。普段より抵抗なく受け入れられて、これを機に大きく前進できそうです。運気が大きく上がる来月以降に向けて、何をすると良いのかをよく考えて準備しておきましょう。

マイナス思考に引きずられないように気をつけましょう。落ち込んだときや寂しいときは、一人で抱え込まずに誰かに相談を。根拠のない噂話などを真に受けて振り回されやすいですが、無視するか、真実をしっかり見極めましょう。

［年間運勢グラフ］

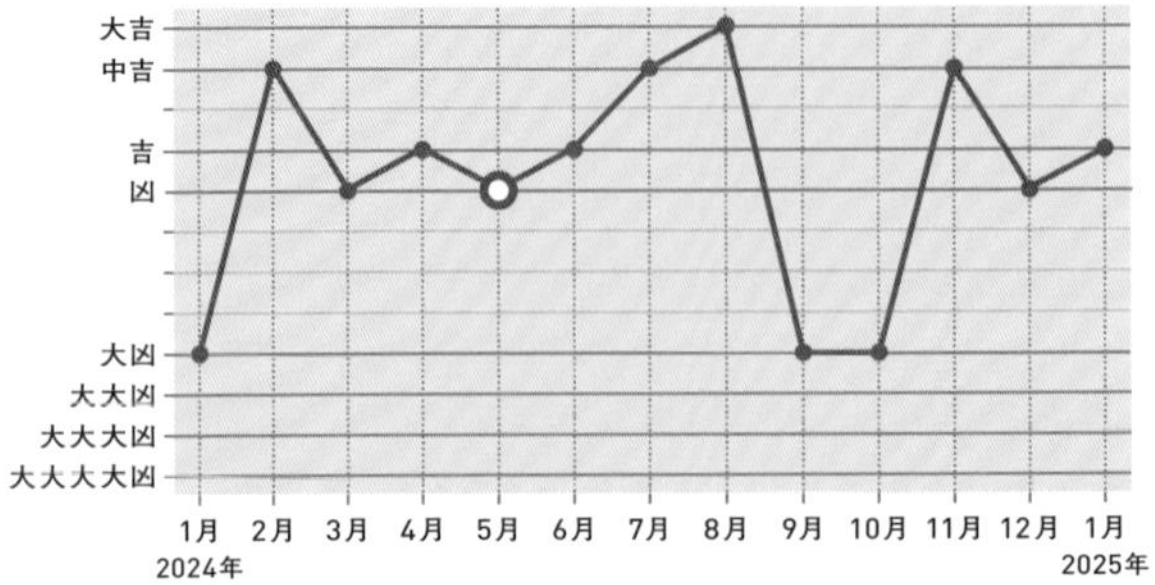

【今月の心構え 三か条】

一 集中力がアップ。研修、勉強は今やれ！

二 面倒なことは今月中に処理しろ！

三 孤立するとネガティブになる！

今月の
- 【大開運日】13日、31日
- 【激ヤバ日】29日
- 【大潮】8日〜10日、22日〜25日
- 【土用期間】1日〜4日

仕事運

○吉

なかなかやる気が出ませんが、集中力や学習能力は上がります。普段手をつけられない書類整理や試験勉強がはかどるので、やるべきことがある人は終わらせてしまいましょう。柔軟性もアップするので、これまで上司の指示に従いきれていない人は従ってみてください。上司から評価されるだけでなく、新たな発見につながり、自分を見直すチャンスになります。今月は知られたくないことや、のちに問題になりそうな面倒ごとは早めに対処して、解決しておきましょう。来月から仕事運も上昇し続けます。今月のうちにしっかりと地固めをして、来月以降につなげてください。

恋愛運

○吉

異性を引きつけるオーラが全開で、出会いの場に行けば良い出会いが期待できるでしょう。人からの紹介運も良く、直接会えなくてもSNSでつながるなど、友達から始めると良いでしょう。昔の恋人と復縁しやすい運気なので、心当たりがある人は連絡をとっても良さそうです。ただし急に大胆になりがちなので注意。どんな出会いも即決せず、誰かに相談してから進めましょう。

家庭運

○吉

パートナーに甘えてスキンシップを増やすことが開運のポイント。肌の触れ合いが増えると安心して、心も穏やかになります。寂しさをがまんしてため込んでいると、ネガティブ思考に引きずられてしまうので気をつけて。子どもにもネガティブトークをしがちなので注意して、スキンシップを増やしましょう。家族の健康チェックや子連れで楽しく食事をするのもおすすめです。

金運

○吉

大きな収入は見込めないものの安定しています。倹約を意識して無駄を省くと運気が上がりますので、まずは収支を見直しましょう。定期預金を始めるなど、地道にためることも金運アップにつながります。過払い金や回収すべきお金がある人も今月中に整理を。大きな買い物は、さらに金運が上がる来月か再来月まで待ったほうが得策です。

健康運

◎中吉

今月は自分の体に向き合うと良いでしょう。免疫力、回復力が上がるので、持病を本格的に治したい人や、手術などいつかはやらなければならない治療がある人は今月中がおすすめです。何も症状がないという人も健康チェックをしてみると良いでしょう。ネガティブ思考から体が冷えて、婦人科系の不調や膀胱炎になりやすい運気です。仲の良い友達と頻繁に会うなどして気晴らしを。

七赤金星
の月運

2024

6

June

6/5 ~ 7/6

出遅れるな！
一歩を踏み出せ！

運勢

○吉

今月の注意点と開運のカギ

先月の△凶から上がって○吉です。来月は◎中吉、再来月は☆大吉と、運気が上がり続けてかなり良い時期に入ります。仕事も恋愛も成果が出せる時期。来月以降にやれば良いと思っていたことも、多少強引にでも今月スタートしてみてください。この3カ月でどこまで結果を出すのか、具体的に計画を立てて進めると、より成功率が上がります。

家族や同僚など身近な人との絆を深められる運気です。積極的にコミュニケーションを図っていきましょう。ただし、今月は頑固さに注意です。頭がかなりかたくなり、「こうあるべき」というマイルールを他人に押しつけてしまいそうです。細かいことが気になるのは運気のせい。せっかくの良い運気なので、ここは柔軟にいきましょう。上司や有識者の意見にも素直に従うと良い結果になるでしょう。また、がまんのしすぎにも注意です。つらいときは信頼できる人に早めに話を聞いてもらいましょう。良い運気が続くので、修正すべき点はここで修正し、この先で成果を上げましょう。

[年間運勢グラフ]

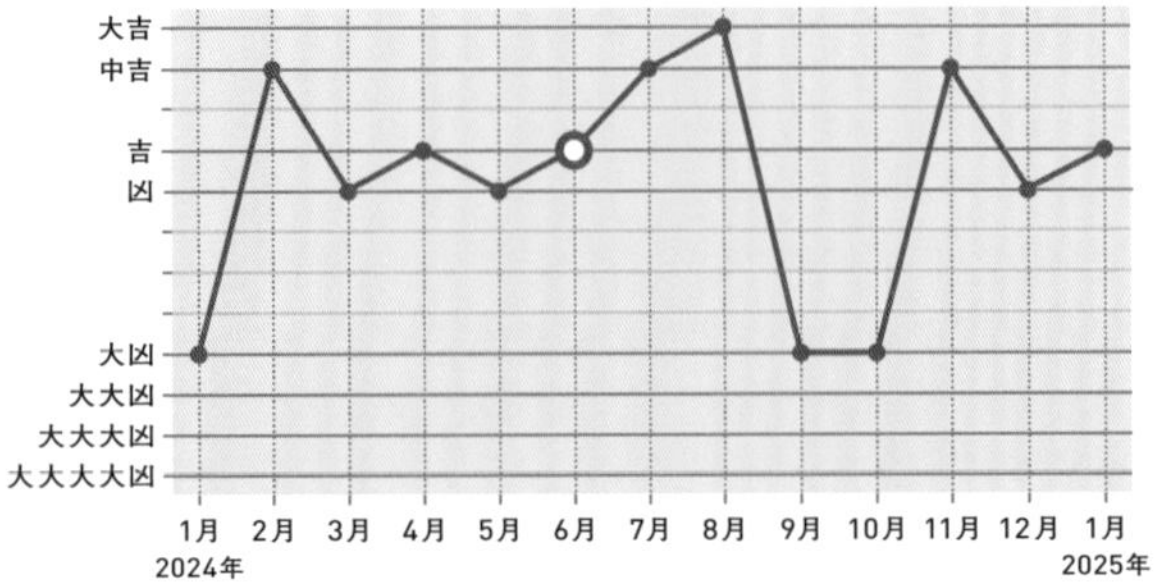

【今月の心構え 三か条】

一 時は来た！やるべきことをやれ！

二 部下、後輩の話をやさしく聞け！

三 マイルール、頑固さに注意！

今月の【大開運日】9日、18日 【激ヤバ日】25日 【大潮】6日〜9日、21日〜24日 【土用期間】なし

仕事運

◎中吉

絶好調です。来月、再来月と運気が上がり続けるので、この3カ月で成果を上げていきましょう。今月は、何を、どこまで、どう進めるかを見直すとき。上司と相談しながら計画を立ててみてください。部下や後輩とは、公私ともに積極的に交流を図ると良い運気です。欠点に目がいきがちですが、頭ごなしに注意しても心が離れるだけ。お説教ではなく話を聞く姿勢で、心を開いてもらいましょう。ここで良い関係を築いておけば今後につながります。上司とも積極的にコミュニケーションをとると良いでしょう。日頃から疑問に思う点をクリアにできる良い時期です。

恋愛運

○吉

好調です。世話好きの運気で、裏方を引き受けたり困っている人を助けたりすると、さらに運気が上がります。新たな出会いもありますが、知人が恋人に発展する可能性が高いでしょう。ただし異性を見る目が厳しく、相手の些細な言動や身だしなみで急に冷めてしまうことも。運気のせいなので気にしないことです。逆にこちらも華やかさに欠けがちなので、装いに気をくばりましょう。

家庭運

☆大吉

家での時間を楽しみましょう。愛情いっぱいの料理を振る舞ったり、ホームパーティをするのも良いでしょう。模様替えや断捨離もおすすめです。家族に対するだめ出しがきつくなりがちな点には気をつけて。子育て中の人はしっかり子どもと向き合うと良い時期です。礼儀作法や勉強を見てあげるほか、直すべきクセや言動も指導すると良いでしょう。ただし厳しすぎるのは逆効果です。

金運

◎中吉

きちんとすることが開運のポイントです。家計簿をつけるなどしてしっかりと金銭管理をしましょう。料理は余計な食費をかけずに食材を最後まで使いきるなど無駄をなくし、お金をかけずに満足できるメニューにすると運気が上がります。部下運が良い時期なので、部下や後輩に食事をごちそうしたり、ちょっとしたプレゼントを贈ったりするのにお金を使うのは有効です。

健康運

△凶

忍耐力が高くなるがゆえに、ついがまんをしてしまう月です。じつはかなりの不調であっても気づきにくく、症状を悪化させてしまう可能性があります。少しでも不調に気づいたら、すぐに病院に行きましょう。特に、胃の調子が悪かったり、皮膚のかゆみや荒れなどを感じたりしたときは要注意です。軽くとらえずにきちんと治療しましょう。

七赤金星
の月運

2024

7

July

7/7～8/6

運気は絶好調！
失敗をおそれず行動せよ

運勢

◎中吉

ときどき

大波

今月の注意点と開運のカギ

先月の○吉から上がって◎中吉です。来月は☆大吉に上がり、今年の運気のピークとなります。何事も勢いよく進められるので、気合を入れて頑張りましょう。9月から2カ月連続▲大凶で、結果が出にくい時期に突入します。仕事も恋愛も来月までの2カ月が勝負。この2カ月で結果を出すことにこだわりましょう。これまでを振り返り、手薄になっていることにも力を入れてください。特に仕事では「やりすぎでは？」と言われるくらいでちょうどいいです。

何でも一人で進めたくなりますが、周囲を頼って意見をもらうことを忘れずに。今月は勢いがついて、かなり強気になりやすいので要注意です。カッとなったり意見を押しつけたりしやすく、また感情が顔に出やすいので気をつけましょう。良い運気だからこそ謙虚な姿勢を心がけてください。ここでトラブルを起こすと、来月以降にこじれて修復が困難です。大波の影響で気持ちがやや不安定ですので、ミスがないように、何事も周囲と相談しながら冷静に進めましょう。

［年間運勢グラフ］

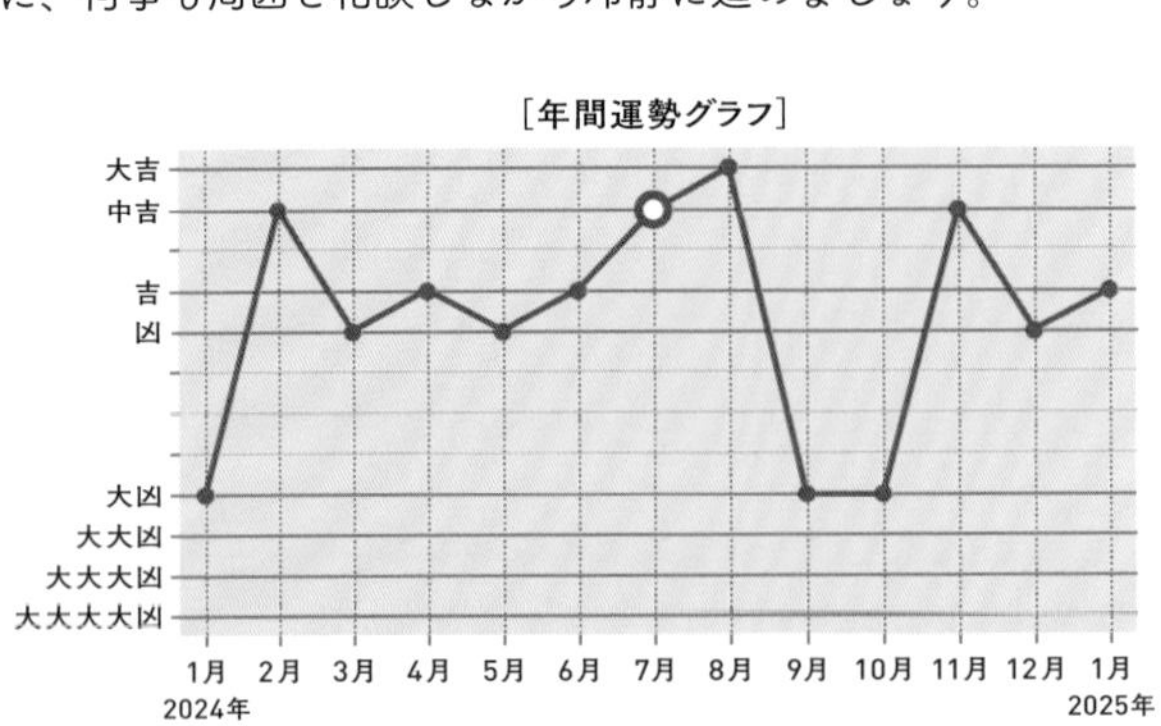

【今月の心構え 三か条】

一 今こそ決断！今月が勝負だ！

二 仕事も恋愛も数打てば当たる

三 押しつけではなくやわらかく提案せよ！

仕事運

☆大吉

やる気がみなぎり、頭が回り、体も動くというすべてがそろった状態です。やれることは全部やるくらいの行動力が結果に結びつきます。七転び八起きの精神でチャレンジしましょう。交渉力や営業力が上がるため、新規開拓や取引内容の交渉も積極的に行いましょう。転職活動中のかたは、希望の会社にチャレンジを。難しければいったん引いて、来月に再チャレンジすると良いでしょう。仕事面では新たな出会いが期待できそうです。新しい担当者には積極的に話を聞きましょう。ただし大波の影響で不安定になり、態度も大きくなりがちです。最低限の礼儀には気をつけましょう。

恋愛運

◎中吉

今後の人生にかかわるキーパーソンと出会う可能性が高いでしょう。多くの人に会ってターゲットをしぼり、良い人がいたらアプローチしましょう。服装は華やかな雰囲気を心がけてください。ただし勢いで深い仲になるのは禁物です。気持ちも判断力も不安定ですので、大胆な行動は避けましょう。押しつけも逆効果になります。手ごたえがなければ一度引いて、友達から始めてください。

家庭運

△凶

大波の影響で気持ちが不安定になり、パートナーへのだめ出しがきつくなりがちなので注意しましょう。大事なことを話し合うのは、冷静になれる来月に。家の中ではパワーが発散できずにケンカのもとになりそう。外に出かけて新しい場所や遊びを開拓すると、二人の絆が深まります。子どもとは将来の話をすると良いでしょう。厳しい口調で子どもを萎縮させないように気をつけて。

金運

◎中吉

全般的に好調で、特に車や住宅など高額な買い物に良い運気です。少し強気に価格交渉をすると良い結果になりそうです。ただし衝動買いは厳禁。考える時間を設けて、それでも欲しければ買うくらいにしましょう。運気が良いときほど計画的に。逆に、これまで欲しかったものをあきらめるのにも良い運気です。気持ちが冷めていると感じるものは、これを機にすっぱり断念しましょう。

健康運

△凶

のどや声帯、肝臓に特に気をつけましょう。ベースの運気が◎中吉で勢いがあり、外食や飲み会などが多くなります。加えて大波の影響で気持ちが不安定で無理をしていることに気づかず、体調をくずしやすいのです。社交的になるのは良いのですが、暴飲暴食やしゃべりすぎには十分に注意してください。気持ちの不安定さからストレスもたまりがち。ストレス発散の日を設けましょう。

七赤金星
の月運

2024
8
August
8/7 ~ 9/6

今年のピーク！粘り強くチャレンジせよ

運勢

☆大吉

今月の注意点と開運のカギ

先月の◎中吉から上がって、今月は☆大吉です。年の運気も良く、そこに月の良い運気が重なり、仕事でもプライベートでもしっかり結果を残せる時期です。具体的な数字や目標を定めて、それを達成できるように精力的に動きましょう。来月から運気は一転、２カ月連続で▲大凶になります。良い流れは今月までですので、この１カ月が勝負です。特に今月は粘り強さがポイントとなります。断られてからが勝負という気持ちで臨みましょう。せっかくの良い運気をしっかり生かしてください。

ただし、今月は気持ちがぶれやすいので注意してください。優柔不断で人の意見にも左右されやすくなります。何事も急に方針を変えたくなりますが、今月はほとんどの場合、突然の方向転換は良い結果につながらないでしょう。迷っても初志貫徹でいきましょう。どうしても方針を変えたい場合は独断せずに、上司や先輩、目上の人にしっかり相談してから進めるようにしましょう。

［年間運勢グラフ］

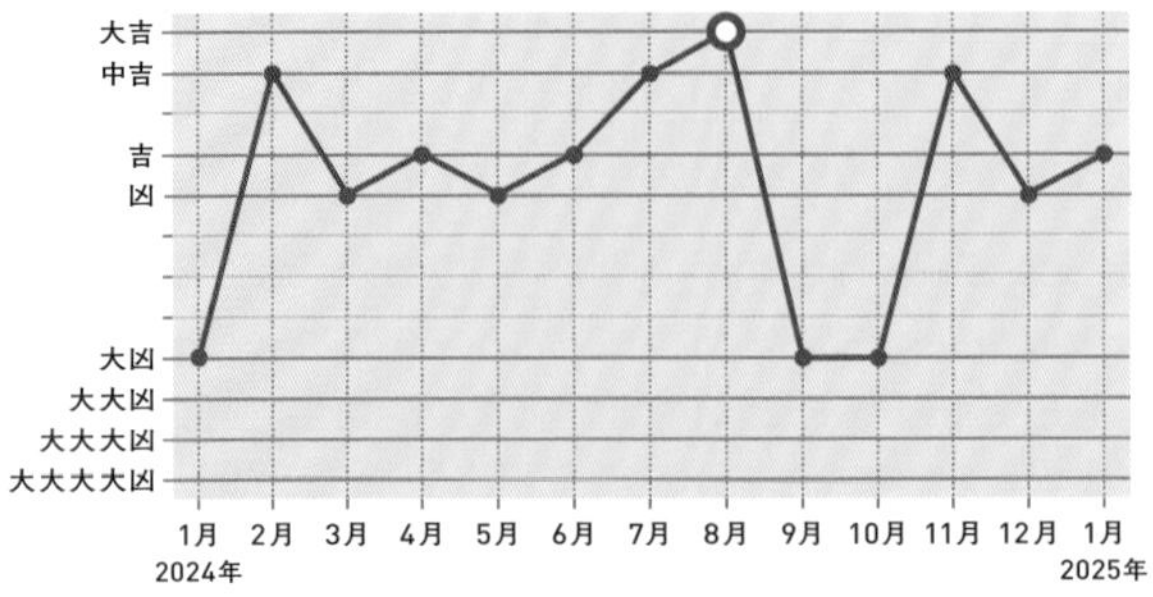

【今月の心構え 三か条】

一 断られてもあきらめるな！

二 結果を出さねば意味なし。成果重視でいけ！

三 優柔不断、お人よしに厳重注意

今月の【大開運日】23日 【激ヤバ日】30日 【大潮】4日～7日、19日～22日 【土用期間】1日～6日

仕事運 ☆大吉

何事も結果重視の月です。利益はいくらか、契約は何件とれるのかなど具体的な数字を設定し、それに向けて取り組みましょう。来月は▲大凶ですので今月が勝負。新しいことにチャレンジするのではなく、今手がけていることを丁寧に仕上げる月です。特に今月は営業力や交渉能力が上がりますので、力を発揮できるところで頑張りましょう。一度断られても、粘り強く交渉を。社内でも待遇改善などを積極的に交渉しましょう。ただし、仕事上での頼まれごとには要注意。軽い気持ちで引き受けると、自分の首を締めることになります。できないことはきっぱり断りましょう。

恋愛運 ☆大吉

人を引きつける力が強く、良い出会いが期待できます。特に今月は、結婚につながる深いつきあいになる相手に出会えるチャンス。年収、価値観など結婚に結びつく条件がそろっているかを確認しながら探しましょう。粘っても良い運気ですので、簡単にあきらめないほうが良いでしょう。ただし、お人よしになりやすいので注意。気のない相手へのあいまいな返事は避けましょう。

家庭運 ◎中吉

相手を思いやると運気は上昇します。パートナーに尽くして、相手の喜ぶことを考えましょう。子育て中のかたも、今月は先回りして子どもの要望をかなえてあげると、それが今後に生きてきます。こちらからの願いごとも通りやすい時期ですので、普段言えない重要なことも伝えてみましょう。ただし、相手からの頼まれごとには注意。受け入れられないものはきっぱり断りましょう。

金運 ○吉

金運も好調です。しばらく良い運気が続いているので、ものを見極める力があります。ある程度は直感に従って買っても良いでしょう。来月は▲大凶のため、大きな買い物は今月中に。言い値で買わずに交渉すると良さそうです。ただし、金銭面でもお人よしに注意しましょう。借金や保証人のお願いには気をつけて。どうしてもお金を貸す場合は、返ってこないものと割りきる覚悟で。

健康運 △凶

他人の心配をしすぎて心労やストレスがたまりやすい時期。お人よしが過ぎて、苦労話に同情してひと肌脱いでしまいがちですが、これがストレスの原因となり、頭皮、髪の傷みや胃腸の不調につながります。本当に助けてあげたいと思うこと以外は断りましょう。どうしたら良いかわからない場合は、一人で抱え込まずに信頼できる人に相談してください。

七赤金星
の月運

2024
9
September
9/7～10/7

運気は急降下！ 一時停止で見直しを

【今月の心構え 三か条】

一 だめもとでチャレンジ！まれに大当たりも

二 不安定！迷ったらいったん停止

三 何事も慎重に。事故、病気に注意！

運勢

▲大凶

今月の注意点と開運のカギ

先月の☆大吉から一気に下がって▲大凶です。来月も▲大凶が続くので、気を引き締めていきましょう。先月までの絶好調の運気のせいで何事もスピードが出ていますので、意識してペースダウンしましょう。今月は「今までのツケが出る」運気です。仕事や人間関係などでこれまで行ってきたことの結果が表れてきます。もし大きなミスや滞りが発生したり、周囲との関係がもつれるなどよくない結果が出た場合は、原因を突き止めてここで改善しておきましょう。11月以降に良い方向に向かう可能性が高まります。

運気のせいで急に心変わりをしたり、言葉遣いが荒くなったりします。今月は慎重に過ごすことに集中して、衝動的な行動は控えましょう。ただ、基本的には▲大凶なのですが、まれに大当たりする場合があります。たとえば憧れの存在に告白する、実力以上の会社に応募する、可能性が少ないお客さんに営業をかけるなどです。あくまでだめもとが前提ではありますが、チャレンジしてみるのも良いでしょう。

[年間運勢グラフ]

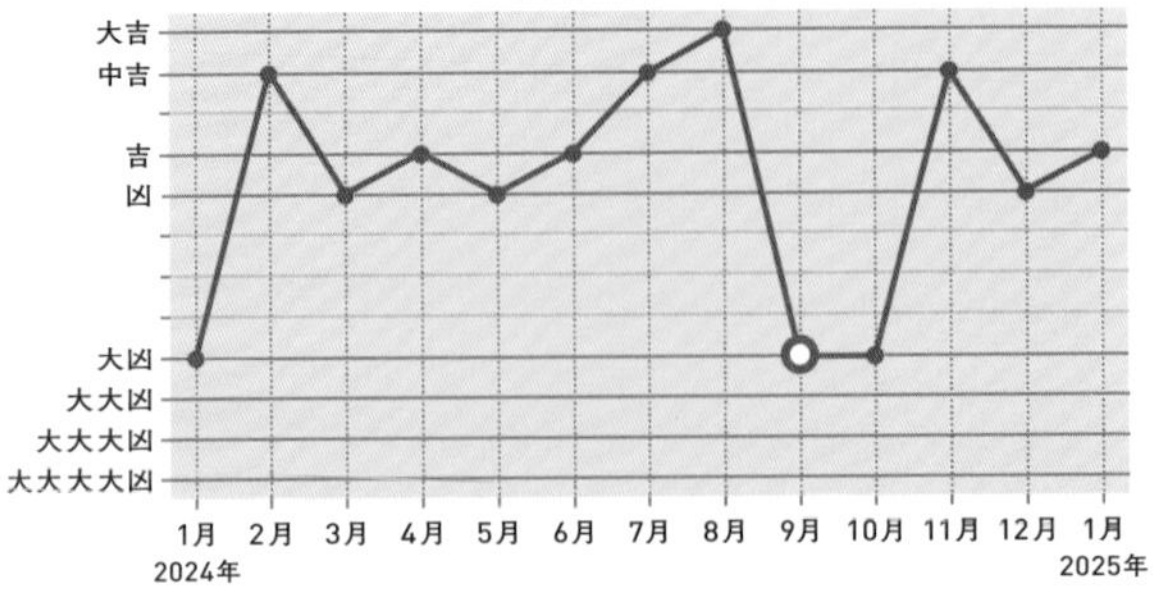

仕事運 ▲大凶

ひたすら現状維持に徹してください。来月も▲大凶です。▲大凶が続く時期は大きなミスをしやすく、こじれる可能性も高いでしょう。修復のチャンスもありません。アイディアがわいて突発的に行動したくなりますが、勢いで進めると危険です。くれぐれも慎重に、通常業務も細かく確認してミスを防ぎましょう。気持ちも不安定で、言葉遣いが乱暴になったり、感情が顔に出やすくなりますので気をつけてください。できないことをできると言ってしまうこともあるので注意を。とにかくこの2カ月は、大きなミスがなければOKです。周囲に助けてもらいながら乗りきりましょう。

恋愛運 ▲大凶

おとなしく過ごしましょう。人を見る目が曇っているのに人を引き寄せるオーラが出ています。判断力もなく、良くない人を運命の人と錯覚して突っ走ってしまいそうです。寂しさをまぎらわすために出かけたくなりますが、家で過ごしましょう。カップルは突然心変わりがありそうですが、大きな決断は避けて現状維持に徹しましょう。意中の人へのアプローチは11月中旬以降に。

家庭運 ▲大凶

ケンカが増えるでしょう。気持ちが不安定なときは素直に甘えて、普段は言えない言葉やスキンシップで愛を深めましょう。イライラするときは腹筋を鍛えると、忍耐力がアップして冷静になれます。日光浴や、土の上や砂浜を素足で歩くアーシングもおすすめ。子どもにもきつく当たったり、不注意から不調や何らかのサインを見逃しそうです。感情を抑えてやさしく向き合ってください。

金運 ▲大凶

最悪の運気です。財布のひもはしっかり締めましょう。▲大凶のときは衝動買いに注意してください。「絶対買わない」と思っていても突然気持ちが変わって買ってしまい、後悔します。クレジットカードは極力持ち歩かないほうが良いでしょう。投資などの誘いを受けやすい時期でもありますが、すべて断ってください。特に新しいものには絶対に手を出してはいけません。

健康運 ▲大凶

今月の▲大凶は「今までのツケが出る」という意味があります。不摂生をくり返してきた人は、ここで何か症状が出てしまうかもしれません。古傷も悪化しやすいので、少しでもおかしいと思ったらすぐに病院へ行きましょう。▲大凶の時期は体調不良に陥りやすく、反射神経が低下して事故やケガにもつながりやすくなります。睡眠をしっかりとり、無茶な行動も避けましょう。

七赤金星
の月運

2024

10

October

10/8～11/6

やる気は出るが今は動くな！

運勢

☆大吉
のち
▲大凶
のち
大波

今月の注意点と開運のカギ

先月に続き▲大凶で、2カ月目に突入です。直感力や判断力は落ちているのにやる気だけは出て、いろいろなことに全力投球してしまい、結果的に大きな失敗をしそうな運気です。さらに、今月後半には大波の運気が加わって気持ちが不安定に。急に悲しくなったりぶちギレたりと感情のコントロールがきかず、普段ならありえないミスを招きそうです。今月のひらめきや直感は決して信じてはいけません。急な心変わりにも注意です。衝動的に何かをしたくなったり、順調だったことをやめたくなったりするかもしれませんが、すべて失敗のもと。自分勝手な行動が増え、どんなことも「まあいいか」と独断で進めたくなりますが、仕事も人間関係も壊れる結果を招きます。何事も自分で判断せず、周囲に相談してから進めましょう。

無意識に暴言を吐くこともあるので、冷静に、丁寧な言葉遣いを意識しましょう。来月は運気が急上昇するので、とにかくこの1カ月を無事に乗りきることに集中してください。

［年間運勢グラフ］

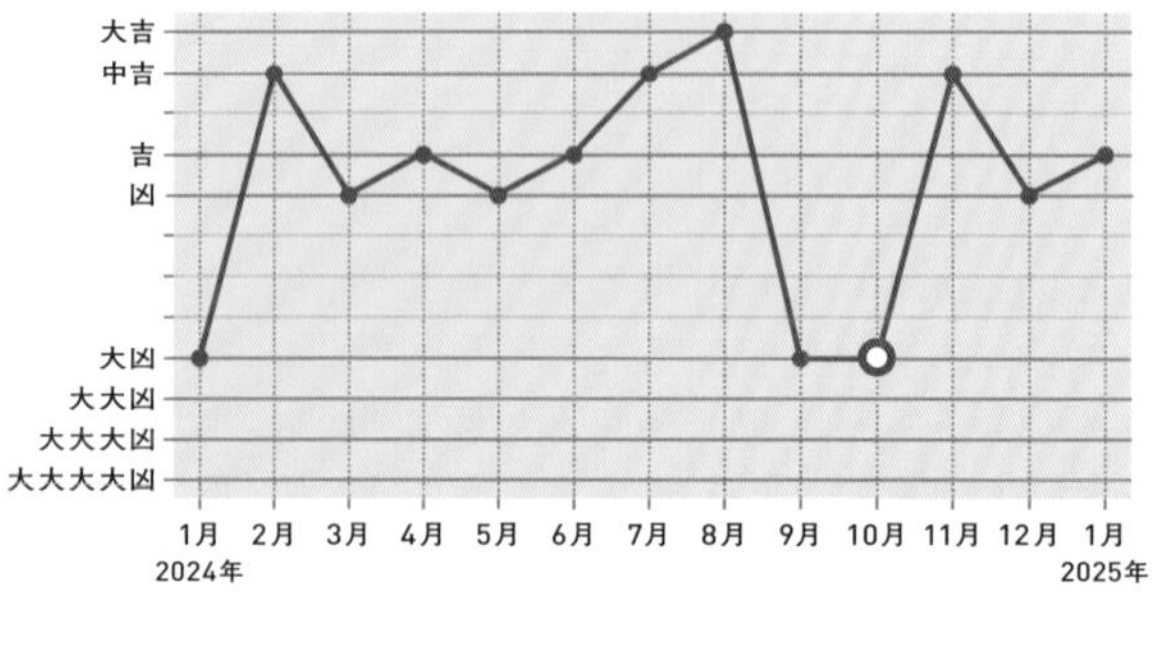

【今月の心構え 三か条】

一 大凶2カ月目は超危険！心して行動せよ

二 すべてのことは現状維持に徹しろ！

三 事故、病気、判断ミスに注意せよ！

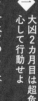

今月の【大開運日】なし　【激ヤバ日】25日、27日　【大潮】2日～5日、17日～20日　【土用期間】20日～31日

仕事運 ▲大凶

危険な運気です。1カ月まるごと休んでちょうどいいくらいでしょう。ベースの運気が☆大吉なのでやる気は高まっていますが、その勢いがミスを招きます。今月は現状維持がキーワード。通常業務さえこなせればOKです。突然会社を辞めたり転職したくなったりする「放棄願望」がわきますが、それは運気による一時的な感情です。特に今月後半は、大波の影響で気持ちが不安定に。些細なことで傷つき、自分を責め、すべてやめたくなってしまうかもしれませんが、くれぐれも行動に移さないように。また、新しい話にも乗ってはいけません。迷ったら信頼できる人に必ず相談を。

恋愛運 ▲大凶

出会い運も最悪です。異性を見る目が完全にくるっています。半面、気持ちは妙に大胆で、最悪の相手にもついていってしまいます。今月は出会いの場には行かないようにしましょう。「苦手なタイプだけど上司の紹介だから断れない」などと紹介を受けてしまうと、あとで裏目に出る可能性が大。会う前に丁重に断りましょう。来月は運気が急上昇するので、今月はおとなしく過ごして。

家庭運 ▲大凶

大ゲンカが増えそうです。別れたいと思うかもしれませんが、運気のせいなので冷静になりましょう。こちらからあやまって、現状維持に徹してください。▲大凶のときはスキンシップが非常に重要です。気が乗らなくても相手の誘いはある程度受け入れましょう。子どもに対しても態度がきつくなり、勘違いで叱ってしまい傷つけることになりそう。意識して平常心で接しましょう。

金運 ▲大凶

臨時収入があったり、投資話や儲け話を持ちかけられたりと一見良い運気ですが、じつは金運も最悪です。厄介なのが、気持ちが大胆で決断力も妙にあるため、安易に話に乗ってしまうこと。今月に買ったものや契約したものは、すべて悪い結果になると思ってください。気持ちが不安定なので、必要がないものを高額で購入してしまう可能性も。店には足を踏み入れないようにしましょう。

健康運 ▲大凶

健康面も本当に注意が必要です。回復力、免疫力が下がっています。特に今月は脳や心臓、大腸に注意という運気。食生活も雑になりがちなので、食事や生活習慣で体に不調をきたさないように注意しましょう。今月後半は大波の影響で気持ちが不安定です。ストレスがたまり、いつの間にか暴飲暴食に走る可能性があります。運動などでストレスを発散する日をつくりましょう。

七赤金星
の月運

2024

11

November

11/7 ~ 12/6

趣味も仕事のうち。よく働き、よく遊べ！

運勢

◎中吉

今月の注意点と開運のカギ

先月までの連続▲大凶、お疲れさまでした。今月は一気に上がって◎中吉です。来年5月までは安定した運気なので、ここから気持ちを入れ替えて頑張りましょう。▲大凶が続いたため仕事もプライベートも進む方向が間違っている可能性があるので、今月はまず、これまでのやり方で良いか、修正すべき点がないかを見直すと良いでしょう。

今月は「よく働き、よく遊べ」という運気。プライベートも充実させていくと良いでしょう。40歳以上の人は、たとえ適職でも仕事だけではストレスを発散できず、モチベーションを保てないようです。この機会に新しい趣味を見つけましょう。新たな人脈もつくれる良い運気です。ただし、今月は余計なひとことに注意。態度も大きくなりがちなので丁寧な言動を意識してください。勢いがあって外食やイベントの機会が増えますが、疲れがとれにくく、回復力も下がっています。食べすぎ、飲みすぎ、寝不足にも要注意。この先、運気が安定しますので、体調管理をしっかりしましょう。

[年間運勢グラフ]

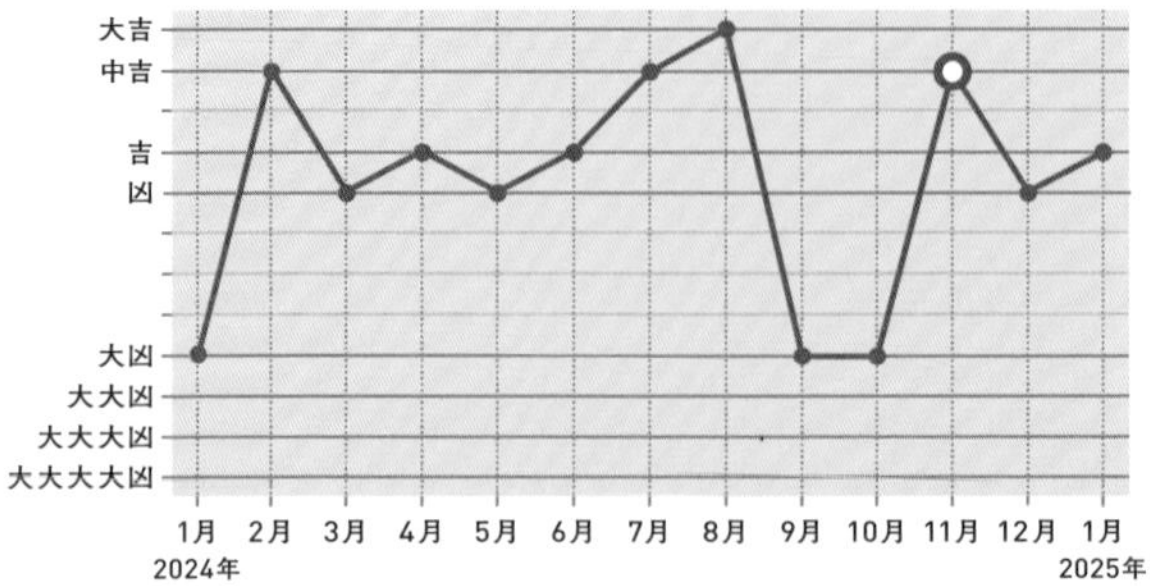

【今月の心構え 三か条】

一 積極的にストレス発散を！

二 新しい友達を増やすと運気アップ！

三 暴飲暴食、寝不足に注意

今月の【大開運日】24日　【激ヤバ日】23日、30日　【大潮】1日～4日、16日～19日　【土用期間】1日～6日

仕事運

◎中吉

好調な1カ月です。序盤は先月までの運気を引きずってやる気が起こらないかもしれませんが、今月は意識して積極的に動きましょう。社交運が良く、新規開拓で新たな人脈を広げられるでしょう。社内でも今まで接点がなかった人にコンタクトをとってみると、新たな発見がありそうです。ただし、余計なひとことや見栄を張った発言に注意。謙虚な態度で臨めば人間関係が良くなり、仕事の成果も上がります。オンラインミーティングは対面とは違う難しさがあるので、普段より気を遣うように。「ここだけの話」が炎上のもとになりやすい時期です。秘密も厳守しましょう。

恋愛運

☆大吉

出会い運が好調です。人が集まる場所に飛び込むと、良い人にめぐり合えるでしょう。ただし、年収や職業などに見栄を張りがちなので気をつけましょう。ばれたときにせっかくの縁がふいになってしまいます。余計なひとことにも気をつけて。月の前半は先月までの悪い運気を引きずるので、良い出会いがあってもゆっくり進めましょう。気持ちは盛り上がりますが、行動は慎重に。

家庭運

◎中吉

遊び運が全開です。家にいるとストレスがたまるので、積極的に外に出かけましょう。なんとなくドライブや買い物に行くよりも、テーマパークやライブなど明確な目的がある過ごし方が良いです。家族で一緒に楽しむことで子どもの運気も上がります。なお、今月は無意識にパートナーを怒らせることがあるので気をつけて。子どもにはきれいな言葉で話すことを心がけましょう。

金運

△凶

基本的に良い運気です。判断力も引き寄せ力も高い時期なので、大きな買い物にも適しています。月の序盤は判断力が多少落ちていますが、後半になれば安定します。人との縁が良い出会いや仕事に結びつく運気ですので、交際費はケチらずに、誘われたら積極的に参加しましょう。ただし、勢いでおごったり過度な贅沢をしてしまったりする可能性があります。気をつけましょう。

健康運

△凶

疲れがとれにくい1カ月となります。「よく働き、よく遊べ」という運気で、外食や飲み会、ゴルフなど人と交流する機会が増えますが、休みをとらずに全力投球して気づいたら体調をくずしていたなどということになりそうです。今月は風邪をひいたりするとなかなか治りません。意識して休日をつくり、体を休めましょう。特にのど、気管支、肺の不調や口内炎に注意です。

七赤金星
の月運

2024
12
December
12/7～1/4

無理にでも動くとき。来月の勝負に備えろ！

運勢

△
凶

今月の注意点と開運のカギ

先月の◎中吉から△凶に下がりましたが、安定していて決して悪い運気ではありません。今月は、来月に向けての準備の月ととらえましょう。集中力や学習能力が上がるので、試験勉強やレポート作成、伝票整理など地道な作業に向いています。やるべきことがある人は今月中に仕上げましょう。柔軟性も上がるので、苦手だと思っていたことに挑戦する良い機会です。自分の仕事の進め方を上司や先輩に確認し、クセを直すのも良いです。指摘されたときはピンとこなくても、受け入れると成長できるでしょう。

ただし、今月はとにかくネガティブでやる気が出ません。無理やりにでも動けば成果が出る運気なので、上司や友達に背中を押してもらって頑張りましょう。孤立しがちですが、寂しいときは素直に人に頼ってください。食事につきあってもらい、グチや悩みを話して励ましてもらいましょう。

来月は今年のピーク月の一つ。仕事も恋愛も絶好調です。今月は頑張って動いて、来月につなげてください。

［年間運勢グラフ］

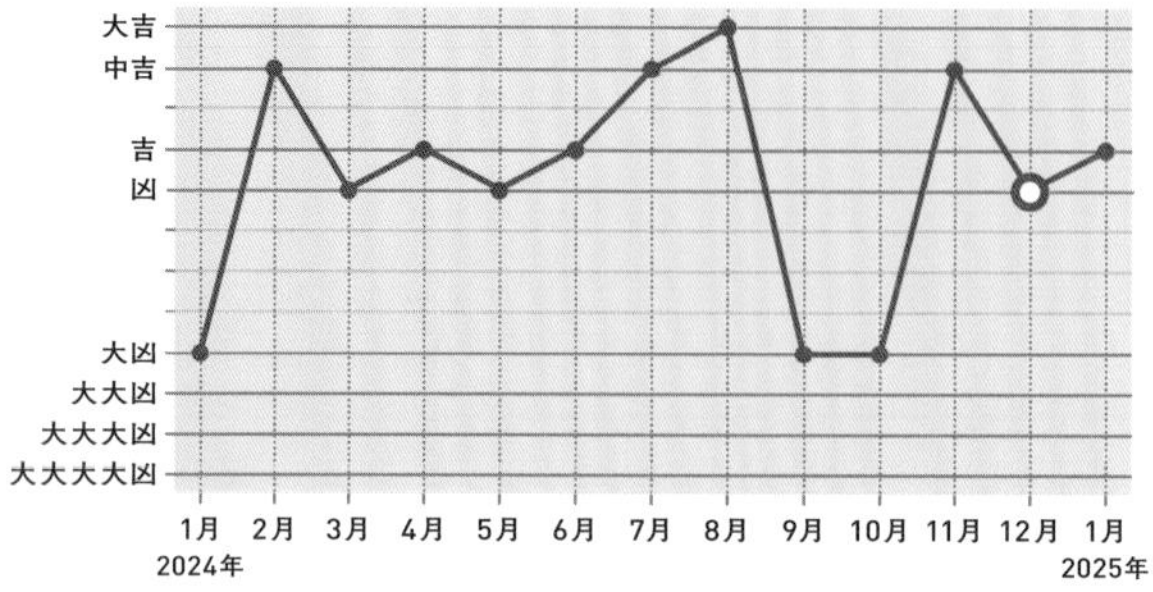

【今月の心構え 三か条】

一 面倒な作業は今月中にやってしまえ！

二 情報収集で次の展開を計画しろ

三 落ち込んだらすぐに相談を！

仕事運
○吉

集中力が上がり、勉強やレポート作成、伝票整理などに良い運気です。来月はさらに仕事運が上がるので、今月中に情報収集や今までの仕事の見直しをして、来月に備えると良いでしょう。上司に相談して今後の仕事の進め方を検討し、修正すべき点はしっかりと直しておきましょう。順応性も上がるので、上司の指示に忠実に従ってみましょう。今まで納得がいかなかった部分も理解できるかもしれません。素直に従えば従うほど上司との関係がスムーズになり、今後の評価にもつながります。今月はしっかりと下準備をして、来月以降につなげることを意識しましょう。

恋愛運
○吉

異性を引きつけるオーラが出て魅力的になっています。普段は強気な人も、やさしい振る舞いができそうです。消極的な運気でなかなか出かける気分になれませんが、友達に頼んで出会いの場に連れ出してもらいましょう。ただし、押しには弱いので注意。飲み会などに行くと急に大胆になり、強引に誘われると断れません。良い人がいてもすぐに深い仲にはならず、友達から始めましょう。

家庭運
○吉

今月は性への意識が上がります。パートナーと普段よりスキンシップを図ると良いでしょう。運気の影響からネガティブで、浮気を疑うなど悲観的になりがちですが、そんなときこそ触れ合う回数を増やしてください。順応性が上がるので、相手の趣味や生活スタイルに歩み寄ると良いでしょう。子どもとは将来について一緒に考えてみて。選択肢を広げてあげると運気が上がります。

金運
◎中吉

倹約に徹しましょう。金運は悪くないのですが、ダラダラとお金を使ってしまいそうです。買い物でストレスを発散したくなりますが、おトクな旅行プランを探したり、少額のものでも値段にこだわって倹約を。コツコツお金をためるのにも良い時期ですので、収支を細かくチェックして貯蓄をしましょう。過払い金や回収すべきお金がある人は今月中に整理するのがおすすめです。

健康運
◎中吉

免疫力や回復力が上がり、ボディメンテナンスに向いている時期です。持病を本格的に治したい人、手術などを先延ばしにしていた人は今月中の治療がおすすめ。特に症状がない人も健康チェックをしてみて。また、骨や筋肉、腰を痛めやすいので注意しましょう。運気のせいでネガティブな気持ちになり、ストレスがたまりやすいので、ヨガや整体で心身をほぐすと良いでしょう。

七赤金星
の月運

2025

1

January

1/5～2/3

2024年最後の勝負月。
正面から直球勝負で！

【今月の心構え 三か条】

一 来月から年運が下降！今月が勝負だ

二 できることは今月中に全部やってしまおう

三 謙虚な態度に徹すれば運気アップ！

＊九星気学では前年の運気です

運勢

○吉

今月の注意点と開運のカギ

先月の△凶から上がって○吉です。頭が冴えてアイディアがわき、体も軽やかに動く運気です。仕事も恋愛も成果が出せる時期ですので、気合を入れて頑張りましょう。七赤金星は、来月から年の運気が下降します。何事も今月中にやったほうが成功率が高いので、やり残しの無いように。

今月はアピール力が高いので、仕事では新しい企画の提案や営業の強化など、積極的な行動を心がけると良いでしょう。また、美意識が高まる時期です。髪形や服装を変えてみると運気アップにつながります。本格的にメイクやファッションを習うのもおすすめです。

評価が高い半面、あらが目立ったり上から目線の態度になったりと、マイナスの要素も多くなります。ウソもばれやすく、早合点があとで問題になることも。勢いがあって強気なので、ますますえらそうな態度に映ります。良い運気なので頑張りたい時期ですが、いつも以上に謙虚な姿勢と丁寧な言葉遣いを心がけ、何事も周囲に気を遣いながら進めましょう。

[年間運勢グラフ]

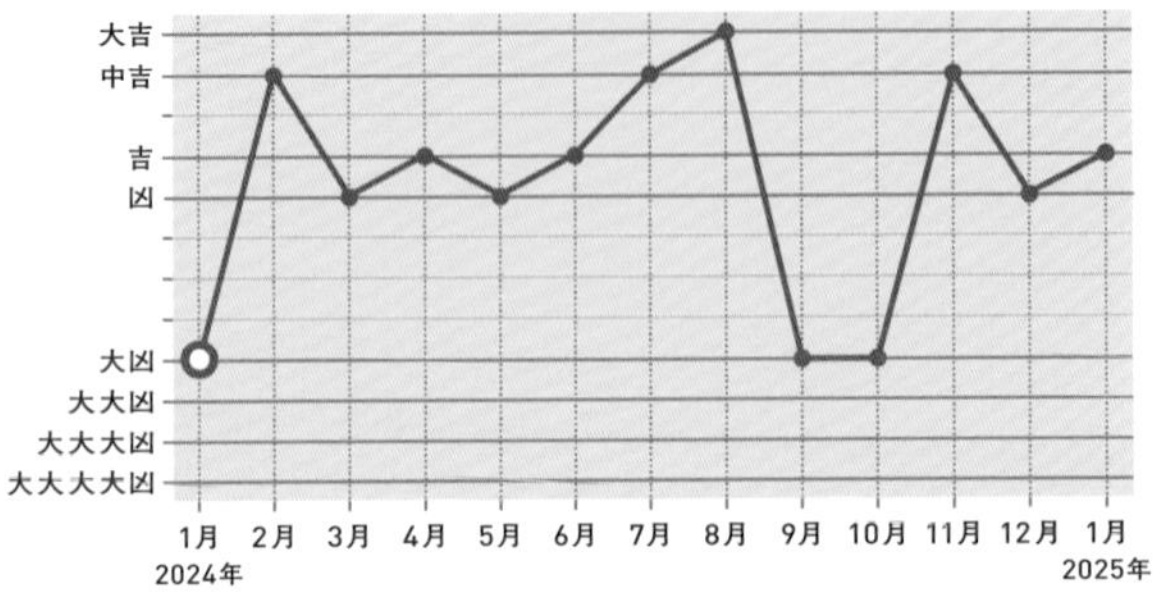

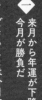

今月の【大開運日】11日　【激ヤバ日】27日　【大潮】1日～2日、14日～17日、29日～31日　【土用期間】17日～31日

仕事運

◎中吉

頭が冴えて、アイディアが豊富に浮かびます。評価されやすいので、営業やプレゼンに積極的に取り組みましょう。転職の面接にも良い運気です。新しいことに挑戦するよりも、現在の業務を見直して結果にこだわりましょう。ただし今月は評価を得やすい半面、ねたまれたり悪い評判が立ったりもしやすい運気です。無意識に上から目線の態度が目立ち、反感を買うかもしれません。謙虚な態度を心がけてください。社内や取引先にもおみやげや感謝の贈り物をするなど、良い関係を築いておきましょう。ウソや隠しごともばれるので要注意。小細工せず、何事も正攻法で進めましょう。

恋愛運

◎中吉

今月のあなたはとても目立ち、異性を引きつけます。外に出れば良い出会いが期待できそうです。いつもより少しだけ大胆な装いにすると良いでしょう。ただし気持ちが大きくなって、衝動的に振る舞ってしまいそうです。くれぐれも慎重に行動してください。熱しやすく冷めやすい傾向もあるので、良い人がいてもすぐ深い仲にはならず、信頼できる人に相談してから進めてください。

家庭運

△凶

いろいろなことが露呈する時期です。パートナーに隠しごとや気がかりなことがある人は早めに伝えましょう。くれぐれも感情的にならず、冷静に話すこと。休日は高級レストランなどで非日常を楽しんだり、二人で新しい趣味を始めたりすると愛が深まります。離別運が良いので、不倫や腐れ縁はここで縁を切って。子どもの才能を見つけやすい時期です。注意深く観察してみましょう。

金運

○吉

臨時収入が期待でき、大きな買い物にも適した運気です。家や車などの大きな買い物は、ここで決断すると良いでしょう。一方、今月のあなたは衝動的で、ひらめきや直感で決めてしまいがちです。ある程度の直感は信じても良いのですが、高額のものを買う場合はなおさら慎重に。熱しやすく冷めやすい傾向もあるので、必ず事前に信頼できる人に相談して、納得してから買いましょう。

健康運

△凶

勢いがあり、つい無理が多くなる時期です。仕事のしすぎ、遊びすぎからくる寝不足や暴飲暴食に注意して、意識してセーブしましょう。体に悪い箇所がある場合、症状が表れやすい時期でもありますので、少しでもおかしいと思ったら早めに病院に行きましょう。神経が過敏になってストレスもたまりがちです。体の冷えや過剰なダイエット、目や歯、髪の傷みにも注意してください。

2024年の
年運と月運

「八白土星」

【Year keyword】

清算の年

無理やり動け！
今年なりの
結果を出せ！

八白土星

2024年の運気

△凶

※九星気学の1年は旧暦で、1年の境目は節分（2024年は2月3日）です。

［6年間の運勢グラフ］

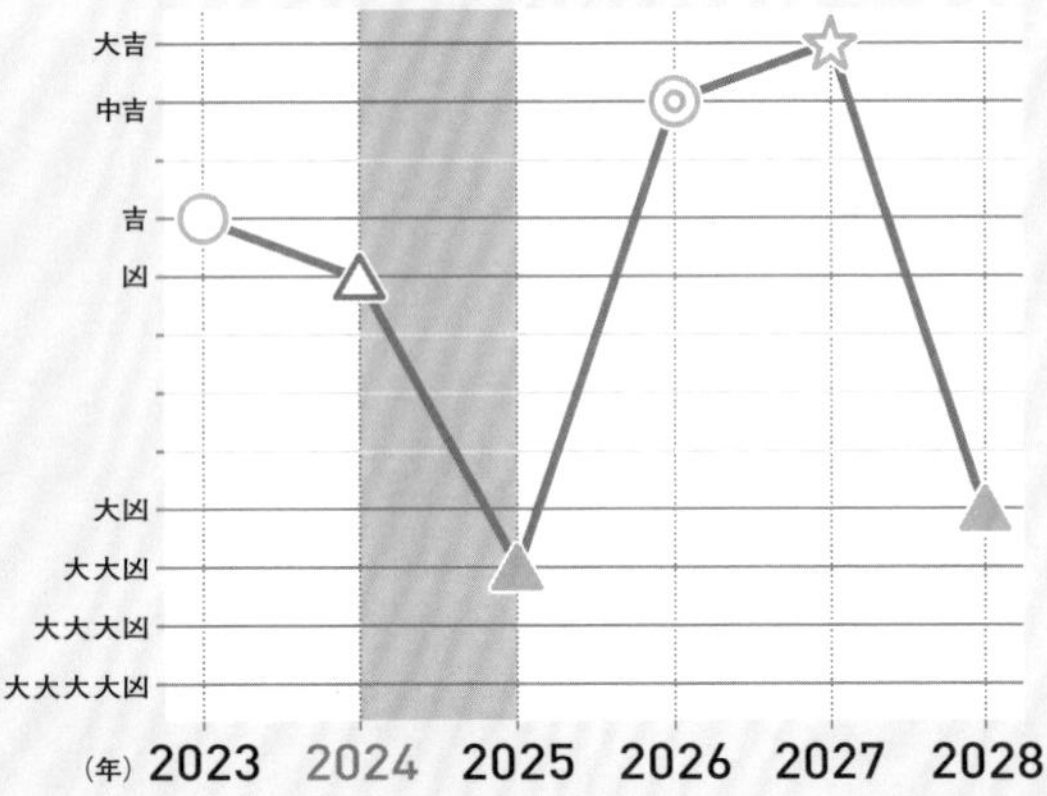

［年間運勢グラフ］

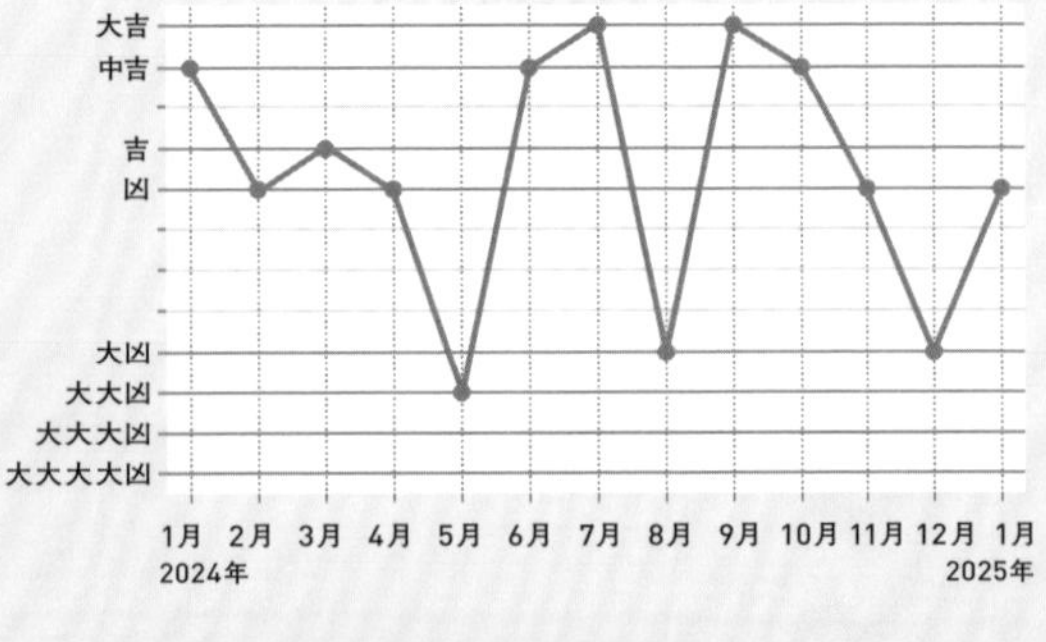

【運勢】

結果にこだわり、無理やり動け！

△凶という運気は特に悪いことが起こるわけではないのですが、やる気が出ず、腰が重くなります。しかし、吸収力や学習能力は高いので、今までの行動を見直し、新しいものをとり入れたり、面倒な作業を片づけたりするのには非常に良い時期です。一人では動けませんので、信頼できる先輩や友人に背中を押してもらうと良いでしょう。

来年は▲大大凶。運気が悪いときは仕事もプライベートもうまくいきにくいので、この1年で成果を出すことを意識しましょう。みずからを無理やり奮い立たせれば、成果は出せます。なお、今年は最初からあまり本音を言わないほうが良いでしょう。信頼関係ができてから自分の本心を伝えるようにしてください。今年は直球勝負の年ではなく、秘密主義から始める年だと心得てください。

２０２６年はまた運気が回復します。本格的な勝負はそれ以降に回しましょう。

【仕事運】

一人でやるな！ チームを組め！

今年は何事も一人になるとやる気が低下します。仕事では上司や先輩と一緒に動けば成果が倍増しますので、孤立せずにチームプレーを心がけてください。チームへの報告、連絡、相談は忘れずに行うようにしましょう。

今年は学びの年にすると良いでしょう。若手はもちろん、ベテランもこの機会に学ぶ側に立つことをおすすめします。ベテランほど自分のクセが強くなるもの。学ぶ側に立つとそのクセを見直すことができるでしょう。また、今年は迷いが多くなります。有識者に教えを請い、背中を押してもらえば、良い結果を出せる可能性が上がります。

今年は集中力が上がる時期でもあります。今まで先延ばしにしていたことは、一気に片づけましょう。また、職場での噂は気にしないように。ほとんどが気のせいですので、真に受けて人間関係を壊さないようにしましょう。

転職には非常に良い1年です。モチベーションが上がりにくく失敗をおそれがちですが、今年は順応性が高いので新しい環境にとけ込みやすいという利点があります。無理やり動いて今年中に転職しておけば、職場にも慣れて、来年の▲大大凶がやってくる前に成果を出せるでしょう。

一方、独立に関してはおすすめできません。理由は来年が▲大大凶になるため。独立は最初が肝心ですので、せめて2年くらいは運気が安定している時期が適しています。ベストの時期は良い運気が続く２０２６年以降。さらに、今年はモチベーションが上がりにくく、少しパワー不足です。独立する際は孤独になることが多く、モチベーションの維持が難しくなります。良い指導者に出会えるかどうかが勝負となるので、そのような人がいない場合は２０２６年まで待ちましょう。転職も独立も直前で方針変更したくなります。迷ったらため込まず、誰かにアドバイスを求めてください。独断は避けましょう。

【恋愛運】

二人三脚で動けば良縁の期待大！

今年は異性を求める気持ちが強く、その気持ちに比例するように異性を引きつけるオーラも出やすい時期です。積極的に出会いを求めましょう。

ただし、気分は消極的で受け身ですので、恋愛経験が豊富な信頼できる友人に相談に乗ってもらいましょう。結婚相談所に登録して、コーディネーターのアドバイスを受けるのもおすすめです。今年は誰かとの二人三脚であれば意外と行動に移せます。

また、今年はファッションを華やかにすると良いでしょう。髪形でイメチェンするのも効果的です。自分の好みではなく専門家のアドバイスを聞いてアレンジするのがコツ。重要なのは、自分が好きか嫌いかではなく、まわりから「きれい、おしゃれ」と見られることです。

今年は1年を通してやや不安定です。恋愛や結婚は時間をかけたほうがうまくいくでしょう。あせらずに機が熟すのを待ちましょう。

【家庭運】

家の中の時間を楽しもう

今年は家の中を大切にすると運気が上がります。休日に楽しめるように、テレビや家具、調理器具などにお金をかけると運気アップにつながります。友人や親戚を招くことを計画しても良いでしょう。また、寝室にお金をかけるのも良いかもしれません。今年はパートナーとの肌の触れ合いが多いほど運気が上がる年です。

ただし、気持ちが不安定ですので、嫉妬深くなりがちな点に注意。些細なことで相手の浮気を疑いたくなりますが、大半は気のせいです。一人でため込まず、共通の友人などに相談してください。誰にも相談せずに一人で考えてしまうと判断を誤り、悪い結果になりやすいです。大切な縁を切ってしまうことにもなりかねません。

子育てでは、これまでを見直す時期です。健康状態や食生活のほか、布団や衣類など肌に触れるものを見直し、必要があれば新調しましょう。また、今年は叱るよりもほめることを意識すると良いでしょう。

【金運】

調べ抜いて最もおトクな買い方を！

買い物運は悪くありません。慎重に選び、最も安い買い物にこだわってください。高額品を買っても良い時期ですが、しっかり調べておトクな買い方を選びましょう。

基本的に今年は節約の年。欲しいもの以外はケチに徹するのが良いでしょう。うまく節約すると、お金が多く残る時期。家計簿をつけて無駄なお金を使わないように。

【健康運】

回復力アップ。治すなら今年！

今年は回復力が高まります。手術などを受けても良好な経過が見込めるので、治療すべきことがある人は今年中に片づけることをおすすめします。また、気持ちがネガティブになり、それがきっかけで病気を発症する可能性もあります。病は気から。友達と会うなどして気晴らしをしましょう。冷えや膀胱炎にも注意してください。

注意点

来年はきつい！その前に成果を

今年は無理やり動けば成果が出やすい時期。信頼できる人と連携すれば大きな成果を出せる可能性が高いのですが、一人だと何もせずに終わります。無理にでも誰かと連携してください。

また、今年は1年を通して不安定な面があります。方向性が決まっていたはずなのに、衝動的に方針を変えたくなります。選択肢が増えるという利点はありますが、急な方針変更は失敗のもと。くれぐれも衝動的な行動はとらずに、必ず誰かに相談して動きましょう。

来年はかなりきつい▲大大凶です。再来年は運気が回復しますが、来年は物事が進みにくくなります。やる気が出ないかもしれませんが、みずからを奮い立たせて、やるべきことは今年中にやってしまいましょう。

八白土星
の月運

2024
1
January
1/6 ~ 2/3

やるべきことは今月中にやれ！

運勢

◎中吉

今月の注意点と開運のカギ

今月は◎中吉です。何事も成果を出せる時期なので頑張りましょう。九星気学では2月が2025年の開始月となります。来月以降は年の運気が△凶に落ちますので、仕事もプライベートも今月中に取り組んだほうが成功率は上がります。今月は情熱的になれる時期なので、勇気が出ずに踏み出せなかったことも「やってみよう！」と挑戦できそう。あまり深く考えすぎずに、まずは行動してみましょう。

今月は「よく働き、よく遊べ」という運気。特に40歳以上の人は、たとえ会社に不満がなくても仕事だけではストレスを発散できず、やる気を保てない傾向があります。いろいろな人と会ってみると、新しい趣味に出会えるかもしれません。そこからさらに新たな人脈をつくれそうなのでチャレンジしてみてください。友達の趣味に便乗したり、かつての趣味を再開したりするのもおすすめです。人脈が広がる時期ですが、余計なひとことには注意。回復力がダウンするので、睡眠を多めにとることも心がけてください。

[年間運勢グラフ]

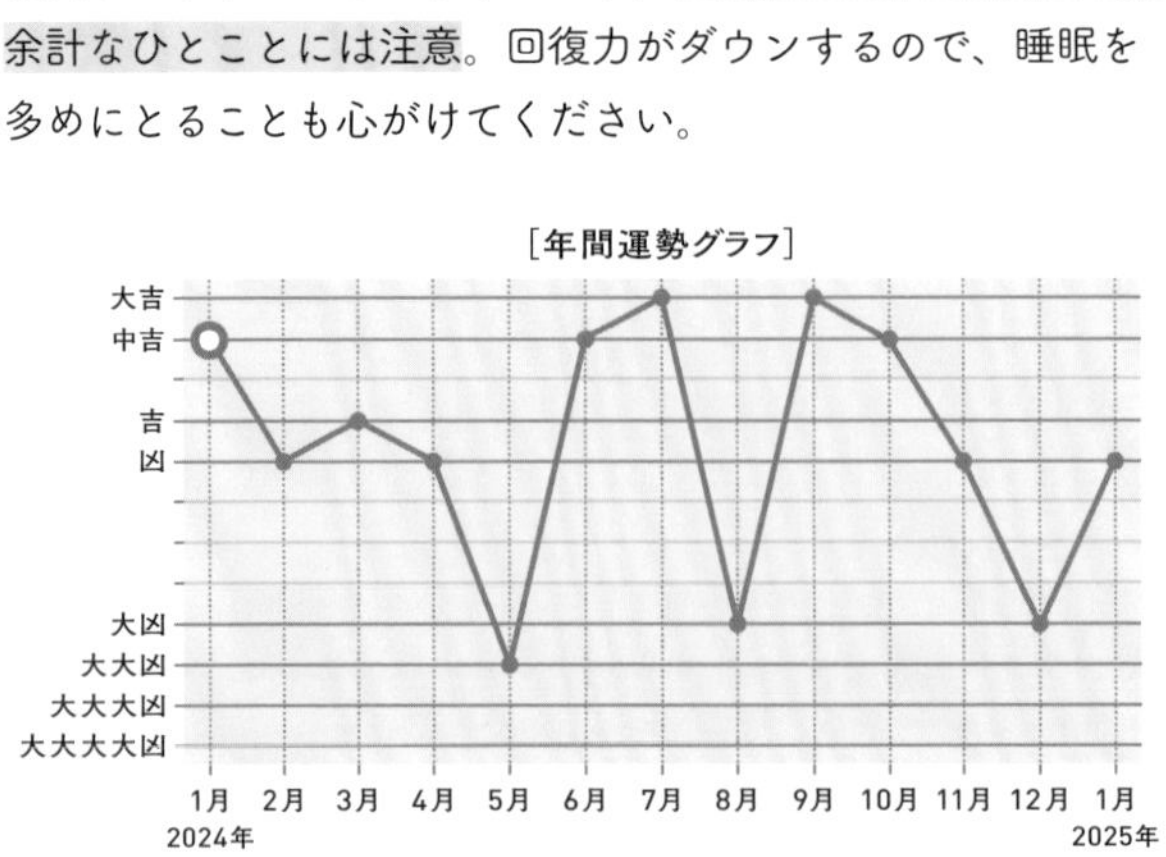

【今月の心構え 三か条】

一 来月から年運が下降。今がチャンスだ！

二 新しい友達を増やすと運気が上昇！

三 暴飲暴食と寝不足に要注意

＊九星気学では前年の運気です

仕事運

◎中吉

好調です。社交運が良く、人脈が広がりそうな運気です。今月は新規開拓がおすすめ。取引先はもちろん、今まで接点がなかった社内の人ともコミュニケーションをとると新たな発見があるでしょう。得意先の懇親会やゴルフコンペなどの誘いにもすべて応じましょう。社内イベントにも積極的に参加を。場を盛り上げると、今後の仕事につながる可能性が高まります。ただし余計なひとことに気をつけましょう。特に目上の人への言葉遣いに要注意です。積極的に自分をアピールする時期ですが、謙虚な姿勢を忘れずに。無礼講はNG、品のない会話も慎みましょう。

恋愛運

☆大吉

見た目の雰囲気を変えてみましょう。「キャラを変える」が恋愛運アップのポイントです。特に普段素朴な人は少し華やかにすると効果的。人の紹介よりも、サークルや趣味の世界に飛び込んでみると良い人にめぐり合う可能性が高いです。社交的に振る舞うのは良いのですが、見栄の張りすぎには要注意。ばれると幻滅されて縁が切れてしまいます。余計なひとことにも気をつけて。

家庭運

◎中吉

アクティブなデートを楽しみましょう。予定を細かく決めて動くとパワーが発散され、良い雰囲気で過ごせます。ピンとこなかったスポットが意外に楽しめるので、新規開拓もおすすめです。二人でおしゃれをして豪華な食事を楽しむのも良いです。余計なひとことを言ってしまいがちなので、険悪なムードになったらすぐあやまって。子どもと思いきり遊ぶと親子で運気がアップします。

金運

△凶

人とのつながりが良い出会いや仕事に結びつく運気ですので、交際費は出し惜しみせずに使ってください。誘われたら必ず出かけるようにすると良いでしょう。お世話になっている人に贈り物をするのもおすすめです。ただし今月は見栄を張りすぎる傾向があるので、高級志向にならないよう注意。勢いにまかせてお金を使いすぎると、必ず後悔します。考えて使うようにしましょう。

健康運

△凶

疲れがとれにくい1カ月です。「よく働き、よく遊べ」という運気で、外食や飲み会、ゴルフなどつきあいで動き回る機会が増えますが、休みをとらずに全力投球を続けた結果、気づいたら体調をくずしていたということになりそう。今月は風邪をひいたりするとなかなか治りません。意識して休息日をつくり、体を休めましょう。特にのどや気管支、肺、口内炎などに注意です。

運勢

△
凶

今月の注意点と開運のカギ

九星気学では今月が2025年のスタートです。運気は△凶に落ちて、勢いはなくなるものの安定しており、集中力や学習能力が高まります。昨年のように自然に勢いが出るわけではないので、今年は1年を通してみずから気合を注入し、頑張って動くイメージで過ごしましょう。

月の運気は先月の◎中吉から△凶になりましたが、悪い運気ではありません。集中力や学習能力は上がるので、試験勉強やレポート作成、伝票整理などコツコツ進める作業には向いています。やるべきことがある人は今月中に。柔軟性も上がります。習いごとを始めても良いでしょう。仕事では、上司や先輩に今の業務の進め方で良いかどうかを確認してみると良いでしょう。普段指導する立場の人は、逆に教わることで自分の振り返りができそうです。修正すべき点があればここで直しておきましょう。運気は安定していますが、気持ちがネガティブです。上司や友達に背中を押してもらい、寂しいときは周囲を頼って落ち込みすぎないように。

[年間運勢グラフ]

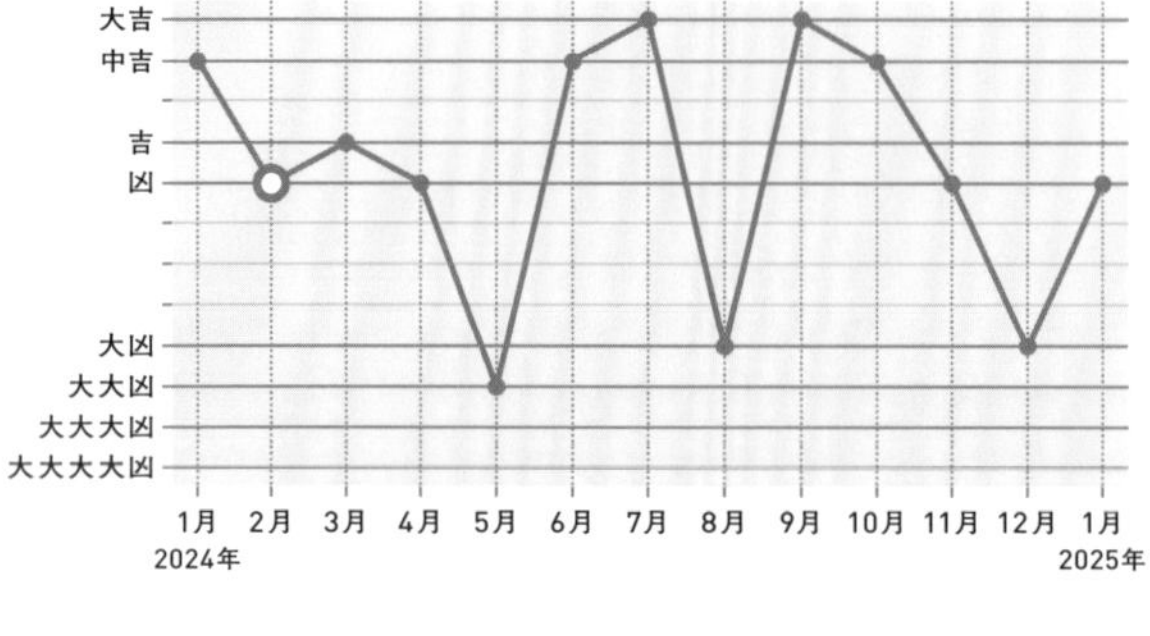

八白土星の月運

2024

2

February

2/4～3/4

気分は暗くても無理やり動け！

今月の心構え
三か条

一 面倒な作業は今月中にやってしまえ

二 情報収集をして次の展開をプランニング

三 落ち込んだら抱え込まずまわりの人にすぐ相談！

今月の【大開運日】14日、21日、23日 【激ヤバ日】7日 【大潮】10日～12日、24日～27日 【土用期間】1日～3日

仕事運

○吉

集中力が上がり、勉強やレポート作成などに良い時期です。来月は勢いがあり評価も得られる運気なので、そこで成果を出せるように準備をしましょう。順応性も上がるので、上司に指導をあおいで忠実に従ってみると良いでしょう。仕事ができない理由の多くは「指示に従っていない」「前職のやり方に固執している」ことのようです。良い機会なので素直に従いましょう。効率が上がり、評価につながります。苦手だと思っていた人とも仲良くなれる運気。感情は封印して笑顔で接してみましょう。本心はばれないので大丈夫。表面上は良い関係をつくり、今後につなげましょう。

恋愛運

○吉

異性を引きつけるフェロモンが多く出ています。出会いを求めていきましょう。普段は強気の人もやさしくなれます。運気の影響で外出する気分になれませんが、友達を誘ってでも出会いの場に出かけましょう。ただし今月は押しに弱い傾向があるので注意。急に大胆になったり、誰でも良いというオーラも出ていて危険です。良い人がいてもすぐに深い仲にならず、友達から始めましょう。

家庭運

○吉

スキンシップを増やしましょう。運気の影響で何事も悲観的にとらえがちですが、触れ合いを増やすと気持ちが安定します。順応性が上がるので、相手の趣味に参加したり服装や生活スタイルを合わせたりして歩み寄ると惚れ直してもらえそうです。体を鍛えて相手好みの体形を手に入れるのもおすすめ。子どもとは将来について一緒に考える機会を設け、選択肢を広げてあげてください。

金運

◎中吉

金運は悪くありませんが、ダラダラと使ってしまいそうです。運気のせいで気持ちがネガティブになり、買い物でストレスを発散したくなりますが、だからこそ倹約にこだわって。おトクな旅行プランを見つけたり小さな買い物も値段にこだわったりと、無駄なお金を使わないようにしましょう。貯蓄を始めるのにも良い時期です。過払い金や回収すべきお金がある人は今月中に整理を。

健康運

○吉

免疫力と回復力が上がります。持病を本格的に治したい人、先延ばしにしてきた手術や治療がある人は、今月中にすませると良いでしょう。特に不安がない人も健康チェックをして、何か見つかったらすぐに治療にとりかかってください。骨や筋肉、腰を痛めやすいので注意し、スポーツ前には入念な準備運動を。ストレスがたまりやすいので、ヨガや整体で体をほぐすのも良いです。

八白土星
の月運

2024

3
March

3/5～4/3

大胆に、丁寧に、丁重に
直球勝負でいけ！

運勢

○吉

今月の注意点と開運のカギ

先月の△凶から上がって○吉です。頭が冴えてアイディアがわき、体が軽やかに動くでしょう。アピール力も高いので、みずから行動を起こせば周囲からの評価が高まりそうです。来月が△凶、再来月が強烈な▲大大凶に落ちるので、勢いがあって成果を出しやすい運気は今月まで。今月中にしっかり成果を上げられるように、仕事ではひたすらアイディアを出してアピールする、恋愛ではどんどん出会いの場に出かけるなど、積極的に動くと良いでしょう。

ただし、今月は評価される一方で、あらが目立ったり上から目線の態度をとったりと、マイナスの要素も多い時期です。今月のように運気が上昇するタイミングでは、横柄な態度に拍車がかかりやすくなることもありますので、十分に気をつけてください。ウソがばれやすく、また早合点があだとなるケースも多いでしょう。普段以上に謙虚な姿勢を心がけ、何事も周囲に気を遣って進めましょう。言葉遣いも丁寧さを心がけてください。

［年間運勢グラフ］

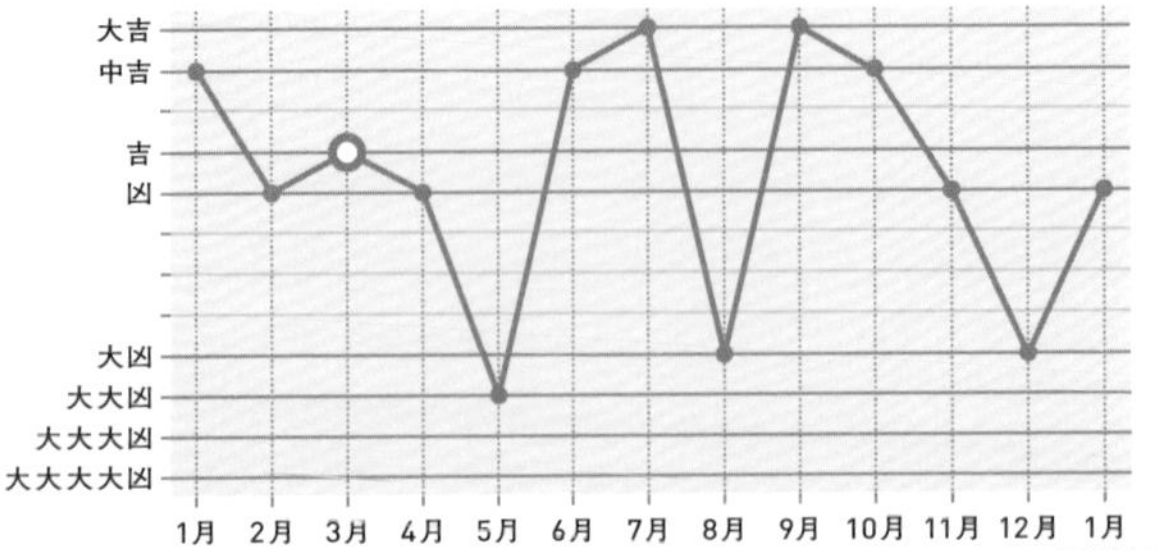

【今月の心構え 三か条】

一 アイディアを出して変化を起こせ

二 正々堂々と勝負！ずるい手は使うな

三 謙虚な態度に徹すれば運気が上昇

仕事運

◎中吉

頭が冴えて良いアイディアが浮かびます。周囲に評価されやすく目立つので、営業やプレゼンは積極的に。転職の面接も頑張りどきです。新しい挑戦や業務の見直しも良いでしょう。ただし、今月はあなたへのねたみや悪評も生まれやすい運気です。自覚がなくても上から目線の態度が目立ち、反感を買ってしまうかもしれません。謙虚さと丁寧な言葉を意識し、礼節を大切に行動しましょう。ウソや隠しごともばれるので注意してください。下手な小細工は失敗のもとです。ズルや裏技は通用しないので、何事もルールどおり正攻法で取り組みましょう。

恋愛運

◎中吉

今月のあなたは華やかでとても目立ちます。異性を引きつけるオーラも出ているので、出会いの場に行けば良い人にめぐり合えそう。少し大胆なファッションに挑戦すると良いでしょう。ただ、勢いがある運気の影響で大胆に振る舞いがちです。衝動的に動かずに、慎重な行動を心がけてください。熱しやすく冷めやすい運気でもあるので、良い人がいても周囲に相談してから進めましょう。

家庭運

△凶

カッとなりやすく、ケンカが増えそうです。なにかと露呈する時期なので、隠しごとがある人はばれる前に打ち明けましょう。お金や子育てなど、気になっていたことを話し合うには良い時期です。休日はおしゃれをして一緒に外出を。非日常を味わうと愛が深まります。離別運が良く、不倫や腐れ縁の相手と縁を切るチャンスです。子どもの才能を見つけやすい時期なので、よく観察を。

金運

○吉

好調です。臨時収入も期待できます。家や車など大きな買い物は今月が良いでしょう。ただし直感で決めがちなので、高額の買い物は慎重に。熱しやすく冷めやすい運気でもあるので、必ず人に相談して納得してから買いましょう。外見の印象を変えたりおしゃれをしたりすると運気上昇につながるため、ファッションやメイクにお金をかけても良いです。プロに習うのも良いでしょう。

健康運

△凶

勢いがあり、つい無理をしすぎる時期です。働きすぎ、遊びすぎから寝不足や暴飲暴食を招かないよう、意識してセーブしましょう。持病がある人は症状が出やすい運気。だましだましやってきた箇所が悪化したら、すぐに受診を。神経が過敏でストレスがたまりがちです。ファッションを優先して体を冷やしたり厳しいダイエットをしないように注意。目や歯、髪のケアも万全に。

八白土星
の月運

2024
4
April
4/4 ~ 5/4

指導を受けて すべてを見直せ！

運勢

△凶

今月の注意点と開運のカギ

先月の勢いある○吉から下がって△凶です。「やるぞ！」という元気はなく、落ち込みがちで考え方もネガティブに寄りますが、無理やり気合を入れて動けば成果は出ます。運気は安定しているので頑張りましょう。来月は強烈な▲大大凶なので、すべてのことをいったんストップして現状維持に徹しなければなりません。つまり今月が勝負です。気合を入れて行動しましょう。

今月は何事も冷静にコツコツ進められる運気です。集中力や学習能力が上がり、事務処理や情報収集、各種勉強、計画立案などに適しています。また、ここ数年の中で順応性や柔軟性が最も上がる時期です。これまで上司の指示に従えなかったことや納得できずに進められなかったこと、苦手だと思っていたことなどにチャレンジしてみましょう。今ならスムーズに受け入れることができ、それを起点に大きく前進できそうです。せっかくの運気ですのでそれを生かして、今までの行動を見直すことをおすすめします。

［年間運勢グラフ］

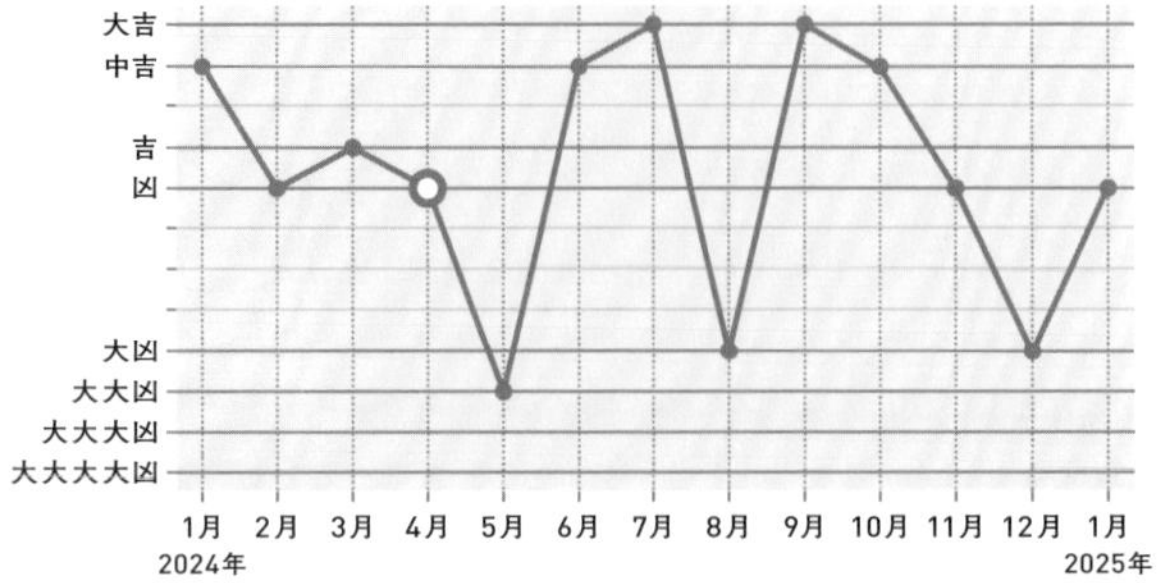

【今月の心構え 三か条】

一 集中力がアップ。情報収集、勉強は今だ！

二 順応性が最高！目上の人の指導を受けよ

三 一人でネガティブにならないように注意

仕事運

○吉

なかなかやる気が出ませんが、来月は▲大大凶で、ミスが増えたりトラブルに巻き込まれたりなど非常に悪い運気です。今月に動くほうがはるかに良いので、強引にでも動いて結果を出しましょう。集中力や学習能力が上がっているので、手をつけられない書類整理などは終わらせてください。営業やプレゼン、面接なども十分な準備をして気合で乗りきれば成果は出ます。柔軟性も上がるため、上司の指示にきちんと従ってみましょう。苦手なことほど挑戦でき、自分を見直すことができるでしょう。隠しごとが見つかりにくい時期なので、知られたくないことは今月中に解決を。

恋愛運

○吉

異性を引きつけるオーラ全開で、出会いが期待できそうです。出会いの場には積極的に出かけましょう。紹介を受けるのも良いでしょう。直接会えなくてもSNSなどの活用を。昔の恋人と愛が再燃しやすい運気なので、思い当たる人は連絡してみてください。ただし出会いの場では大胆に迫りそうなので注意。トラブルに巻き込まれると来月はさらに悪化します。冷静に進めてください。

家庭運

○吉

パートナーに甘えて過ごすことが開運のポイントです。寂しさをがまんするとネガティブに拍車がかかってしまうので、普段のコミュニケーションから夜の生活まで、相手に素直に接すると良いでしょう。妊活にも適した時期です。今月は子どもの健康チェックをして、気になったら病院へ行きましょう。子どもにも後ろ向きの感情を押しつけず、スキンシップで信頼を深めましょう。

金運

◎中吉

倹約を意識しましょう。運気の影響から買い物でストレスを発散したくなりますが、だからこそきちんと収支を確認して無駄遣いを防ぎましょう。コツコツためる行動で運が上がる時期ですので、定期預金を始めるのも良いでしょう。過払い金や回収すべきお金がある人はこの機会に整理してください。断捨離をすると、埋もれていた宝物や当たりの宝くじなどが見つかることも。

健康運

○吉

免疫力や回復力が上がるので、悩んでいた不調や病気をしっかり治したい人、いつか治療しなければと思っていた箇所がある人は、今月中の治療がおすすめです。特に不調がない人も健康チェックをすると良いでしょう。運気のせいでネガティブになりがちで、その影響から体が冷えて、婦人科系の不調や膀胱炎を発症するおそれがあります。友達と頻繁に会って気晴らしをしましょう。

運勢

○吉 のち ▲大凶 ときどき 大波

今月の注意点と開運のカギ

先月からさらに下がり、▲大凶の中でも厳しい▲大大凶です。判断力が下がってトラブルが起こりやすく、気持ちも不安定になります。1カ月のがまんなので頑張りましょう。本来なら一歩一歩確実に進む運気で、やる気があるのですが、▲大大凶なのですべて裏目に出てしまいます。柔軟性がなくなり、人の意見を聞く耳を持てず、頑固さに拍車がかかってしまうでしょう。「こうあるべき」という考えを周囲に押しつけて、トラブルになることが増えそうです。

今月はとにかく冷静に行動することを心がけてください。誰かと意見が合わないことがあったら、まずは相手の話を聞きましょう。ひらめきや直感も、決して信じないように。何か思いついても、その場ですぐに行動せずに書きとめておき、来月になってから判断するようにしてください。急な心変わりが起こりがちな運気ですが、投げやりな気持ちは失敗のもと。とにかく1カ月の辛抱です。何事も慎重に、確実に進めましょう。

［年間運勢グラフ］

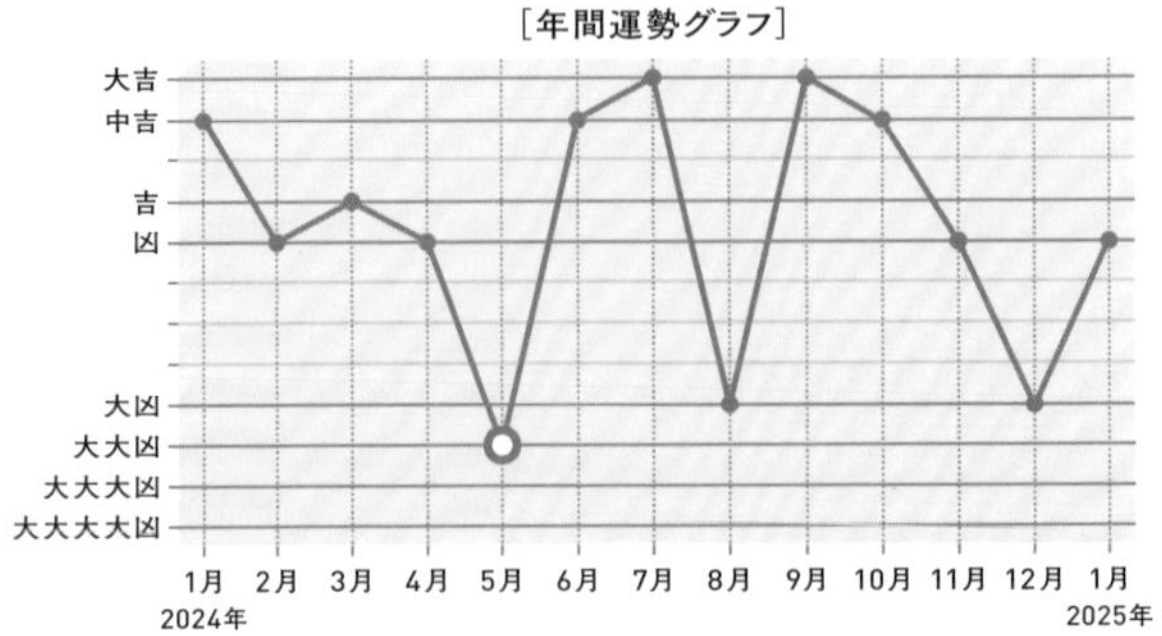

八白土星の月運

2024

5

May

5/5 ～ 6/4

仕事もプライベートも十分に用心を！

【今月の心構え 三か条】

一 非常に悪い大大凶！頑固にならないよう注意

二 とにかく不安定。迷ったらいったん停止

三 何事も慎重に。事故、病気に注意！

今月の【大開運日】なし　【激ヤバ日】25日　【大潮】8日～10日、22日～25日　【土用期間】1日～4日

仕事運

▲大凶

この1カ月はとにかく無事に乗りきることを心がけましょう。ベースの運気が○吉でやる気はありますが、その勢いがあだとなります。心が狭くて柔軟に対応できず、自分の意見を周囲に押しつけてしまいます。納得できないこともいったんは受け入れて、信頼できる人に相談しましょう。今月は部下との接点はあまり持たないほうが良いです。お説教は関係が悪化するだけなので厳禁。指摘したいことは来月に回し、話を聞くだけにしましょう。今月は現状維持ができればOK。新しい取り組みや方針転換は来月に持ち越して、日々の業務をミスなくこなすことに集中しましょう。

恋愛運

▲大凶

人のお世話をしたくなる運気ですが、幹事や酔っぱらいの介抱など面倒なことを引き受けても評価されず、逆にトラブルになりそうです。人を見る目がないのに、「寂しいからやさしくして」というオーラが出て誘っているような態度になり、危険な人にもついていってしまいます。今月はおとなしく過ごして来月を待ちましょう。急な心変わりがあったカップルも、判断は来月まで保留を。

家庭運

▲大凶

家庭内のケンカが増えるでしょう。▲大凶で心に余裕がなく、パートナーの浮気を疑ったり些細なことが許せなかったりしますが、すべて運気のせいです。今月はできればパートナーとは少し距離を置きましょう。子どもに対しても、ちょっとしたことでキレたり勘違いで叱ったりして傷つけてしまいそうです。感情的にならずに、じっくり話を聞いてあげることを心がけましょう。

金運

▲大凶

金運も最悪です。▲大凶のため買い物でストレスを発散したくなり、さらに大波の影響で気持ちも不安定。高額商品を衝動買いして後悔しそうです。クレジットカードは持ち歩かないほうが良いでしょう。投資の勧誘を受けやすい時期ですが、断りましょう。今まで続けてきたものは良いのですが、新たに手を出さないように。今月は生活必需品だけを買うようにしてください。

健康運

▲大凶

回復力、免疫力が下がり、体調不良になりやすい運気です。運動神経や反射神経の低下による事故やケガにもつながりやすいですが、意識すれば大半は防げます。睡眠をしっかりとり、無茶な行動をしないように。忍耐力が高くてかなりの不調にも気づきにくく、悪化させてしまう可能性があります。特に胃の不調、皮膚のかゆみや荒れなどを感じたらすぐに治療しましょう。

八白土星
の月運

2024
6
June
6/5～7/6

失敗をおそれず とにかく行動してしまえ

運勢

◎中吉

今月の注意点と開運のカギ

先月から上がって◎中吉です。来月はさらに☆大吉に上がります。仕事でもプライベートでもしっかり結果を出せる可能性が高い貴重な2カ月ですので、ここから気合を入れて頑張りましょう。

今月は七転び八起きの精神が大切です。選り好みせずにチャレンジしていくと、その後につながる大切な人や物事と出会えそうです。多少の失敗はおそれずに、思いつくことはすべて実行に移してみましょう。仮に全力を尽くして結果がイマイチであれば潔くいったん引いて、作戦を立て直したうえで来月に再チャレンジしましょう。良い運気は長くは続きません。やり残しがあるともったいないのです。

ただし、パワーが出すぎて強気な態度をとってしまうことが多いので注意してください。周囲に自分の意見を押しつけたり、一方的に決めつけたりしないように気をつけて。油断すると敵をつくりやすい時期でもあるので、周囲への気くばりを大切にしましょう。

［年間運勢グラフ］

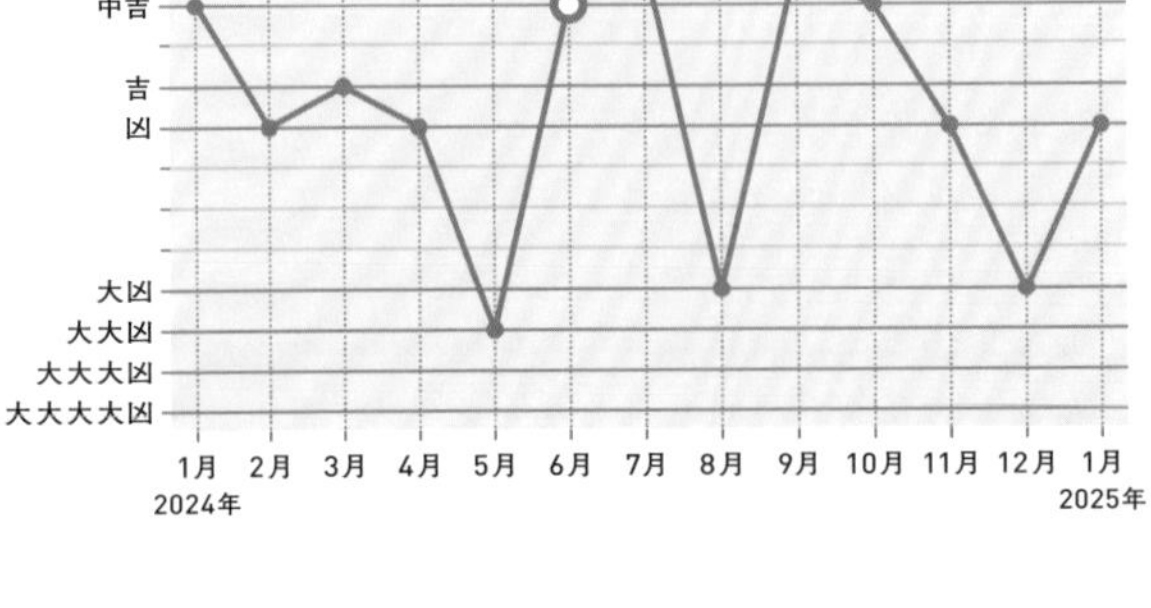

【今月の心構え 三か条】

一 運気が一気にアップ。出遅れるな！

二 仕事も恋愛も数打てば当たる

三 強い口調はNG！やさしく話せ

今月の【大開運日】10日、29日　【激ヤバ日】28日　【大潮】6日～9日、21日～24日　【土用期間】なし

仕事運　◎中吉

成功率が上がる好調な運気です。転職活動中の人は、上をめざして面接に挑んでください。仕事上の課題がある人は、今月チャレンジするのがおすすめです。交渉力や営業力も上がるので、取引先とコミュニケーションをしっかりとって、取引内容の改善を提案してみましょう。ただし、難色を示されたら今月は潔く引きましょう。来月は粘ると結果が出やすい運気なので、同じ会社に再アプローチするなら来月にしてください。今月は無意識に態度が大きくなるので注意。多少強引に進めたほうが良い時期ですが、謙虚な姿勢を心がけて。早口になりやすいのでゆっくり話しましょう。

恋愛運　◎中吉

良い出会いが期待できます。先月の悪い運気が残る序盤は慎重に進めるべきですが、飲み会や合コンには積極的に参加を。人生にかかわるキーパーソンに出会えるかもしれません。出会いも「数打てば当たる」運気。ある程度は直感を信じて大丈夫なので、良い人には積極的に声をかけましょう。装いは華やかに。強引な態度や上から目線にならないように気をつけましょう。

家庭運　△凶

パートナーに口うるさく指摘してしまいそうです。傷つけないよう穏やかに伝えて。気になっていたことを話し合うには良い時期です。休日は外でアクティブに過ごしましょう。新しいスポットや遊びを開拓するのが開運の秘訣です。将来が見えない相手とはここで縁を切ると、あと腐れなく別れられます。子どもとは将来の話をすると良いでしょう。子どもに話させることを心がけて。

金運　◎中吉

大きな買い物に向いています。少し強気に価格交渉してみるのも良いでしょう。ただし気持ちが大きくなり、勢いで高額のものを買ってしまう傾向があるので注意してください。逆に、今まで欲しかったものをあきらめるのにも良い時期です。以前ほど気乗りがしないものはリストからはずしましょう。「これがいい！」と心から思えるものだけを買うようにしてください。

健康運　△凶

今月、特に注意してほしいのが、のど、声帯、肝臓です。ベースの運気が◎中吉なので勢いがつき、家の中で過ごすよりも外に出かけたくなって、外食や飲み会など社交の機会が多くなることでしょう。その食生活があだとなる運気です。暴飲暴食にはくれぐれも注意して、意識してセーブするようにしてください。ついはしゃいでしまいますが、しゃべりすぎにも気をつけましょう。

八白土星
の月運

2024
7
July
7/7～8/6

粘りと根性で目的を達成せよ！

運勢

☆大吉

今月の注意点と開運のカギ

先月の◎中吉から上がって☆大吉です。仕事でもプライベートでもしっかり結果を残せる運気なので、具体的な数字や目標を設定して精力的に動きましょう。来月は一気に運気が下がり、▲大凶になります。良い流れは今月まで。この１カ月で結果を残していきましょう。

今月は特に粘り強さがポイントです。「断られてからが勝負」という気持ちで、一度だめでもアプローチを続ける意気込みで臨みましょう。

ただし今月の注意点は、気持ちがぶれやすいということ。優柔不断になって、人の意見にも左右されやすくなります。仕事でもプライベートでも急に方針を変えたくなりますが、今月の突然の方向転換はほとんどの場合、良い結果につながらないでしょう。迷っても初志貫徹を心がけてください。どうしても方針を変えたい場合は一人で決めず、上司や先輩などまわりの人にしっかり相談してから進めるようにしてください。

［年間運勢グラフ］

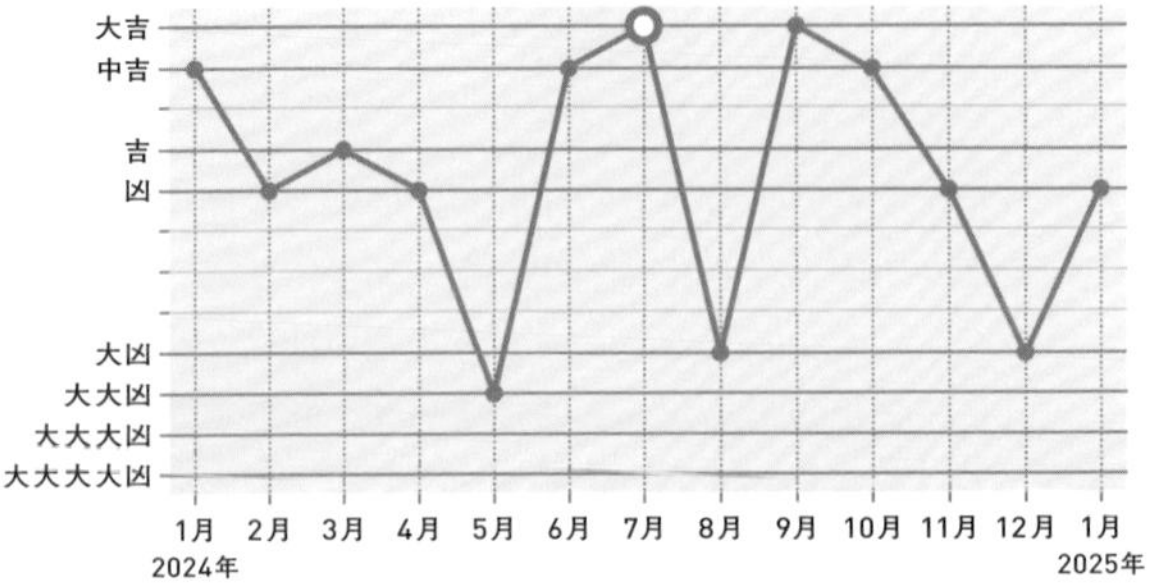

今月の心構え
三か条

一 一度断られてもあきらめるな！

二 結果にこだわって行動しろ

三 優柔不断とお人よしにくれぐれも注意

今月の【大開運日】17日　【激ヤバ日】24日　【大潮】6日〜8日、20日〜23日　【土用期間】19日〜31日

仕事運
☆大吉

結果重視でいきましょう。利益はいくら出るか、契約は何件とれるかなど具体的な数字を設定し、それに向かって取り組みましょう。来月は▲大凶なので今月が勝負。まずは計画どおりに進んでいるか確認を。新しいことに挑戦するのではなく、今手がけていることを仕上げる月です。特に今月は営業力や交渉力が上がるので、自分が力を発揮できる業務を頑張りましょう。断られても粘り強く交渉を。社内でも待遇改善などを交渉してみましょう。ただし頼まれごとには要注意です。軽い気持ちで引き受けると自分の首を締めることになるので、できないことはきっぱりと断るように。

恋愛運
☆大吉

人を引きつける力が強く、良い出会いが期待できます。今月は結婚につながるような相手に出会えるチャンス。年収、価値観など条件がそろっているかを確認しながら探しましょう。良い人がいたら積極的にアプローチを。粘っても良い運気なので、簡単にあきらめないほうが良いです。ただし、お人よしになりやすいので注意してください。気のない人にはあいまいな返事はしないこと。

家庭運
◎中吉

パートナーに尽くしましょう。好物を作ったりマッサージでいたわったり、プレゼントも効果的。お願いごとが通りやすい時期なので、普段言えないことを伝えてみましょう。逆に相手のお願いごとには軽い気持ちで返事をしないように。後悔します。自信がなければいったん保留にし、誰かに相談を。今月は子どもの要望を先回りして叶えてあげると、今後大きな意味を持つでしょう。

金運
○吉

好調です。良い運気が続いていて、ものを見極める判断力があります。ある程度は直感に従って買って大丈夫です。来月は▲大凶なので、大きな買い物は今月中にしましょう。ただし今月はお人よしに注意。店員さんにすすめられたものをそのまま買わないように気をつけて。借金や保証人のお願いも断りましょう。どうしても貸すなら、返ってこないものと割りきる心構えで。

健康運
△凶

他人の心配をしすぎて、心労やストレスがたまりやすい時期です。苦労話を聞くと心が動き、みずからひと肌脱ごうとしてしまいがちですが、それがストレスにつながります。頭皮や髪の傷みにつながったり、胃腸の不調に直結します。本当に助けてあげたいと思うこと以外はかかわらないようにしましょう。迷ったら一人で抱え込まずに、誰かに相談してください。

運勢

▲大凶

今月の注意点と開運のカギ

先月の☆大吉から一気に下がって▲大凶になりました。しかし、来月はまた☆大吉に上がります。良い運気にはさまれた1カ月だけの▲大凶ですので、悪すぎるということはありませんが不安定です。何事もいつもより丁寧に進めることを心がけましょう。

今月は「今までのツケが回ってくる」という運気です。仕事や人間関係などで、以前から問題だったことを改善しなければならない状況に直面しそうです。ここでうやむやにせずにしっかり原因を確かめて改善しておくと、来月以降の良い結果につなげられるでしょう。

また、今月は「まれに大当たりする」という運気でもあります。憧れの人に告白したり、手が届かないようなレベルが高い会社にエントリーしたりすると、良い結果が出るかもしれません。仮に失敗したとしても落ち込まず、笑ってすませられると思えるなら挑戦してみましょう。▲大凶なので、事故や病気などにも十分に注意してください。

［年間運勢グラフ］

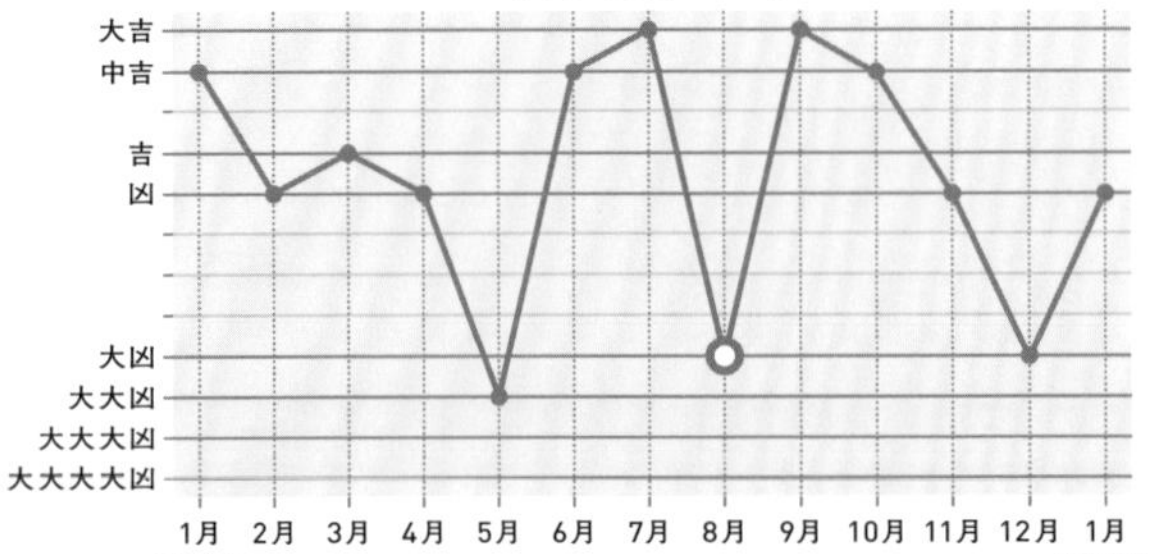

八白土星
の月運

2024
8
August
8/7～9/6

今は動くな！
来月まで待て

【今月の心構え 三か条】

一 不安定な運気。迷ったらいったん停止

二 だめもとの大勝負には出て良いかも

三 何事も慎重に。事故、病気に注意！

今月の【大開運日】なし　【激ヤバ日】29日　【大潮】4日～7日、19日～22日　【土用期間】1日～6日

仕事運
▲大凶

これまでの見直しの期間にしましょう。▲大凶のときはパワーは落ちますが、柔軟性や吸収力が上がります。今のやり方に改善すべき点がないかを上司や先輩に確認し、軌道修正しましょう。ミスをしやすくなるので、些細なこともダブルチェックを忘れずに。言った言わないのトラブルも起こりやすいので、取引先とのやりとりや会社への報告は必ず文書で残してください。1カ月を通して気持ちが非常に不安定で、考えが二転三転したり、急に弱気になったりしそうです。感情で動くと失敗するので、不安になったらすぐに上司や先輩に相談し、チームプレーで乗りきりましょう。

恋愛運
▲大凶

恋愛運も期待できません。人を見る目がなく、誰かに依存したくなる時期です。出会いを探すのは来月まで待って、今月は家でおとなしくしていましょう。カップルはケンカや急な心変わりをしても、今月中に大きな判断をするのは厳禁。運気の上がる来月まで保留しましょう。一か八かの大勝負には向いている運気なので、憧れの人にだめもとで告白するとうまくいく可能性があります。

家庭運
▲大凶

不安定になってケンカが増えそうです。些細なことで傷ついたり浮気を疑ってみたり、相手に突っかかってしまいそうです。先に運気のせいで不安定だと伝えておくと良いでしょう。ただし感情は押しころさず、寂しいときは素直に甘えてください。イライラするときは、筋肉痛になるほど腹筋を鍛えると冷静になれます。日光浴や、土の上や砂浜を素足で歩くアーシングもおすすめです。

金運
▲大凶

最悪です。今月は財布のひもをいつも以上に締めましょう。▲大凶のときは買い物でストレスを発散したくなり、その気がなかったのについ大きな買い物をして後悔しそうです。来月は金運も好調になるので、今月は余計な出費を抑えましょう。投資や金融商品などの誘いも舞い込みそうですが、新規のものには手を出さないように。悪い人も寄ってきやすい時期なので、詐欺にも注意。

健康運
▲大凶

今月の▲大凶は「今までのツケが回ってくる」という意味です。睡眠不足や不健康な食事、運動不足など不摂生をくり返してきた人は、ここで何らかの症状が出る可能性があります。不調を感じたらすぐに病院へ。古傷も悪化しやすい時期ですので、少しでもおかしいと思ったらすぐに治療を。体調不良になりやすく、注意力が散漫で事故やケガも招きやすいので注意しましょう。

八白土星
の月運

2024

9

September

9/7 ～ 10/7

今年のピーク到来！
やり残すな！

【今月の心構え
三か条】

一 結果にこだわって行動しろ！

二 上司や先輩を頼って力を借りろ！

三 空気を読まない言動、無神経、無頓着に注意！

運勢

☆大吉

今月の注意点と開運のカギ

先月の▲大凶から一気に上がって☆大吉です。今月は援助運が良く、目上の人の協力を得て前に進む運気です。勢いがあるので何でも一人で進めたくなりますが、周囲と協力しながら進めたほうが成功率は上がるでしょう。

ただし、運気が安定した影響で急に強気になりがちなので、言動にはくれぐれも注意してください。無意識のうちに横柄な態度をとったり、上から目線の発言になったりしそうです。また妙に冷静で、デリケートな問題に対してストレートに発言して驚かれたり、予想外の大胆な決断をして周囲から引かれたりすることもありそうです。謙虚な姿勢を心がけてください。何事においても周囲に気をくばりながら結果を残せるように頑張りましょう。

先月の▲大凶の影響で、仕事でも恋愛でも当初の計画から方向性がずれている可能性があります。ここでいったん立ち止まって見直し、ずれていたら修正してから進めるようにしてください。

［年間運勢グラフ］

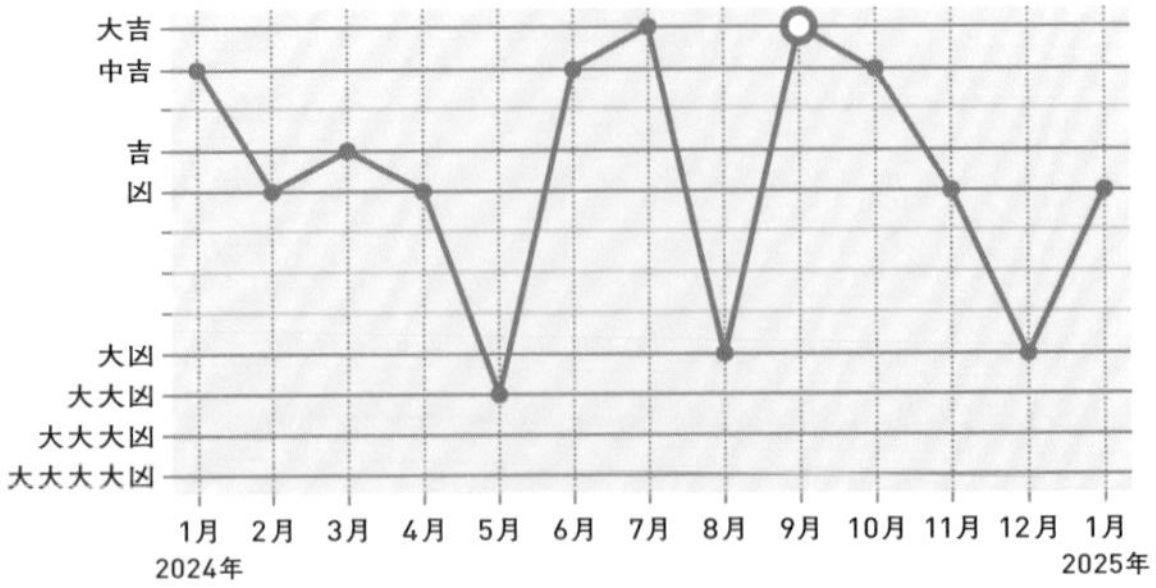

仕事運

☆大吉

絶好調です。序盤は先月の▲大凶を引きずってやる気が出ませんが、多少強引にでも動きましょう。特に今月は上司運が絶好調ですので、些細なことでも上司と連携して、報告、連絡、相談を密に行ってください。何かあってもフォローしてもらえる態勢をつくりましょう。一人で進めるより上司を頼るほうがうまくいきます。給与交渉にも良い時期なので、積極的に話してみましょう。ただし無神経な言動には要注意。冷静な判断は良いのですが、上司や取引先にストレートに意見を言いすぎて、失礼な人だと誤解されるかもしれません。謙虚さと丁寧な言葉遣いを忘れずに。

恋愛運

☆大吉

紹介運やお見合い運が好調です。結婚相談所に入っている人は、コーディネーターに選りすぐりの人の紹介をあらためてお願いしましょう。運気が良い時期ですので異性を見抜く力もすぐれています。悪い人に引っかかりにくい半面、冷めすぎて良い人にピンとこない可能性も。気乗りがしなくてもすぐ断らずに、来月も会ってみましょう。先月までに出会った人も見直してみてください。

家庭運

△凶

繊細なテーマも冷静に話し合えるので、保険や貯蓄、お金の使い道など心配なことを夫婦で解決しましょう。未婚のカップルも今後を冷静に話し合える運気。さばさばして冷たくなることもあるので、普段よりやさしく接することを心がけてください。良くない相手とズルズルつきあっている人は、あと腐れなく別れられる運気です。子どもとは意識して向き合う時間をつくりましょう。

金運

☆大吉

好調です。今月はお金に関する勉強をしてみましょう。副業を検討中の人は準備を始めてください。勉強会などに積極的に参加すると、その分野のエキスパートとつながれるかもしれません。大きな買い物にも良い時期です。投資運も好調なので、不動産、株などの金融商品を買うのも良いでしょう。ただし、専門家の解説を聞くなど、きちんと下調べをして知識を得てから始めましょう。

健康運

○吉

心が安定して健やかに過ごせるのは良いのですが、大らかすぎて生活全体がいいかげんになり、健康に悪影響が出そうな運気です。とりわけ食生活が雑になり、インスタント食品や加工食品ですませることが増えそうです。今月は特に脳や心臓、大腸に注意すべき時期。食事や生活習慣の乱れで健康に不調をきたさないように、くれぐれも注意してください。

八白土星
の月運

2024

10

October

10/8 ~ 11/6

運気が良いのは今月まで。やり残しに注意せよ！

運勢

◎中吉

今月の注意点と開運のカギ

来年の運気は、▲大凶の中でも特に悪い▲大大凶に落ちます。今年１年で運気が非常に良いのは今月までです。大事なことは今月中に実行すると、良い結果が得られる確率が高まります。心して行動しましょう。

今月は◎中吉で、先月に続いて良い運気です。仕事も遊びも充実させよという運気ですので、仕事だけでなくプライベートも充実させていきましょう。趣味の世界で多くの人と出会い、人間関係を広げていける良い運気なので、チャンスがあればどんなことでもチャレンジしてみましょう。

ただし、なれなれしい態度をとりがちなので注意してください。積極的にコミュニケーションをとれたり、話しかけやすい雰囲気が出ているのは良いのですが、気をつけないとずうずうしい人だと誤解されそうです。新しい職場や場所では控えめに振る舞ったほうが良いでしょう。余計なひとことにも用心してください。丁寧な言葉遣いと謙虚な姿勢を心がけましょう。

［年間運勢グラフ］

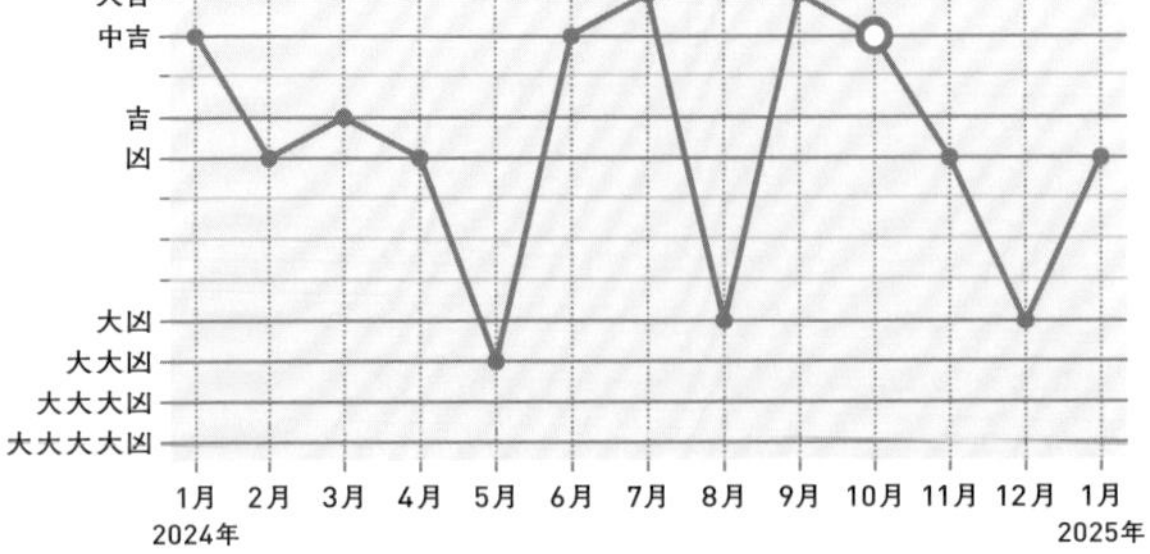

【今月の心構え 三か条】

一 ピークはここまで！今やらねばもったいない！

二 新しい友達を増やすと運気アップ！

三 暴飲暴食と寝不足に要注意

今月の【大開運日】9日　【激ヤバ日】4日　【大潮】2日～5日、17日～20日　【土用期間】20日～31日

仕事運 ◎中吉

社交運が良く、人間関係が広がるでしょう。今月は新規開拓に挑戦を。取引先だけでなく、社内でもつながりがなかった人にコンタクトをとると新たな発見がありそうです。得意先の催しや社内イベントに誘われたらすべて参加しましょう。場を盛り上げると評価されそうです。注意したいのは余計なひとことや失礼な態度、見栄を張った発言です。アピールに適した時期ですが、無礼講はNG。「おもしろくてまじめな人」を心がけましょう。謙虚な態度で臨めば人間関係が良くなり、仕事の成果も上がります。来月から運気が下降するので、大事なことは今月中に。

恋愛運 ◎中吉

印象を変えることが恋愛運アップのポイントです。素朴なファッションの人は、少し華やかにしてみましょう。おしゃれな友達にコーディネートしてもらうのがおすすめ。サークルや趣味のコミュニティで良い人に出会える可能性が高いです。社交的に振る舞うと良いのですが、見栄を張った発言に注意。年収や職業を大げさに言うと、ばれたときに引かれて、せっかくの縁が台無しです。

家庭運 ◎中吉

外で活動的に過ごしましょう。あてもなくぶらぶらするのではなく、目的地と予定を決めて出かけるのがおすすめです。これまで興味がなかった場所が意外と楽しめるので、新規開拓も良いでしょう。今月は相手を怒らせることを無意識に言っている可能性があります。険悪な空気になったら先にあやまりましょう。休日に子どもが喜ぶ遊びを見つけると、親子で運気がアップします。

金運 ○吉

人との縁が、良い出会いや仕事に結びつきそうです。交際費は惜しまず使いましょう。誰かに誘われたら必ず出かけるようにしてください。お世話になっている人にプレゼントを贈るのも良いです。ただし、自然と気持ちが大胆になってしまうので気をつけましょう。見栄を張って予算以上のものを買ってしまいそうです。大きな買い物は目的と理由を再確認し、予算内におさめましょう。

健康運 △凶

疲労が回復しづらい時期です。仕事も遊びも全力投球する運気なので、外食や飲み会、イベント参加などの機会が増えます。休まずにフルスロットルで動くうちに、いつの間にか体調をくずすかもしれません。今月はたとえ風邪でも一度体調をくずすとなかなか治りません。あらかじめ休日を確保して、体を休ませましょう。特にのどや気管支、肺、口内炎などに気をつけてください。

八白土星
の月運

2024

11

November

11/7 ～ 12/6

先月の勢いをキープして今月も走り抜け！

運勢

△

凶

今月の注意点と開運のカギ

先月の◎中吉から△凶になりました。本来はそれほど積極的に動く時期ではありませんが、来月が▲大凶、2月から年運が▲大大凶に下がるため、重要なことは、先月までの好調の余韻が残る今月のうちに片づけるのが得策です。

△凶は決して悪い運気ではなく、集中力や学習能力はアップします。試験勉強やレポート作成、伝票整理など地道に進める作業には適していますので、やるべきことがある人は今月中に仕上げてしまいましょう。柔軟性も高まりますので習いごとにも向いています。仕事では、上司や先輩に今の進め方のままで良いのかを確認し、修正すべき点はここで直しておきましょう。普段は教える立場の人は、誰かに教わることで自分の指導の見直しができそうです。

運気は安定していますが、やる気が起こりにくい状態です。無理やり動いてしまえば結果につながるので、上司や友達に背中を押してもらって頑張ってください。寂しくなったら誰かに打ち明けて、孤立しないように気をつけましょう。

［年間運勢グラフ］

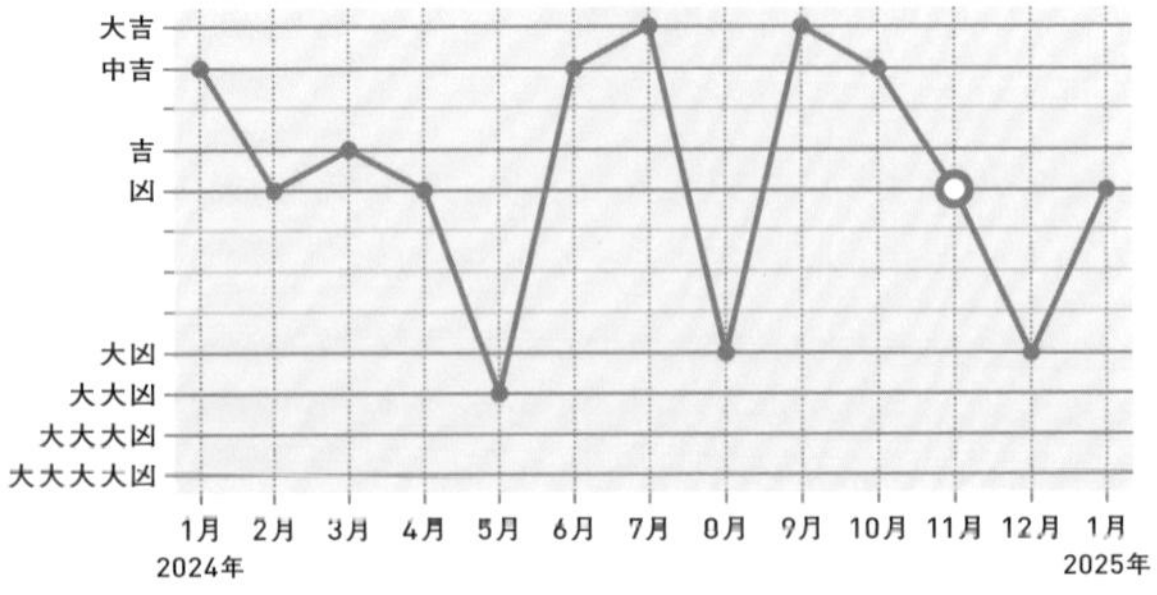

【今月の心構え 三か条】

一 やるべきことは今月中に片づけよう

二 情報収集で次の展開を計画しよう

三 落ち込んだら誰かにすぐ相談を！

仕事運
○吉

来月から運気が下降するので、やるべきことは今月中に片づけたほうが成功率が高まります。今月は集中力が上昇し、勉強やレポート作成に適した運気です。順応性もアップしているので、上司の指導をとことんあおぎ、従うと良いでしょう。指示に素直に従うほどに仕事の効率が上がり、評価も高まります。良い機会なので、改善すべきことはここで直してしまいましょう。いつも苦手だと感じていた人とも親しくなれる時期ですので、感情は抑えて笑顔で接してみましょう。本心はばれないので大丈夫です。表面上で良い関係をつくっておくと、これからにつながります。

恋愛運
○吉

異性を魅了するオーラが多く出て、魅力的になっています。出会いを求めて行動しましょう。普段は勝ち気の人もやさしくなれます。もし気が進まなければ、友達に同行を頼んで出会いの場に出かけましょう。注意点は押しに弱いこと。飲み会などで突然気が大きくなり、押されると断れずに応じてしまいます。良い人だと思ってもいきなり深い仲にはならず、友達から始めてください。

家庭運
○吉

スキンシップを増やすのが開運のポイント。ネガティブになりがちですが、触れ合いを増やすと安心できます。順応性がアップしているので、相手の趣味に合わせると仲良くなれそうです。シェイプアップして相手好みの体形になるのもおすすめ。子どもの進学や課外活動など、将来について一緒に考えましょう。夢と希望を持たせて選択肢を広げてあげることが大切です。

金運
◎中吉

倹約を心がけてください。金運は悪くありませんが、なんとなくの感覚で浪費しそうです。暗くなる運気の影響により買い物で発散したくなるかもしれませんが、気を引き締めて。おトクな料金で旅行したり、日用品も安値にこだわるなど倹約に努めましょう。コツコツお金をためるのにも良い時期。定期預金を始めるのもおすすめです。過払い金や回収すべきお金はここで整理しましょう。

健康運
○吉

免疫力と回復力が上がるので、悩んでいた病気の治療や、いつか始めようと思っていた治療を開始するなら今月中に。不安がない人も、この機会に健康チェックをしてみましょう。不調があればすぐに病院へ。今月は骨や筋肉、腰を痛めやすいので注意してください。スポーツ前には準備運動をしっかりと。気持ちが不安定でストレスがたまりがちなので、ヨガや整体もおすすめです。

八白土星の月運

2024

12

December

12/7～1/4

勢いはあるが裏目に出るので注意！

運勢

○吉 のち ▲大凶

今月の注意点と開運のカギ

先月の△凶からさらに下がって▲大凶です。今月の心構えは、ブレーキをかけてとにかく慎重に過ごすことです。ベースの運気は○吉で、勢いがあります。やる気が出てアイディアもわきますが、そこに▲大凶が作用して、最後にすべてが悪いほうに引っくり返る運気。感情の起伏も激しく、カッとなった気持ちを抑えられないでしょう。今まで運気が良かった分、強気な姿勢が身についていて、まわりの人を振り回すことになります。上司や取引先、目上の人に対しては、いつも以上に丁寧に接しましょう。

今月のひらめきや直感は、すべて無視するくらいで良いでしょう。仕事もプライベートもすべていったんストップです。現状維持を貫き、ただひたすら無事に過ごすことだけを考えましょう。SNSの投稿も炎上しやすくなります。ネガティブな発言、強気な投稿はもちろん、友人へのコメントも今月は控えておきましょう。また、突発的な事故や病気にも十分に気をつけてください。

[年間運勢グラフ]

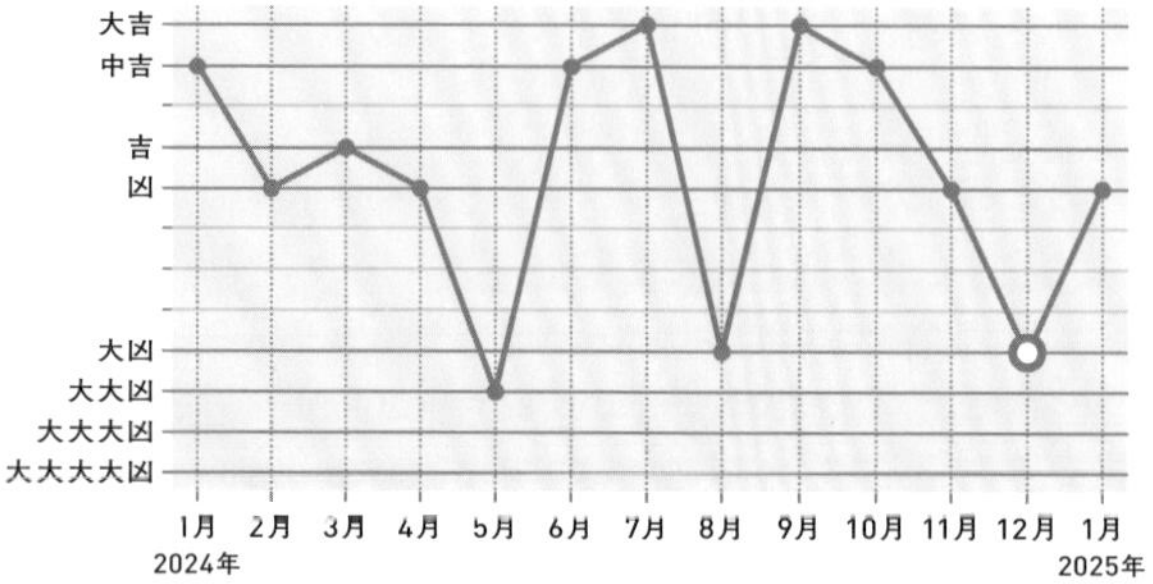

今月の心構え 三か条

一 仕事も恋愛もいったん停止！

二 炎上に用心。超謙虚に対応しよう

三 何事も慎重。事故、病気に注意

今月の【大開運日】なし　【激ヤバ日】15日、27日　【大潮】1日〜4日、16日〜19日、31日　【土用期間】なし

仕事運

▲大凶

何事にも注意が必要な1カ月です。大切なのは、アクセルではなくブレーキを踏むことです。新たなチャレンジはせず、ルーティンワークをいつもより丁寧にすることを徹底しましょう。強気な態度にはくれぐれも注意。大事なプレゼンや報告をする場合は、何をどう話すかを文章に書き起こして、シミュレーションをしておくと良いでしょう。上司や取引先への気くばりも普段以上に丁寧に行い、日頃の感謝をしっかり伝えましょう。お歳暮を贈るのも良いです。今月はとにかく波風を立てないことに注力し、今後も良い関係を続けるためにできるだけのことはやっておきましょう。

恋愛運

▲大凶

なにかと誘いが多い時期ですが、外出は極力避けて、出かけてもアルコールは控えましょう。判断力がなく衝動的な行動に走ってしまいそうな運気で、お酒が入るとさらに暴走してしまう可能性があります。来月は運気が上がるので、この1カ月の辛抱です。婚活をしている人も今月はいったんストップ。あせって行動してトラブルに巻き込まれないように注意してください。

家庭運

▲大凶

不穏な空気になりがちでケンカが増えるので、パートナーとはあまり一緒に過ごさないほうが良いでしょう。今月のケンカはあなたの運気が原因です。隠しごとが理由でケンカになることも。相手の隠しごとを指摘すると、墓穴を掘る可能性もあります。イライラしたら外の空気を吸ったり体を動かしたりしましょう。小さなことで子どもにも激怒してしまいそう。感情的にならないように。

金運

▲大凶

忘年会やセールなど誘惑が多い時期ですが、金運は最悪です。くれぐれも高額のものを衝動買いしないように気をつけましょう。日用品以外は買い物に行かないほうが良いです。出かける際はカードは持ち歩かず、現金も少なめにしましょう。株などの金融商品に手を出すのも厳禁。今月のひらめきはすべて錯覚です。お金に関してもひたすら守りに徹しましょう。

健康運

▲大凶

ベースの○吉の影響で勢いがある一方、回復力や免疫力が下がって体調をくずしやすい時期です。神経が過敏になりストレスがたまりがちです。目や歯、髪も傷めやすいです。運動神経や反射神経が鈍っているため、突発的な事故やケガにもつながりやすいので注意しましょう。くれぐれも自分の健康を過信せずに、睡眠をしっかりとり、無茶な行動も避けましょう。

八白土星
の月運

2025
1
January
1/5 ～ 2/3

来月から運気が低下。やるべきことは今やれ！

運勢

△
凶

今月の注意点と開運のカギ

先月の波のある○吉のち▲大凶の運気から、今月は安定した△凶に変わりました。「やるぞ!」という元気はなく、落ち込みやすくて考え方もネガティブですが、気持ちさえ上がれば成果を出せる運気です。多少無理やりにでも行動を起こしましょう。というのも、来月から年運が▲大大凶に落ち、しかも来月の月運は▲大凶の中でも特に悪い▲大大大凶。ここ10年で最悪の月がやってきます。すべてのことをいったんストップして、現状維持に徹しなければなりません。今月が最後の勝負どき。気合で行動しましょう。

今月は特に集中力や学習能力が上がり、事務処理や情報収集、今後の計画を立てることに最適な時期です。柔軟性も上がるので、従えていなかった上司の指示、納得できず進められなかったことなどにチャレンジしてみましょう。今なら受け入れられて、そこから大きく前に進めそうです。何事も冷静にコツコツ進められる運気。なかなかやる気がわきませんが、意識して気合を入れていきましょう。

［年間運勢グラフ］

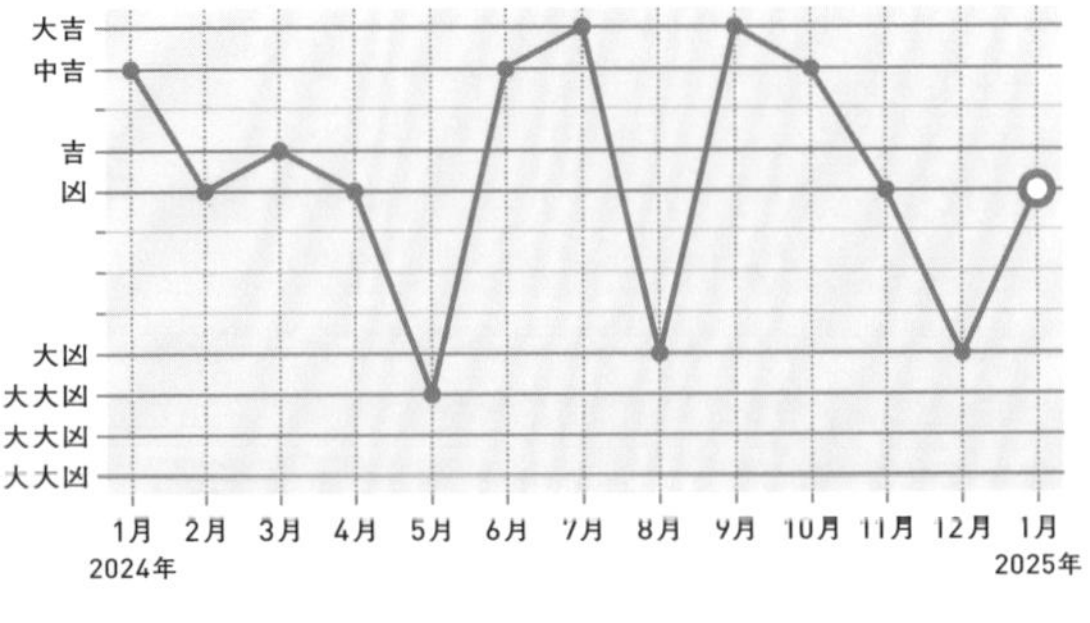

【今月の心構え 三か条】

一 集中力アップ。研修、勉強のチャンス！

二 都合の悪いことは今月中に解決しよう

三 来月は最悪の月。今月から注意しておけ！

＊九星気学では前年の運気です

今月の【大開運日】12日【激ヤバ日】23日、26日【大潮】1日～2日、14日～17日、29日～31日【土用期間】17日～31日

仕事運

○吉

消極的でやる気が出ませんが、来月が非常に悪い▲大大大凶なので、今月のうちに強引にでも結果を出すように頑張りましょう。集中力や学習能力はアップしていますので、手つかずだった書類の整理などは終わらせてしまいましょう。柔軟性も上がるので、上司の指示に従いきれていない人は従ってみてください。自分の振り返りと新たな発見につながります。隠しごとも見つかりにくい運気。知られたくないことがある人は今月中に対策をとりましょう。来月は▲大大大凶で物事がばれやすく、トラブルのもとになります。今月のうちに解決し、来月は現状維持に徹しましょう。

恋愛運

○吉

異性を引きつけるオーラ全開。魅力的になって良い出会いが期待できます。出会いの場には積極的に行きましょう。紹介してもらうのも良いです。会えなくてもSNSを活用してみましょう。昔の恋人と再び結ばれそうなので、思い当たる人はコンタクトを。ただし、いざ出会いの場に行くと大胆に迫りそうなので注意。トラブルを起こすと来月はさらにこじれます。くれぐれも慎重に行動を。

家庭運

○吉

性への意識が上がる今月は、スキンシップを増やすと開運につながります。妊活にも適した時期です。ただし勝手に寂しさを感じてしまい、がまんするとよりネガティブになりそう。ため込みすぎると縁を切ってしまいたくなるので、共通の友達に相談を。寂しいときほど甘えて愛を深めましょう。子どもの将来について一緒に考えると良いでしょう。選択肢を広げてあげることが大切です。

金運

◎中吉

倹約を意識してください。買い物でストレスを発散したくなりますが、収支をよく確認して無駄遣いを防ぎましょう。お金をためることも金運アップの秘訣。定期預金を始めても良いです。過払い金や回収金がある人はこの機会に整理を。しっかり見直して無駄を省き、増やせるものは増やしましょう。断捨離も有効です。片づけ中に大切なものを見つけそうです。

健康運

○吉

免疫力と回復力がアップします。持病の治療や、先延ばしにしていた手術などは今月中がおすすめです。心配な点がなくても健康チェックをすると良いです。先月の▲大凶は体の不調が露呈しやすい運気でした。気になることがあったらすぐに治療を。今月は骨や筋肉、腰を痛めやすいので気をつけましょう。スポーツ前には入念な準備運動を。ストレス発散にヨガや整体もおすすめです。

2024年の
年運と月運

「九紫火星」

【Year keyword】

始動の年

一歩を踏み出せ！
来年に向けて
足元を固めろ！

九紫火星

2024年の運気

○吉

※九星気学の1年は旧暦で、1年の境目は節分（2024年は2月3日）です。

［6年間の運勢グラフ］

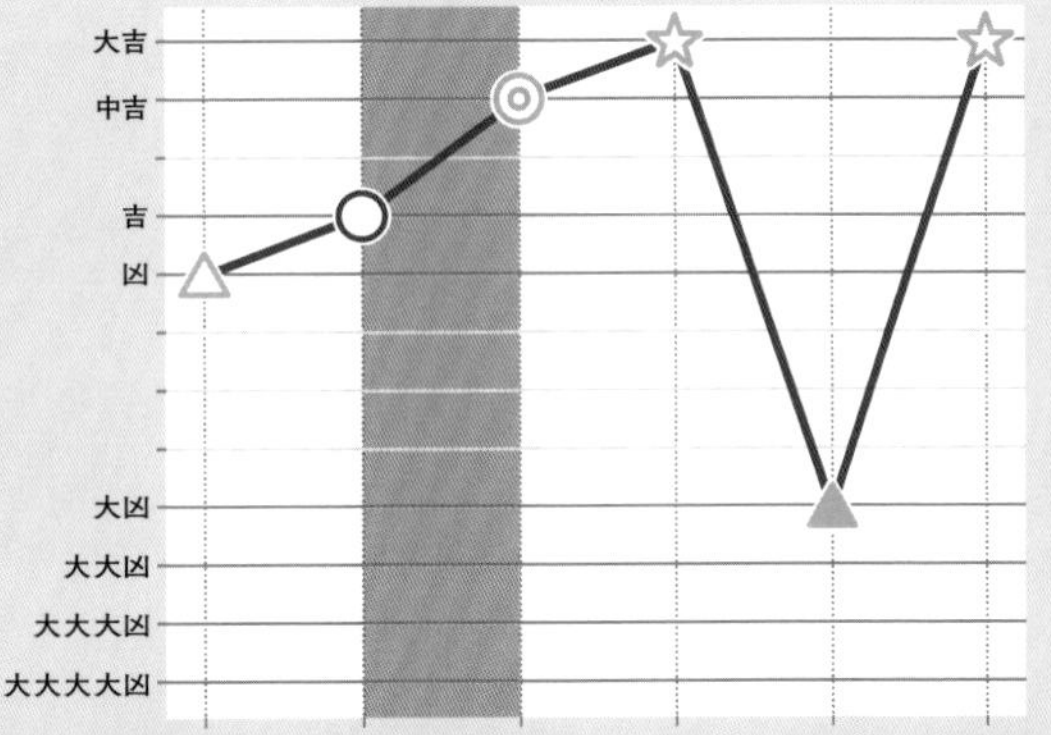

［年間運勢グラフ］

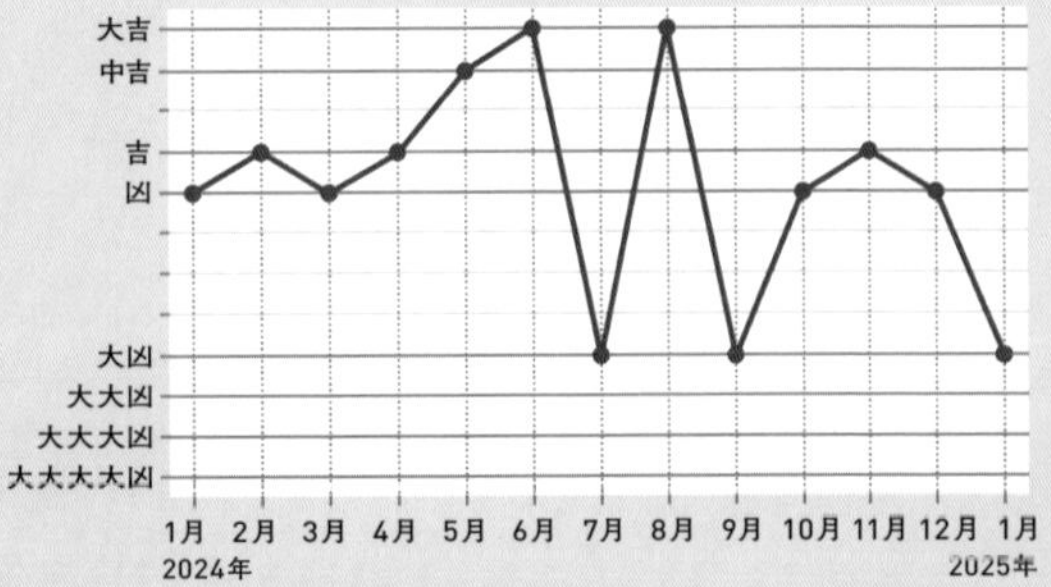

【運勢】

出遅れるな！確実に一歩を踏み出せ

昨年の△凶から上がって今年は○吉です。来年は◎中吉、再来年は☆大吉と運気が上昇します。ここ10年で一番良い時期に突入します。今年は物事の準備の年。そこまで勢いはつきませんし、モチベーションも上がりませんが、一つずつ確実に進めて来年につなげましょう。

来年は七転び八起きの精神で前進し、再来年にしっかり成果を出すという3年計画で、どう動くかを考えると良いでしょう。好調な運気はあっという間に終わってしまうことが多く、気づけば何もしなかったということもあります。

それではもったいないので、この1年で何をどれだけ進めるか、3年間で何をどう達成するか、具体的な計画を立てましょう。そして、意識的にペースを上げて物事を進めてください。出遅れないように気をつけましょう。

【仕事運】

頑固に注意！変化する勇気を持て

今年は基礎を固める年です。来年、再来年で何を達成するのか、そのために今年は何をしたら良いのかを考えて行動しましょう。今年は無意識に頑固になり、変化を拒否する傾向があります。こだわりが強すぎると良い結果を生まない場合が多いので、受け入れる意識を持ちましょう。

また、部下の育成にも適した時期です。食事や飲み会、ゴルフやレジャーなど接点を増やすと良いでしょう。ただし、部下を見る目が厳しくなる点に注意。こちらの言いたいことは半分以下に抑えて相手の話を十分に聞き、指摘する場合はやさしくさとすように。ほめることも忘れずに。

転職や独立には非常に良い1年です。昨年の運気も安定していて今年の運気も好調、来年以降も良い運気が続くので、非常に適しています。すでに意志が固まっているかたはすぐに動きましょう。

転職に関しては、キャリアアップのための転職には非常に良い運気です。自分を冷静に判断でき、履歴書や職務経歴書などの作成も緻密にできます。採用される確率も高まっています。来年以降も良い運気が続くので、キャリア形成の計画が立てやすいという利点もあります。

独立に関しては、開業後数年の運気が安定していることが成功のカギ。今年はまさにその時機です。まだ具体的な計画を立てていないかたは、今年は着実に準備を進め、来年に開業するプランで取り組むと良いでしょう。開業後は部下との交流を図りながら進めると、成果に結びつきます。

【恋愛運】

灯台下暗し！友達は恋人の始まり

ここ数年の運気が好調だったことから、まわりに良い人が集まっています。新しい人を探すよりも身近な存在から探したほうが、恋人に発展する可能性が高そうです。よく会うのに恋愛対象ではなかった人が大切な人に変わるという、恋愛ドラマのような出来事も起こりやすい時期です。

ただし、今年は相手のあら探しをしてしまいそうです。とるに足りない欠点に目を奪われて、全体が見えにくくなります。特に、女性から男性に対しての目が厳しくなるので、過度にならないよう気をつけましょう。

また、今年は若干おしゃれに無頓着になります。気づくと所帯じみた服装になりがちです。いつもより意識を高めて、季節ごとに洋服を新調するくらいが良いでしょう。

【家庭運】

自分に厳しく、相手に甘く

今年は家の中を大切にすると運気が上がります。自宅に人を呼んで食事会や飲み会をすると、今後につながるチャンスが広がりそうです。仕事の同僚や後輩を呼ぶと、なお良いでしょう。これを機に食器を新調するのもおすすめ。じつは食器は運気に直結しているため、少し奮発して買い替えても良い時期です。

家庭内では、パートナーを支えるにはどうすれば良いかを考えると良いでしょう。仕事や体調管理、家事や子育てをうまくサポートできると二人の愛は深まり、自分の運気も上がります。ただ、今年はパートナーに対しての要求が少し厳しくなりやすい時期です。良かれと思ってしてもらったことも、自分の好みに合っていないと文句を言ってしまう可能性があります。今年は結果よりも、相手の気持ちや心意気を受け入れるように心がけましょう。

子育てに関しては、しっかり面倒を見る時期です。礼儀作法を教え、悪い部分はきちんと指摘しましょう。ただし厳しい言い方、正論の言いすぎは控えてください。

【金運】

ひらめきで動くな！計画的に！

運気が安定しているので判断力があります。家や車、そのほか大きな買い物には非常に適した時期です。以前から考えているものがあれば今年買ってしまいましょう。ただし、締めるところは締めるように。無駄な外食を控えて自炊をするなど、お金を使うこととセーブすることのメリハリをつけると運気が上がります。

　また、今年はこの先10年の貯蓄計画も考えてみましょう。専門家や詳しい人に相談して、10年後はどの程度の貯蓄が理想か、そのためにどうすれば良いかを考えましょう。

　一方で、今年は面倒見がよくなり、ついお金を貸してしまったり、人のためにお金を使いすぎたりします。手を差し伸べてあげることは良いのですが、度が過ぎないように。

【健康運】

がまん強さがあだとなる！

今年は忍耐力が上がります。良いこともありますが、その半面、体の不調を感じてもついがまんしてしまい、結果的に病状が悪化してしまうということがありそうです。とり返しがつかなくなってからでは遅いので、気になることかあればすぐに診察を受けて治療を始めましょう。特に胃や皮膚の病気に注意してください。

注意点

自分基準で考えるな！歩み寄れ！

今年一番の注意点は、頑固になってしまうこと。今年のあなたは勤勉で忍耐強く、意志が非常に強い時期。それ自体は良いことですが、問題は自分と同じことを同僚や部下、パートナーにまで求めてしまうことです。無理強いすると人間関係は崩壊します。自分を基準に考えるのではなく、相手に歩み寄ることを心がけましょう。

　今年は物事の結果よりプロセスを重視したほうが良い時期です。最終的な成果や産物よりも、動機や経緯などにフォーカスして確実に前に進むと良いでしょう。

　今年はパワーが自然とわいてくる年ではありません。意識しないとやる気が出にくい時期です。しかし、無理やり動けばなんとかなり、一度勢いがつけば持続します。年始に今年の目標を立てて、それをまわりに宣言するなどして動き出しましょう。出遅れると何もなく終わってしまいます。勇み足くらいでちょうどいいのです。

運勢

△凶 のち 大波

今月の注意点と開運のカギ

九星気学では今月までが前年の運気となります。先月の▲大凶から、今月はやや上がって△凶です。△凶は決して悪い運気ではなく、集中力や学習能力は上がるので、試験勉強やレポート作成、伝票整理などコツコツ仕上げる作業には向いています。やるべきことがある人は今月中に仕上げましょう。柔軟性も上がるので、苦手だと思っていたことにもチャレンジを。仕事の進め方を上司や先輩に確認し、自分のクセを直すのも良いでしょう。指摘されたときはピンとこなくても、受け入れると成長できます。

運気のせいで孤立しがちですが、寂しいときは素直に人に頼ってください。特に今月後半は大波の影響で気持ちがさらに不安定になり、ネガティブさに拍車がかかるかもしれません。寂しいときは周囲に助けを求めてください。

来月から年の運気が上がります。パワーがかなり出る時期に入りますので、仕事もプライベートも一気に成果を出せるように、今月はその準備期間ととらえて頑張りましょう。

[年間運勢グラフ]

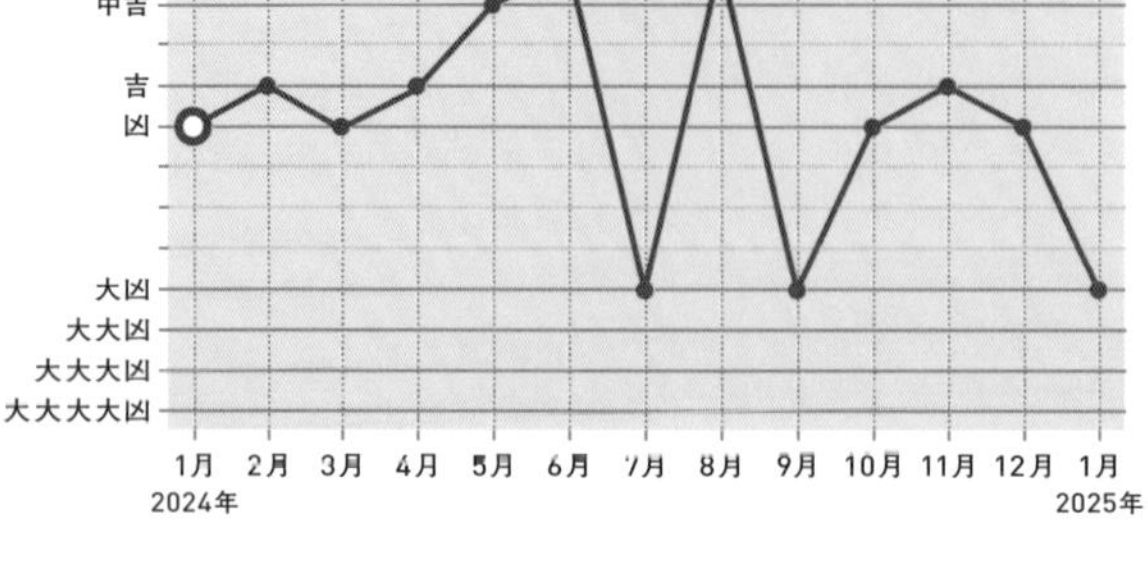

九紫火星
の月運

2024

1

January

1/6～2/3

地道に動いて
来月につなげろ！

【今月の心構え 三か条】

一 面倒な作業は今月中に片づけろ！

二 情報収集に励み次の展開を計画せよ

三 後半は不安定に注意！孤立せずに人を頼れ

＊九星気学では前年の運気です

仕事運

○吉

集中力が上がり、地道な作業や勉強に良い運気です。今月は自然にやる気が出る時期ではありませんので、自分で気合を注入して頑張りましょう。来月は仕事運が絶好調で評価を得られる運気ですので、そこで成果を出すためにもここでしっかり準備しておくことが大切です。順応性も上がるので、目上の人のアドバイスを積極的にとり入れて、指示には忠実に従うと良いでしょう。自分が成長できるチャンスです。今月後半は大波の運気の影響で気持ちが不安定になり、ちょっとしたミスや勘違いが起こりやすくなります。全力投球は17日までにして、その後は慎重に進めましょう。

恋愛運

○吉

異性を引き寄せるオーラ全開です。消極的になる運気のせいで行動する気分になりにくいのですが、せっかくの良い運気ですので、ぜひ出会いの場に出かけましょう。ただし、今月は押しに弱いので要注意。気乗りしない相手の場合は、はっきりと断りましょう。後半は不安定です。突然気持ちが盛り上がってつい無茶をしたくなりますがブレーキをかけて、走るのは来月以降にしましょう。

家庭運

○吉

二人の仲を深めるとき。パートナーとの時間を多くとり、スキンシップを増やしましょう。今月はネガティブ思考になりがちで、特に後半は大波の運気の影響で気持ちが不安定に。そんなときほど素直に甘えましょう。順応性が上がるので、相手に合わせると関係がより深まります。子どもとは将来について一緒に考えると運気アップ。否定的な言葉は避けて、選択肢を広げてあげましょう。

金運

○吉

悪くはない運気ですが、小さな出費が積み重なり、気がつくと驚くような金額になっていたなどということになりそうです。倹約に適した運気なので、契約内容やプランの見直し、不要な契約の解除などを行い、無駄な出費を抑えることに注力しましょう。コツコツお金をためるのにも良い時期です。収支を細かくチェックして貯蓄に回しましょう。定期預金を始めるのもおすすめです。

健康運

○吉

免疫力や回復力が上がる時期です。持病を本格的に治したい人や手術などを先延ばしにしていた人は、今月に治療すると良いでしょう。ただし中旬までにすませること。後半は大波の影響で気持ちが不安定になり、免疫力が低下するおそれがあるので避けてください。骨や筋肉、腰を痛めやすいので特に気をつけて、暴飲暴食にも注意。意識してストレスを発散する日をつくりましょう。

九紫火星
の月運

2024
2
February
2/4～3/4

年運が急上昇！
まずは一歩を踏み出せ！

運勢
○吉

今月の注意点と開運のカギ

九星気学では今月が1年のスタートで、年の運気が○吉に上昇します。大きな流れが良いほうに変わりますので、物事の成功率が上昇します。しかも、月の運気も上昇して○吉です。パワーが相当強く、仕事もプライベートも大きな成果が期待できます。やる気がみなぎって勢いがつく時期ですので、「これだ！」と思ったらまずは行動を起こしましょう。こういうときに遠慮は禁物。しっかり前に出て、良い運気を最大限に生かしましょう。下手な小細工はせずに正面から挑戦するのがおすすめです。ひねりは必要ありません。ストレートに前進することを心がけましょう。ただし急な運気の上昇で無意識のうちに態度が大きくなり、反感を買いやすくなります。謙虚さを忘れずに行動しましょう。

　また、今月は美意識が高まる時期です。髪形や服装を変えてみると、さらなる運気アップにつながります。センスの良い友人を頼ったり、プロにメイクやファッションを習ったりしても良いでしょう。

［年間運勢グラフ］

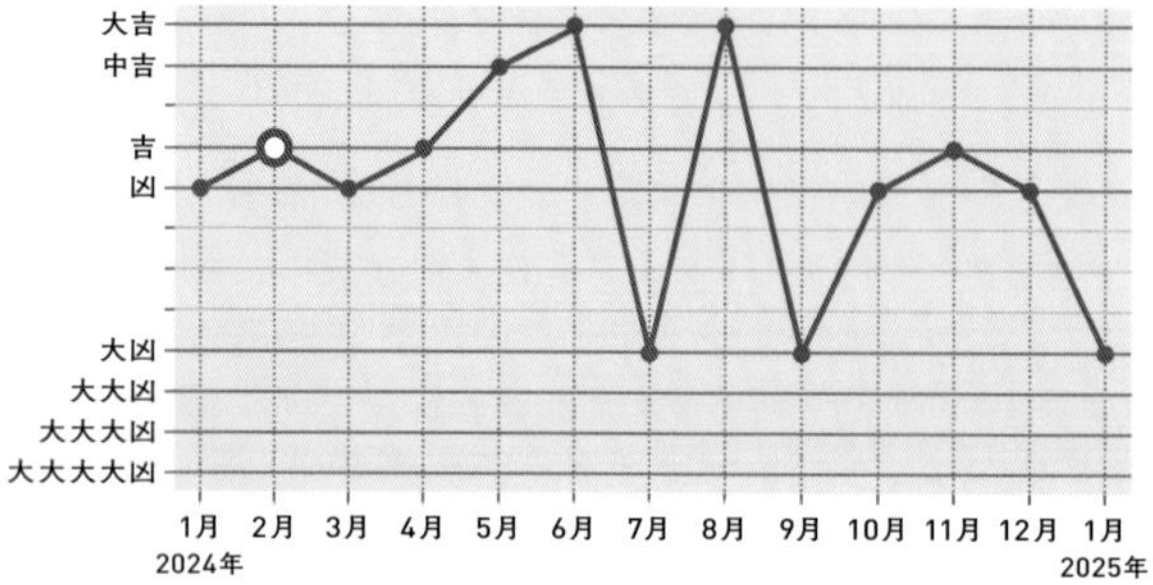

【今月の心構え 三か条】

一 アイディアを出して変化を起こせ！

二 小細工は避けて正面から直球勝負！

三 謙虚な態度に徹すれば運気アップ！

今月の【大開運日】6日、15日、24日【激ヤバ日】21日【大潮】10日〜12日、24日〜27日【土用期間】1日〜3日

仕事運

◎中吉

頭が冴えて活躍を期待されるときです。評価も受けやすく、とにかく目立ちますので、積極的な営業やプレゼンのほか、転職活動の面接にも適しています。企画力も抜群ですので、イベントの企画や商品開発などにもアイディアを出していきましょう。業務の効率化に取り組むのにも良い時期です。6月まで運気が上昇傾向にあるため、ここで少々失敗してもとり返せます。だめもとでいろいろ挑戦しましょう。評価を得やすい半面、ねたまれたり悪い評判が出やすい運気でもあります。無意識のうちに態度が大きくなって反感を買いやすいので、謙虚で丁寧な態度を心がけましょう。

恋愛運

◎中吉

自覚がなくても華やかな雰囲気で目立ち、人を引き寄せる時期です。いつもより少し大胆な装いを心がけると良いでしょう。ただ、勢いがある運気のときはやや生意気になり、高望みの傾向があります。気持ちが大きくなり、深く考えずに衝動的に決めてしまいがちなので、慎重な行動を心がけて。熱しやすく冷めやすいという運気でもあります。良い人がいてもゆっくり距離を縮めましょう。

家庭運

△凶

いつもよりケンカが多くなるかもしれません。カッとなりやすく、感情的にぶつかりそうです。いろいろなことが表面化する時期ですので、気がかりなことがあればしっかり話し合いを。思いきりおしゃれをして出かけ、非日常を味わうと二人の愛が深まります。子どもの才能を見つけやすい時期ですから、注意深く観察すると良いでしょう。ただし理想を押しつけないように気をつけて。

金運

○吉

好調な運気で、臨時収入も期待できます。大きな買い物をするなら今月が良いでしょう。ファッションやメイクを変えるとさらに運気アップが見込めます。ただし、今月のあなたは衝動に駆られやすくなります。ある程度の直感は信じても良いのですが、衝動買いは避けて、特に高額商品の購入は慎重に。事前に必ず誰かに相談して、「これなら納得」と思ったら買うようにしましょう。

健康運

△凶

勢いがある運気のため、つい無理をして暴飲暴食をしたり寝不足になったりしそうです。意識してセーブを。持病がある場合、表面化しやすい時期です。だましだましやってきた箇所が悪化したら、手遅れになる前に病院に行きましょう。神経が過敏になってストレスもたまりがち。ファッションを優先した結果の体の冷えや無理なダイエット、目や歯、髪の傷みにも注意です。

九紫火星の月運

2024

3

March

3/5～4/3

気合で無理やり動けば結果が出る！

運勢

△凶ときどき大波

今月の注意点と開運のカギ

勢いのある○吉だった先月から下がって、今月は△凶です。「やるぞ！」という元気はなく、落ち込みやすく考え方もネガティブですが、無理やりにでも動けば成果は出ます。運気は安定しているので頑張りましょう。

何事も冷静にコツコツ進められる運気です。特に集中力や学習能力が上がりますので、事務処理や情報収集、計画立案などに適しています。面倒であと回しにしていたことがあれば、今月中に片づけておきましょう。隠しごとがばれにくい運気でもあるので、知られたくないことがある人は、今月中に手を打って解決を。また、柔軟性も上がります。これまで従えなかった上司の指示や、納得できずに進められなかったことにチャレンジしてみてください。スムーズに受け入れられて、そこから大きく前進できそうです。

大波の影響で、気持ちが不安定になりがちです。不安なときや迷ったときは周囲の助けを借りて、自分一人で判断しないようにしましょう。

[年間運勢グラフ]

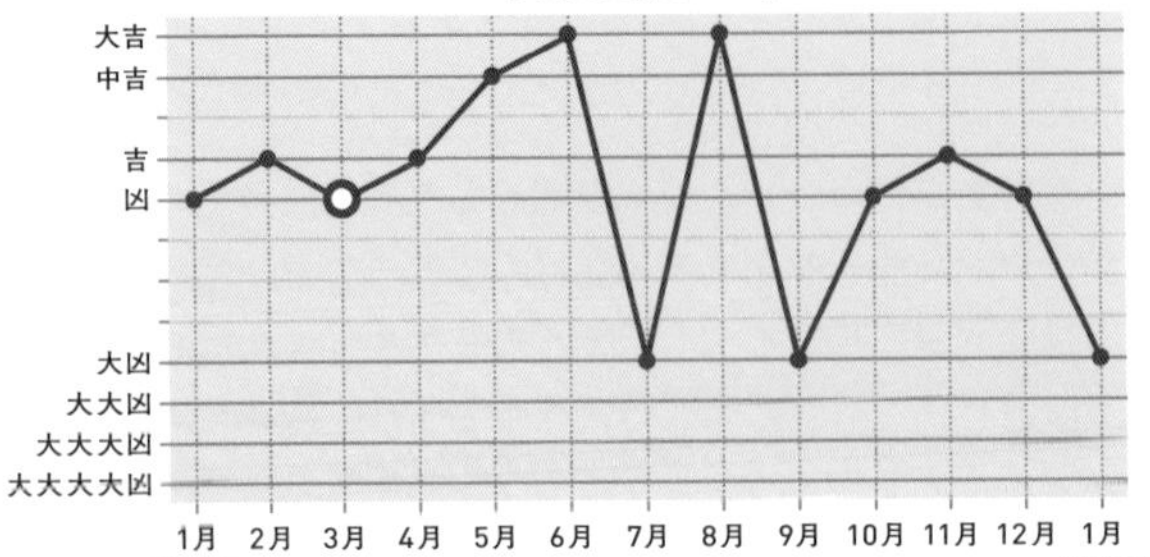

【今月の心構え 三か条】

一 集中力アップ！研修や勉強は今月に

二 都合の悪いことは今月中に解決しよう

三 少し不安定。迷ったら自分で決めるな

今月の【大開運日】11日、13日、20日、22日　【激ヤバ日】28日　【大潮】10日〜13日、25日〜28日　【土用期間】なし

仕事運

○吉

なかなかやる気が出ませんが、集中力や学習能力は上がります。普段手をつけられない書類整理や試験勉強などがはかどるので、やるべきことがある人は終わらせてしまいましょう。柔軟性もアップするので、これまで上司の指示に従いきれなかった人は従ってみてください。上司から評価されるだけでなく新たな発見もあり、ステップアップできそうです。大波の影響で気持ちが不安定ですが、孤立せずに周囲とうまく連携をとりながら成果を出していきましょう。来月からしばらくは仕事運も上昇気流に乗ります。今月のうちにしっかりと地固めをして、来月以降につなげてください。

恋愛運

○吉

異性を引きつけるオーラ全開です。魅力が高まり、良い出会いが期待できます。運気のせいで引きこもりがちですが、出会いの場に積極的に出かけましょう。紹介運も良好です。直接会えなくてもSNSなどを活用すると良いでしょう。ただ、いざ出会いの場に行くと妙に大胆になるため注意を。判断力もやや低下するので、良い出会いがあっても進展は来月まで待ちましょう。

家庭運

○吉

今月は性への意識が上がります。二人で仲良く過ごすと開運につながります。ただ、一人で勝手に寂しくなってネガティブになることも。パートナーがスマホを長く見ているだけで浮気を疑ったり、問い詰めたりしてしまうかもしれません。不安なときは一人でため込まずに共通の友人に相談を。親子でもたくさんスキンシップをとると良いでしょう。子どもの健康チェックもこの時期に。

金運

○吉

倹約を意識しましょう。暗くなる運気の影響で、買い物をしてストレスを発散したくなりますが、だからこそ収支をこまめに確認して無駄遣いを防ぎましょう。定期預金や積立など、コツコツためることも金運アップにつながります。回収すべきお金がある人はこの機会に整理を。断捨離も有効です。片づけ中に、忘れていた宝物や当たりの宝くじが見つかるかもしれません。

健康運

○吉

今月は健康チェックをしてみると良いでしょう。何か見つかったらあと回しにせず、すぐに治療を行ってください。大波の影響で気持ちが不安定で、ネガティブ思考に拍車がかかりそうです。心の不調から体が冷えて、婦人科系の病気や膀胱炎になるおそれがあります。仲の良い友人と頻繁に会うなどして、できるだけストレスを発散させましょう。

九紫火星
の月運

2024

4

April

4/4 ～ 5/4

今年のピークが始まる！6月までに片をつけろ

【今月の心構え 三か条】

一 運気アップ開始。何かやらなきゃ損！

二 意識して部下、後輩と会話せよ！

三 頑固さに注意。こだわりは捨てろ！

運勢

◯吉

今月の注意点と開運のカギ

運気は先月から上がって◯吉です。さらに来月は◎中吉、再来月は☆大吉と上がり続けます。ここが今年のピークです。6月までの3カ月間で成果を上げるために、今月はしっかり準備をするときです。まずは一歩を踏み出しましょう。やるべきことを確認して、「いつか始めよう」と思って先延ばしにしていたことがあれば、今月にスタートさせると良いでしょう。

今月は家族や職場の同僚など身近な人との絆を深められる運気です。積極的にコミュニケーションを図っていきましょう。ただし、今月のあなたは頑固な部分が強く出てしまうので気をつけましょう。「こうあるべき」という自分の中のルールが厳しく、他人にも押しつけて、うとまれてしまいそうです。せっかくの良い運気ですのでそれを無駄にしないように、まわりの意見をよく聞いて柔軟に受け入れるように心がけてください。たとえ何か納得できないことがあっても、上司や先輩の指示には素直に従ったほうが良い結果となります。

[年間運勢グラフ]

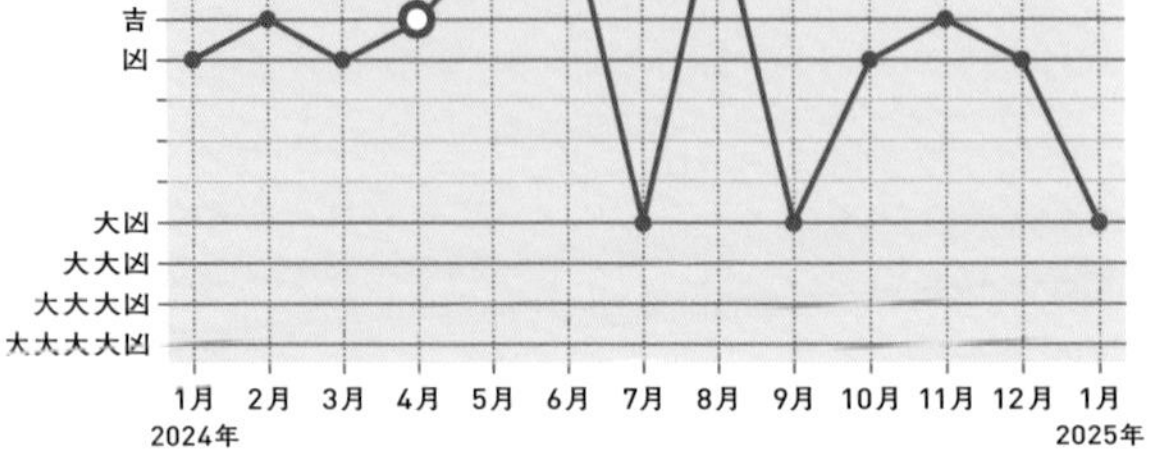

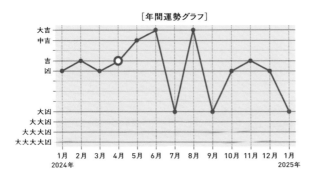

仕事運

○吉

ここから3カ月連続で運気が上昇します。しっかり準備をして来月につなげていきましょう。今月は特に部下や後輩とのコミュニケーションを積極的に図ると良い時期です。業務時間内だけでなく食事やイベントに誘うなど、プライベートの時間も一緒に過ごすようにしましょう。つい自分の考えを押しつけがちですが、お説教するのではなく相手の話をしっかり聞くと、心を開いてもらえるでしょう。ここで良い関係を築いておくと、今後良い連携がとれそうです。上司とも積極的に接触を図ってください。日頃疑問に思っている点はここで明確にしておくと、来月以降につながります。

恋愛運

○吉

世話好きの運気ですので、積極的に人のお世話をすると開運につながります。新規の出会いも期待できますが、知人から恋人に発展する可能性が高いでしょう。ただし異性を見る目が厳しくなり、些細な言動や服装に幻滅して気持ちが冷めてしまうかも。運気のせいですので気にしすぎはNGです。逆にこちらも所帯じみてしまう傾向がありますので、身だしなみに気をくばりましょう。

家庭運

☆大吉

家の中を心地よくすると運気がアップします。料理の研究、大規模な部屋の模様替えや断捨離も良いでしょう。特に古い日用品をとり替えるのがおすすめです。人を招いてホームパーティをするのも良いでしょう。パートナーを見る目が厳しくなるのには要注意。特に月の後半は厳しさに拍車がかかります。大きな心で接して。子どもとはしっかり向き合って面倒を見ると良い時期です。

金運

○吉

金銭管理をきっちりすることが今月のポイントです。家計簿をつけて収支を管理しましょう。食費は無駄を省き、食材を余らせずに使いきることを徹底すると運気が上がります。なお、今月は部下や後輩との縁が深まる時期なので、食事やちょっとしたプレゼントの出費は問題ありません。プレゼントは手間を惜しまず、相手が欲しいもの、その人に合ったものを贈ると喜ばれます。

健康運

△凶

今月は忍耐力が上がりますが、それが裏目に出ます。じつはかなりの不調であっても自分では気づきにくく、たとえ気づいてもがまんして症状を悪化させてしまう可能性があるのです。少しでも不調を感じることがあれば、すぐに病院へ行きましょう。特に胃の調子が悪かったり、皮膚のかゆみや荒れなどを感じたりしたときは要注意です。すぐに治療しましょう。

九紫火星の月運

2024

5

May

5/5～6/4

一気にパワー全開！ 失敗をおそれるな！

運勢

◎中吉

今月の注意点と開運のカギ

先月から上がって◎中吉です。来月はさらに☆大吉に上がります。仕事も恋愛も結果をしっかり出せる貴重な2カ月ですので、気合を入れて頑張りましょう。今月は七転び八起きの精神が大切。特に仕事では「やりすぎでは？」と言われるくらいでちょうどいいでしょう。選り好みせずにチャレンジしていると、その後につながる大切なものと出会えそうです。多少の失敗はおそれずに、思いつくことはすべて実行に移してみましょう。結果がイマイチであれば、アプローチを変えて再チャレンジを。うまくいくまで何度でもやってみましょう。良い運気のときはやり残しがあるともったいないです。運気をすべて生かすようにしましょう。

ただし、パワーが出すぎて強気になってしまうことがあります。周囲に自分の意見を押しつけたり、一方的に決めつけたりしないように気をつけて。また、感情が顔に出やすいので注意してください。油断すると敵をつくりやすい時期ですので、周囲への配慮は大切にしましょう。

[年間運勢グラフ]

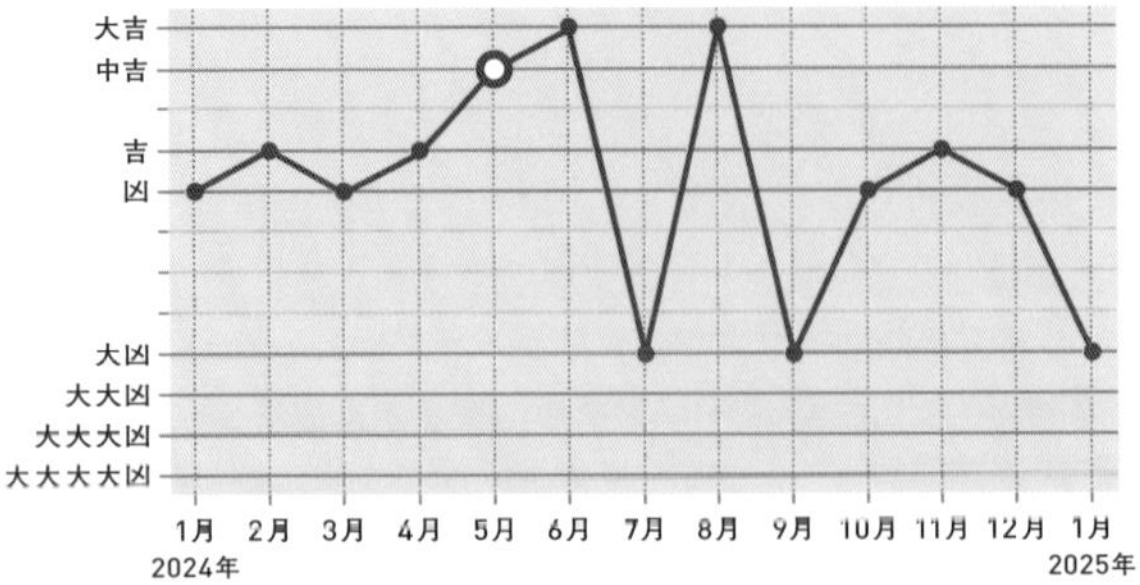

今月の心構え 三か条

一 今こそ決戦のとき。今月が勝負だ！

二 仕事も恋愛も数打てば当たる

三 押しつけではなく提案せよ

仕事運

◎中吉

成功率が上がる好調な運気です。課題がある人は今月チャレンジを。交渉力、営業力も上がりますので、取引先に対して取引内容の改善を提案するのも良いでしょう。転職活動中の人は上をめざして面接に挑んでください。ただし今月は難色を示されたら潔く引くこと。来月はあきらめずに粘ると結果が出やすいので、同じ会社への再アプローチは来月にしましょう。注意点は、無意識に態度が大きくなってしまうことです。多少強引に進めたほうが良い時期ですが、反感を買わないように謙虚な姿勢を心がけて。早口になりやすい時期ですので、ゆっくり話しましょう。

恋愛運

◎中吉

良い出会いが期待できます。華やかな装いに身を包み、飲み会や合コンに積極的に参加しましょう。今後の人生に大きくかかわるキーパーソンに出会えるかもしれません。出会いも数打てば当たる運気です。ある程度は直感を信じても大丈夫なので、良い人がいたら積極的に声をかけましょう。ただし強引すぎる態度や上から目線の言動には注意。せっかくの良い出会いを逃しかねません。

家庭運

○吉

パワーが余ってケンカが増えそうです。相手に対する指摘がきつすぎて傷つけてしまうかもしれません。ただ、家庭内で気になることをきちんと話し合うには良い時期です。上から押しつけず、提案するように話すとスムーズに進むでしょう。休日は外でアクティブに過ごしてパワー発散を。子どもとは将来の話をすると良いでしょう。やさしい口調で、子どもに話させることを心がけて。

金運

◎中吉

大きな買い物に向いています。少し強気に価格交渉をしても良いでしょう。ただし気持ちが大きくなって勢いで高いものを買ってしまう傾向があるので注意してください。一方、今月は今まで欲しかったものをあきらめるのにも良い運気です。以前ほど気乗りがしなければ購入希望リストからはずしましょう。惰性で買い物をせず、「これがいい!」と心から思えるものだけを買いましょう。

健康運

△凶

勢いのある運気の影響で外出したくなり、人との交流が盛んで外食や飲み会なども多くなることでしょう。しかしそれがあだとなり、特にのど、声帯、肝臓に不調をきたすことになりそうです。社交的になるのは良いのですが、暴飲暴食にはくれぐれも注意して、意識してセーブするようにしてください。はしゃいでしゃべりすぎる傾向もあるので、気をつけましょう。

九紫火星
の月運

2024
6
June
6/5 ～ 7/6

最高の運気！今月が勝負だ！

運勢

☆大吉

今月の注意点と開運のカギ

先月の◎中吉からさらに上がって☆大吉になり、最高の運気です。仕事でもプライベートでもしっかり結果を残せる運気ですので、今月は具体的な数字や目標にこだわって動きましょう。来月は一気に下がって▲大凶となります。良い流れは今月までですので、この１カ月で結果を残していきましょう。特に今月は粘り強さが開運のポイントとなります。何事も「断られてからがスタート」くらいの強い気持ちで、めげることなく臨みましょう。

今月の注意点は気持ちがぶれやすいということ。優柔不断で人の意見に左右されやすくなります。仕事もプライベートも急に方針を変えたくなりますが、今月はほとんどの場合、突然の方向転換は良い結果につながらないでしょう。迷っても初志貫徹を心がけてください。どうしても当初の方針を変えたい場合は独断せずに、上司や先輩に相談してから進めましょう。また、頼まれると断りにくい運気です。軽い気持ちで引き受けると後悔するのでやめましょう。

［年間運勢グラフ］

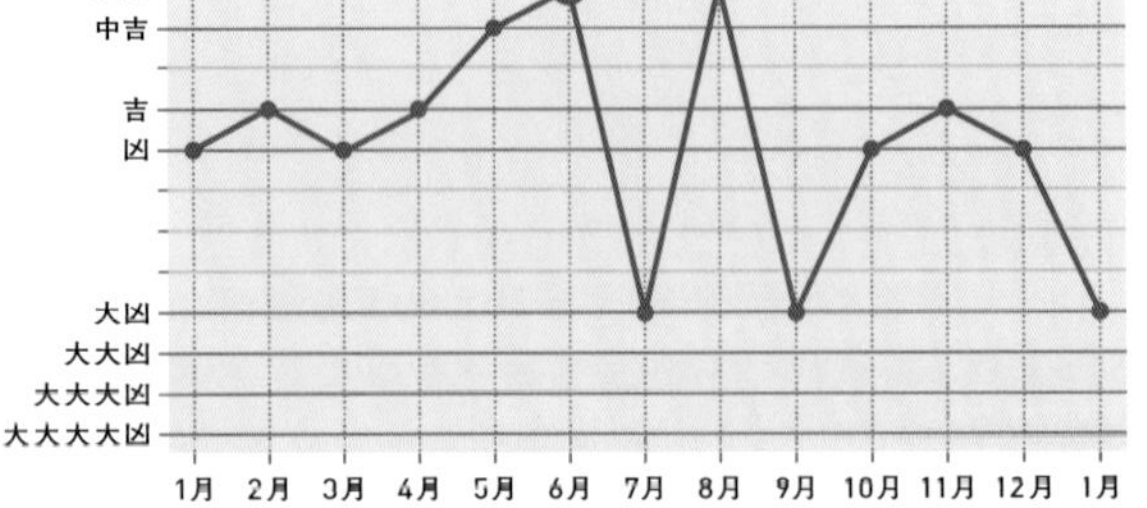

【今月の心構え 三か条】

一 断られてもあきらめるな！

二 結果にこだわって行動しろ！

三 優柔不断は禁物。初志貫徹で行け！

仕事運

☆大吉

来月は▲大凶ですので今月が勝負。何事も結果重視でいきましょう。利益をいくら出す、契約を何件とるなど具体的な数字を設定すると、より結果が出やすくなります。今月は新しいことを始めるよりも、進行中のことを仕上げる月だと思ってください。まずは計画どおりに進んでいるかの確認から。営業力や交渉力が上がりますので、一度断られても粘り強く交渉すると良いでしょう。社内でも待遇改善などを積極的に相談すると、良い結果が出やすい時期です。ただし頼まれごとには要注意。安易に引き受けると自分の首を締めることに。できないことはきっぱり断りましょう。

恋愛運

○吉

人を引きつける力が強く、良い出会いが期待できます。特に今月は結婚につながる相手に出会うチャンス。年収、価値観など結婚に結びつく条件を確認しながら探しましょう。良い人がいたら積極的にアプローチを。粘っても良い運気ですので、簡単にあきらめないほうが良いでしょう。一方、相手からこられると断りづらい時期です。気のない相手には、あいまいな返事をしないように。

家庭運

◎中吉

家庭的になると良い運気です。パートナーに尽くしましょう。願いごとが通りやすいので、普段言えない重要なことを、二人の未来を想像させる言い方で相談すると良いでしょう。反対に相手からのお願いには注意。親との同居や借金、教育など、夫婦でも受け入れられないことはきっぱり断って。今月は先回りして子どもの要望をかなえてあげると良い運気ですが、甘やかすのはNGです。

金運

○吉

良い運気が続き、ものを見極める判断力があります。ある程度は直感に従って買い物をしても良いでしょう。来月は▲大凶ですので、大きな買い物をする予定があれば今月中にすませましょう。なお、金銭面でもお人よしには注意です。店の人にすすめられたものをそのまま買うのは禁物。借金や保証人の依頼も断りましょう。お金を貸す場合は、返ってこないものと割りきったうえで。

健康運

○吉

他人の心配をしすぎて、心労やストレスがたまりやすい時期です。苦労話につい同情し、ひと肌脱いでしまいがちですが、これがストレスに変わり、頭皮や髪の傷みにつながったり、胃腸に不調をきたしたりします。本当に助けてあげたいと思うとき以外ははっきりと断りましょう。どうしたら良いかわからない場合は、一人で抱え込まずに信頼できる人に相談してください。

九紫火星の月運

2024

7

July

7/7 ～ 8/6

ベースは大凶だが大当たりすることも

運勢

▲大凶

今月の注意点と開運のカギ

先月の☆大吉から一気に下がって▲大凶になりました。ただ、来月は再び☆大吉に上がります。良い運気にはさまれた1カ月だけの▲大凶ですので、大きくペースダウンする必要はありません。いつもより丁寧に進めることを心がけましょう。今月は「今までのツケが出る」という運気です。大きなミスや滞り、周囲との関係のもつれなど、仮によくない結果が出た場合は原因をしっかり確かめて改善しておくと、来月以降につなげられるでしょう。

なお、今月は「まれに大当たりする」という運気でもあります。恋愛では憧れの人に告白したり、転職では手の届かないようなレベルの高い会社にエントリーしてみましょう。もしかしたら良い結果になるかもしれません。仮に失敗しても笑ってすませられる場合は挑戦してみると良いでしょう。

▲大凶の時期は注意力や判断力、体の免疫力も下がります。事故やケガ、病気にも注意が必要です。体をいたわりながら、いつも以上に慎重な行動を心がけてください。

［年間運勢グラフ］

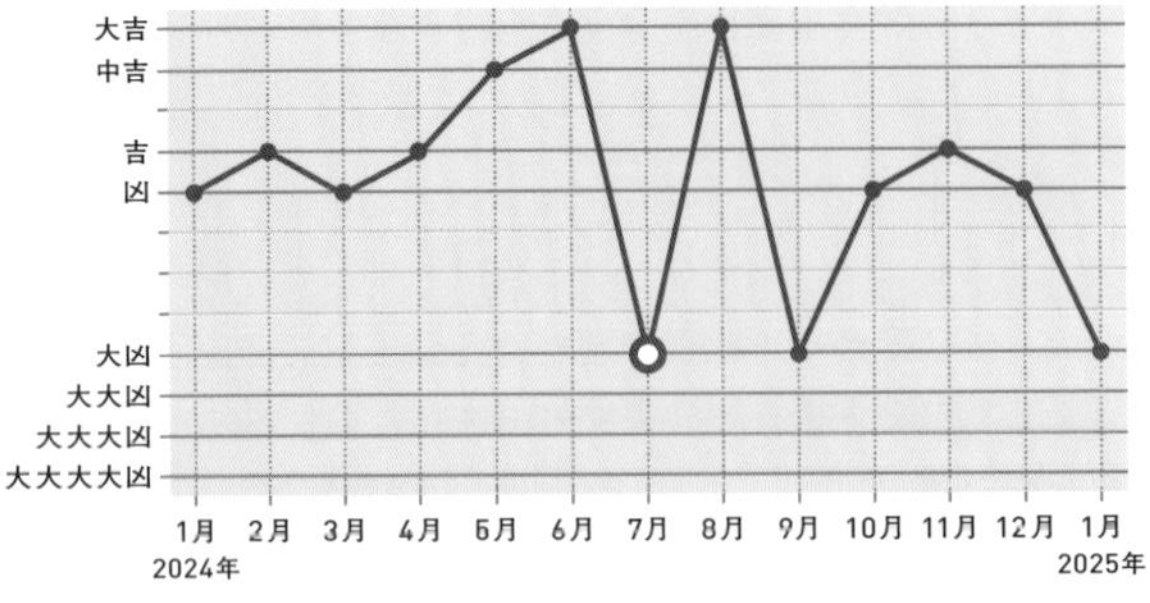

【今月の心構え 三か条】

一 上司、先輩の指導で運気上昇！

二 不安定！迷ったらいったん停止

三 何事も慎重に。事故、病気に注意！

仕事運

▲大凶

見直しの期間にしましょう。▲大凶のときはパワーは落ちますが、柔軟性や吸収力は上がります。これまでのやり方の改善点を上司や先輩に確認して、今月中に軌道修正しましょう。運気のせいでミスが増えるので、何事もダブルチェックを忘れずに。言った言わないのトラブルも起こりやすいので、取引先とのやりとりや会社への報告は必ず文書に残すように。今月は気持ちが非常に不安定で、考えが二転三転したり、急に弱気になることも。感情で動くと失敗するので、不安なときは上司や先輩に相談してチームプレーで乗りきりましょう。今月は無難に過ごして来月に勝負です。

恋愛運

▲大凶

期待できない運気です。▲大凶で不安定なときは、寂しさをまぎらわすために出かけたくなりますが、よくない誘いに乗ってしまいがちです。運気が上がる来月に向けて、家でおとなしくしておきましょう。カップルは大きなケンカや急な心変わりをしても、今月中に大きな判断をするのは厳禁です。来月までは現状維持で。だめもとで憧れの相手に告白すると、うまくいく可能性はあります。

家庭運

▲大凶

些細なことで傷ついたり浮気を疑ってみたり、いろいろと理由を探しては相手に突っかかってしまいそう。今月はあらかじめ「運気のせいで不安定」と伝えておくと良いでしょう。ただし無理は禁物。寂しいときは素直に甘えましょう。子どもに対しても、ちょっとしたことでキレてしまいそうです。不注意で不調や何らかのサインを見逃す可能性もあります。冷静に向き合いましょう。

金運

▲大凶

金運も最悪です。そのつもりがなかったのにストレスからつい大きな買い物をして、後悔しそうです。財布のひもをいつも以上にしっかり締めるようにしましょう。投資など金融商品がらみの話も舞い込んできそうですが、新規のものには手を出してはいけません。来月には金運も好調になりますので、今月は日用品の買い物にとどめて、余計な出費を抑えることに専念しましょう。

健康運

▲大凶

今までのツケが出る時期です。これまで不摂生を重ねてきた人は、ここで何か症状が出てしまうかもしれません。古傷も悪化しやすいので、おかしいと思ったらすぐに病院へ行きましょう。特に症状がない人も、▲大凶の時期は回復力、免疫力が下がって体調不良になりがちです。運動神経や反射神経が低下して事故やケガにもつながりやすいので、普段以上に気をつけてください。

九紫火星
の月運

2024

8

August

8/7 ～ 9/6

一人で動くな！上司や先輩を頼れ！

運勢

☆大吉

今月の注意点と開運のカギ

運気の動きが激しい数カ月です。今月は、先月の▲大凶から一気に上がって☆大吉に。しかし上昇もつかの間、来月は再び▲大凶に急降下します。運気が良い今月のうちに、何事も結果にこだわって進めましょう。序盤は先月までの運気を引きずってなかなかやる気が出ませんが、無理やり気合を入れて行動を起こせば、仕事運も恋愛運も絶好調となります。中盤以降は勢いが出るので走り抜けましょう。

ただし、勢いがつきすぎるあまり反動が出るので注意しましょう。仕事で無謀な目標を立てる、何事も雑に処理してしまう、運転でスピードを出しすぎるなどということがありそうです。対人でも無意識に無神経な態度になったり、上から目線の発言になりがちです。デリケートな問題にストレートに発言したり、良くない方向に大胆な決断をしたりして周囲から引かれることもありそう。謙虚な姿勢を心がけ、何事も周囲に気を遣いながら結果を残せるように頑張りましょう。勢いに乗りながらも、丁寧さを意識して進めましょう。

［年間運勢グラフ］

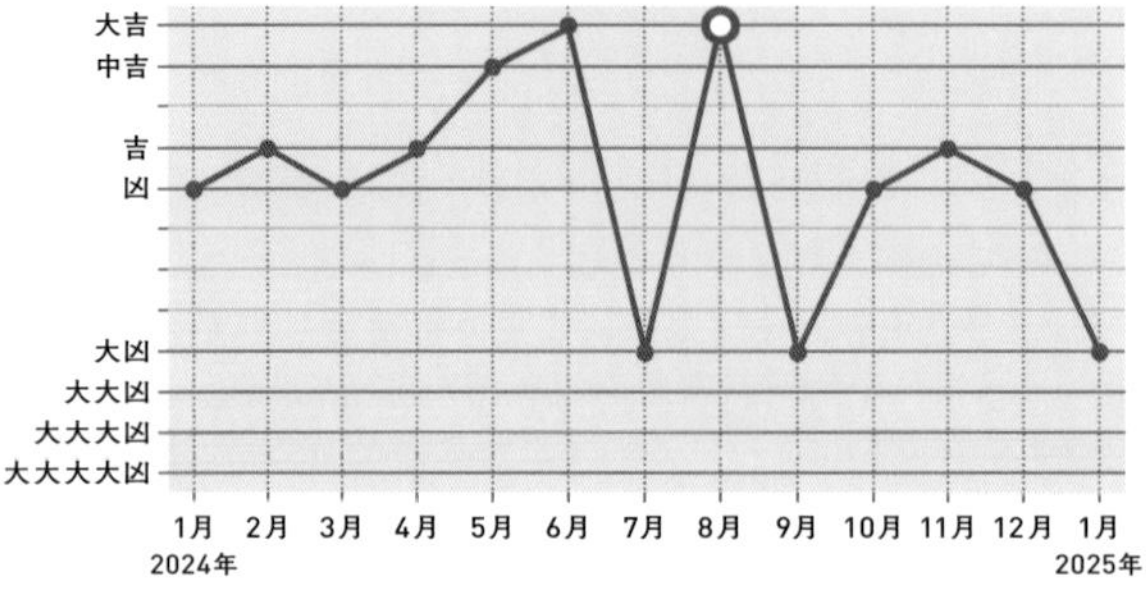

【今月の心構え 三か条】

一 運気は乱高下ぎみ。今月中に結果を出せ！

二 上司、先輩を頼って連係をとれ！

三 無神経、無頓着、雑な態度に要注意

今月の【大開運日】14日、23日
【激ヤバ日】24日
【大潮】4日〜7日、19日〜22日
【土用期間】1日〜6日

仕事運

☆大吉

結果を求めるべき時期です。仕事の進捗状況、現時点の利益や評価、月末に向けてどこまで数字を伸ばせるかなど、現状と目標をしっかり見定めていきましょう。来月は▲大凶に下がってしまうので、今月中にできるところまでやり抜きましょう。今月は特に援助運が良く、目上の人からの協力を得て前に進むという運気です。独断ではなく、素直に周囲の協力を得たほうがスムーズに物事が進みます。給与交渉にも良い時期ですので、積極的にお願いしてみましょう。一方、勢いにまかせて態度が大きくならないように注意してください。良い運気のときほど謙虚な姿勢を心がけて。

恋愛運

○吉

強い引き寄せ運があるうえに洞察力や判断力にもすぐれ、良い相手を見極められます。紹介運が非常に良いため、知人に紹介してもらったり、結婚相談所も積極的に利用を。出会いを求めている人は行動しないと損です。可能な限り多くの場に出かけましょう。ただ性への意識が下がる時期なので、良い相手と出会ってもピンとこない可能性があります。再来月まで様子を見ましょう。

家庭運

◎中吉

デリケートなことも冷静に話し合える時期です。将来のことや心配ごとは解決しておきましょう。結婚前のカップルも、これからの関係をどうするかを冷静に話せる運気です。将来性のない相手とは、ここできっぱり別れてください。いつもより引きずらずにすみます。また、何事も雑になる運気のせいで子どもに無関心になりがちです。意識して向き合う時間をつくりましょう。

金運

☆大吉

お金の勉強をすると良い時期です。セミナーなどに積極的に参加すると人脈を広げられて、良いアドバイスをもらえるかもしれません。投資運も好調で不動産や株などの購入にも適しています。必ずいろいろな情報を収集し、知識を得てから購入しましょう。大きな買い物にも適していますが、しっかり検討して納得できたものを購入するように。副業を考えているなら今月スタートを。

健康運

○吉

大らかに過ごせて気持ちの面では良いのですが、大らかすぎて生活全体が雑になりがちなので注意しましょう。特に食生活が乱れて、インスタント食品や加工食品が増えたり、暴飲暴食をしがちです。今月は特に脳や心臓、大腸に注意という運気です。来月は回復力が下がりますので、体によくない食事や生活習慣で不調をきたさないように注意しましょう。

九紫火星
の月運

2024

9

September

9/7～10/7

やる気は出るが今は動くな！

運勢

◎中吉 のち ▲大凶

今月の注意点と開運のカギ

先月の☆大吉から大きく下がって▲大凶です。来月は多少上がるので、この1カ月だけの辛抱です。慎重に物事を進めましょう。ベースの運気が◎中吉でやる気は出ます。フットワークが軽く、どんどん前へと押し進めたくなりますが、のち▲大凶となるのでその勢いで攻めると失敗します。気持ちだけで突っ走らないよう十分に注意しましょう。普段の60％くらいの力で日々を確実に過ごせば、▲大凶の影響を回避することも可能です。油断せずに、ミスを起こさないように慎重にチェックしながら、悪い運気なりの成果を上げるようにしましょう。

今月は社交性が上がりますが、同時に「口は災いのもと」という象徴が出ています。身近な人にほど余計なひとことを言って傷つけてしまう可能性があるので注意しましょう。仕事でも言葉選びを間違えて信用を失う可能性があるので、言葉遣いには十分に注意が必要です。また、月の後半に向けて体調をくずしがちですので、体調管理もしっかりしましょう。

［年間運勢グラフ］

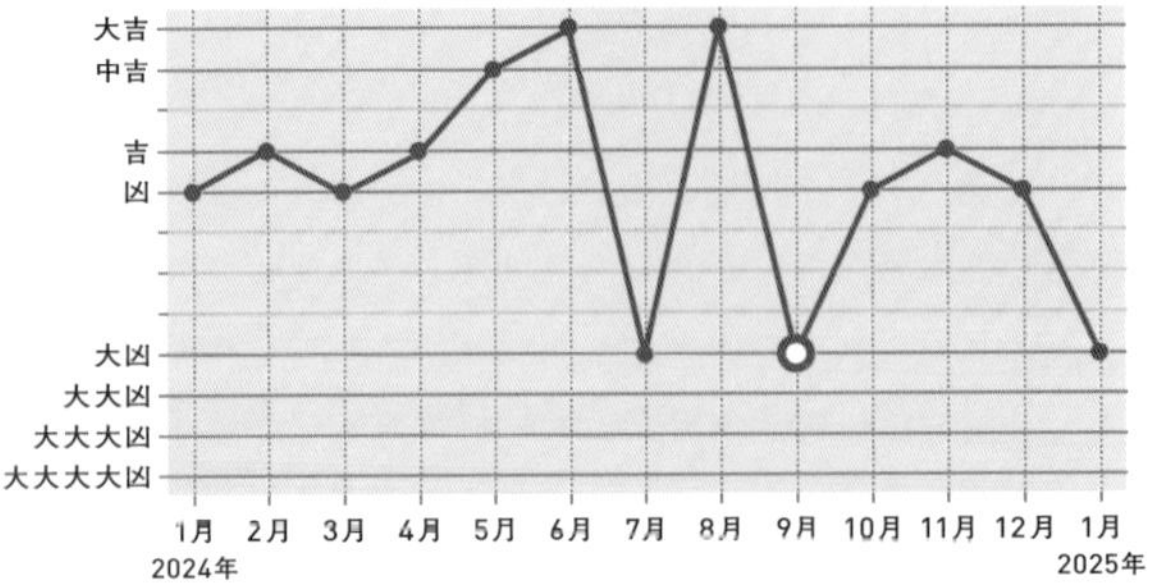

【今月の心構え 三か条】

一 口は災いのもと！発言に注意

二 体調不良多し。健康管理を徹底せよ

三 何事も慎重に。事故、病気に注意！

仕事運

▲大凶

言葉のトラブルに注意しましょう。余計なひとことで上司や取引先の信頼を失う可能性があります。言った言わないのトラブルにも注意。打ち合わせの内容は議事録を作成する、口頭での約束は書面に残すなど小さなことにまで気をくばりましょう。請求書のミス、メールの誤送信など書面の単純なミスからトラブルに発展しそうです。慣れた作業でもダブルチェックは欠かさずに。また、酒席での振る舞いにも気をつけてください。断れるものは参加しないほうが良いでしょう。参加不可避の接待の席でもできるだけお酒を飲まず、気持ちをゆるめず仕事に徹することを心がけましょう。

恋愛運

▲大凶

出会いの場に行かない、紹介も受けないつもりで過ごしましょう。社交性は上がるのに人を見る目がなく、よくない相手を引き寄せてしまいます。トラブルに巻き込まれたりつきまとわれたりなど大変な目にあう可能性大です。さらに、余計なひとことで相手を怒らせたり誤解を招く可能性も。運気が上がる来月までは好きな人にも近づかないほうが良いでしょう。婚活中の人も小休止です。

家庭運

▲大凶

家庭でも口が災いのもとになる運気。今月のあなたはかなり強気で言葉もきつくなります。ケンカが増えて勢いで別れたくなるかもしれませんが、今月中の判断はすべて間違いと思ってください。重要な話し合いもやめておきましょう。今月はパートナーとある程度の距離を置いたほうが良いかもしれません。子どもに対しても口調がきつくなるので、言葉遣いにはくれぐれも気をつけて。

金運

▲大凶

金運も最悪です。気持ちが大きくなり、見栄を張りたくなります。お店の人にすすめられるまま、予算の数倍の商品を買ってしまうということもありそうです。▲大凶のストレスで衝動買いをしたくなりますが、ここはがまん。来月は運気が回復しますので、今月は日用品だけを買いましょう。お財布の紛失やカードの不正利用など不運なことも起こりやすいので、十分に注意しましょう。

健康運

▲大凶

気持ちの勢いはあるのですが、回復力や免疫力が下がり、体調不良に陥るおそれがあります。運動神経や反射神経も低下して、不注意による事故やケガにもつながりやすいので注意してください。今月は無茶な行動は避けて、家でおとなしく体調管理に努めましょう。睡眠もしっかりとること。気持ちのままに突っ走るのはくれぐれもやめてください。

九紫火星
の月運

2024

10

October

10/8 ～ 11/6

ネガティブだが頭は回る。無理やり動いてしまえ！

【今月の心構え 三か条】

一 面倒な作業は今月中にやってしまえ！

二 情報収集で次の展開を計画せよ

三 落ち込んだらすぐに相談を！

運勢

△

凶

今月の注意点と開運のカギ

先月の▲大凶から上がって今月は△凶になりました。△凶は決して悪い運気ではありません。集中力や学習能力が上がりますので、レポート作成や伝票整理、試験勉強などコツコツ仕上げる作業に向いています。これまで放っておいた面倒な作業がある人は、今月中に仕上げると良いでしょう。柔軟性もあるので、苦手だと思っていたことにチャレンジするとうまくいく可能性があります。また、自分の仕事の進め方を上司や先輩に確認して、よくないクセを直すのにも向いている時期です。たとえ指摘されたときはピンとこなくても、受け入れれば今後成長できるでしょう。

ただ、気持ちのうえでは今月はとにかくネガティブで、やる気も出ません。無理やり動けば成果が出る運気なので、上司や友達、家族に背中を押してもらって頑張りましょう。孤立しがちですが、寂しいときや落ち込んだときは素直に人を頼ってください。親しい友人に食事につきあってもらい、グチや悩みを話して励ましてもらうと良いでしょう。

[年間運勢グラフ]

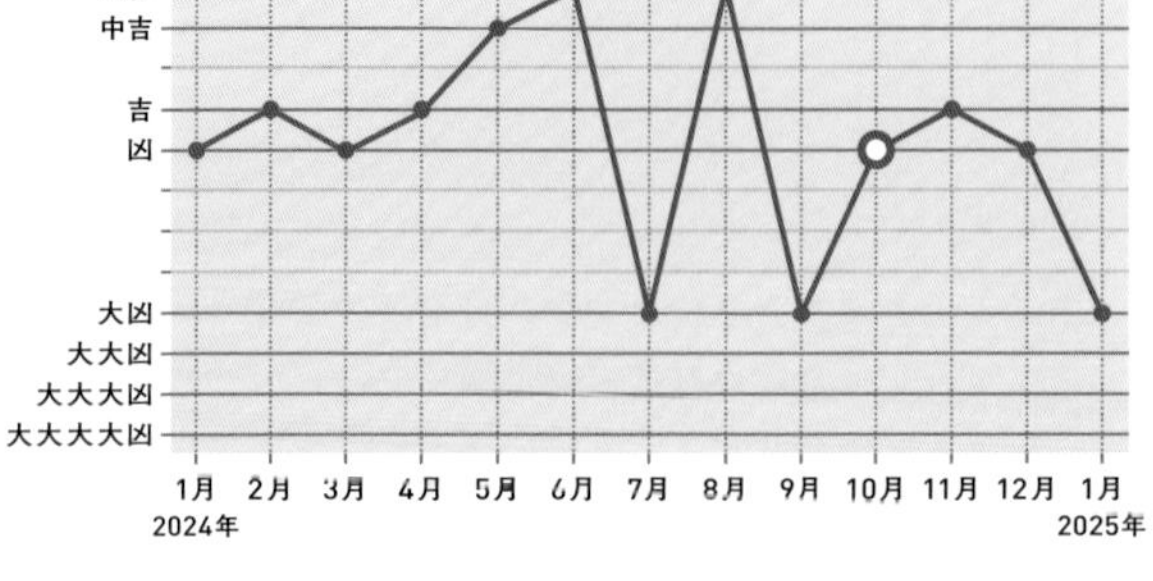

今月の【大開運日】13日　【激ヤバ日】26日　【大潮】2日～5日、17日～20日　【土用期間】20日～31日

仕事運　○吉

運気が上がる来月に向けて、今月は下準備の月ととらえましょう。パワーがわき出るわけではありませんが、地道な行動が運気を大きく上げてくれます。集中力が上がりますので、勉強やレポート作成、情報収集などがはかどるでしょう。順応性も上がって人の意見を素直に受け入れられるようになります。今まで納得がいかなかったことも理解でき、これまでのやり方を改善できそうです。上司や先輩の指示にも素直に従うと好感を持たれて、今後の評価にもつながります。人を頼ると良い時期ですから、素直に従えば従うほど評価が高くなります。

恋愛運　○吉

今月のあなたは華やかで魅力的。異性を引き寄せるオーラがありますので、良い出会いを求めて積極的に動きましょう。ファッションを変えると運気が上がるので、普段はおしゃれにあまり気を遣わない人も挑戦すると良いでしょう。ただし、押しに弱いので気をつけてください。やさしい言葉ですぐその気になってしまいます。良い出会いが期待できるからこそ慎重にいきましょう。

家庭運　○吉

性への意識が上がるので、普段より多めにスキンシップを図ると良いでしょう。運気の影響でパートナーの浮気を疑うなど何事も悲観的にとらえがちですが、そんなときこそ触れ合う回数を増やしてください。気持ちが安定して冷静になれます。順応性が上がるので、相手に歩み寄ることを心がけて。子どもとは将来について一緒に考える機会を持ち、選択肢を広げてあげましょう。

金運　◎中吉

倹約の1カ月にしましょう。運気のせいで買い物でストレスを発散したくなりますが、ダラダラとお金を使った結果、大きな散財となりそうです。今月はコツコツお金をためるのに向いています。収支を細かくチェックして貯蓄をしましょう。定期預金を始めるのも良さそうです。携帯電話の料金プランの見直し、不要なサブスクの解約などに取り組んで無駄を省くのもおすすめです。

健康運　○吉

免疫力や回復力が上がりますので、持病を本格的に治したい人、手術などいつかはやらなければならない治療がある人は、今月中にとりかかりましょう。特に症状がない人も健康チェックに良い時期です。今月は骨や筋肉、腰を痛めやすいので注意しましょう。スポーツ前には入念な準備運動を。運気の影響でストレスがたまりやすいので、ヨガや整体で心身をほぐすのもおすすめです。

九紫火星
の月運

2024
11
November
11/7～12/6

運気アップ。正攻法で突っ走れ!

運勢

○吉

今月の注意点と開運のカギ

今月は運気が上昇して○吉です。パワーがかなり強く、仕事もプライベートも大きな成果が期待できます。やる気がみなぎって勢いがつく時期ですので、「これだ!」と思ったらまずは動いてしまいましょう。

また、今月のあなたはとても目立ちます。仕事でもプライベートでも評価されやすく、人を引きつける運気ですから、どんどん前に出てアピールすると良いでしょう。仕事では新しい企画を提案する、営業を強化するなど積極的な行動を。こういうときに遠慮は禁物です。しっかり前に出て、良い運気を最大限に生かしましょう。十分なパワーがありますので、下手な小細工はせずに正面からぶつかっていくのがおすすめです。美意識も高まる時期です。髪形や服装を変えてみると運気アップにつながります。センスの良い友人を頼ったり、プロにメイクやファッションを習ったりしても良いでしょう。

パワーが余って傲慢になりやすいのには注意してください。謙虚な姿勢を心がければ、運気はさらにアップします。

[年間運勢グラフ]

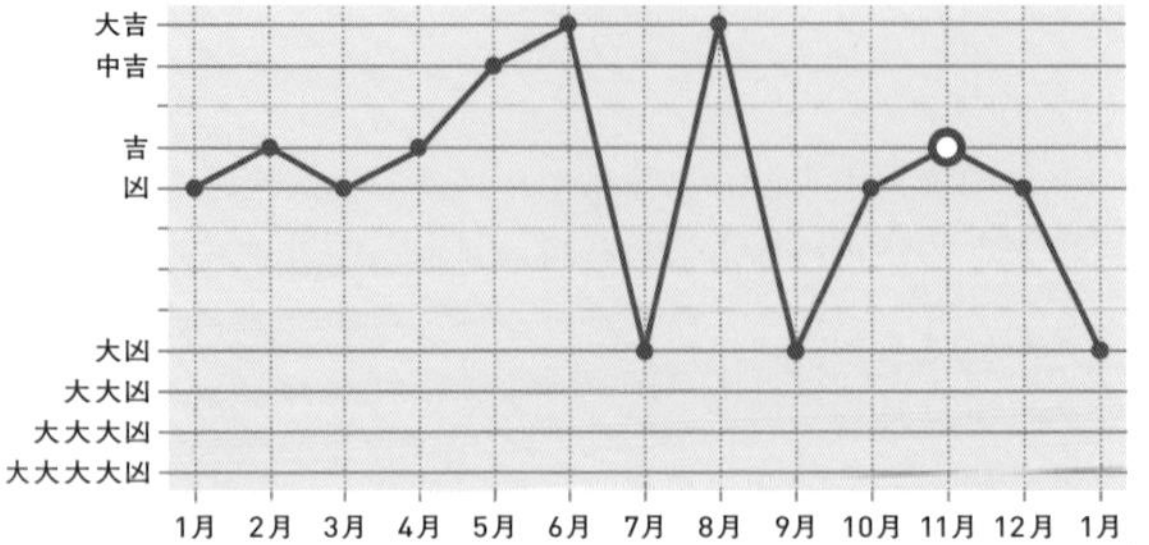

【今月の心構え 三か条】

一 小細工はせずに正面突破でいけ!

二 できることは今のうちに全部やれ!

三 謙虚な態度に徹すれば運気アップ!

今月の【大開運日】30日 【激ヤバ日】19日 【大潮】1日〜4日、16日〜19日 【土用期間】1日〜6日

仕事運 ◎中吉

活躍を期待されるときです。評価も受けやすく、とにかく目立ちますので、営業やプレゼン、転職活動中の人は面接も頑張ると良い結果が出そうです。企画力も抜群なので、イベントの企画や商品開発などにもアイディアを出していきましょう。業務の効率化に取り組むのもおすすめです。一方、活躍をねたまれたり悪い評判が立ったりしやすい運気でもあります。無意識に上から目線になって反感を買いがちですから、意識して謙虚な態度を心がけましょう。ウソや隠しごともばれるので注意が必要です。下手な小細工は失敗のもとです。何事も正攻法で丁寧に進めていきましょう。

恋愛運 ◎中吉

先月に続いてとても目立ち、人を引き寄せます。自分では気づかなくても華やかな雰囲気ですから、服装もいつもより少し大胆さを心がけると良いでしょう。ただ、勢いがある運気のときは少し生意気になり、高望みになる傾向があります。深く考えずに衝動的に決めてしまうので、慎重な行動を。熱しやすく冷めやすいという運気でもあります。良い人がいてもゆっくりと距離を縮めて。

家庭運 △凶

パートナーに感情的にぶつかりがちです。冷静さを保ちましょう。いろいろなことが表面化しやすいので、気がかりなことは今月にしっかりと話し合いを。思いきりおしゃれをして出かけると愛が深まります。子どもの才能を見つけやすい時期ですので、注意深く観察しましょう。理想の押しつけはNGです。発言が二転三転しやすいので、さとす際はじっくり考えてから伝えてください。

金運 ○吉

好調で、臨時収入も期待できます。大きな買い物をするのは今月が良いでしょう。ただし、衝動に駆られやすい傾向もあります。ある程度の直感は信じて良いのですが、高額なものを買う場合は慎重に。必ず誰かに相談して、納得できたら買うようにしましょう。イメチェンで運気がアップするので、メイクレッスンを受けたり、おしゃれな友人と買い物に出かけたりすると良いでしょう。

健康運 △凶

勢いがあり、無理が多くなる時期です。暴飲暴食をしたり寝不足になりがちですので、意識してセーブを。体の悪い箇所が表面化しやすい時期でもあります。見て見ぬふりをしてきた症状が悪化したら、観念して治療してください。神経が過敏で、ストレスもたまる時期。ファッションからくる体の冷えや過剰なダイエットに注意です。目や歯、髪も傷めやすいので手入れは万全に。

九紫火星の月運

2024

12

December

12/7～1/4

無理やり動けば結果が出る！

運勢

△凶 ときどき 大波

今月の注意点と開運のカギ

勢いのある○吉から下がって、今月は△凶です。運気の影響でなかなかやる気が出ないうえに落ち込みやすく、考え方もネガティブですが、無理やりにでも行動すれば成果は出ます。運気は安定しているので頑張りましょう。▲大凶となる来月は、すべてのことをいったんストップして現状維持に徹しなければなりません。今月いっぱいが勝負です。

今月は、何事も冷静にコツコツ進められる運気です。特に集中力や学習能力が上がり、事務処理や情報収集、資格の勉強、今後の計画を立てることなどに適しています。柔軟性も上がるので、これまで従えなかった上司の指示や、納得できず進められなかったことなどを見直してみると良いでしょう。今度はスムーズに受け入れられて、そこから大きく前進できそうです。

大波の運気の影響で不安定になりやすく、いろいろなことに迷いが生じる時期でもあります。しかしこれまでの方針を変えることはせずに、結果を出すことにこだわりましょう。

［年間運勢グラフ］

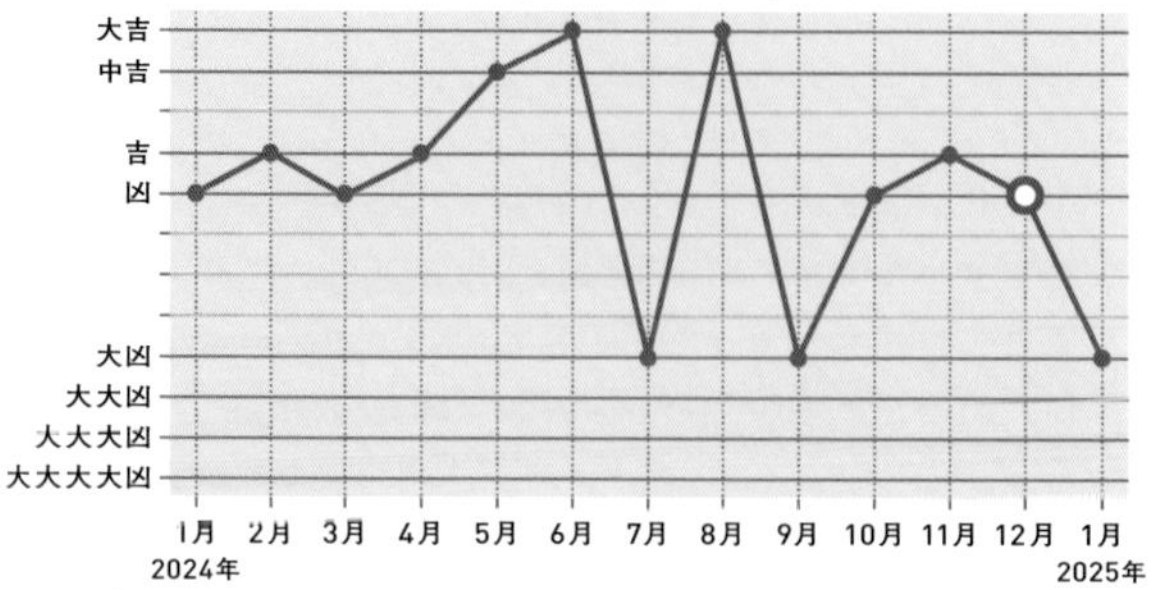

【今月の心構え 三か条】

一 集中力アップ！研修、勉強は今

二 都合の悪いことは今月中に解決しろ！

三 ネガティブ&不安定に要注意！

仕事運

○吉

消極的でやる気が出ませんが、来月が▲大凶ですので、今月はある程度は結果にこだわるべき時期です。前倒しできる業務はすませてしまいましょう。集中力や学習能力が上がりますので、放っておいた書類の整理や資格の勉強などに向いています。柔軟性も上がるので、上司の指示にも素直に従ってみましょう。自分を見直すチャンスであり、新たな発見にもつながります。大波の影響で気持ちが不安定ですが、孤立せずに周囲と連携をとると成果を出しやすくなります。また、今月は隠しごとがばれにくい運気です。知られたくないことがある人は、今月中に手を打っておきましょう。

恋愛運

○吉

異性を引きつけるオーラに満ちて、出会いが期待できそうです。運気のせいでなかなかその気になれませんが、出会いの場にはできるだけ出かけましょう。人の紹介もおすすめです。昔の恋人との復活愛も期待できます。ただ、いざ出会いの場に行くと妙に大胆になってしまうので注意。大波の運気で気持ちが不安定で、判断力も低下ぎみです。進展は運気が上がる2月まで待ちましょう。

家庭運

○吉

性への意識が上がる今月は、パートナーと仲良く過ごすことが開運のポイント。妊活にも適しています。ただし、大波の影響で勝手に寂しくなるなど不安定になりがち。一人でため込むと悪い妄想が広がり、大切な縁を切ってしまいたくなります。共通の友達に相談すると良いでしょう。今月は子どもの健康チェックに向いています。親子でも触れ合いを増やして信頼関係を高めましょう。

金運

○吉

倹約を意識したいときです。暗くなる運気の影響で買い物でストレスを発散したくなりますが、だからこそ収支をこまめに確認して無駄遣いを防ぎましょう。過払い金や回収すべきお金がある人も、この機会に整理しましょう。断捨離も有効で、忘れていた貴重品や当たりの宝くじを整理中に見つけるかもしれません。ただし捨てすぎは後悔することになるので気をつけましょう。

健康運

○吉

免疫力や回復力が上がる時期です。持病を本格的に治したい人、手術を控えている人は今月中にとりかかると良いでしょう。特に症状がない人も今月に健康チェックを受けるのがおすすめです。大波の影響で気持ちが不安定です。ストレスから体が冷えて、婦人科系の不調や膀胱炎にかかるかもしれません。仲の良い友達と頻繁に会うなどして気晴らしをしましょう。

今月の【大開運日】15日、27日 【激ヤバ日】19日、25日 【大潮】1日〜4日、16日〜19日、31日 【土用期間】なし

運勢

▲大凶 のち ○吉

今月の注意点と開運のカギ

先月から落ちて▲大凶です。判断力の低下によるトラブルが起こりがちで、気持ちも不安定になりますが、来月には運気は上がります。この1カ月の辛抱ですので、何事も慎重に行動しましょう。

本来なら一歩一歩確実に進められる運気なのですが、▲大凶でそれが裏目に出ます。柔軟性がなくなり、人の意見を聞く耳を持てず、頑固さに拍車がかかってしまうでしょう。「こうあるべき」という考えを周囲に押しつけて、トラブルに発展しそうです。とにかく今月は冷静に行動することを心がけてください。意見の相違があったら、まずは相手の話を聞きましょう。ひらめきや直感も決して信じないように。何かひらめいてもその場で行動せずに書きとめておき、来月に判断するようにしてください。急な心変わりも起こりがちな運気ですが、その場の勢いや投げやりな気持ちは失敗のもとです。2025年のスタート月となる来月には年の運気も月の運気も上昇しますので、それまでがまんを。今動くのは損です。

［年間運勢グラフ］

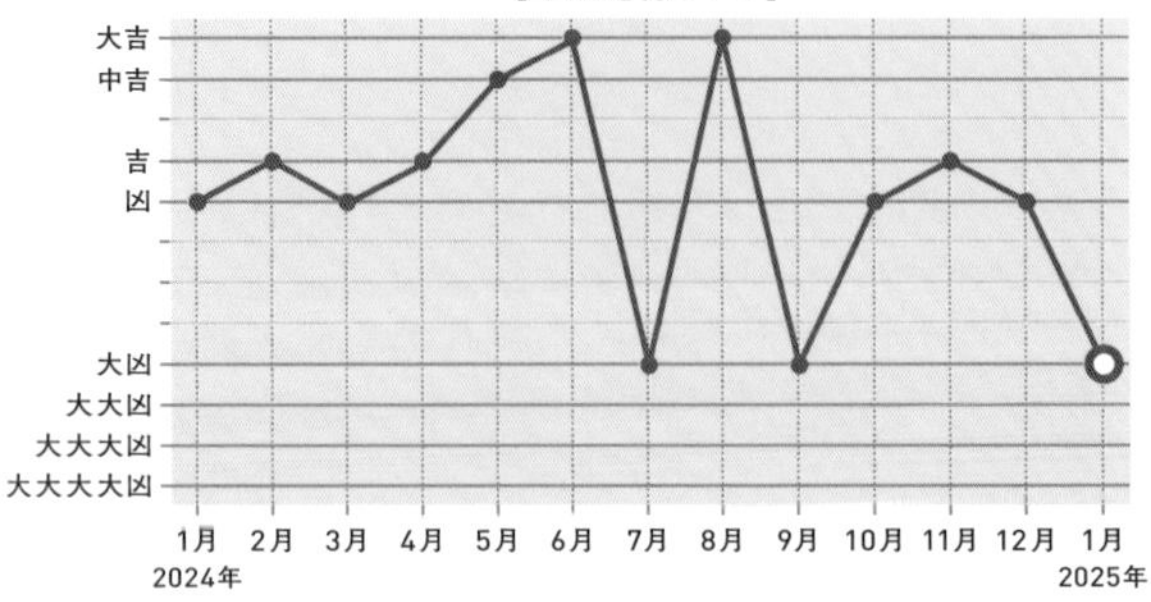

九紫火星
の月運

2025

1

January

1/5 ～ 2/3

来月から運気が上昇！
今は動くな！

【今月の心構え 三か条】

一 地道な作業で現状維持せよ

二 頑固に注意！こだわりを捨てよう

三 何事も慎重に。事故、病気に注意！

＊九星気学では前年の運気です

仕事運 ▲大凶

とにかくこの1カ月はミスのないように、無事に乗りきることを心にとめてください。ベースの運気が○吉でやる気は出るのですが、その勢いがあだとなります。柔軟性に欠けて心が狭く、自分の意見を周囲に押しつけてしまいそうです。たとえ納得がいかないことでも、いったんは受け入れるよう心がけて。一人で解決しようとせず、周囲に助けを求めましょう。部下との接点はあまり持たないほうが良いでしょう。お説教は厳禁です。関係が悪化するだけなので、指摘したいことがあっても来月まで待ってください。来月から運気は上昇するので、何事も来月以降に手をつけましょう。

恋愛運 ▲大凶

飲み会や合コンには行かないほうが良いでしょう。幹事や介抱役を引き受けたくなる運気ですが、それが評価されないどころか、かえってトラブルを呼び込みそうです。異性を見る目もありません。相手がだめな人であればあるほど「この人には私しかいない」と思い込んで親身になり、最終的に悲しい思いをする可能性が高いでしょう。好きな人がいる人も行動は来月まで待ちましょう。

家庭運 ▲大凶

本来は自宅での時間を楽しめる運気なのですが、▲大凶なのでそれが裏目に出ます。心の余裕がなく、パートナーの些細な言動に過剰反応してしまい、ケンカがエスカレートして大切な縁を切ってしまう可能性があります。今月はパートナーと少し距離を置くくらいが良いでしょう。子どもにも感情的に当たって傷つける可能性がありますので、意識して感情を抑えるようにしてください。

金運 ▲大凶

お金をなくす、お財布を落とす、使途不明金が増えるなどお金がらみの悪いことが起こりやすい運気です。管理をしっかり行ってください。▲大凶のストレスで大きな買い物をしたくなりますが、良いものかどうかを判断する力もなく、失敗する可能性が高いのでやめておきましょう。ただし、お世話になっている人へのお礼や部下へのごちそうなど、人のためにお金を使うのはOKです。

健康運 ▲大凶

先月から一転して回復力、免疫力が下がり、体調不良になりやすい時期です。忍耐力が高まるせいで、じつはかなりの不調であっても気づきにくく、がまんして症状を悪化させる可能性があります。特に胃の調子が悪かったり、皮膚のかゆみや荒れなどを感じたりしたときはすぐに治療を。運動神経や反射神経も低下し、不意の事故やケガにもつながりやすいので注意してください。

運活BOOK
2024

あなたの
性格と適性

竹下流独自の
「生き方」診断

適性に合わせて生きれば人生がうまくいく

自分の生まれた年と月の組み合わせから九星が決まり、生まれ持った基本的な性格がわかります。また、性格や適性の判断基準である「型（タイプ）」と「種別（ブリード）」がわかります。竹下流気学では自分の属する型と種別に沿った生き方を選択できれば、本来の能力を十分に発揮することができ、ストレスや無理の少ない充実した人生を送ることができると考えています。

　まずは左ページの「型・種別早見表」であなたや相手の型・種別を調べて、本来の性格と適性を把握しましょう。

攻撃型

人を引っ張るリーダータイプで、自分で方針を決定する能力があり、決断し続けることにやりがいを見いだせます。実力主義の仕事に適していて、反対に年功序列や終身雇用型の組織での仕事にはあまり向きません。

守備型

組織に属して力を発揮するタイプで、リーダーに従ったり、誰かを助けることで能力を発揮できる人です。そのため、独立して事業をけん引したり、長期にわたって会社や組織の先頭に立つことは苦手です。

仕事人

仕事主体で幸せになれるタイプ。攻撃型と守備型のどちらにも存在し、全体の8割近くを占めます。人を引っ張り、チームを束ねるリーダータイプのため実力主義の職種に合い、逆に専業主婦や終身雇用型の就業には適しません。仕事を頑張ると恋愛運や金運も上がる傾向があります。

家庭人

家庭や家族への価値観が高いタイプ。攻撃型には存在せず、守備型にのみ存在します。専業主婦や終身雇用型の就業に適し、誰かを助けることで力を発揮します。また、仕事と家庭を切り離して考えたほうがうまくいきます。家庭を持って子どもが生まれると幸せになる人が多くいます。

宇宙人

「仕事人」の中に含まれ、仕事人の特徴に加えて個性的な感性を持ちます。奇抜なアイディアを求められる職種で力を発揮し、逆に常識的な世界では苦労します。幼少期から周囲との意思疎通ができずに自分の感情を隠してしまい、人間関係に苦手意識を持っている人が多くいます。

型・種別早見表

九紫火星	八白土星	七赤金星	六白金星	五黄土星	四緑木星	三碧木星	二黒土星	一白水星	
守備型 仕事人 （宇宙人）	攻撃型 仕事人	攻撃型 仕事人	守備型 家庭人	守備型 仕事人	攻撃型 仕事人	攻撃型 仕事人	攻撃型 仕事人	守備型 仕事人 （宇宙人）	**1**月 **生まれ** 1/5〜2/3
守備型 仕事人	守備型 仕事人 （宇宙人）	攻撃型 仕事人	攻撃型 仕事人	守備型 仕事人	守備型 家庭人	攻撃型 仕事人	攻撃型 仕事人	攻撃型 仕事人	**2**月 **生まれ** 2/4〜3/4
守備型 仕事人	攻撃型 仕事人	攻撃型 仕事人	攻撃型 仕事人 （宇宙人）	守備型 仕事人	守備型 家庭人	攻撃型 仕事人	攻撃型 仕事人	守備型 家庭人	**3**月 **生まれ** 3/5〜4/3
守備型 家庭人	攻撃型 仕事人	攻撃型 仕事人 （宇宙人）	守備型 家庭人	守備型 仕事人	攻撃型 仕事人	攻撃型 仕事人	攻撃型 仕事人	守備型 仕事人 （宇宙人）	**4**月 **生まれ** 4/4〜5/4
攻撃型 仕事人	攻撃型 仕事人	攻撃型 仕事人	守備型 家庭人	守備型 仕事人	攻撃型 仕事人	攻撃型 仕事人 （宇宙人）	守備型 仕事人 （宇宙人）	守備型 仕事人	**5**月 **生まれ** 5/5〜6/4
攻撃型 仕事人	攻撃型 仕事人	守備型 家庭人	守備型 仕事人 （宇宙人）	攻撃型 仕事人	攻撃型 仕事人	攻撃型 仕事人	守備型 家庭人	守備型 家庭人	**6**月 **生まれ** 6/5〜7/6
攻撃型 仕事人	攻撃型 仕事人	守備型 家庭人	守備型 家庭人	攻撃型 仕事人	攻撃型 仕事人	守備型 仕事人 （宇宙人）	守備型 家庭人	攻撃型 仕事人	**7**月 **生まれ** 7/7〜8/6
攻撃型 仕事人	守備型 仕事人 （宇宙人）	守備型 家庭人	攻撃型 仕事人	攻撃型 仕事人 （宇宙人）	攻撃型 仕事人	守備型 家庭人	守備型 仕事人	攻撃型 仕事人	**8**月 **生まれ** 8/7〜9/6
攻撃型 仕事人	守備型 家庭人	守備型 家庭人	攻撃型 仕事人	攻撃型 仕事人	守備型 家庭人	守備型 家庭人	攻撃型 仕事人 （宇宙人）	攻撃型 仕事人	**9**月 **生まれ** 9/7〜10/7
守備型 家庭人	守備型 家庭人	攻撃型 仕事人	攻撃型 仕事人	攻撃型 仕事人	守備型 仕事人 （宇宙人）	守備型 家庭人	攻撃型 仕事人 （宇宙人）	攻撃型 仕事人	**10**月 **生まれ** 10/8〜11/6
守備型 仕事人	守備型 仕事人 （宇宙人）	攻撃型 仕事人 （宇宙人）	攻撃型 仕事人	守備型 仕事人	守備型 家庭人	攻撃型 仕事人	攻撃型 仕事人	攻撃型 仕事人	**11**月 **生まれ** 11/7〜12/6
守備型 仕事人	攻撃型 仕事人	攻撃型 仕事人	攻撃型 仕事人	守備型 仕事人 （宇宙人）	守備型 家庭人	攻撃型 仕事人	攻撃型 仕事人	守備型 家庭人	**12**月 **生まれ** 12/7〜1/4

※生まれ月の境目は年によってズレがあります。詳しくはホームページで確認してください。https://www.kigaku.co.jp

一白水星

【1月】生まれ

誕生日　1月5日～2月3日
型《タイプ》　守備型
種別《ブリード》　仕事人（宇宙人）

幼少期の活発な性格が、大人になると繊細な性格に変化します。パワーはありますが、独立自営には向いていません。デザイン・芸術適性が出てきますが、かわりに一般常識に対応する能力が減少していきます。デザイン関連や音楽・ゲーム業界など、奇抜なアイディアを求められる職場で勝負するのも良いでしょう。接客能力も非常に高いので、実力主義の接客業でも大丈夫です。若い頃は波乱が多いのですが、それを乗り越えると大きく飛躍します。逆に安定志向でいくと、あまり成長できないので注意しましょう。

【2月】生まれ

誕生日　2月4日～3月4日
型《タイプ》　攻撃型
種別《ブリード》　仕事人

幼少期は消極的な性格ですが、大人になると思いきり経営者的な性格に変わります。性格の変化が大きいので、自分も親も幼少期の性格で判断してしまい、大人になってからも消極的な生き方になってしまう人が非常に多くいますが、それはよくありません。男女ともに商売人向きタイプですが、事務や秘書、アシスタントなど縁の下の力持ち的な職種には向いていません。まずは仕事で自信をつけて、そのあとに結婚すると良いでしょう。また、親兄弟や親族に翻弄されないように注意しましょう。

【3月】生まれ

誕生日　3月5日～4月3日
型《タイプ》　守備型
種別《ブリード》　家庭人

幼少期はかなり奇抜で芸術的で外向的な性格をしていますが、成長とともに変化し、大多数は27歳以降は内向的なマイホーム型、安定型となります。自分も周囲も幼少期の記憶で判断し、生き方を決めてしまうことが多いので注意が必要です。若いうちに恋愛のトラウマを持ちやすいですが、それを乗り越えないと良い結婚には至りません。早めに結婚して子どもを持ちましょう。男女ともに典型的な家庭人で、仕事にはあまり執着しないほうが良いでしょう。同年代との結婚運は悪く、年上との年の差婚向きといえます。

【4月】生まれ

誕生日 4月4日〜5月4日

型《タイプ》 守備型

種別《ブリード》 仕事人（宇宙人）

幼少期は図太い性格ですが、大人になるに従って繊細な性格に変化します。表面的にはわからない場合が多いのですが、内面は変化しています。幼少期から芸術的な才能が見られ、それは大人になっても変わりません。エンターテインメント業界、メディアやゲーム会社など、奇抜さや独創性を求められるフィールドに向いている半面、常識人の集まりは苦手です。実力主義に適しているタイプで、デザインや芸術の分野で生かしていくのが理想ですが、企画や接客の職種でも実力主義の環境であれば大丈夫です。

【5月】生まれ

誕生日 5月5日〜6月4日

型《タイプ》 守備型

種別《ブリード》 仕事人

幼少期の非常に強い性格から、大人になると柔軟な性格に変わります。自分もまわりもその変化に気がつかず親分肌の生き方で頑張ってしまう人が多いのですが、ナンバー2的な立場が得意な性格に変わりますので注意を。有能な上司につけば何でもできる万能選手ですが、自分一人になると何もしないで終わるか、働く意義がわからなくなってしまうことが多いです。周囲の影響を受けやすく、のんびりした人たちに交じるとのんびりしてしまい、秀才に交じると秀才になります。どの環境に身を置くかが非常に重要です。

【6月】生まれ

誕生日 6月5日〜7月6日

型《タイプ》 守備型

種別《ブリード》 家庭人

幼少期の攻撃的な性格から、マイホーム型の守備的な性格に変わるタイプ。大人になっても表面的には攻撃的に見えるかもしれませんが、中身は変わっています。攻撃的な自意識が抜けず、大人になってもキャリア路線で突っ走って燃え尽きてしまう人も多いので要注意。事務的な仕事には向いています。早い時期に結婚して子どもを持つと良いでしょう。がまん強くまじめな性格ですが、自分にも他人にも厳しくなりすぎないように。意識して尊敬できる人を見つけて頼ったり、悩みを聞いてもらうと運が開けます。

一白水星

【7月生まれ】

誕生日　7月7日〜8月6日

型《タイプ》　攻撃型

種別《ブリード》　仕事人

幼少期からの活発な性格が大人になっても持続します。典型的な親分肌で、実力主義の営業職や経営者向きです。人見知りの気があるため営業職を避けてしまいがちですが、長くつきあうと信頼を得るタイプなので避けなくても良いでしょう。技術者、職人の能力も十分にあるのでその方面でもＯＫです。援助運に恵まれていますが、根の性格が強いので援助を断ってしまうかも。でもそれは損なので、意識して受け入れることを心がけて。誤解されやすく敵をつくりやすいタイプですので、できるだけ素直になりましょう。

【8月生まれ】

誕生日　8月7日〜9月6日

型《タイプ》　攻撃型

種別《ブリード》　仕事人

幼少期の内向的な性格から、成長するにつれて企画営業職、経営者に適した活発な性格に変化します。典型的なキャリア志向型で、お金を稼ぐ能力が高い星です。したがって、特に女性の場合は仕事を頑張らないとなかなか幸せになれません。幼少期には人の面倒を見たり何かを育てたりする能力があるのですが、大人になると、その能力は消滅します。親兄弟や親族に翻弄されることが多いため、意識的に距離を置くのが良いでしょう。家庭的な暮らしへの憧れも出やすい星なのですが、腹をくくってビジネスに生きましょう。

【9月生まれ】

誕生日　9月7日〜10月7日

型《タイプ》　攻撃型

種別《ブリード》　仕事人

幼少期の内向的な性格から、大人になると個性が出て強烈なリーダータイプに変化します。クセがあってカリスマ性も強く、人を動かす能力が極めて高いです。幼少期は受け身だったため、その性格を引きずって消極的な人生になってしまう人が多いので注意が必要です。営業能力、経営能力が高いタイプですが、家庭運も強いので、仕事も子育ても全力投球！という欲張りな人生に向いています。超頑固者で無意識のうちにまわりが見えなくなり、独自の路線をひたすら走って失敗する人が多いので、十分に注意が必要です。

【10月生まれ】

誕生日 10月8日～11月6日

型《タイプ》 攻撃型

種別《ブリード》 仕事人

幼少期の繊細な性格から、大人になると図太い性格に変化します。幼少期は芸術的才能が出ることもありますが、多くの場合、成長とともに消滅します。典型的な商売人で接客業や経営者向き。頭も良いのですが超頑固者で、若いうちは七転び八起き、いずれ成功をつかむタイプです。プライドが高く、欲も強いので、欲しいものや目的を見つけると頑張れます。よく働きよく遊ぶタイプですので、あまり地味な生活には向きません。また余計なおせっかいで損をするタイプです。ときには他人ごとと割りきることも必要です。

【11月生まれ】

誕生日 11月7日～12月6日

型《タイプ》 攻撃型

種別《ブリード》 仕事人

幼少期の内気な性格が、大人になるにつれて男女ともに仕事重視のキャリア型、しかも接客業、営業、経営者タイプに変わっていきます。意識して積極的にならないと、変化についていけませんので頑張りましょう。よく働きよく遊ぶタイプで、あまり地味な生活は運気を下げることもあります。パワーはあるのですが部下運があまり良くないので、良きサポート役をつければ仕事はうまくいきやすくなります。親兄弟や親族に翻弄されないように注意。また、他人ごとに一生懸命になりすぎないように気をつけましょう。

【12月生まれ】

誕生日 12月7日～1月4日

型《タイプ》 守備型

種別《ブリード》 家庭人

幼少期は活発な性格ですが、大人になると内向的になる、典型的なマイホーム型。幼少期に芸術適性が出ることもありますが、多くは大人になると常識的になります。営業力、交渉力があり、キャリア志向になるケースがありますが、しだいに耐えられなくなることも。安定志向やマイホーム路線に調整することも必要で、裏方に回るのがおすすめです。若い頃の大きな失恋を乗り越えて結婚に至るタイプです。頑張って乗り越えて、温かい家庭をつくりましょう。子どもができてから人生がぐんと良くなるタイプです。

二黒土星

【1月】生まれ

誕生日　1月5日～2月3日
型《タイプ》　攻撃型
種別《ブリード》　仕事人

幼少期は繊細な面もあり、芸術的な能力は多少出るのですが、大半の場合、大人になると消滅して芯の強い骨太の性格になります。接客業、営業、経営者に適した能力が非常に高い、典型的なキャリア志向型です。理想が高く、パワーもあるので、独立または責任のある立場で力を発揮します。根性はあるのですが頑固で、人の言うことはあまり聞きませんので要注意。上司とも必要以上にぶつかりやすいので柔軟になりましょう。押しが強いのは良いのですが、周囲に自分の意見を押しつけがちですので注意しましょう。

【2月】生まれ

誕生日　2月4日～3月4日
型《タイプ》　攻撃型
種別《ブリード》　仕事人

幼少期の控えめな性格が、大人になるとカリスマ性が極めて強い性格に変わります。かなり大きく変わるので注意しましょう。典型的な経営者タイプになるので、営業、接客業など実力主義の仕事で経験を積んでから独立するのがおすすめです。強引な性格のわりには上司からの受けも良いので、長いものには巻かれる一面も持っていたほうがトクです。細かいことは気にしない性格です。女性の場合は、度を越しすぎないように注意したほうが良いでしょう。プライドが高いので、意識して注意しましょう。

【3月】生まれ

誕生日　3月5日～4月3日
型《タイプ》　攻撃型
種別《ブリード》　仕事人

幼少期は受け身で、人見知りの面も見られますが、本質的な性格は典型的な営業、経営者向きです。人見知りを乗り越えると、とても信頼されます。部下運が非常に強い親分肌ですが、上司運も強いので、柔軟に長いものには巻かれることをとり入れるべきです。しかし、特に女性は同年代の同性に交じるとストレスを感じることがあります。年上の男性の中で紅一点であるほうがうまくいきます。意志が強くて超頑固です。部下や子どもを育てることに長けているので、仕事も育児も両方頑張れるでしょう。

【4月生まれ】

誕生日　4月4日～5月4日

型《タイプ》　攻撃型

種別《ブリード》　仕事人

幼少期は繊細な面もあり、芸術的な能力が多少出ますが、多くの場合、大人になると消滅して芯が強くなり、堂々とした性格になります。接客、営業、経営能力が強く、典型的な商人です。理想が高く、部下運も良いので、独立または責任のある立場で部下を持つと力を発揮します。根性はあるのですが頑固で、人の言うことは聞きませんので要注意。年上の人とぶつかりやすいので柔軟になりましょう。家庭運と仕事運の両方が強い両立型です。押しが強いのは良いのですが、周囲に自分の意見を押しつけがちですので注意しましょう。

【5月生まれ】

誕生日　5月5日～6月4日

型《タイプ》　守備型

種別《ブリード》　仕事人（宇宙人）

幼少期から大人になるまで性格が変わらないタイプです。「宇宙人」なので、かなり個性は強いです。「自分は変わっている」という自覚を持ったほうが生きやすいでしょう。社交能力は非常に高く、パワーも強いタイプで、接客系のキャリア型ですが、組織に属したほうが力を発揮しますので独立には向きません。事務職や秘書にも合っているように見られがちですが、裏方仕事にはまったく向きません。専業主婦の適性もありませんので、長く続けられる仕事に就くのが良いでしょう。心配性なので、何事も誰かに相談を。

【6月生まれ】

誕生日　6月5日～7月6日

型《タイプ》　守備型

種別《ブリード》　家庭人

幼少期は外向的で芸術適性も出ますが、大人になるにつれて内向的な性格に変化します。子どもの頃の奇抜な印象から「こいつは大物だ」と周囲が思い込んでしまう場合が多いのですが、早く結婚して子どもを持ったほうが良いマイホーム型。人見知りなので技術職や事務職がおすすめですが、人見知りを乗り越えればコンサルタントや営業もできます。ただし本質は家庭重視型なので、仕事に没頭するのはよくありません。また若い頃に恋愛のトラブルを抱えやすいのですが、それを乗り越えれば良い結婚に結びつきます。

あなたの性格と適性

二黒土星

【7月】生まれ

誕生日　7月7日～8月6日

型《タイプ》　守備型

種別《ブリード》　家庭人

幼少期の活発な性格が、大人になると極めて内向的な性格に変化します。子どもの頃の性格の勢いを信じて経営者や実力主義の仕事に就く人も多いのですが、注意が必要です。年功序列、終身雇用型の安定した会社であれば、営業職以外なら事務でも技術職でもこなせます。本質的にマイホーム型ですので、結婚して子どもができてから人生が発展するタイプです。仕事上では基本的にはポーカーフェイスで過ごすことが向いていますので、あまり本音をさらけ出すと、自分自身が精神的に疲れてしまいます。

【8月】生まれ

誕生日　8月7日～9月6日

型《タイプ》　守備型

種別《ブリード》　仕事人

幼少期の過激な一面がある性格から、大人になると良くも悪くも常識人に変化します。器用でどんな職種にも対応できますが、環境によって自分が変わるタイプです。頑張る人たちの中なら良いのですが、やる気のない環境にはまると残念な結果になります。強気な性格に見られやすく、また活発な生き方に価値を感じるタイプですが、独立型ではありませんので独立開業はおすすめしません。家庭と仕事を両立するタイプです。努力家でがまん強いのですが、自分にも他人にも厳しい面があります。頑固さにも注意です。

【9月】生まれ

誕生日　9月7日～10月7日

型《タイプ》　攻撃型

種別《ブリード》　仕事人（宇宙人）

幼少期からの勝気な性格が大人になっても持続します。芸術家の気質がありますので個性もかなり強く、「自分は変わっている」ということを自覚して周囲と接したほうがうまくいきます。デザインや芸術系の能力が強く出ていますが、店舗経営、接客系など実力主義の仕事でも大丈夫です。大人になると頭領運が上がり、統率力が強くなります。白黒はっきりと正直に生きる人ですが、強引になりすぎるので注意が必要です。キャリア志向型ですが家庭運も強い両立型ですので、仕事も家庭も頑張りましょう。

【10月】生まれ

誕生日 10月8日〜11月6日

型《タイプ》 攻撃型

種別《ブリード》 仕事人（宇宙人）

幼少期からの活発な性格が大人になっても持続します。芸術家肌で個性も強め。「自分は変わっている」ということを自覚して周囲と接したほうが生きやすいでしょう。デザインや芸術系の能力が強く出ていますが、営業、経営系の実力主義の仕事でも大丈夫です。大人になると交渉能力、コンサルティング能力が上がり、統率力が強くなります。情に厚いのは良いのですが超がつくお人よしで、頼まれごとに弱く、他人のためにしたことが自分の首を絞めることも多いです。多少冷めて見るくらいがちょうどいいでしょう。

【11月】生まれ

誕生日 11月7日〜12月6日

型《タイプ》 攻撃型

種別《ブリード》 仕事人

幼少期の繊細で地道な性格から、外向的でダイナミックな性格に変化するタイプ。正反対に変わっていくので十分な注意が必要です。クセも強いのですがカリスマ性もあり、接客業、経営者などに非常に適しています。逆に裏方仕事には適性がなく、結果的に大きなストレスになってしまいます。家族がらみのトラブルにあいやすいので、親兄弟に翻弄されないように注意しましょう。基本的に跡継ぎには向いていません。細かいことを気にしないのは良いのですが、配慮が足りないと思われがちですので注意が必要です。

【12月】生まれ

誕生日 12月7日〜1月4日

型《タイプ》 攻撃型

種別《ブリード》 仕事人

幼少期のおとなしい性格から、外向的で活発な性格に変化します。典型的な経営者型ですが、幼少期の性格から自分も周囲もそうは思いませんので要注意。部下運や上司運も強く、人には恵まれるタイプですが、頑固で意地っ張りのため敵をつくりやすいです。外へのパワーが強い分、吸収力は弱いので、他人の価値観を理解し、とり入れる努力をすると良いでしょう。家庭運も強いので、家庭を持つとパワーアップします。小さなことは気にしない器の大きなタイプですが、細かい配慮に欠けるので注意が必要です。

あなたの性格と適性

三碧木星

【1月生まれ】

誕生日　1月5日～2月3日

型《タイプ》　攻撃型

種別《ブリード》　仕事人

幼少期の強気な性格が、大人になるとさらに過激になるタイプです。クセが強くてカリスマ性があり、人を動かす力も強いです。人見知りの部分がありますが、半ば強引にでも営業職や会社経営など実力主義の世界で戦ってしまったほうが良いでしょう。一方で援助運は低いので、何事も自分で解決したほうが良いタイプです。人間関係のトラブルを抱えやすいのですが、それを克服して成長するケースが多く見られます。強引なのは良いのですが細かい配慮が足りないことも多いので、注意が必要です。

【2月生まれ】

誕生日　2月4日～3月4日

型《タイプ》　攻撃型

種別《ブリード》　仕事人

幼少期から大人になるまで一貫して勝気な性格でリーダータイプですが、大人になると表面的には柔軟性が増していきます。しかし、本来、受け身の人生は向いていません。厳しい環境で初めて自分の真価が発揮されます。ゆるい環境ではソツなくできるけれど、すべてが中途半端になりがちですので要注意。能力は高いけれど踏んぎりがつきにくいタイプですので、何事もやってから考えるくらいの生き方を。多少軽率なくらいがちょうどいいでしょう。実力主義であれば、職種は選ばないオールラウンドタイプです。

【3月生まれ】

誕生日　3月5日～4月3日

型《タイプ》　攻撃型

種別《ブリード》　仕事人

幼少期の外向的で活発な性格が大人になっても続くタイプで、七転び八起きの波の大きい人生を歩みます。情に厚くて交渉能力が高く、人望も厚いのですが、お人よしでだまされやすい面も持っています。部下運が強く、実力主義の営業職、経営者に適したキャリア志向型です。家庭運も非常に強いので、仕事も家庭も全力投球すると良いでしょう。子どもができるとパワーアップするタイプでもあります。人見知りのため営業職を避けがちですが、乗り越えれば営業能力が開花します。初対面の際には笑顔を心がけましょう。

【4月生まれ】

誕生日 4月4日～5月4日

型《タイプ》 攻撃型

種別《ブリード》 仕事人

幼少期の勝気な性格が大人になるとさらに強まります。クセが強くてカリスマ性もあり、人を動かす力が強いタイプです。また頭が良いので、技術系、頭脳労働系の仕事にも適しています。会社経営や実力主義の世界で戦ったほうが良く、逆に援助運は低いので、自分のふんどしで相撲をとったほうが良いでしょう。人間関係のトラブルを抱えやすいのですが、それを克服して成長する場合が多く、仕事運と同様に家庭運も強いため、仕事と家庭を両立できます。子どもができてから力を発揮する場合が多いです。

【5月生まれ】

誕生日 5月5日～6月4日

型《タイプ》 攻撃型

種別《ブリード》 仕事人（宇宙人）

幼少期の受け身の性格から、大人になるにつれて図太い性格に大きく変化します。営業職や経営者など実力主義の仕事に適している典型的なキャリア志向型で、幼少期の性格とは正反対に変化しますので注意が必要です。芸術的な才能に恵まれていますので、感性が鋭くて芸術適性が出る場合があります。その分、周囲と感覚が合わない可能性が。あくまでも「自分は変わっている」という自覚を持つと良いでしょう。事務職や秘書、看護師、専業主婦には向いていません。豪快にダイナミックに生きると良いでしょう。

【6月生まれ】

誕生日 6月5日～7月6日

型《タイプ》 攻撃型

種別《ブリード》 仕事人

幼少期の引っ込み思案の性格が、大人になるにつれて外向的な性格に大きく変化します。自分も親も、子どもの頃の性格で将来の進路を決める場合が多いので要注意。典型的な営業系の実力主義で生きるタイプです。自分自身のパワーもあるのですが、強力な上司運も持っていますので、一人でゴリ押しするより、長いものには巻かれたほうがトクな場合もあります。人生に波があるタイプなので、七転び八起きの精神で進むのが良いでしょう。根性はあるのですが、かなり頑固です。意識して柔軟になるようにしましょう。

三碧木星

【7月】生まれ

誕生日　7月7日〜8月6日
型《タイプ》　守備型
種別《ブリード》　仕事人（宇宙人）

幼少期から性格はあまり変化しません。一貫して感性は鋭く、人とは違う価値観を持っています。芸術家肌ですので、芸術、デザイン、音楽など感性で勝負する仕事に就くのがおすすめ。一般社会では変わり者ですので、意識して周囲に合わせることも必要です。接客業、営業系など実力主義の仕事にも適しています。パワーはあるのですが性格は消極的。自分一人では何もせずに終わります。強烈な上司や先輩について振り回されると力を発揮します。根性はありますので、あえて高望みの職場に身を置くと良いでしょう。

【8月】生まれ

誕生日　8月7日〜9月6日
型《タイプ》　守備型
種別《ブリード》　家庭人

幼少期の控えめな性格が大人になっても持続します。表面的には勝気な印象ですが、中身はかなり繊細ですので、骨太な生き方は適しません。男女ともに早い時期に結婚したほうが良いのですが、専業主婦には向いていませんので、安定した仕事を長く続けながら家庭と両立するのが良いでしょう。頭も良く、営業能力もあるので、若いうちに営業職で頭角を現すこともあるのですが、頑張り続けると燃え尽きてしまいますので気をつけて。プライドが高く、つい見栄を張って無理をするクセがある点にも要注意です。

【9月】生まれ

誕生日　9月7日〜10月7日
型《タイプ》　守備型
種別《ブリード》　家庭人

幼少期の活発で個性的な性格は、成長とともに内向的で繊細な性格に変化します。小さい頃に芸術適性が出ることがありますが、多くの場合は大人になると消滅します。幼少期の活発なキャラのまま突っ走って、キャリア志向で頑張ってしまうと燃え尽きますので要注意。誤解されやすく人間関係で苦労するかもしれませんが、じっくりつきあうと大きな信頼を得るタイプです。男女ともに安定した仕事に就いて家庭中心に生きるのが良いでしょう。営業職もこなせますが、基本的に実力主義の世界より裏方向きです。

【10月】生まれ

誕生日 10月8日〜11月6日

型 タイプ 守備型

種別 ブリード 家庭人

幼少期の活発な性格が、大人になると内向的な性格に変化します。表面的な変化は見られない場合が多いのですが、内面は変化して典型的なマイホーム型に。若いうちに子どもができると、その自覚が出る場合が多いです。頭が良くて根性もあり、自分にも他人にも厳しい性格なので、キャリア志向に走ってしまう人も多いのですが、徐々に無理が出てきますので要注意。他人のために頑張りすぎると損をする可能性も。周囲の期待に応えようと無理をするタイプですので、ときには弱音を吐いて助けてもらいましょう。

【11月】生まれ

誕生日 11月7日〜12月6日

型 タイプ 攻撃型

種別 ブリード 仕事人

幼少期から大人になるまで一貫して活発なリーダータイプで、接客業や営業職、経営者にも適していますが、大人になると表面的には柔軟性が増して受け身になります。しかし、本来は受け身の人生には向いていません。厳しい環境に身を置くことで真価を発揮します。ゆるい環境ではソツなくできるけれど、すべてが中途半端になりますので要注意です。能力は高いけれど踏んぎりがつきにくいタイプですので、何事も始めてしまってから考える生き方をおすすめします。多少軽率なくらいがちょうどいいでしょう。

【12月】生まれ

誕生日 12月7日〜1月4日

型 タイプ 攻撃型

種別 ブリード 仕事人

幼少期の活発な性格が大人になっても持続します。人生の波が大きく、典型的な七転び八起きタイプです。情に厚くて交渉能力が高く、人望も厚いのですが、お人よしでだまされやすい一面もあります。部下運が強く、営業職、経営者に適した商人型です。家庭運も強いので、仕事も家庭も全力投球すると良いでしょう。子どもができるとパワーアップします。少し変わり者ですので、大多数が好む意見に同調できないことも。仕事では、ときには自分のこだわりを抑えたほうがメリットが大きくなることもあります。

四緑木星

【1月】生まれ

誕生日　1月5日～2月3日

型《タイプ》　攻撃型

種別《ブリード》　仕事人

幼少期の外向的な性格が大人になっても持続します。典型的な親分肌で、対人・社交能力が極めて高いので、接客業など実力主義の仕事を経て、最終的には自分の会社や店を持つのが良いでしょう。統率力はあるのですが育成能力は低いので、良きサポート役がつくと仕事運は急上昇します。性格が単純で強引すぎる部分がありますので、相手の立場に立つことと、ときには白黒はっきりさせすぎないように注意すると良いでしょう。情にもろいタイプで、他人を助けようと手を出しすぎると自滅しますので注意が必要です。

【2月】生まれ

誕生日　2月4日～3月4日

型《タイプ》　守備型

種別《ブリード》　家庭人

性格は幼少期から大人になるまで内向的で柔軟です。男女ともに変化の大きい仕事より安定した仕事に向いています。長く続けられる職業に就くと良いでしょう。家庭重視の性格ですが、専業主婦には向いていません。何かしらの仕事は必ずしましょう。企画や営業にも適していて、表面的にはアクティブに見えます。さらに出世運も強いので、周囲のプッシュで出世していく道に進むケースがありますが、本来は適していません。精神的にも肉体的にも無理をしていないか、普段から注意することが必要です。

【3月】生まれ

誕生日　3月5日～4月3日

型《タイプ》　守備型

種別《ブリード》　家庭人

幼少期は活発で、かなり奇抜で芸術的で外向的な性格ですが、成長とともに大きく変化し、大多数は内向的な安定志向型、マイホーム型になります。自分も周囲も幼少期の印象で判断し、生きる道を決めてしまうことが多いので、十分に注意が必要です。若いうちに恋愛のトラウマを抱えやすいのですが、それを乗り越えれば良い結婚が望めます。同年代との結婚運は悪く、年上・年下との年の差婚向きです。また、男女ともに典型的な家庭人ですので、特定の仕事にあまり執着しないほうが良いでしょう。

【4月】生まれ

誕生日 4月4日～5月4日
型《タイプ》 攻撃型
種別《ブリード》 仕事人

幼少期から強気なリーダータイプで、大人になってもその性格が持続します。家庭運、仕事運ともに強いので、家庭と仕事を両立するような生き方に向いています。何事も最終的には自分の責任で進めたほうが良いタイプで、たとえば誰かの援助や出資で大きな会社をつくるより、自分の力で小さな会社から始めるのがおすすめです。親分肌なのは良いのですが、敵をつくりやすいタイプでもあるので、表面的にでも柔軟になる努力が必要です。特に目上の人に必要以上に逆らってしまう場合があるので、要注意です。

【5月】生まれ

誕生日 5月5日～6月4日
型《タイプ》 攻撃型
種別《ブリード》 仕事人

幼少期から大人になるまで一貫して攻撃型の性格でリーダータイプですが、大人になると表面的には柔軟性が増して受け身になります。しかし、本来は受け身の人生には向いていません。あえてレベルの高い仕事に挑戦したほうが良く、厳しい環境にあって初めて自分の真価を発揮できます。ゆるい環境だと何でもソツなくこなすけれど、すべてが中途半端な人生になりますので要注意です。能力は高いけれど踏んぎりがつきにくいタイプですので、何事もやってしまってから考えるくらいの生き方をおすすめします。

【6月】生まれ

誕生日 6月5日～7月6日
型《タイプ》 攻撃型
種別《ブリード》 仕事人

幼少期から勝気な性格で、大人になるとそれがさらに過激になります。基本的に非常に強引なタイプなのですが、人を引きつけるカリスマ性がある典型的な実力主義の経営者タイプです。援助運は弱いので、自分の力でできる範囲でめいっぱい頑張ると良いでしょう。誰かに援助してもらったりすると、自分の力が弱くなりますので要注意です。若いうちから接客業、営業などの実力主義の仕事にどんどんチャレンジすると良いでしょう。失敗して覚えていくタイプですので、あまり慎重になりすぎないようにしましょう。

あなたの性格と適性

四緑木星

【7月】生まれ

誕生日 7月7日～8月6日

型《タイプ》 攻撃型

種別《ブリード》 仕事人

幼少期からの強気な性格が大人になっても持続するタイプのため、実力主義、経営者向きです。営業職は避けてしまいがちですが、じっくりつきあうと大きな信頼を得ますので、チャレンジしたほうが良いでしょう。技術職や職人の能力もあるため、そちらに走ってもＯＫです。援助運は強く、うまく利用できると大きく伸びます。誤解されやすいタイプですので、素直になるように心がけると良いでしょう。細かいことを気にしないのは良い面でもあるのですが、ある程度の気遣いはできるようにしましょう。

【8月】生まれ

誕生日 8月7日～9月6日

型《タイプ》 攻撃型

種別《ブリード》 仕事人

幼少期の内向的な性格から、成長とともに営業職や経営者に適した外向的な性格に変化します。典型的なキャリア志向型で、お金を稼ぐ能力は高い星です。したがって、仕事を頑張ると幸せになります。幼少期には人の面倒を見たり、何かを育てる能力があるのですが、大人になるとその能力は消滅します。親兄弟や親族に翻弄されることが多いですので、意識的に距離を置くこともときには必要でしょう。社交性が高く、人を引きつける力は強いのですが、「口は災いのもと」になりがちですので余計なひとことには注意です。

【9月】生まれ

誕生日 9月7日～10月7日

型《タイプ》 守備型

種別《ブリード》 家庭人

幼少期の内向的な性格が大人になっても持続するタイプで、典型的なマイホーム型、安定志向型です。仕事より家庭重視が良いでしょう。ただし根性があり、接客や営業能力もあるので、周囲から見ると独立に向いていたり、キャリア志向型に見えてしまうかもしれません。自分の性格に素直になることを心がけましょう。明るく見えますが根は暗い性格ですので、仕事とプライベートの切り替えを意識して行うとラクになります。家の中での充実を図り、休みの日は仕事から離れてリラックスすると良いでしょう。

【10月】生まれ

誕生日　10月8日～11月6日
型《タイプ》　守備型
種別《ブリード》　仕事人（宇宙人）

基本的に変わり者で、幼少期の繊細な性格は大人になっても変化しません。常識に当てはまらないタイプで、芸術、デザイン、音楽関係など独創性を求められる仕事に就くと力を発揮します。接客業など実力主義の仕事も向いています。頭も良いのですが超頑固で、若いうちに七転び八起きの人生を経験し、やがて成功をつかむタイプです。プライドが高く、物欲も強いので、欲しいものを見つけると頑張れます。よく働きよく遊ぶタイプですので、あまり地味な生活には向きません。余計なおせっかいで損をするタイプです。

【11月】生まれ

誕生日　11月7日～12月6日
型《タイプ》　守備型
種別《ブリード》　家庭人

幼少期の内気な性格が大人になっても持続します。基本的には早く結婚したほうが良いマイホーム型ですが、専業主婦には向いていませんので、安定した仕事をしながら家庭と両立するのが良いでしょう。根は暗いのですが、表面上は必要以上に明るくしたり、強気に振る舞うクセがあります。自分で意識できていれば問題はないのですが、それが本当の自分だと思って突っ走ると、やがて無理がきて心が折れてしまいますので要注意です。親兄弟や親族との間でトラブルが起こりやすいので注意しましょう。

【12月】生まれ

誕生日　12月7日～1月4日
型《タイプ》　守備型
種別《ブリード》　家庭人

幼少期は強気な性格ですが、大人になると内気になる典型的な安定志向型、マイホーム型です。幼少期は芸術適性が出てかなりの変わり者ですが、その性格の多くは大人になると消えてしまいます。営業力、交渉能力があってキャリア志向になることもありますが、しだいに耐えられなくなる場合も。意識して安定志向、マイホーム路線に調整しましょう。若い頃の大きな失恋を乗り越えて結婚に至り、子どもができてから人生が良くなります。自分にも他人にも厳しくなりすぎる傾向がありますので注意が必要です。

五黄土星

【1月】生まれ

誕生日 1月5日〜2月3日

型《タイプ》 守備型

種別《ブリード》 仕事人

幼少期は繊細な性格で一時的に芸術適性が出る場合もありますが、ほとんどの場合、大人になると内向的な性格に変化します。集中力がありますので、研究職、頭脳労働、技術職に適しています。また、接客業や営業職にも適性があります。パワーがあるキャリア志向型ですが、独立適性はなく、組織の中で力を発揮するタイプです。自分のことを活発で社交的だと思い込んで突っ走ると、いつか無理がたたって心が折れてしまいます。ベースは内向的ですので、生活の中でオンとオフを分け、休日はリラックスすると良いでしょう。

【2月】生まれ

誕生日 2月4日〜3月4日

型《タイプ》 守備型

種別《ブリード》 仕事人

幼少期の内向的な性格が大人になっても持続します。性格的にはおとなしいのですが、安定志向型の仕事には向いていません。事務仕事やアシスタントの適性はなく、企画営業や接客業がおすすめです。上司運はかなり良いので、柔軟な性格を生かして、ときには長いものには巻かれると良いでしょう。雇われ社長やフランチャイズオーナーまでは可能ですが、完全な独立経営者には向いていませんので注意を。表面的に勝気になってしまう場合が多いのですが、それは仮面です。自分で意識しましょう。

【3月】生まれ

誕生日 3月5日〜4月3日

型《タイプ》 守備型

種別《ブリード》 仕事人

性格は一貫して内向的で、大人になると繊細になっていきます。実力主義の仕事に適しており、技術職と営業職のどちらでも対応できます。人見知りするタイプですが、それを乗り越えるととても信頼されます。意志が強いのは良いのですが超頑固です。部下運、上司運がともに非常に強いので、ときには柔軟になって長いものには巻かれたほうが良い場面もあるでしょう。しかし、特に女性は、女性だけの社会には適応しにくいので、男性も交じえた環境で頑張ると良いでしょう。そうすれば仕事も育児も頑張れます。

【4月生まれ】

誕生日　4月4日～5月4日

型《タイプ》　守備型

種別《ブリード》　仕事人

幼少期は繊細な性格で一時的に芸術適性が出ることもありますが、成長とともにほとんどの場合それは消滅します。大人になると内向的な性格に変化しますが、集中力がありますので、研究職や頭脳労働、技術職に適しています。接客業や営業職にも適性がありますが、独立には向きません。組織の中で力を発揮するタイプです。自分のことを勝気で社交的だと思い込んで突っ走ると、いつか無理がたたってしまいます。生活の中でオンとオフを分け、休日はリラックスできる自分の時間をつくると良いでしょう。

【5月生まれ】

誕生日　5月5日～6月4日

型《タイプ》　守備型

種別《ブリード》　仕事人

幼少期から大人になるまで性格は大きくは変わりませんが、表面的には勝気さが強く出るようになります。ただ、お父さん的な性格というより肝っ玉母さんですので、あくまでも組織に属してナンバー1を支えるポジションで力を発揮します。独立には向いていませんが、パワーは強く、実力主義の仕事を選ぶと良いでしょう。社交性があり、育成能力も高いので、ビジネスでの部下育成、トレーナーやコーチでも良いでしょう。根性はあるのですが、がまんをしすぎて自分が壊れるまで頑張ってしまうので要注意です。

【6月生まれ】

誕生日　6月5日～7月6日

型《タイプ》　攻撃型

種別《ブリード》　仕事人

幼少期は奇抜で個性的な性格で、芸術的才能が出ることもありますが、大人になるとほとんどの場合、その部分は消滅して、かなりきっぷがいい江戸っ子のような性格に変化します。営業系の仕事を避けてしまうことが多いのですが、それを乗り越えると大きな説得力が出て成功しますのでチャレンジしましょう。個性的で年の離れた異性を好む傾向が強く、逆に同年代の無難なタイプは合いません。上司運、スポンサー運は非常に強いので、変な意地を張らずに仕事相手を頼ったり、意見を求めていくと良いでしょう。

あなたの性格と適性

五黄土星

【7月生まれ】

誕生日　7月7日〜8月6日

型《タイプ》　攻撃型

種別《ブリード》　仕事人

幼少期の活発な性格が大人になっても持続します。典型的な商人タイプで、実力主義の営業職や接客業、経営者にも向いています。表面的なキャラと潜在能力が一致していますので、能力は開花しやすいです。頭が良くて要領も良いのですが、自己流に走ってかえって遠回りをすることが多いのと、良き指導者にめぐり合いにくいです。一度、しっかりした会社で基本的なことを身につけてから独立すると良いでしょう。変に情に厚い部分があり、頼まれごとは断れません。肝心なときに冷静に判断できるよう心がけましょう。

【8月生まれ】

誕生日　8月7日〜9月6日

型《タイプ》　攻撃型

種別《ブリード》　仕事人（宇宙人）

理論上、最強の星の一つで、性格は強くて能力も高い天才型です。それゆえに指導を受けず自己流に走りやすいので、一度、厳しい環境下で指導を受けると良いでしょう。七転び八起きの経験を経てから独立や経営者をめざしましょう。極めて個性が強いので、周囲に理解者が現れにくいです。年上の有識者、または同じ「宇宙人」が理解者になります。自分は変わっているという自覚を持って、理解者を探しましょう。表面的には柔軟に見える場合もありますが、人の言うことは聞きません。十分に注意しましょう。

【9月生まれ】

誕生日　9月7日〜10月7日

型《タイプ》　攻撃型

種別《ブリード》　仕事人

幼少期の勝気な性格が大人になっても持続するタイプです。出世運だけでなく部下運も強く、経営能力も高いので、会社員の出世コースのほか、独立起業にも対応可能です。物事を大きく考え、細かいことは気にしないのは良いのですが、逆に言うと繊細さがなく、細かい配慮に欠ける部分がありますので注意が必要です。性格も強いのですが援助運も強いので、何かあったときは自分一人で突き進まず、先輩や上司を頼って相談してみると良いでしょう。家庭運も強く、仕事も子育ても頑張れる両立型です。

【10月】生まれ

誕生日　10月8日～11月6日

型《タイプ》　攻撃型

種別《ブリード》　仕事人

幼少期の勝気な性格が大人になっても持続します。実力主義の生き方に適しているキャリア志向型です。人見知りしやすいタイプで知性運が強いので、技術者や税理士などの頭脳労働に適していますが、意識して人見知りを克服すると人気者になりますので、実力主義の接客業や店舗経営も適職です。理想が高くて完璧主義の一方で「口は災いのもと」となって、周囲からは実際以上に厳しい人と見られる場合がありますので、特に言葉遣いに気をつけましょう。女性は、同年代の同性と合わない場合が多いので注意が必要です。

【11月】生まれ

誕生日　11月7日～12月6日

型《タイプ》　守備型

種別《ブリード》　仕事人

幼少期の内向的な性格が大人になってもあまり変化しません。基本的には組織に属して力を発揮するタイプで、パワーはあるのですが消極的で受け身です。性格はおとなしいのですが事務職やアシスタント業務には向いておらず、接客業や総合職で頑張るのが良いでしょう。専業主婦にも適していませんので、仕事を持ったほうが良いでしょう。表面的に強気に出てしまうことがありますが、本当は内向的。社交的な一面と暗い一面が交互に現れます。仕事とプライベートの切り替えを上手にできるようになりましょう。

【12月】生まれ

誕生日　12月7日～1月4日

型《タイプ》　守備型

種別《ブリード》　仕事人（宇宙人）

幼少期のおとなしい性格から徐々に繊細さが増します。感性が鋭くて芸術適性もあるので、デザインや企画など豊かなアイディアを求められる職種で力を発揮します。ただし、個性が強すぎて理解されにくい面もありますので、自分が変わっているということを意識して。人づきあいでは仮面をある程度かぶることも必要になるでしょう。年上の人との交友を広げると、理解者にめぐり合いやすくなります。根性があって頑固で意志は強いのですが、経営者タイプではありません。勢いだけで独立しないようにしましょう。

六白金星

【1月生まれ】

誕生日　1月5日～2月3日
型《タイプ》　守備型
種別《ブリード》　家庭人

幼少期の勝気な性格が成長とともに大きく変化して、内向的な性格になります。人見知りをしがちで外向的ではないのですが、交渉能力やコンサルティング能力が高くて営業職向きです。営業職を敬遠してしまいがちですが、思いきってチャレンジすると良いでしょう。仕事と家庭の両立型、安定志向で、実力主義の社会では対応できないことが多いです。内向的な性格と人見知りの反動から表面的に勝気に振る舞う人も多いのですが、それは仮面です。そのキャラのまま突っ走ると燃え尽きますので注意が必要です。

【2月生まれ】

誕生日　2月4日～3月4日
型《タイプ》　攻撃型
種別《ブリード》　仕事人

一貫して活発な性格でリーダータイプですが、大人になると表面的には柔軟性が増して受け身になっていきます。しかし、あえてレベルの高い仕事にチャレンジして、厳しい環境に身を置いて初めて自分の真価が発揮されます。ゆるい環境では何でもソツなくできるけれど、すべてが中途半端になりますので要注意です。仕事の能力は高いのですが踏んぎりがつきにくいタイプですので、何事も始めてしまってから考えるくらいの生き方をおすすめします。豪快なのは良いのですが、細かい気遣いを心がけましょう。

【3月生まれ】

誕生日　3月5日～4月3日
型《タイプ》　攻撃型
種別《ブリード》　仕事人（宇宙人）

幼少期の勝気な性格が大人になっても持続するタイプです。感性は鋭く、人とは変わった好みや考えを持っています。その自覚を持たないと、人間関係で苦労するかもしれません。人見知りをしがちですが、乗り越えれば人気者になります。部下運も良く、面倒見が良いタイプです。接客や営業など実力主義の仕事に向いています。仕事と家庭の両立型で、子どもを持ってからパワーが出るタイプです。初対面で誤解されやすいので、営業スマイルを心がけましょう。多趣味になると運気が上がるタイプです。

【4月】生まれ

誕生日 4月4日～5月4日
型《タイプ》 守備型
種別《ブリード》 家庭人

幼少期の活発な性格が、大人になると大きく変化して内向的な性格になります。人見知りをしやすいタイプで社交能力は低いのですが、頭が良くて集中力や持続力も高く、典型的な職人型、研究者型です。裏方仕事にも向いています。仕事より家庭を重視したほうが良いタイプで、実力主義の社会では対応できないことも多いです。表面的には活発に振る舞う人も多いのですが、それは仮面です。そのキャラのまま突っ走ってしまうと燃え尽きますので注意が必要です。子どもを持つとパワーが出るタイプです。

【5月】生まれ

誕生日 5月5日～6月4日
型《タイプ》 守備型
種別《ブリード》 家庭人

幼少期の内向的な性格が大人になっても持続するタイプです。図太かった一面は繊細さに変わって鋭くなる半面、打たれ弱くもなります。男女ともに安定志向型で家庭重視タイプですが、専業主婦には向いていませんので、安定した仕事を持ちながら家庭を中心に生活を組み立てるのが良いでしょう。内向的な性格なのですが、秘書や事務職など裏方仕事には向いておらず、接客や企画の仕事に適しています。相続運はありそうで、ないです。親兄弟や親族とは多少の距離が必要になるときもあるでしょう。

【6月】生まれ

誕生日 6月5日～7月6日
型《タイプ》 守備型
種別《ブリード》 仕事人（宇宙人）

幼少期の内向的で引っ込み思案の性格が大人になっても持続します。ただし、「宇宙人」ですので個性が強く、パワーも強いです。営業、接客、マネジメントなど実力主義の仕事に適しています。典型的なキャリア志向型で、パワーは強いのですが独立起業には向きません。感性は鋭く、アイディアを求められる仕事に向いています。周囲から変わった人に見られることが多いので、自覚を持ったほうが良いでしょう。緻密な面もあるので秘書やアシスタント業務で重宝されることもありますが、本来は向いていません。

あなたの性格と適性

六白金星

【7月生まれ】

誕生日　7月7日〜8月6日

型《タイプ》　守備型

種別《ブリード》　家庭人

幼少期から大人になるまで内向的な性格が持続します。典型的なマイホーム型ですので早く結婚したほうが良いでしょう。表面的には勝気に見えたり、自分でも活発な役割を好んでしまったりしますが、根は家庭人です。仕事の能力も高いため、周囲に推されて仕事のウエイトが上がりすぎて、結果的に無理がきてしまう人が多いので気をつけましょう。根性もあり、まじめなのですが、自分にも他人にも厳しくなりすぎる傾向があります。また、頑固であまのじゃくの一面もありますので、それらにも注意が必要です。

【8月生まれ】

誕生日　8月7日〜9月6日

型《タイプ》　攻撃型

種別《ブリード》　仕事人

幼少期の内向的な性格が、大人になると思いきり外向的に変化します。頭領運が強い典型的な親分肌で、営業やマネジメントなど実力主義の仕事に向いています。性格が変わっていることに気づかず、事務仕事などに就いてしまうと力を発揮できません。親兄弟との間にトラブルが生じることがありますので、翻弄されないように距離を多少とることも必要かもしれません。頭が良くて決断力があるのですが、物事を強引に進めすぎる傾向があります。地道に基本を学ぶことを嫌がる傾向がありますので、そのことを意識しましょう。

【9月生まれ】

誕生日　9月7日〜10月7日

型《タイプ》　攻撃型

種別《ブリード》　仕事人

幼少期に芸術適性が出る場合がありますが、ほとんどの場合、成長とともに消滅します。性格的には一貫して強気で、部下運も強いリーダータイプです。営業、マネジメントなど実力主義の仕事に適した典型的なキャリア志向型です。人生に波があり、失敗して覚えるタイプです。何事も七転び八起きの精神で挑むのが良いでしょう。人見知りをしがちで営業系の仕事を避けてしまう場合が多いのですが、深い人間関係を構築すると克服できます。初対面で誤解されやすいので、言葉遣いには気をつけましょう。

【10月】生まれ

誕生日 10月8日～11月6日

型《タイプ》 攻撃型

種別《ブリード》 仕事人

幼少期の勝気な性格が大人になるとさらに強烈になります。個性が強くてカリスマ性もあり、人を動かす能力が非常に高いタイプです。接客、営業など実力主義の仕事に適しており、七転び八起きの精神で挑戦すれば、成果が出やすくなります。プライドの高さゆえに失敗をおそれて安全圏で生きていると、幸せにはなれません。頭が良くてパワーもあるため、いつの間にか自己流に走りがちです。仕事では一度厳しい環境に身を置いて修業したほうが、のちに独立したり人を率いる立場になったときに役立つでしょう。

【11月】生まれ

誕生日 11月7日～12月6日

型《タイプ》 攻撃型

種別《ブリード》 仕事人

幼少期から大人になるまで一貫して外向的なリーダータイプです。接客や営業の仕事に適していますが、大人になると表面的には柔軟性が増して受け身になります。しかし、受け身の人生は向いていません。意識してレベルの高い仕事にチャレンジすれば、厳しい環境で初めて自分の真価を発揮できます。ゆるい環境だとソツなくこなせるけれどすべてが中途半端という、器用貧乏の人生になりますので要注意。能力は高いのですが踏んぎりがつきにくいタイプですので、何事も始めてから考えるくらいの生き方がおすすめです。

【12月】生まれ

誕生日 12月7日～1月4日

型《タイプ》 攻撃型

種別《ブリード》 仕事人

幼少期の外向的な性格が大人になっても変化しません。社交能力、部下運が強く、人を引きつける魅力があるため、接客、営業、マネジメントなど実力主義の仕事に適しています。家庭運も強いので、仕事も家庭も全力投球すると良いでしょう。子どもができるとパワーアップします。よく働きよく遊ぶタイプですので、仕事と趣味の両方を頑張ると大きく成長できるでしょう。社交的なのは良いのですが、口が軽くなる場合もあるので気をつけて。情に厚いのも良いのですが、お人よしになりすぎないように注意しましょう。

あなたの性格と適性

七赤金星

【1月生まれ】

誕生日　1月5日～2月3日

型《タイプ》　攻撃型

種別《ブリード》　仕事人

幼少期の骨太な性格が大人になっても持続します。典型的なキャリア志向型で、営業や接客能力は非常に高いです。若いうちは人生に波がありますが、それを乗り越えて成長するタイプです。安全な道を歩きすぎると人生が停滞してしまいます。男女ともに少し母親依存の傾向がありますので、ときには意識して親離れをしたほうが運気が上がりやすくなります。仕事ではサポート役との出会いが成功を左右します。小さいことは気にしないさばさばした性格なのは良いのですが、場の空気には気をつけましょう。

【2月生まれ】

誕生日　2月4日～3月4日

型《タイプ》　攻撃型

種別《ブリード》　仕事人

幼少期は消極的な性格ですが、大人になると思いきり外向的で活発な性格に変わります。自分も親も幼少期の性格で判断してしまい、大人になってからも消極的な生き方をしてしまう人が非常に多いです。男女ともに家庭より仕事を重視するタイプ。接客業や営業に向き、事務職や秘書、アシスタント業務には向いていません。まずは仕事で自信をつけて、その後に結婚すると良いでしょう。親兄弟や親族に翻弄されないように注意しましょう。情に厚いのは良いのですが、お人よしになりすぎないように要注意です。

【3月生まれ】

誕生日　3月5日～4月3日

型《タイプ》　攻撃型

種別《ブリード》　仕事人

幼少期から奇抜で外向的な性格なのですが、人間関係のトラブルで傷つき、内向的になってしまう例が多いタイプです。大人になると人見知りになりますが、営業、マネジメント、コンサルティング能力は高く、人見知りを乗り越えてから力を発揮するタイプです。営業系の仕事を避けがちですが、その必要はありません。意識的に仮面をかぶると良いでしょう。強烈なカリスマ性があり、部下運も強い親分肌タイプです。援助運も良いので、上司や年長者をうまく頼るようにすると、より大きな成果を上げられるでしょう。

【4月】生まれ

誕生日 4月4日〜5月4日

型《タイプ》 攻撃型

種別《ブリード》 仕事人（宇宙人）

幼少期から極めて感性が鋭く、芸術適性が高いタイプです。周囲から変わり者扱いされることが多く、幼少期に親が矯正してしまう場合もあるため、個性を失っている人も多いです。本質を変える必要はありませんが、ときには普通のふりをしたほうがトクなこともあります。デザインや芸術、研究分野で、独立または実力主義の生き方に向いています。営業職にも向いていますが、独創的な感性が要求されるような分野で生きたほうがラクで、力も発揮できるでしょう。不思議な自分とどうつきあうかが勝負です。

【5月】生まれ

誕生日 5月5日〜6月4日

型《タイプ》 攻撃型

種別《ブリード》 仕事人

幼少期から大人になるまで一貫して積極的な性格でリーダータイプですが、大人になると表面的には柔軟性が増して受け身になっていきます。しかし、本来は受け身の人生には向いていません。あえて自分の実力よりレベルの高い仕事にチャレンジしてみましょう。厳しい環境で初めて自分の真価を発揮できるタイプです。ゆるい環境では何でもソツなくできるけれど、すべてが中途半端という器用貧乏の人生になりますので要注意です。職種を選ばないオールラウンドタイプで、能力は基本的に高いです。

【6月】生まれ

誕生日 6月5日〜7月6日

型《タイプ》 守備型

種別《ブリード》 家庭人

幼少期の活発な性格から、成長するにつれてマイホーム型の内向的な性格に変わります。大人になっても表面的には外向的に見えますが、中身は内向的に変わります。勝気なキャラが抜けずにそのままキャリア志向に乗って頑張ってしまい、やがてそれがダメージになってしまう人も多いので要注意。事務職に向いています。がまん強くて柔軟性はあるのですが、自分一人でため込みすぎる傾向が強いタイプです。意識して周囲に尊敬できる人を見つけて頼ったり、悩みを聞いてもらったりすると、運が開けていきます。

七赤金星

【7月】生まれ

誕生日　7月7日～8月6日
型《タイプ》　守備型
種別《ブリード》　家庭人

幼少期の強気な性格から、大人になると繊細な性格に変化します。大人になっても表面的には活発に見えるので、そのままのキャラで突っ走ってしまう人が多いのですが、それは向いていません。失恋を乗り越えて結婚に結びつくタイプです。派手に見えますが内向的なタイプですので、家庭を充実させると運気が上がります。事務職や技術職に向いていますが、仕事は頑張りすぎないほうが良いでしょう。初対面の際には誤解されやすい部分がありますので、意識して素直な自分を出すようにしましょう。

【8月】生まれ

誕生日　8月7日～9月6日
型《タイプ》　守備型
種別《ブリード》　家庭人

幼少期の内向的な性格から変化せず、大人になっても守備型で、基本的には典型的な安定志向型です。営業能力が高くて頭も良く、なおかつプライドも高いため、独立したりフリーランスを志向する人も多いのですが、適性はありません。安定した環境で力を発揮するタイプですので注意しましょう。幼少期には人の面倒を見たり、何かを育てたりする能力がありますが、大人になるとその能力は消滅します。親兄弟や親族に翻弄されることが多いので気をつけましょう。ときには意識的に距離を置くことも必要でしょう。

【9月】生まれ

誕生日　9月7日～10月7日
型《タイプ》　守備型
種別《ブリード》　家庭人

幼少期の内向的な性格が大人になっても持続するタイプで、典型的なマイホーム型です。仕事より家庭重視が良いでしょう。ただし、根性があり、接客能力、営業能力、育成能力もあるので、周囲からは独立自営型に見えてしまうかもしれませんが、本来はそうではないので要注意。親方的なポジションに就きたい願望がありますが、本来は表に出るより縁の下の力持ちが向いているタイプです。秘書やアシスタントの適性が高く、正義感が強くてまじめですが、他人にも完璧を求めがちになります。注意しましょう。

【10月生まれ】

誕生日　10月8日～11月6日

型《タイプ》　攻撃型

種別《ブリード》　仕事人

幼少期の繊細な性格から、大人になると骨太な性格に変化します。典型的な商売人で、接客業、営業職に向いています。頭も良いのですが超頑固で、若いうちに七転び八起きの経験をし、成功をつかむタイプです。プライドが高くて物欲も強いので、欲しいものを見つけると頑張れます。よく働きよく遊ぶタイプで、地味な生活には向きません。面倒見が良い半面、余計なおせっかいで損をするタイプです。きっぷのいい江戸っ子タイプで決断力があるのは良いのですが、無意識のうちに強引になりすぎるので要注意です。

【11月生まれ】

誕生日　11月7日～12月6日

型《タイプ》　攻撃型

種別《ブリード》　仕事人（宇宙人）

幼少期の内気な性格から、大人になると活発で営業職や接客業に向く性格に大きく変化します。意識して積極的にならないと、その変化についていけませんので注意が必要です。また、幼少期から芸術適性も強く見られる変わり者です。デザインや音楽分野など個性的なアイディアで勝負する仕事に向いています。説得力や交渉能力は高く、営業職や経営者にも向いているのですが、お人よしで、お金の貸し借りや頼まれごとで自分の身を削る可能性が非常に高いです。ときには冷静な判断も必要になるでしょう。

【12月生まれ】

誕生日　12月7日～1月4日

型《タイプ》　攻撃型

種別《ブリード》　仕事人

幼少期の勝気な性格が大人になるとさらに強烈に変化します。カリスマ性もクセも強い、典型的な実力主義の営業や経営者タイプです。家庭運も強く、仕事と家庭の両立型です。幼少期に芸術適性が出ることもありますが、ほとんどは大人になると消滅します。カリスマ性が強い半面、人見知りでもあるため、意識して社交的に振る舞わないと難しい人だと誤解されやすいです。仕事とプライベートを完全に分けるとストレスが軽減します。年上の人にも好かれやすく、長いものには巻かれる部分も持っているとトクをします。

あなたの性格と適性

八白土星

【1月】生まれ

誕生日　1月5日～2月3日

型《タイプ》　攻撃型

種別《ブリード》　仕事人

幼少期は繊細な面もあり、芸術的な能力が多少出るのですが、大人になるとほぼ消滅して、芯の強い骨太な性格になります。接客、営業、マネジメント能力が非常に高い、典型的なキャリア志向型です。理想が高く、パワーもあるので独立起業または責任のあるポジションで力を発揮します。根性はあるのですがかなり頑固で、人の言うことは聞きませんので要注意。周囲と必要以上にぶつかりやすいので柔軟になりましょう。情に厚いのは良いのですが、お人よしになりすぎて損をするタイプです。気をつけましょう。

【2月】生まれ

誕生日　2月4日～3月4日

型《タイプ》　守備型

種別《ブリード》　仕事人（宇宙人）

自分の内にある感性が世の中の常識とは異なり、極めて独創的で個性的です。まずは「自分は変わっている」ということを自覚して、ときには仮面をかぶって周囲に合わせると良いでしょう。独立起業には向きませんが、営業、マネジメント、デザイン、企画分野ですぐれた能力を発揮します。典型的なキャリア志向型で、仕事の成功からすべてが始まります。性格的には受け身ですが、実力主義の世界に適しています。根性もあって努力家ですが、完璧主義者の一面もあり、自分にも他人にも厳しくなりすぎるかもしれません。

【3月】生まれ

誕生日　3月5日～4月3日

型《タイプ》　攻撃型

種別《ブリード》　仕事人

幼少期は内気な性格で受け身ですが、本質的な性格は外向的で、営業や経営者にも向いています。人見知りを乗り越えると、とても信頼されるタイプです。部下運が非常に強い親分肌ですが、上司運も非常に強いので、ときには柔軟に長いものには巻かれたほうが良いでしょう。ただし、特に女性は同年代の同性に交じるとストレスになる場合が多く見られます。男性を交じえた中で頑張りましょう。意志が強いのは良いのですが、超頑固です。気をつけましょう。育児能力が高いため子育ても頑張れるでしょう。

【4月生まれ】

誕生日　4月4日〜5月4日
型《タイプ》　攻撃型
種別《ブリード》　仕事人

幼少期は繊細な面がありますが、多くの場合、大人になると芯が強くなって骨太な性格になります。接客や営業能力が高い、典型的な商人タイプです。理想が高くて部下運も良いので、独立起業または責任のあるポジションで部下を持つと能力を発揮します。根性はあるのですが、頑固で人の言うことを聞かないので要注意。周囲と必要以上にぶつかりやすいので、柔軟になりましょう。家庭運も仕事運も両方強い両立型です。押しが強いのは良いのですが、まわりに自分の意見を押しつけてしまいがちですので注意しましょう。

【5月生まれ】

誕生日　5月5日〜6月4日
型《タイプ》　攻撃型
種別《ブリード》　仕事人

幼少期の内気な性格から、大人になるとカリスマ性が出てきて勝気な性格に変化します。かなり大きく変わるのですが、自分もまわりもその変化についていけないことが多いため要注意です。事務職や秘書に向いているように見られますが、本来の性格は積極的ですので、思いきって実力主義の接客業や営業職にチャレンジしましょう。家庭適性は低いので、典型的な仕事重視のキャリア志向型です。最終的には起業するのも良いでしょう。親兄弟に翻弄されるようなことが起こりやすいため、注意が必要です。

【6月生まれ】

誕生日　6月5日〜7月6日
型《タイプ》　攻撃型
種別《ブリード》　仕事人

幼少期は奇抜で個性的な性格で芸術的才能も出る場合がありますが、大人になるとほとんどの場合、その部分は消滅して、細かいことは気にしない骨太な性格に変化します。人見知りをしやすいタイプなので営業や接客の仕事を避けるケースが多いのですが、適性はありますので、それを乗り越えると大きな信頼を得られます。個性的で年の離れた異性を好み、逆に同年代で個性の弱いタイプは合いません。上司運、対人運は非常に強いので、ときには意地を張らず、人に頼ったり意見を求めていくと良いでしょう。

あなたの性格と適性

八白土星

【7月 生まれ】

誕生日 7月7日〜8月6日

型《タイプ》 攻撃型

種別《ブリード》 仕事人

幼少期の外向的な性格が大人になっても持続します。典型的な商人型で、実力主義の接客業や営業職に向いています。表面的なキャラと潜在能力が一致していますので、能力が開花しやすいタイプです。頭が良くて要領も良いので自己流に走り、かえって遠回りをするケースが多く、また、良き指導者にめぐり合いにくいです。若いうちは修業ととらえて、あえて一度、しっかりした会社で基本的なことを学んでから独立を考えると良いでしょう。よく働きよく遊ぶタイプで、多くの趣味を持つと仕事もうまくいくようになります。

【8月 生まれ】

誕生日 8月7日〜9月6日

型《タイプ》 守備型

種別《ブリード》 仕事人（宇宙人）

幼少期の活発な性格が、大人になると慎重で柔軟な内向的な性格に大きく変化します。また、個性はかなり強く、変わり者です。周囲から理解されない場合も多いのですが、「自分は変わっている」と割りきりましょう。年長者や同類の「宇宙人」が理解者になります。仕事はデザイナーや芸能などの芸術的適性を生かせるとベストですが、営業や企画、接客、研究職などにも対応できます。独立には向きませんが、実力主義の職場で頑張ったほうが良いキャリア志向型です。厳しい環境でもまれるほうが運気は上がります。

【9月 生まれ】

誕生日 9月7日〜10月7日

型《タイプ》 守備型

種別《ブリード》 家庭人

幼少期の活発な性格が、大人になると繊細な性格に変化します。表面的には勝気に見えますが、家庭重視の内向的な性格です。部下運が強く、社交的なため周囲からリーダータイプと誤解されるケースが多く、性格的にもおだてられると木に登ってしまうタイプ。そのため、リーダーや責任者に引き立てられることがありますが、引き受けるべきかどうかは慎重になる必要があります。結婚適齢期は早く、男女ともに子どもを持ったほうが良いタイプです。企画能力、発想力、デザイン能力はありますが安定志向型です。

【10月】生まれ

誕生日：10月8日～11月6日
型《タイプ》：守備型
種別《ブリード》：家庭人

幼少期の外向的な性格から、大人になると内向的で柔軟な性格に変化します。かなり大きく変わるので注意が必要です。幼少期の活発な性格の印象から、そのままキャリア志向で突っ走る人も多いのですが、たいていの人は30歳前後で違和感が出ます。人見知りをするタイプですが集中力が高く、知性運もありますので、頭脳労働や技術職に適しています。半面、接客業や営業には向いていません。基本的に家庭重視タイプです。恋愛では年の離れた異性に魅力を感じることが多く、同年代にはあまりひかれません。

【11月】生まれ

誕生日：11月7日～12月6日
型《タイプ》：守備型
種別《ブリード》：仕事人（宇宙人）

幼少期からの内向的な性格が大人になっても変わりません。周囲からはさばさばした性格と思われることが多く、自分でもそんな生き方を好む傾向があります。キャリア志向型ですが、本来の性格は組織人で独立には向かず、育成力が強いので、部下を持つと力を発揮します。何をするにも波が大きく、うまくいったときの成果は大きく出ます。個性の強い変わり者で理解されにくい面もありますので、意識的に多少の仮面をかぶって周囲に合わせるほうが良いでしょう。頑固すぎる面があるので十分に注意しましょう。

【12月】生まれ

誕生日：12月7日～1月4日
型《タイプ》：攻撃型
種別《ブリード》：仕事人

成長につれて、おとなしい性格から活発な性格に変化します。営業力や経営能力も高い典型的なキャリア志向型ですが、自分も周囲もそのように思ってはいませんので要注意です。部下運も上司運も強くて人に恵まれますが、頑固で意地っ張りのため、突っ張って敵をつくりやすいタイプです。意識して他人の価値観を理解し、とり入れる努力をすると良いでしょう。家庭運も強いので、家庭を持つとパワーアップします。白黒はっきりさせるリーダータイプですが、強引になりやすいので注意が必要です。

九紫火星

【1月】生まれ

誕生日　1月5日～2月3日
型《タイプ》　守備型
種別《ブリード》　仕事人（宇宙人）

幼少期の活発な性格が変化して大人になると内向的になりますが、実力主義の世界に適しているキャリア志向型です。社交能力が低いわりに営業能力、説得力があり、営業職やマネジメント業にも向いています。また、感性が鋭くて芸術的適性があり、人と感覚が合わないことも多く、変わり者に見られます。「自分は変わっている」という自覚を持つと良いでしょう。正義感が強く、自分にも他人にも厳しいため表面的には勝気に振る舞う人も多いのですが、そのキャラのまま突っ走ると燃え尽きますので注意が必要です。

【2月】生まれ

誕生日　2月4日～3月4日
型《タイプ》　守備型
種別《ブリード》　仕事人

勝ち気な性格が大人になると柔軟な性格に変わります。自分もまわりもその変化に気づかず、親方的な生き方で頑張ってしまう人が多いのですが、ナンバー2のほうが向いています。有能なリーダーにつけば職種を選ばない万能選手ですが、自分一人になると何もしないで終わるか、いつの間にか働く意義がわからなくなってしまうことが多いです。周囲の影響を受けやすく、ゆるい環境にいると気がゆるんでしまいます。どの環境に身を置くかが本当に重要です。打たれ弱い面があるので一人で悩まないようにしましょう。

【3月】生まれ

誕生日　3月5日～4月3日
型《タイプ》　守備型
種別《ブリード》　仕事人

幼少期の勝気な性格から、大人になると柔軟な性格に変わります。自分もまわりもその変化に気づかず、親方的な生き方で頑張ってしまう人が多いのですが、本来は内向的です。成長するにつれて社交性はなくなり、逆に集中力や学習能力が上がってきます。典型的な技術者、職人型です。部下育成能力も非常に高く、経営者の片腕としての能力も持っています。家庭運も強くて仕事と家庭を両立するタイプで、子どもができてから力を発揮する面もあります。初対面で難しい人と誤解されやすいので気をつけましょう。

【4月生まれ】

誕生日 4月4日～5月4日

型《タイプ》 守備型

種別《ブリード》 家庭人

幼少期の外向的な性格が成長するにつれて大きく変化して、内向的な性格になります。人見知りをしやすく、社交能力は低いのですが、頭が良くて集中力や持続力が高く、典型的な裏方仕事向きの職人型です。仕事より家庭を重視したほうが良いタイプで、実力主義の環境に対応できないケースが多く見られます。正義感が強く、自分にも他人にも厳しいため、表面的には勝気に振る舞う人も多いのですが、そのキャラのまま突っ走ると燃え尽きてしまいますので注意が必要です。子どもができるとパワーが出るタイプです。

【5月生まれ】

誕生日 5月5日～6月4日

型《タイプ》 攻撃型

種別《ブリード》 仕事人

成長するにつれて内向的な性格から勢いのある外向的な性格に大きく変化します。営業など実力主義の仕事に適している典型的なキャリア志向型で、幼少期の性格とは正反対になります。事務職や秘書、看護師など人を支える仕事には向いていません。ダイナミックに活発に生きましょう。統率力があって頭領運が強いのですが、強引になりすぎる面もあります。気づかないうちに周囲に自分の意見を押しつける場合もあるので注意が必要です。細かい配慮が足りない部分もありますので、気をつけましょう。

【6月生まれ】

誕生日 6月5日～7月6日

型《タイプ》 攻撃型

種別《ブリード》 仕事人

引っ込み思案で弱気な性格の幼少期から、外向的で強気な性格に大きく変化します。自分も親も子どもの頃の性格で将来の進路を決めがちですので注意が必要です。営業職や独立開業など実力主義に生きるタイプです。パワーもあるのですが、強力な上司運も持っていますので、一人でゴリ押しするより、ときにはアドバイスを受け入れたほうがトクなこともあるでしょう。根性はあるのですが、かなり頑固です。意識して柔軟になるようにしましょう。情に厚いお人よしです。ノーと言える冷静さも持つべきでしょう。

あなたの性格と適性

九紫火星

【7月】生まれ

誕生日　7月7日〜8月6日
型《タイプ》　攻撃型
種別《ブリード》　仕事人

繊細な性格の幼少期から、大人になるとカリスマ性のある外向的な性格に変わります。パワーが強いリーダータイプで、営業職や独立経営など実力主義の仕事に適しており、責任を背負ってから力を発揮するタイプです。大きなチャレンジを避ける傾向がありますが、七転び八起きの精神で頑張るのがおすすめです。頑固であまのじゃくの面もあり、独自のアイディアで勝負できるのは良いのですが、敵もつくりやすいタイプです。意識して柔軟になったほうが良いでしょう。上司運もあるので、突っ張らずに意見を求めましょう。

【8月】生まれ

誕生日　8月7日〜9月6日
型《タイプ》　攻撃型
種別《ブリード》　仕事人

内向的な性格が、大人になると骨太な性格に変化します。細かいことは気にしない親分肌で、営業職や独立開業など実力主義の仕事に向いています。性格が変わったことに気づかず、外向的ではない仕事に就くと能力が発揮できないので注意が必要です。頭が良くて豪快な性格で、小さいことを気にせず物事を進めることが多く、ときに空気が読めないと思われることもあるので注意が必要です。地道に基本を学ぶことを嫌がる傾向があるため、注意しましょう。また、親兄弟に翻弄されないように気をつけましょう。

【9月】生まれ

誕生日　9月7日〜10月7日
型《タイプ》　攻撃型
種別《ブリード》　仕事人

幼少期に芸術適性が出る場合がありますが、大人になるにつれてほとんど消滅します。性格は一貫して外向的で、部下運も強いリーダータイプです。営業職や独立開業など実力主義の仕事に適している、典型的なキャリア志向型です。人生に波があり、失敗して覚えるタイプですので、何事もチャレンジするのが良いでしょう。人見知りをしやすく営業や接客の仕事を敬遠することが多いのですが、深い人間関係を構築すると克服できますので頑張りましょう。初対面で誤解されやすいので言葉遣いには気をつけましょう。

【10月生まれ】

誕生日　10月8日～11月6日

型《タイプ》　守備型

種別《ブリード》　家庭人

幼少期の活発な性格が、大人になると内向的になります。典型的なマイホーム型です。子どもを持つとその自覚が出る場合が多いのですが、頭が良くてプライドも高いためにキャリア志向に走ってしまう人も。いずれ無理が出ることもありますので注意が必要です。接客業や技術職に向いていますが、他人のために頑張りすぎると損をすることも。根は暗いのですが活発に振る舞ってしまうクセがあります。仕事では良いとしても、プライベートまでそうだと疲れがたまります。ときには信頼できる人に弱音を吐きましょう。

【11月生まれ】

誕生日　11月7日～12月6日

型《タイプ》　守備型

種別《ブリード》　仕事人

幼少期の非常に強い性格が、大人になると柔軟な性格に変わります。自分もまわりもその変化に気づかず、親分的な生き方で頑張ってしまう人が多いのですが、ナンバー2向きの性格です。有能なリーダーにつけば職種を選ばない万能選手ですが、自分一人になると何もしないで終わるか、働く意義がわからなくなってしまうケースが多いです。どんな環境に身を置くかが本当に重要です。打たれ弱い一面があるので、一人で悩まないようにしましょう。家庭運が強いタイプですので、家庭と仕事の両方を頑張りましょう。

【12月生まれ】

誕生日　12月7日～1月4日

型《タイプ》　守備型

種別《ブリード》　仕事人

活発だった幼少期から、成長につれて内向的に変わるタイプです。その変化に気づかず親分的な生き方をしてしまう人が多いのですが、裏方で支える性格に変わります。大人になるに従って集中力や学習能力が上がります。技術者、職人に向きます。部下育成能力も非常に高く、経営者の片腕としての能力も持っています。さらに家庭運も強く、仕事と家庭を全力で両立するタイプで、子どもができてから力を発揮する面もあります。受け身のタイプなので、どんな人についていくかで人生が大きく変わります。

Takeshita Office Staff
白石よし子、小原田吾作

Staff
AD、デザイン：細山田光宣
木寺 梓、小野安世
（細山田デザイン事務所）
執筆協力：さとう未知子、石井妙子、
川下靖代（デュウ）
校正：荒川照実
DTP：天満咲江（主婦の友社）
編集：水谷浩明（デュウ）
編集担当：天野隆志（主婦の友社）

竹下 宏（たけした ひろし）
「竹下流気学」創始者。九星気学を中心に運命学、方位学、家相学に関する理論を次々に確立。鑑定数は26年間で7万件を超え、経営者、ビジネスパーソン、主婦が絶大な信頼を寄せる気学界のカリスマ。自身の豊富な人生経験から、適職診断、上司部下の関係、リタイアに向けた生き方、恋愛や婚活、子育てまで、その鑑定範囲は「人生に関するすべて」を網羅する。
公式ホームページ　https://www.kigaku.co.jp/
公式YouTube チャンネル
https://www.youtube.com/@kigaku.takeshita

竹《たけ》下《した》流《りゅう》九《きゅう》星《せい》気《き》学《がく》占《うらな》い
運《うん》活《かつ》BOOK《ブック》 2024
大《だい》吉《きち》活《かつ》用《よう》！大《だい》凶《きょう》回《かい》避《ひ》！の
行《こう》動《どう》マニュアル

2023年10月31日　第1刷発行

著　者　竹《たけ》下《した》 宏《ひろし》
発行者　平野健一
発行所　株式会社主婦の友社
〒141-0021
東京都品川区上大崎3-1 -1
目黒セントラルスクエア
電話　03-5280-7537（内容・不良品等のお問い合わせ）
049-259-1236（販売）
印刷所　大日本印刷株式会社

Printed in Japan　ISBN978-4-07-455597-0

■本のご注文は、お近くの書店または主婦の友社コールセンター（電話0120-916-892）まで。
＊お問い合わせ受付時間　月～金（祝日を除く）　10：00～16：00
＊個人のお客さまからのよくある質問のご案内
https://shufunotomo.co.jp/faq/

竹下流
九星気学
占い
運活
BOOK
2024

大吉活用！
大凶回避！
の
行動マニュアル